Die Abgrenzung des Diagnosefehlers vom Befunderhebungsfehler

Recht und Medizin

Herausgegeben von den Professoren
Dr. Erwin Deutsch (†), Dr. Bernd-Rüdiger Kern, Dr. Thorsten Kingreen,
Dr. Adolf Laufs (†), Dr. Hans Lilie, Dr. Hans-Ludwig Schreiber,
Dr. Andreas Spickhoff

Bd./Vol. 135

*Zur Qualitätssicherung und Peer
Review der vorliegenden Publikation*

Die Qualität der in dieser Reihe
erscheinenden Arbeiten wird
vor der Publikation durch
Herausgeber der Reihe geprüft.

*Notes on the quality assurance
and peer review of this publication*

Prior to publication,
the quality of the work
published in this series
is reviewed by editors of the series.

Silvana Große Feldhaus

Die Abgrenzung des Diagnosefehlers vom Befunderhebungsfehler

PETER LANG

Bibliografische Information der Deutschen Nationalbibliothek
Die Deutsche Nationalbibliothek verzeichnet diese Publikation
in der Deutschen Nationalbibliografie; detaillierte bibliografische
Daten sind im Internet über http://dnb.d-nb.de abrufbar.

Zugl.: Kiel, Univ., Diss., 2018

Gedruckt auf alterungsbeständigem,
säurefreiem Papier.
Druck und Bindung: CPI books GmbH, Leck

D 8
ISSN 0172-116X
ISBN 978-3-631-79457-9 (Print)
E-ISBN 978-3-631-81691-2 (E-PDF)
E-ISBN 978-3-631-81692-9 (EPUB)
E-ISBN 978-3-631-81693-6 (MOBI)
DOI 10.3726/b16744

© Peter Lang GmbH
Internationaler Verlag der Wissenschaften
Berlin 2020
Alle Rechte vorbehalten.

Peter Lang – Berlin · Bern · Bruxelles · New York ·
Oxford · Warszawa · Wien

Das Werk einschließlich aller seiner Teile ist urheberrechtlich
geschützt. Jede Verwertung außerhalb der engen Grenzen des
Urheberrechtsgesetzes ist ohne Zustimmung des Verlages
unzulässig und strafbar. Das gilt insbesondere für
Vervielfältigungen, Übersetzungen, Mikroverfilmungen und die
Einspeicherung und Verarbeitung in elektronischen Systemen.

Diese Publikation wurde begutachtet.

www.peterlang.com

Inhaltsverzeichnis

A. **Einleitung** 15
   I. Problemaufriss 15
   II. Anlass und Ziel der Arbeit 16
   III. Überblick über den Gang der Darstellung 19

B. **Recht und Medizin** 21
   I. Die Beziehung des Rechts zur Medizin 21
   II. Geschichtliche Entwicklung 23

C. **Grundlagen der Arzthaftung** 27
   I. Allgemeines 27
   II. Die Arzthaftung nach dem Patientenrechtegesetz im Einzelnen ... 33
      1. § 630 a Abs. 1 BGB „Behandlungsvertrag" 33
         a) Totaler Krankenhausvertrag 36
         b) Gespaltener Krankenhausvertrag 37
         c) Totaler Krankenhausvertrag mit Arztzusatzvertrag ... 38
      2. § 630 a Abs. 2 BGB „Medizinischer Standard" 39
      3. § 630 b BGB „Anzuwendende Vorschriften" 44
      4. § 630 c BGB „Pflichten" 45
      5. § 630 d BGB „Einwilligung" 48
      6. § 630 e BGB „Aufklärung" 51
      7. § 630 f „Dokumentation" 52
      8. § 630 h BGB „Beweislast" 54
         a) Die „drei Stufen" des BGH 57
         b) Eigene Bewertung dieser Rechtsprechung und des Gesetzestextes 58
         c) 3. Stufe 60
   III. Deliktsrecht 62

D. Behandlungsfehler ... 65
  I. Allgemeines ... 65
  II. Grober Behandlungsfehler ... 65

E. Beweislast ... 67
  I. Einleitung ... 67
  II. Die Grundsätze der Beweislast im Zivilprozess ... 67
  III. Beweislast im Arzthaftungsrecht und deren Bedeutung für den Prozess ... 73
  IV. Beweislastumkehr ... 80
  V. Beweislastumkehr bei Befunderhebung ... 82
  VI. Beweisvereitelung ... 84
  VII. Befunderhebung als Beweisvereitelung? ... 84
  VIII. Kritik an der Beweislastumkehr ... 88
   1. Allgemeines ... 88
   2. Literaturansichten ... 88
   3. Verfassungsrechtliche Sicht ... 93
   4. Praktische Folgen ... 96
   5. Anscheinsbeweis als Lösungsansatz? ... 98

F. Diagnosefehler ... 99
  I. Allgemeines ... 99
  II. Begriff und Bedeutung der Diagnose ... 102
  III. Die statistische Wahrscheinlichkeit einer Diagnose ... 105
  IV. Umgang mit Befunden ... 112
  V. Die Vereinbarkeit der Diagnostik mit dem Wirtschaftlichkeitsgebot ... 113
  VI. Umfang der Diagnostik ... 115
  VII. Verschiedene Arten von Diagnosefehlern ... 117

		1. Diagnoseirrtum	117
		2. Einfacher Diagnosefehler	119
	VIII.	Fallgruppen von Diagnosefehlern	120
		1. Diagnosefehler, die sich nicht auf die Behandlung auswirken	120
		2. Diagnosefehler durch nicht dokumentierte oder verlorene Befunde	121
		3. Diagnosefehler durch Nicht-Abwarten des Ergebnisses erhobener Befunde	121
		4. Diagnosefehler durch Nicht-Beachtung externer Hinweise	122
		5. Diagnosefehler durch Nichtbeachtung von Zufallsbefunden ...	123
		6. Diagnosefehler durch Versäumnis notwendiger Kontrolluntersuchungen	124
		7. Diagnosefehler durch fehlerhafte arbeitsteilige Diagnosen	125
		8. Diagnosefehler durch sog. Ferndiagnosen ohne direkten ärztlichen Kontakt	126
		9. Diagnosefehler durch nicht indizierte Diagnostik	127
		10. Schwerer/fundamentaler/grober Diagnosefehler	127
G.	**Befunderhebungsfehler**		131
	I.	Allgemeines	131
	II.	Gruppen des Befunderhebungsfehlers	132
		1. Einfacher Befunderhebungsfehler	132
		2. Grober Befunderhebungsfehler	133
		3. Sicherung und Aufbewahrung von Befunden	133
		4. Mittelbarer Befunderhebungsfehler	135
		5. Nichtauswertung eines erhobenen Befundes	135
		6. Fehlerhafte Befundauswertung	138
		7. Zu spät erhobene Befunde	139
		8. Unterlassene Befunderhebung aufgrund sich aufdrängender Verdachtsdiagnose	140
		9. „Schlechte" Befunderhebung	140
		10. Unterlassene Befunderderhebung aufgrund mangelnder Mitarbeit des Patienten	141

H. Kausalität im Arzthaftungsprozess 143
    I.   Allgemeines 143
    II.   Haftungsbegründende Kausalität 143
    III. Haftungsausfüllende Kausalität 144
    IV. Kausalität als „juristische" Kausalität 145
    V.   Zurechnungszusammenhang 146

I. Primär- und Sekundärschäden bezogen auf den Befunderhebungsfehler nach der Rechtsprechung 147
    I.   Allgemeines 147
    II.   Primärschaden 148
    III. Sekundärschaden 150

J. Abgrenzung Diagnosefehler zum Befunderhebungsfehler 153
    I.   Allgemeines 153
        1. Anerkannter Standard 153
        2. Begriffliche Abgrenzung 154
        3. Haftungsrechtliche Abgrenzung 156
    II.   Entwicklung in der Rechtsprechung 158
        1. BGH Urt. v. 14.10.1958 VI ZR 186/57 158
           a) Darstellung des Sachverhaltes und der Entscheidungsgründe 158
           b) Gerichtliche Entscheidungen 159
           c) Ausführungen des BGH 159
           d) Bewertung 160
        2. BGH Urt. v. 21.09.1982, VI ZR 302/80 161
           a) Darstellung des Sachverhaltes und der Entscheidungsgründe 161
           b) Ausführungen des BGH 162
           c) Bewertung 163
        3. BGH Urt. v. 07.06.1983, VI ZR 284/81 166

	a) Darstellung des Sachverhaltes und der Entscheidungsgründe	166
	b) Bewertung	167
4.	Grundlegende Entscheidung BGH Urt. v. 03.02.1987, VI ZR 56/86	168
	a) Darstellung des Sachverhaltes und der Entscheidungsgründe	168
	b) Bewertung	170
5.	BGH Urt. v. 10.11.1987, VI ZR 39/87	172
	a) Darstellung des Sachverhaltes und der Entscheidungsgründe	172
	b) Bewertung	173
6.	BGH Urt. v. 14.06.1994, VI ZR 236/93	174
	a) Darstellung des Sachverhaltes und der Entscheidungsgründe	174
	b) Bewertung	175
7.	BGH Urt. v. 04.10.1994, VI ZR 205/93	176
	a) Darstellung des Sachverhaltes und der Entscheidungsgründe	176
	b) Bewertung	178
8.	BGH Urt. v. 13.02.1996, VI ZR 402/94	179
	a) Darstellung des Sachverhaltes und der Entscheidungsgründe	179
	b) Bewertung	181
9.	BGH Urt. v. 13.01.1998, VI ZR 242/96	182
	a) Darstellung des Sachverhaltes und der Entscheidungsgründe	182
	b) Bewertung	184
10.	BGH Urt. v. 06.10.1998, VI ZR 239/97	184
	a) Darstellung des Sachverhaltes und der Entscheidungsgründe	184
	b) Bewertung	186
11.	BGH Urt. v. 06.07.1999, VI ZR 290/98	187

        a) Darstellung des Sachverhaltes und der
Entscheidungsgründe 187
        b) Bewertung 188
   12. BGH Urt. v. 23.03.2004, VI ZR 428/02 189
        a) Darstellung des Sachverhaltes und der
Entscheidungsgründe 189
        b) Bewertung 190
   13. BGH Urt. v. 09.01.2007, VI ZR 59/06 191
        a) Darstellung des Sachverhaltes und der
Entscheidungsgründe 191
        b) Bewertung 193
   14. BGH Urteil vom 21.12.2010, VI ZR 284/09 194
        a) Darstellung des Sachverhalts und der
Entscheidungsgründe 194
        b) Bewertung 196
   15. BGH Urt. v. 07.06. 2011, VI ZR 87/10 197
        a) Darstellung des Sachverhalts und der
Entscheidungsgründe 197
        b) Bedeutung der Entscheidung 199
   16. Zusammenfassung der bisherigen Rechtsprechung und
Bewertung 200

K. Abgrenzungstheorien im Hinblick auf die haftungsrechtlichen Konsequenzen 205

  I. Schwerpunkttheorie 205
    1. Darstellung der Ansicht 205
    2. Konsequenz 205
    3. Konsequenz dargestellt anhand von Beispielen 206
    4. Vorzüge 207
    5. Nachteile 208
    6. Kritik 209
  II. Theorien und Ansichten der Literatur 210
    1. Gruppe 1: „Der Behandlerseite zugewandt" 211

    a) Hausch 211
        aa) Darstellung der Ansicht 211
        bb) Konsequenz 212
        cc) Vorzüge 213
        dd) Nachteile 214
        ee) Kritik 214
    b) Ramm 215
        aa) Darstellung der Ansicht 216
        bb) Konsequenz 216
        cc) Vorzüge 218
        dd) Nachteile 218
        ee) Kritik 218
    c) *Hart* 219
        aa) Darstellung der Ansicht 219
        bb) Konsequenz 219
        cc) Vorzüge 221
        dd) Nachteile 221
        ee) Kritik 222
    d) Feifel 222
        aa) Darstellung der Ansicht 223
        bb) Konsequenz 223
        cc) Vorzüge 224
        dd) Nachteile 225
        ee) Kritik 225
    e) Stellungnahme Gruppe 1 226
2. Gruppe 2 „Der Patientenseite zugewandt" 226
    a) Geiß/Greiner 226
        aa) Darstellung der Ansicht 227
        bb) Konsequenz 227
        cc) Vorzüge 228
        dd) Nachteile 228
        ee) Kritik 228
    b) Schultze-Zeu 229

			aa) Darstellung der Ansicht	229
			bb) Konsequenz	230
			cc) Vorzüge	231
			dd) Nachteile	231
			ee) Kritik	231
		c)	Stellungnahme Gruppe 2	232
	3.	Gruppe 3: „Neue Wege"		232
		a)	Karmasin	232
			aa) Darstellung der Ansicht	233
			bb) Konsequenz	234
			cc) Vorzüge	235
			dd) Nachteile	235
			ee) Kritik	236
		b)	Ziegler	236
			aa) Darstellung der Ansicht	236
			bb) Konsequenz	237
			cc) Vorzüge	238
			dd) Nachteile	238
			ee) Kritik	238
		c)	Glanzmann	239
			aa) Darstellung der Ansicht	240
			bb) Konsequenz	240
			cc) Vorzüge	240
			dd) Nachteile	240
			ee) Kritik	241
		d)	Nußstein	241
			aa) Darstellung der Ansicht	241
			bb) Konsequenz	242
			cc) Vorzüge	243
			dd) Nachteile	243
			ee) Kritik	244
		e)	Stellungnahme Gruppe 3	244
	4.	Umfassende Stellungnahme und Bewertung		245

		a) Allgemeines 245
		b) Diagnoseirrtum 246
		c) Einfacher Diagnosefehler 247
		d) Schwerer/grober Diagnosefehler 247

L. Eigenes Abgrenzungsschema 249
    I. Fehlereinteilung nach Sphären 253
    II. Erläuterung der Fehlereinteilung 256
        1. *Stufe 1: Bestimmung des Leitsymptoms bzw. der Leitsymptome der potentiellen Erkrankung* 256
        2. *Stufe 2: Anamnese anhand dieses Leitsymptoms mit eventueller Revidierung oder Konfirmierung* 257
        3. *Stufe 3: Diagnostisches Vorgehen anhand des Leitsymptoms gemäß Leitlinien und Richtlinien* 258
        4. *Stufe 4: Zuordnung der Ergebnisse zu einer Krankheit* 258
        5. *Stufe 5: Sicherstellen des Therapieerfolges* 258
    III. Begründung der fünf Stufen 259

M. Ausblick 263

Literaturverzeichnis 267

A. Einleitung

I. Problemaufriss

Der Diagnosefehler wird im Vergleich zum Befunderhebungsfehler in der Rechtsprechung deutlich anders behandelt. Zur Illustration des Problems der Abgrenzung des Diagnosefehlers vom Befunderhebungsfehler soll folgender Fall dienen: Eine Mutter hat ihr Kind mit einem Kaiserschnitt entbunden. Einige Tage danach klagte sie über starke Schmerzen in der linken Hüfte mit Ausstrahlung ins Bein. Eine gynäkologische Untersuchung ergab keinen auffälligen Befund. Bei einer chirurgischen Untersuchung wurden wiederum starke Schmerzen im Hüftgelenksbereich festgestellt, die Hüfte war stauchungsempfindlich. Eine Beckenübersicht wurde zwar gefertigt, diese war jedoch unauffällig. Als therapeutische Konsequenz wurden Schmerzmittel verordnet. Als die Schmerzen in der Hüfte sich nicht wesentlich besserten, wurde eine Antibiotikatherapie eingeleitet. Die Patientin litt zudem an subfebrilen Temperaturen (erhöhten Körpertemperaturen). Die Entlassungsuntersuchung erfolgte ohne Auffälligkeiten. Die Patientin hatte in der Folgezeit starke Schmerzen im Bein und im Hüftbereich. Nach Einweisung in eine orthopädische Klinik wurde eine Coxitis (eitrige Hüftentzündung) im fortgeschrittenen Stadium diagnostiziert, durch die der Knorpelbelag von Hüftpfanne und Hüftgelenk bereits völlig zerstört worden war. Es wurde daraufhin eine operative Revision des linken Hüftgelenks vorgenommen. Zurück blieben eine Gehbehinderung infolge der Hüftversteifung und eine geringgradige Beinverkürzung.[1] Anhand dieser kurzen Schilderung eines Falles aus dem Jahre 1987[2] drängt sich eine zentrale Frage auf: Wie ist das Nichterkennen des Krankheitsbildes der Coxitis durch die Ärzte rechtlich zu bewerten?

Liegt ein Diagnosefehler vor, weil die richtige Diagnose der Coxitis nicht gestellt wurde? Oder ist doch vielmehr ein Befunderhebungsfehler anzunehmen, da nicht genügend Untersuchungen vorgenommen wurden, um eine Coxitis festzustellen? Im Zivilprozess ist diese Unterscheidung oftmals von großer Bedeutung für den Prozessausgang, da bei einem reinen Diagnosefehler der Patient die Beweislast trägt, bei einem Befunderhebungsfehler meistens der Behandler beweisen muss, dass er standardgemäß gehandelt hat.[3]

---

1 BGH Urt. v. 10.11.1987, VI ZR 39/87 zitiert nach juris Rn. 1–3, MDR 1988, 397, 398.
2 Ausführliche Besprechung dieses Falles auf S. 172 f.
3 Zu dieser prozessual bedeutsamen Entscheidung vgl. S. 172 f.

Auf der einen Seite wurden bestimmte Untersuchungen, wie z.B. eine Beckenübersicht und eine gynäkologische Untersuchung, vorgenommen. Trotz dieser Untersuchungen wurde eine Coxitis nicht als Differentialdiagnose in Betracht gezogen. Bedeutet dies, es lag ein Diagnosefehler vor?

Oder würde das Gericht bemängeln, es seien nicht genug Befunde erhoben worden und deshalb läge ein Befunderhebungsfehler vor? Wenn ja, wer entscheidet, wann genug Befunde erhoben wurden?

Stellt eine fehlerhafte Diagnose nicht immer einen Diagnosefehler dar oder gibt es Unterschiede zwischen einem Irrtum und einem Fehler in der Diagnose? Ist nicht ein Befunderhebungsfehler immer auch zugleich ein Diagnoseirrtum oder Diagnosefehler?

Wenn jeder Befunderhebungsfehler gleichzeitig eine fehlerhafte Diagnose wäre, wie unterscheidet man zwischen den verschiedenen Fehlertypen? Welche Auswirkungen haben diese Arten von Fehlern auf den Prozess und damit letztendlich auch auf die Beweislastverteilung?

II. Anlass und Ziel der Arbeit

Die Aktualität des Themas[4], dessen Brisanz und die enormen Konsequenzen[5] auf die Urteilsfindung in der Praxis machen es so relevant. Bei einem Arzthaftungsprozess geht es nicht selten darum, ob der Arzt noch mehr Befunde hätte erheben müssen oder ob er auf seine Diagnose vertrauen durfte. Es kommt nicht nur darauf an, ob er noch weitere Befunde hätte erheben müssen, sondern auch darauf, ob sich dieses Unterlassen tatsächlich ausgewirkt hat.

In nicht wenigen Fällen wird zwar durch das Gericht ein Unterlassen bejaht, dann jedoch die Kausalität im Hinblick auf die erlittenen Folgen verneint. Die Kausalität wird entweder verneint, weil der Schaden ohnehin eingetreten wäre oder weil eine andere Therapie den Schaden nicht verhindert hätte. Vielfach wird in der instanzgerichtlichen Rechtsprechung verfrüht auf die Kausalitätsebene gesprungen. Die Kausalität wird dann verneint, da sie nicht sicher festgestellt werden kann. Zugleich geht in solchen Fällen aus den Urteilsgründen hervor, aufgrund fehlender Kausalität könne eine Abgrenzung zwischen

---

4 Dass die Abgrenzung um den Befunderhebungsfehler noch nicht ausdiskutiert ist und nicht an Brisanz verloren hat, zeigt der Aufsatz von *Sommerfeld*. Er hebt die Problematik des Befunderhebungsfehlers im Einleitungsteil besonders hervor: *Sommerfeld* VersR 2015, 661.

5 *Bergmann* ZMGR 2015, 393, 395 bezeichnet die Abgrenzung als „Drahtseilakt", der als Beispiel für die Unberechenbarkeit der Arzthaftung herangezogen werden kann.

Diagnosefehler und Befunderhebungsfehler dahingestellt bleiben. Eben dies ist kritisch zu betrachten, da hier die Prüfung nicht mit der Feststellung eines etwaigen Behandlungsfehlers, sondern mit der nachgelagerten Kausalitätsfrage beginnt und zu falschen Ergebnissen führen kann. Damit ist schon der Ansatz falsch, weil die Prüfungsabfolge nicht eingehalten wird. Eine klare und strukturierte Prüfung findet dann nicht statt. Vielmehr gleichen manche Urteilsbegründungen einem Potpourri vermeintlicher Gerechtigkeitserwägungen. Teilweise wird fälschlicherweise ein Anspruch des Patienten verneint, die Klage also abgewiesen, weil der Patient nicht in der Lage war, die Kausalität zu beweisen. Oft verkennt das Gericht dann die Grundzüge der Beweislastverteilung: Nur, wenn sicher festgestellt wurde, welche Art von Fehler vorliegt, kann die Beweislastverteilung ermittelt werden.

Bei dieser Problematik spielt die Beweislast oft eine prozessentscheidende Rolle. Wer muss beweisen, dass der Schaden so nicht eingetreten wäre?[6] Zu dieser Frage wurden insbesondere die Dissertationen von *Sundermacher*[7], *Harder*[8] und *Kostka*[9] berücksichtigt. Die vorliegende Arbeit legt jedoch den alleinigen Schwerpunkt nicht auf die Beweislastverteilung des Befunderhebungsfehlers. Allerdings können diese Problematik und die Beweisfigur der unterlassenen Befunderhebung nicht außer Acht gelassen werden. Dem BGH und insbesondere den Instanzgerichten fehlt mitunter die Systematik der Abgrenzung zwischen Diagnosefehler und Befunderhebungsfehler. Genau dies führt zu uneinheitlichen Entscheidungen über die Beweislastverteilung. Aus diesem Grund lässt sich eine völlige Trennung der beiden Fehlerarten nicht erreichen, welche auch nicht wünschenswert ist, da ein Blick auf die gesamte Problematik für einen Lösungsansatz unumgänglich ist.

Hat das Gericht keine Möglichkeit, das Vorliegen für oder gegen den geltend gemachten Anspruch sprechender Tatsachen festzustellen,[10] liegt ein sogenanntes non liquet vor.[11] Bei einem non liquet entscheidet das Gericht danach,

---

6 Verweis auf das Kapitel „Beweislast" S. 67 f.
7 *Julia Susanne Sundmacher* Die unterlassene Befunderhebung des Arztes – Eine Auseinandersetzung mit der Rechtsprechung des BGH (2007).
8 *Yvonne v. Harder* Die Beweisfigur des Befunderhebungs- und Befundsicherungsfehlers im Arzthaftungsprozess nach der Rechtsprechung des BGH und der Instanzgerichte (2009).
9 *Ulrike Kostka* Die Beweislastverteilung im Arzthaftungsprozess bei fehlerhafter Befunderhebung und Gerätefehlern (2012).
10 BGH Urt. v. 06.06.1961, VI ZR 103/60, VersR 1961, 753, 754.
11 *Baumgärtel* Beweislastpraxis im Privatrecht A I Rn. 5.

welche Partei die Beweislast trägt.[12] Nicht selten wird im Arzthaftungsprozess der Prozess nach der Beweislast entschieden.[13] Die die Beweislast tragende Seite wird es schwer haben, den nötigen Beweis für ihren Anspruch zu erbringen. Nicht zuletzt ist die Schwierigkeit der Unberechenbarkeit und Individualität des menschlichen Körpers geschuldet. Die Beweislast ist in fast keinem Prozess so prägend für dessen Ausgang wie bei der Arzthaftung. Deshalb ist es von herausragender Bedeutung, diese richtig zu verteilen und zuzuordnen. Die Zuordnung gelingt nur mit einer systematischen Abgrenzung zwischen Diagnose- und Befunderhebungsfehler.

Für einen sachgerechten Ansatz der Abgrenzung darf zudem kein rein juristisches Kriterium gewählt werden. Die Medizin ist eine eigene Wissenschaft, welche sich deutlich vom juristischen Denken unterscheidet. Deshalb müssen die Besonderheiten dieses Faches Einfluss auf die juristischen Überlegungen zur Lösung dieses Problems haben.[14]

Die Abgrenzung zwischen Diagnose- und Befunderhebungsfehler ist in der Praxis oft nicht leicht. Bei einer Vielzahl von Fällen finden sich sowohl Argumente für einen Diagnosefehler als auch für einen Befunderhebungsfehler. Eindeutige Fallkonstellationen scheinen sehr selten vorzukommen. Um eine zufällige Verteilung der Beweislast und damit eine unsichere Rechtsprechung zu vermeiden, gilt es, eine eindeutige Methode zur Abgrenzung zu entwickeln. Dies ist bis zum heutigen Zeitpunkt nicht hinlänglich gelungen.

Seit längerem, und nicht zuletzt seit der Entscheidung des BGH aus dem Jahre 2011[15], wird in der Literatur und in der obergerichtlichen Rechtsprechung eine rege Diskussion um die Abgrenzung des Diagnosefehlers, insbesondere zum einfachen Befunderhebungsfehler, geführt. *Sommerfeld* drückt die Problematik um die Abgrenzung in der Praxis sehr treffend aus, indem er von einer Tendenz der Klägerseite zum Befunderhebungsfehler spricht und wiederum ein Bestreben beim Behandelnden sieht, auf einen Diagnosefehler hinzuwirken.[16] Deshalb ist nach *Sommerfeld* eine Abgrenzung so bedeutend.

---

12 *Franzki* Die Beweisregeln im Arzthaftungsprozess S. 25; *Prütting/Gehrlein-Laumen* § 286 Rn. 57 ff.; *Musielak* § 286 Rn. 32 ff.; *Reinhardt* NJW 1994, 93.
13 *Weimar* JR 1977, 7 f.
14 Vgl. dazu die Ausführungen auf S. 249 f.
15 BGH Urt. v. 07.06.2011, VI ZR 87/10, MDR 2011, 913, 914.
16 *Sommerfeld* VersR 2015, 661, 662.

Der Bundesgerichtshof hatte schon viele Abgrenzungsfälle dieser Art zu entscheiden.[17] Seine Rechtsprechung hat sich in Teilen gewandelt, in den meisten Fällen hat sie sich weiter ausdifferenziert.[18] Jedoch bleibt in der instanzgerichtlichen Rechtsprechung einige Unsicherheit zurück. Eine klare Linie, die nur wenig Platz für Unsicherheiten lässt, ist noch längst nicht erreicht.

Mit dieser Arbeit sollen zum einen die geschilderten Schwierigkeiten der Abgrenzung detailliert herausarbeitet und die Entwicklung sowohl in der Rechtsprechung als auch in der Literatur aufgezeigt und bewertet werden. Ferner sollen Kriterien und ein Prüfungsschema zur sicheren Abgrenzung in der Praxis vorgestellt werden, um so zur Entschärfung dieser Problematik beizutragen. Diese Arbeit soll Ansätze bieten, eine klare Option der Abgrenzung zu finden und eine gerechte Beweislastverteilung zu ermöglichen.

III. Überblick über den Gang der Darstellung

Zunächst wird die Arzthaftung im Einzelnen erläutert. Anschließend wird eine Betrachtung der Beweislast im Zivilprozess und insbesondere im Arzthaftungsprozess vorgenommen. Dargelegt werden sodann die Probleme der Beweislastumkehr und die dazugehörige „Billigkeitsrechtsprechung" des BGH. So werden die Abgrenzung und deren Bedeutung für den Ausgang des Prozesses deutlich. Dieses komplexe Thema wird vor dem Diagnosefehler und Befunderhebungsfehler behandelt, um seine Bedeutung hervorzuheben und um das entwickelte Schema zur Abgrenzung besser nachvollziehen zu können. Dabei ist es wichtig, nicht nur die „Billigkeitsrechtsprechung" des BGH nachzuvollziehen, sondern auch die allgemeinen Grundsätze der Beweislastverteilung im Arzthaftungsrecht. Diese zeigen zum einen die Intention hinter der Beweislastverteilung auf, welche sich zum anderen wiederum auf die Abgrenzung auswirkt. Es ist wichtig zu verstehen, dass das prozessuale Recht nicht vom materiellen Recht zu trennen

---

17 BGH Urt. v. 14.10.1958, VI ZR 186/57; BGH Urt. v. 21.09.1982, VI ZR 302/80; BGH Urt. v. 07.06.1983, VI ZR 284/81; grundlegende Entscheidung BGH Urt. v. 03.02.1987, VI ZR 56/86; BGH Urt. v. 10.11.1987, VI ZR 39/87; BGH Urt. v. 14.06.1994, VI ZR 236/12; BGH Urt. v. 04.10.1994, VI ZR 205/93; BGH Urt. v. 13.02.1996, VI ZR 402/94, VersR 1996, 633; BGH Urt. v. 13.01.1998, VI ZR 242/96; BGH Urt. v. 06.10.1998, VI ZR 239/97, VersR 1999, 60; BGH Urt. v. 06.07.1999, VI ZR 290/98, VersR 1999, 1282; BGH Urt. v. 23.03.2004, VI ZR 428/02, VersR 2004, 790; BGH Urt. v. 09.01.2007, VI ZR 59/06, VersR 2007, 541; BGH Urt. v. 21.12.2010, VI ZR 284/09; BGH Urt. v. 07.06. 2011,VI ZR 87/10; siehe auch die Besprechung der genannten Urteile S. 122 ff.
18 Zur Rechtsprechung S. 158 ff.

ist und beide Ebenen einen Einfluss auf die Abgrenzung von Diagnosefehler und Befunderhebungsfehler haben. Würde es nicht einen Unterschied in der Beweislastverteilung der beiden Fehler geben, dann wäre eine Abgrenzung unerheblich, da es dann außerhalb des groben Behandlungsfehlers bei der originären Beweislastverteilung bleiben würde.[19] Es verbietet sich eine isolierte Betrachtung nur einer Ebene, obwohl nicht außer Acht gelassen werden kann, dass es sich bei der Abgrenzung um ein primär materiell-rechtliches Problem handelt.

Der Diagnosefehler mit all seinen Facetten und Fallgruppen wird im Anschluss an die Beweislastproblematik näher beleuchtet. Einzelne Fallgruppen des Diagnosefehlers werden erörtert und analysiert. Insbesondere der Unterschied zum Befunderhebungsfehler wird herausgearbeitet.

Damit ein besseres medizinisches Verständnis für die Diagnosestellung entsteht, wird der Weg zur Diagnose unter Rückgriff auf statistische Auswertungen und Grundsätze dargestellt.

Anschließend wird der Befunderhebungsfehler vorgestellt. Dieser wird nach dem Diagnosefehler behandelt, da jeder Fehler bei der Befunderhebung einen Diagnosefehler zur Folge hat. Somit ergibt sich der Befunderhebungsfehler aus dem Diagnosefehler. Analysiert wird dieser Fehlertypus insbesondere im Hinblick auf seine Entwicklung in der Rechtsprechung. Im Speziellen wird auf die „Drei-Stufen-Theorie" des BGH und deren Bedeutung und Konsequenzen für den Zivilprozess eingegangen.

Zur Abgrenzung zwischen Diagnose- und Befunderhebungsfehlern wird zunächst die Entwicklung der Rechtsprechung herausgearbeitet. Sie wird ausführlich Fall für Fall dargestellt, um ein klares Verständnis der Entscheidungsgründe zur Abgrenzung zu ermöglichen.

Die Rechtsprechung vertritt die sog. Schwerpunkttheorie, welche zugleich die herrschende Ansicht ist.[20] Bei dieser Abgrenzungstheorie kommt es auf den Schwerpunkt der Vorwerfbarkeit des ärztlichen Handelns an. Aufgrund der herrschenden Meinung in der Rechtsprechung wird zuerst dieser Ansatz beleuchtet und analysiert. Sodann werden die Meinungen in der Literatur herausgearbeitet. Es haben sich verschiedene Theorien und Ansichten gebildet. Die Arbeit stellt diese zum einen dar und zeigt ihre Vorzüge und Schwächen auf.

Im Anschluss daran wird ein eigener Ansatz in Form eines Prüfungsschemas vorgestellt.

---

19 Vgl. dazu die Ausführungen auf S. 73 ff.
20 Vgl. dazu ausführlich S. 205 f.

B. Recht und Medizin

I. Die Beziehung des Rechts zur Medizin

Die Arzthaftung ist durch die Verknüpfung von Recht und Medizin interessant und komplex zugleich. Medizin und Rechtswissenschaft sind diametral verschieden.[21] Ziel der Medizin ist die Bekämpfung von Krankheiten und die Linderung von Beschwerden, während in der Rechtswissenschaft die Wahrung des Selbstbestimmungsrechts im Vordergrund steht.[22] „Der Jurist dient dem Recht in seiner Allgemeingültigkeit, der Arzt steht dem unverwechselbaren Individuum in seiner je besonderen Hilfsbedürftigkeit gegenüber, die sich oft nur schwer in normative Tatbestände fassen lässt."[23] Die Entscheidungsfindung des Arztes ist aufgrund der häufigen Zeitnot ex ante, der Richter hingegen entscheidet immer ex post."[24] Der Jurist verfährt oft im Gegensatz zum Arzt kühl, logisch und distanziert.[25] Der Arzt arbeitet hingegen häufig engagiert und nicht ohne Emotionen.[26]

Das Reichsgericht verglich den Beruf des Arztes mit dem eines Rechtsanwaltes und sieht aufgrund der vom Staat geforderten und gewährleisteten wissenschaftlichen Vorbildung eine besondere Verantwortung in der Aufgabenerfüllung beider Berufe.[27] Die Grundvoraussetzungen beider Berufe sind folglich gar nicht so verschieden.

Durch den Kontakt von Arzt und Patient entsteht automatisch eine rechtliche Beziehung.[28] Dieser Rechtsbeziehung trägt das Arzthaftungsrecht Rechnung. Es umfasst die Haftung des Arztes für Behandlungsfehler, aber auch für Diagnosefehler, Aufklärungsfehler, Organisationsverschulden und Fehler im Zusammenhang mit der Delegation medizinischer Maßnahmen an nichtärztliches

---

21 *Ehlers/Broglie-Ehlers* Arzthaftungsrecht Kap. 1 Rn. 1.; *Laufs/Kern/Rehborn-Kern* § 2 Rn. 14 ff.
22 *Spickhoff-Deutsch/Spickhoff* Einl. Rn. 17: „Es gibt keine Kurierfreiheit:...."
23 *Laufs/Kern-Laufs* § 2 R. 17.
24 *Wachsmuth* Festschrift Bockelmann S. 473, 474.
25 *Wachsmuth* Festschrift Bockelmann S. 473, 474.
26 *Wachsmuth* Festschrift Bockelmann S. 473, 474.
27 RG Urt. v. 11.06.1907, III 21/07, RGZ 66, 143, 148 f.
28 *Laufs* NJW 1995, 159 geht von einer „Juridifizierung des Arztberufs" aus; *Pelz* DRiZ 1998, 473 ff. spricht von der vielbeklagten Verrechtlichung des Daseins, welches das Arzthaftungsrecht schon lange erfasst habe.

Personal.[29] Eine – mittlerweile vom Patienten bewusst wahrgenommene – „Welt der rechtlichen Beziehungen"[30] bringt nicht nur Sicherheit[31] für beide Seiten, sondern auch Distanz und Vorsicht im gegenseitigen Umgang. „Die Hektik der Tätigkeit, die Technisierung der Medizin, die zunehmende Anonymität zwischen Arzt und Patient, die verstärkte Arbeitsteilung in der Medizin und die Isolation des Patienten als Kranker haben einerseits die Distanz zwischen Arzt und Patient vergrößert und andererseits den ursprünglich unangreifbaren Arzt als Mitglied einer Elite vom Nimbus des Unfehlbaren und damit Unangreifbaren entkleidet."[32] Im Kampf um das individuell Notwendige „steht ein Grundpfeiler des ärztlichen Dienstes zur Debatte"[33]: die Therapiefreiheit. Diese ist durch die Art. 12 GG und Art. 5 GG gesichert und stellt das Gegenstück zu der von Art. 1 GG und Art. 2 GG geschützten Autonomie und Gesundheit des Patienten dar.[34]

Da beide Disziplinen sich in der Arbeitsweise des jeweils Handelnden stark unterscheiden, ist es nicht sinnvoll, zur Überprüfung des ärztlichen Handelns rein juristische Kriterien anzusetzen.[35] Vielmehr muss eine Lösung gefunden

---

29 Vgl. zur Einteilung der Fehler nach dem Behandlungsstadium *Bamberger/Roth/Hau/Poseck-Spindler* § 823 Rn. 659 (ohne Aufzählung der Delegation).
30 So ähnlich auch *Laufs/Kern-Laufs* § 1 Rn. 4. Der Patient bekommt mehr Rechte gegenüber dem Arzt z.B. im Rahmen der Sozialversicherung, siehe dazu ausführlich *Pitschas* VSSR 2007, 319 ff.
31 Zur Stärkung der Patientenrechte siehe insbesondere den Nikolausbeschluss des BVerfG Beschl. v. 06.12.2005, 1 BvR 347/98, NJW 2006, 891: „Es ist mit den Grundrechten aus Art. 2 I GG in Verbindung mit dem Sozialstaatsprinzip und aus Art. 2 Abs. 2 S. 1 GG nicht vereinbar, einen gesetzlich Krankenversicherten, für dessen lebensbedrohliche oder regelmäßig tödlich verlaufende Erkrankung eine allgemein anerkannte, medizinischem Standard entsprechende Behandlung nicht zur Verfügung steht, von der Leistung einer von ihm gewählten, ärztlich angewandten Behandlungsmethode auszuschließen, wenn eine nicht ganz entfernt liegende Aussicht auf Heilung oder auf eine spürbar positive Einwirkung auf den Krankheitsverlauf besteht." Zur Problematik der Definition, Zulässigkeit und Voraussetzung von Heilversuchen siehe *Deutsch* VersR 2005, 1009 ff.; siehe dazu exemplarisch *Spickhoff* NJW 2006, 1630; *Kingreen* NJW 2006, 877 f.; *Ramm* VSSR 2008, 203 ff.; *Huster* JZ 2006, 466 f.; *Hauck* NJW 2007, 1320; vgl. auch *Bender* MedR 2005, 511 f.; *Francke/Hart* MedR 2006, 131, 135.
32 *Ehlers/Broglie-Ehlers* Arzthaftungsrecht Kap. 1 Rn. 2; vgl. dazu auch *Müller* GesR 2004, 257 f.
33 *Laufs/Kern-Laufs* § 3 Rn. 22 (Altauflage), jetzt sinngemäß *Laufs/Kern/Rehborn-Kern* § 3 Rn. 23.
34 BSG Urt. v. 08.09.1993, 14 a RKa 7/92, NZS 1994, 125; siehe dazu auch *Quaas/Zuck/Clemens-Zuck* § 2 Rn. 6 ff.; zur Patientenautonomie vgl. *Hart* Jura 2000, 14 f.
35 Siehe dazu die Ausführungen auf S. 249 ff.

werden, die die Grundsätze der Medizin in der juristischen Aufarbeitung beinhaltet und aufgreift. Ein medizinischer Sachverhalt sollte anhand seiner eigenen Anhaltspunkte bewertet werden, ohne jedoch eine stringente juristische Prüfung zu unterlassen.

II. Geschichtliche Entwicklung

Das Arzthaftungsrecht war lange Zeit weitestgehend Richterrecht.[36] Die rechtlichen Grundlagen der Arzthaftung waren bis zum Inkrafttreten des Patientenrechtegesetzes am 26. Februar 2013 nur rudimentär normativ verankert.[37] Jedoch gab es auch in der Vergangenheit Gesetze über die Haftung der Ärzte bei schlechter Behandlung. Das älteste erhaltene Gesetzbuch ist die Gesetzessammlung des Königs Hammurabi in Babylon (1792–1750 v. Chr.).[38] Dieses Gesetzbuch enthält sowohl Vorschriften über die Bezahlung von Ärzten (Code Nr. 215–217, 221–223) als auch über die Bestrafung bei schlechter Berufsausübung (Code Nr. 218–220). Es kann als die Ursprungsform der Arzthaftung angesehen werden. Im Gegensatz zum heutigen Arzthaftungsrecht ging es allerdings in dem Gesetzbuch von Hammurabi nicht darum, ob einem Arzt Verschulden im Sinne einer Schlechtbehandlung traf, vielmehr waren allein die Folgen und das Ergebnis der Behandlung ausschlaggebend.[39]

Vom Gesetzbuch des Hammurabi bis zum heutigen Patientenrechtegesetz, das im Bürgerlichen Gesetzbuch (BGB) kodifiziert ist, hat sich die Arzthaftung ständig weiterentwickelt.[40] Einen bedeutsamen Fortschritt stellte die Peinliche Halsgerichtsordnung Karls V. im Jahre 1533 dar.[41] Diese Gerichtsordnung schuf Normen, durch die der Sachverständigenbeweis[42] in den Prozess eingeführt wurde. Die Verurteilung des Arztes war dann von dessen Aussage und

---

36 Vgl. die Begründung des Gesetzesentwurfes BT-Drucksache 17/10488, S. 9.
37 *Frahm/Nixdorf/Walter* Arzthaftungsrecht S. 1.
38 *Carstensen* Festschrift Deutsch S. 505, 506.
39 *Carstensen* Festschrift Deutsch S. 505, 506; vgl. auch *Ehlers/Broglie-Ehlers* Arzthaftungsrecht, Kap. 1, Rn. 3. In der Vergangenheit wurde der Arzt als Bewahrer der „Wohlordnung" bezeichnet.
40 Vgl. allgemein zur historischen Entwicklung der Arzthaftung die Dissertation von *Rieger* Die historische Entwicklung der Arzthaftung (2007).
41 In Art. 134 wird der ärztliche Kunstfehler behandelt. Der Arzt, der aus „Unfleiß" oder „Unkunst" seinen Patienten durch eine Arznei tötete, sollte bestraft werden, vgl. *Ehlers* Die ärztlichen Aufklärungen vor medizinischen Eingriffen, S. 17 mit Verweis auf den Originaldruck.
42 Art. 147 Peinliche Halsgerichtsordnung Karls V. im Jahre 1533.

den jeweiligen Umständen abhängig. Die Aussage eines Sachverständigen spielt noch heute im Arzthaftungsprozess eine entscheidende Rolle bei der Urteilsfindung.[43] Der Richter bedient sich aufgrund mangelnder eigener Sachkunde eines Facharztes für den jeweiligen medizinischen Bereich.[44] Das Rechtsstaatsprinzip und der allgemeine Gleichheitsgrundsatz prägen den Arzthaftungsprozess durch das Spezifikum des Amtsermittlungsgrundsatzes.[45] Aufgrund des Merkmals der Waffengleichheit im Prozess besteht für das Gericht im Unterschied zu anderen zivilrechtlichen Verfahren eine gesteigerte Sachverhaltsaufklärungspflicht.[46] Im Arzthaftungsprozess hat damit der medizinische Experte eine Schlüsselfunktion inne.[47]

---

43 Siehe dazu BGH Urt. v. 10.11.1970, VI ZR 83/69, VersR 71, 228, 230: Bei dem Rückgriff auf Sachverständige im Arzthaftungsprozess muss mit den Versuchungen, die „aus einer unterschwelligen Standessolidarität mitunter erwachsen können", gerechnet werden; dazu *Mertens* VersR 1974, 509, 513: „Sachverständige, die der vom BGH angedeuteten Versuchung unterliegen, werden in Kunstfehlerprozessen weniger dazu neigen, einen Kunstfehler selbst zu leugnen; sie werden sich aber daran halten, daß der Jurist die Kausalität zur Voraussetzung der Haftung für einen Erfolg erhebt, und darlegen, es lasse sich nicht ausschließen, daß der Erfolg auch bei richtiger Behandlung eingetreten wäre."; *Stegers* VersR 2000, 419 f.; *Oehler* VersR 2001, 1354 f.; *Oehler* ZRP 1999, 285, 287; *Scheppokat/Neu* VersR 2001, 23 f.; allgemein zum Sachverständigen im Arzthaftungsprozess: *Ratzel/Luxenburger-Wölk* Handbuch des Medizinrechts § 24.
44 BGH Urt. v. 14.02.1995, VI ZR 106/94, NJW 1995, 1619; BGH Urt. v. 10.05.1994, VI ZR 192/93, NJW 1994, 2419 f.; BGH Urt. v. 29.11.1994, VI ZR 189/93, NJW 1995, 776 f.; BGH Urt. v. 27.04.1971, VI ZR 180/79, VersR 1971, 764; BGH Beschl. v. 06.05.2008, VI ZR 250/07, VersR 2008, 1216; OLG Oldenburg Beschl. v. 13.11.2007, 5 W 133/07, MDR 2008, 101; *Wessel* ZfSch 2014, 128 f.; *Schmid* NJW 1994, 767 f.; *Wittmann* DS 2009, 138, 140; *Oehler* VersR 2001, 1453 f.; *Stegers* VersR 2000, 419 f.; *Bürger* MedR 1999, 100 ff.; *Rumler-Detzel* VersR 1999, 1209 f.; *Schlepokat/Neu* VersR 2001, 23, 24; *Thole* GesR 2006, 154 f.; *Frahm/Nixdorf* Arzthaftungsrecht Rn. 274 f.
45 Vgl. dazu *Laufs* NJW 1996, 2413: „Die verstärkte Pflicht des Gerichts zur Amtsermittlung zeigt sich schon bei der Präzisierung der Beweisfrage."; vgl. zur Problematik der Amtsermittlung im Hinblick auf den Sachverständigen im Arzthaftungsprozess BGH Urt. v. 21.10.1986, VI ZR 107/86, BGHZ 98, 368 ff.; vgl. auch OLG Karlsruhe Urt. v. 12.12.2001, 7 U 90/00; OLG Brandenburg Urt. v. 11.07.2001, 1 U 4/01, NJW-RR 2001, 1606 f.; OLG Düsseldorf Urt. v. 17.03.1994, 8 U 151/92; *Saenger* VersR 1991, 743, 745.
46 OLG Oldenburg Beschl. v. 25.02.2008, 5 W 10/08, MDR 2008, 527 f.
47 Vgl. auch die Anmerkung *Stegers* zu LG Traunstein Urt. v. 29.09.1994, 1 O 1742/93, MedR 1995, 241, 242 f. zur kritischen Auseinandersetzung mit dem Umgang von Sachverständigen und Abweisung beantragter weiterer Sachverständigengutachten aus anderen Fachrichtungen.

Auch die Begrifflichkeiten haben sich über die Zeit entwickelt und den Prozess geprägt. Der Begriff des Medizinrechts[48] bzw. „medizinischen Rechts" wurde zum ersten Mal im amerikanischen Recht als „medical law" verwendet.[49] Den Gebrauch des Ausdrucks „medical law" führt *Skegg*[50] auf einen Vortrag von *Glanville Williams* zurück, den er 1956 an der Columbia University hielt. In Deutschland taucht der Begriff des Medizinrechts – soweit sich dies ersehen lässt – in den 1990er Jahren erstmalig auf.[51] Nach *Spickhoff*[52] war der Grund für die Notwendigkeit dieser Begrifflichkeit die Vielfältigkeit der Rechtsmaterie. Zum Arztrecht, worunter auch die Arzthaftung fiel, kamen mehrere Rechtsgebiete hinzu, wie z.B. das Medizinprodukterecht. Daher war der Ausdruck des Arztrechts zu kurz gegriffen.

---

48 Vgl. dazu die Ausführungen bei *Quaas/Zuck/Clemens-Zuck* § 1 Rn. 1 ff.
49 Aus: *Spickhoff-Deutsch/Spickhoff* Einl. Rn. 1. Schon der Begriff der Medizin an sich wirft Fragen auf und ist keinesfalls eindeutig, siehe dazu *Quaas/Zuck/Clemens-Zuck* § 1 Rn. 1.
50 *Skegg* Festschrift Deutsch II, S. 581.
51 *Spickhoff-Deutsch/Spickhoff* Einl. Rn. 1.
52 *Spickhoff-Deutsch/Spickhoff* Einl. Rn. 1.

C. Grundlagen der Arzthaftung

I. Allgemeines

Das Arzthaftungsrecht wird auch als Sonderrecht im Haftpflichtrecht bezeichnet.[53] Haftungsfragen sind für die Tätigkeit von Ärzten von zunehmender Bedeutung.[54] Durch die Kodifikation des Patientenrechtegesetzes (BGBl, 277, am 26.02.2013 in Kraft getreten) ins BGB[55], vgl. §§ 630 a ff., wurde für die Arzthaftung nach langer Zeit eine geschriebene Haftungsgrundlage geschaffen.[56] Der bislang rein durch Richterrecht definierte Behandlungsvertrag findet nun seine gesetzliche Grundlage in § 630 a.

Die Arzthaftung wird als Berufshaftung angesehen.[57] Die von den Ärzten nicht selten selbst verbreitete „Erfolgsgarantie der Medizin" hat den Weg dafür geebnet, dass Patienten zunehmend weniger dazu bereit sind, eine Krankheit, deren Therapie und Folgen mit allen dazugehörigen Risiken als Lebensschicksal zu akzeptieren.[58] Es gibt zwar ein Recht auf körperliche Unversehrtheit, eine nicht gelungene Behandlung im Sinne eines Misserfolges allein weist jedoch noch nicht auf einen Fehler des Arztes hin.[59]

Der Titel des Patientenrechtegesetzes im BGB ist überschrieben mit „Dienstvertrag und ähnliche Verträge". Daraus lässt sich schlussfolgern, dass an der schon gefestigten Rechtsprechung und der herrschenden Meinung in der Literatur, den

---

53 *Bergmann/Wever* Die Arzthaftung, S. 1: Die Sonderstellung des Arzthaftungsrechts wird damit begründet, dass es außerordentlich „publikumswirksam" ist.
54 *Bergmann/Wever* Die Arzthaftung, S. 2; vgl. dazu auch *Taupitz* NJW 1986, 2851 f.
55 Paragraphen ohne Angaben sind solche des BGB.
56 Vgl. BT-Drucksache 17/10488.
57 *Deutsch* VersR 1982, 305; *Gerda Müller* DRiZ 2000, 259; *Hart* Jura 2000, 14; *Mertens* VersR 1974, 509 ff.
58 *Ehlers/Broglie-Ehlers* Arzthaftungsrecht Kap. 1 Rn. 4; *Laufs/Kern/Rehborn-Kern* § 2 Rn. 10 ff., weist darauf hin, dass die Gefahren von Behandlungen z.B. bei der aggressiven Krebstherapie zugenommen haben. Dies müsste Berücksichtigung finden; vgl. auch *Bergmann/Wever* Die Arzthaftung, S. 4: Der Patient hat ein höheres Anspruchsdenken als zuvor. Den Grund sehen *Bergmann/Wever* u.a. in der besseren Aufklärung des Patienten durch die Medien oder Patientenschutzverbänden. Sie sind der Ansicht, dass der Patient „für eigene Fehler oder schicksalhafte Entwicklungen" weder „Verständnis noch Akzeptanz" aufbringt; *Pelz* DRiZ 1998, 473, 474.
59 *Müller* NJW 1997, 3049.

Behandlungsvertrag als Dienstvertrag anzusehen,[60] festgehalten wird. Durch das Einfügen des Behandlungsvertrages im Anschluss an den allgemeinen Dienstvertrag wird dies sehr deutlich:[61] „Durch die Aufteilung des achten Titels im achten Abschnitt des zweiten Buches des BGB wird ein neuer Untertitel geschaffen, der den Behandlungsvertrag als speziellen Dienstvertragstypus regelt."[62] Damit betont der Gesetzgeber den fehlenden Erfolgsbezug der ärztlichen Pflichten beim Behandlungsvertrag,[63] welcher gerade das typische Abgrenzungsmerkmal zum Werkvertrag ist.[64] Damit ist auch der Behandlungsvertrag ebenso mit der Eigenschaft der Erfolgsbezogenheit[65] nach §§ 631 ff. abzugrenzen.

Gemäß dem Wortlaut des § 630 a schuldet der Behandelnde die „Leistung der versprochenen Behandlung". Die Gesetzesbegründung zieht als Argument für einen Dienstvertrag die Komplexität der Vorgänge im menschlichen Körper heran, die durch den Behandelnden kaum beherrschbar sind. Deshalb kann ein Erfolg nicht garantiert werden.[66] „Der Behandelnde wird daher lediglich zu einer

---

60 *Spickhoff-Deutsch/Spickhoff* Einl. Rn. 30; *Ehlers/Broglie-Broglie* Arzthaftungsrecht Kap. 6 Rn. 732; *Geiß/Greiner* Arzthaftpflichtrecht A 4; OLG Karlsruhe Urt. v. 23.02.194, 7 U 193/92, VersR 1996, 62; OLG Zweibrücken Urt. v. 20.01.2001, 5 U 20/01, MedR 2002, 201; BGH Urt. v. 09.12.1974, VII ZR 182/73, NJW 1975, 305; OLG Köln Urt. v. 19.09.1987, MDR 88, 317; OLG Köln Urt. v. 15.09.1979, 5 U 43/96, VersR 1998, 1510; *Stoll* AcP 176, 1976, 145, 156; vgl. auch *Roth* NJW 2006, 2814 f.; *Weyers/Mirtsching* JuS 1980, 317, 318; *Hart* Jura 2000, 14, 15; *Deutsch* NJW 2012, 2009 f.; Staudinger-*Richardi/ Fischinger* Vorbem. §§ 611 Rn. 33.
61 Vgl. die Begründung des Gesetzentwurfes BT-Drucksache 17/10488, S. 9 f. Dort wird darauf hingewiesen, dass sich mit der Kodifizierung im BGB keine Änderung der jetzigen Rechtsprechung ergeben, sondern vielmehr die gefestigte Rechtsprechung in Normen wiederfinden soll. „Mit dem Gesetzentwurf werden zum einen die bisherigen richterrechtlich entwickelten Grundsätze des Arzthaftungs- und Behandlungsrechts gesetzlich im Bürgerlichen Gesetzbuch (BGB) in einem neuen Untertitel „Behandlungsvertrag" kodifiziert."
62 Begründung des Gesetzesentwurfes BT-Drucksache 17/10488 S. 17.
63 *Frahm/Nixdorf/Walter* Arzthaftungsrecht S. 2; *Weyers/Mirtsching* Jus 1980, 317, 318; vgl. auch *Spickhoff-Deutsch/Spickhoff* Einl. Rn. 30.
64 *Prütting/Wegen/Weinreich-Halfmeier/Leupertz* Vorbem. §§ 631 bis 651 Rn. 15; MüKo-*Busche* § 631Rn. 16 f.; Staudinger-*Richardi/Fischinger* Vorbem. §§ 611 Rn. 32 m.w.N.
65 OLG Hamm Urt. v. 10.12.2012 I-17 U 107/11, 17 U 107/11; *Ströfer* VersR 1981, 796 ff.; *Laufs/Kern/Rehborn-Kern*/Rehborn § 42 Rn. 6; *Becker* MedR 2014, 475 f.
66 Begründung des Gesetzesentwurfes BT-Drucksache 17/10488, S. 17;

fachgerechten Vornahme der Behandlung verpflichtet, schuldet aber grundsätzlich keinen Behandlungserfolg."[67]

Für *Preis/Schneider* lässt die Einordnung des Behandlungsvertrages als atypischen Dienstvertrag jedoch nicht die Abgrenzung zwischen Dienst- und Werkvertrag hinfällig werden.[68] Wenn ein vom Arzt vollständig kontrollierbarer Prozess Gegenstand des Vertrags ist, ist dieser als Werkvertrag zu qualifizieren.[69] Als Werkvertrag im Arzthaftungsrecht sind nach anderer Ansicht als Ausnahmen die Herstellung von zahnärztlichen oder orthopädischen Prothesen zu sehen.[70]

Ziel und Zweck des Patientenrechtegesetzes[71] ist es vor allem, Patienten und Leistungserbringern wie dem Arzt eine geschriebene Grundlage der Orientierung zu geben.[72] Vielfach sind sowohl Patienten als auch Ärzte mit ihrer Einschätzung überfordert. Sie erkennen nicht, was ihre Rechte und Pflichten sind. Für beide Parteien war es bislang schwierig, sich bei der Fülle richterlicher Entscheidungen zurechtzufinden und über den aktuellen Stand der Rechtsprechung den Überblick zu behalten.

In der Gesetzesbegründung zum Patientenrechtegesetz heißt es: „Die Komplexität der Medizin und die Vielfalt von Behandlungsmöglichkeiten verlangen

---

67 Begründung des Gesetzesentwurfes BT-Drucksache 17/10488, S. 17; RG Urt. v. 01.03.1912, III 231/11, RGZ 78, 432: Das RG beschrieb die fehlende Erfolgsgarantie folgendermaßen: Auch der geschickteste Arzt kann nicht mit der Sicherheit einer Maschine arbeiten und trotz aller Fähigkeiten und Sorgfalt kann ihm eine Behandlung misslingen, die ihm regelmäßig gelingt; *Müller* NJW 1997, 3049.
68 *Preis/Schneider* NZS 2013, 281, 282.
69 *Wagner* VersR 2012, 789, 791, demzufolge der Gesetzgeber die Ausnahmen, wann es sich um einen Werkvertrag handelt, ausdrücklich hätte nennen sollen.
70 *Jakobs* NJW 1975, 1437 f.; *Geiß/Greiner* Arzthaftpflichtrecht A 4; vgl. auch *Martis/Winkhart* Arzthaftungsrecht A 407; *Olzen/Metzmacher* JR 2012, 271; BGH Urt. v. 09.12.1974, VII ZR 182/73, NJW 1975, 305.
71 Auf das Patientenrechtegesetz außerhalb des BGB wird in dieser Arbeit nicht eingegangen.
72 Vgl. die Begründung des Gesetzesentwurfes BT-Drucksache 17/10488, S. 9; kritisch dazu *Wagner* VersR 2012, 789, 802: *Wagner* sieht keinen Grund für die „Sonderbehandlung" des Arzthaftungsrechts und die Notwendigkeit einer Kodifikation. Im Besonderen führt er den Verweis auf das allgemeine Dienstvertragsrecht des § 630 b an. Ferner vergleicht er die Situation mit anderen Vertragstypen wie z.B. den Bau- oder Architektenvertrag, die nicht – als Werkvertrag allerdings – kodifiziert wurden. Kritisch einer Kodifikation gegenüber auch *Olzen/Metzmacher* JR 2012, 271; vgl. auch *Kubella* Patientenrechtegesetz S. 212 ff. zur Frage, ob eine Kodifikation der Patientenrechte überhaupt notwendig sei; *Katzenmeier* DÄBl. 2011 A 1885.

zunächst nach Regelungen, die Patientinnen und Patienten und Behandelnde auf Augenhöhe bringen."[73] Das Gesetz beabsichtigt damit eine Gleichstellung von Patienten und Behandelndem. Diese eigentlich selbstverständliche Tatsache spiegelt jedoch nicht die Empfindungen des Arzt-Patienten-Verhältnisses in der Realität wider. Hier fühlt sich der Patient oft dem Arzt nicht gleichgestellt, schon aufgrund des „Wissensvorsprungs" in der ärztlichen Heilkunst.[74] *Wagner* beschreibt daher die Beziehung zwischen Arzt und Patient als eine „asymmetrische Informationsverteilung"[75]. Das Patientenrechtegesetz soll den „Wissensvorsprung", zumindest in rechtlicher Hinsicht, ausgleichen und für eine Begegnung auf Augenhöhe sorgen. So führt die Gesetzesbegründung[76] aus, dass transparente gesetzliche Regeln beiden Parteien die notwendige Souveränität geben. Mit verlässlichen Informationen soll eine Grundorientierung geschaffen werden. „Diese Informationen sind nicht Selbstzweck, sondern die Voraussetzung dafür, dass die Patientinnen und Patienten eigenverantwortlich und selbstbestimmt im Rahmen der Behandlung entscheiden können. Effektiv durchsetzbare und ausgewogene Rechte sichern das Gleichgewicht zwischen Behandelnden und Patientinnen und Patienten."[77],[78] Eine Steigerung der Rechtskenntnisse des Patienten soll mit mehr Rechtssicherheit einhergehen.[79]

Die §§ 630 a ff. sollen aber – zumindest im Bürgerlichen Gesetzbuch – keine neuen Regelungen sein, sondern vielmehr zumeist jahrelanges Richterrecht in Normen umsetzen. Dies lässt sich an der Begründung zum Gesetzesentwurf erkennen: „Mit dem Gesetzentwurf werden zum einen die bisherigen richterrechtlich entwickelten Grundsätze des Arzthaftungs- und Behandlungsrechts gesetzlich im Bürgerlichen Gesetzbuch in einem neuen Untertitel „Behandlungsvertrag" kodifiziert."[80]

Es gilt weiterhin das allgemeine Prinzip des Bürgerlichen Gesetzbuches, das für alle Verträge – solange nichts Spezielles geregelt ist – Normen „vor die

---

73 Begründung des Gesetzesentwurfes BT-Drucksache 17/10488, S. 9.
74 Vgl. Begründung des Gesetzesentwurfes BT-Drucksache 17/10488, S. 9 ff.
75 *Wagner* VersR 2012, 789, 792.
76 Begründung des Gesetzesentwurfes BT-Drucksache 17/10488, S. 9
77 Begründung des Gesetzesentwurfes BT-Drucksache 17/10488, S. 9; siehe auch *Preis/Schneider* NSZ 2013, 281 f.; *Olzen/Metzmacher* JR 2012, 271.
78 A.A bzgl. der Transparenz für den Patienten *Wagner* VersR 2012, 789–799.
79 Vgl. *Preis/Schneider* NSZ 2013, 281 f.
80 Begründung des Gesetzesentwurfes BT-Drucksache 17/10488, S. 9; *Olzen/Metzmacher* JR 2012, 271.

Klammer zieht".[81] Dies bleibt auch im Patientenrechtegesetz erhalten.[82] Zentrale Haftungsnorm ist also § 280.[83]
Die für die Vertragshaftung bedeutsame Voraussetzung der Pflichtverletzung deckt sich nicht vollständig mit den Pflichten aus §§ 630 a ff..[84] Wenn z.b. die Aufklärungspflicht verletzt wird, folgt daraus nicht automatisch eine Haftung.[85] Erst, wenn der Patient dadurch einen Schaden erleidet, haftet der Arzt.[86] „Insofern ist die deliktische Prägung der Arzthaftung, ihr Bezug auf den Rechtsgüterschutz, unvermeidbar".[87] Hierin ist nicht zwangsläufig eine Parallele zu § 823 erkennbar, denn auch bei § 280 – wie es der allgemeine Grundsatz des Schadensrechts gemäß §§ 249 ff. ist – muss notwendigerweise ein Schaden entstanden sein.

Die Inkongruenz zu § 280 lässt sich auch am objektiven Sorgfaltsmaßstab erkennen, an dem sich der Arzt messen lassen muss[88]. § 280 Abs. 1 S. 2, der als Entlastung bzw. Entschuldigung gelten kann, findet in der Arzthaftung laut Gesetzesbegründung Anwendung:[89] „Insoweit gilt auch für medizinische

---

81 Vgl. *Wagner* VersR 2012, 789, 790 f.
82 Vgl. Begründung des Gesetzesentwurfes BT-Drucksache 17/10488, S. 11.
83 Begründung des Gesetzesentwurfes BT-Drucksache 17/10488, S. 11; *Ehlers/Broglie-Broglie* Kap. 6 Rn. 739.
84 *Wagner* VersR 2012, 789, 791.
85 *Wagner* VersR 2012, 789, 791; OLG Hamm Urt. v. 14.03.2001, 3 U 197/00, VersR 2001, 895 = NJW 2002, 307; OLG Köln Urt. v. 25.04.2007, 5 U 180/05, VersR 2008, 1072; OLG Hamburg Urt. v. 27.11.1998, 1 U 187/92, VersR 2000, 190, 191 = OLGR 1999, 105; OLG Stuttgart Urt. v. 29.12.1998, 15 U 22/98, MedR 2000, 35.
86 OLG Köln Urt. v. 25.04.2007, 5 U 180/05, VersR 2008, 1072; OLG Hamburg Urt. v. 27.11.1998, 1 U 187/92, VersR 2000, 190, 191 = OLGR 1999, 105; OLG Stuttgart Urt. v. 29.12.1998, 15 U 22/98, MedR 2000, 35.
87 *Wagner* VersR 2012, 789, 791.
88 St. Rspr. des BGH, vgl. BGH Urt. v. 13.02.2011, VI ZR 34/00, VersR 2001, 646; BGH Urt. v. 06.05.2003, VI ZR 259/03, VersR 2003, 1128 f.; *Müller* NJW 1997, 3049; *Katzenmeier* VersR 2007, 137, 141; zu Sorgfaltspflichten und ärztlichen Standards vgl. *Wessel* ZfSch 2013, 135 f.
89 *Ehlers/Broglie-Broglie* Kap. 6 Rn. 739; *Bamberger/Roth/Hau/Poseck-Spindler* Bürgerliches Gesetzbuch, § 823 Rn. 784; *Katzenmeier*, Arzthaftung, § 8 S. 491 f., 493; a.A. *Wagner* VersR 2012, 789, 791, der kritisiert, dass diese fehlende Parallele in der Gesetzesbegründung nicht genügend deutlich gemacht wird. Nach *Olzen/Metzmacher* JR 2012, 277 f. hätte sich zur Klarstellung und zur Erledigung dieses Problems ein Hinweis auf die Anwendbarkeit von § 280 Abs. 1 S. 2 in der Norm selbst angeboten; *Weyers/Mirtsching* JuS 1980, 317, 3189; *Nixdorf* VersR 1996, 160, 162 f. (beide noch zu § 282 a.F.); siehe dazu auch *Katzenmeier* VersR 2002, 1066 f. m.w.N; vgl. auch *Weimar* JR 1977, 7.

Behandlungsverträge die Beweiserleichterung des § 280 Absatz 1 Satz 2, nach der das Vertretenmüssen des Behandelnden für die fehlerhafte Behandlung vermutet wird."[90] Dies war allerdings lange Zeit umstritten gewesen.[91] Der BGH lehnte diese Vermutung vor dem Hintergrund ab, die Komplexität des menschlichen Organismus und des Heilungsprozesses an sich könne nicht zum Rückschluss vom Fehlschlagen der Behandlung auf ein Verschulden des Arztes führen.[92] Die Beweislastregel des § 280 Abs. 1 S. 2 kann nach ihrem Sinn aber auch den Nachweis eines objektiven Pflichtenverstoßes des Arztes erfassen, wenn der Patient im Herrschafts- und Organisationsbereich zu Schaden gekommen ist und es gerade die vertragliche Aufgabe des Arztes war, solche Schäden zu vermeiden.[93]

Der BGH lässt jedoch neben dem objektiven Sorgfaltsmaßstab[94] keine Ausnahme für persönliche Fehler zu. Der Arzt habe „grundsätzlich für sein dem medizinischen Standard zuwiderlaufendes Vorgehen auch dann

---

90 Begründung des Gesetzesentwurfes BT-Drucksache 17/10488, S. 28.
91 Vgl. *Olzen/Metzmacher* JR 2012, 277.
92 BGH Urt. v. 14.03.1978, VI ZR 213/76, NJW 1978, 1681 f.; BGH Urt. v. 10.03.1981, VI ZR 202/79, NJW 1981, 2002, 2004; BGH Urt. v. 26.02.1991, VI ZR 344/89, NJW 1991, 1540, 1541 (diese Rechtsprechung galt noch für § 282 a.F.); vgl. auch *Müller* NJW 1997, 3049.
93 BGH Urt. v. 26.02.1991, VI ZR 344/89, NJW 1991, 1540; *Müller* NJW 1997, 3049, 3050 verweist auf das voll beherrschbare Risiko; vgl. auch *Weber* VersR 1997, 761, 763: „Treibende Kraft bei den Bestrebungen, auch bei der Arzthaftung die Beweisregel des § 282 anzuwenden, ist das Wissen darum, daß sich der Patient im Prozeß durchweg in Beweisnot befindet [...]"; Deshalb hat man mit der „Verteilung der Beweislast nach Gefahrenbereichen" versucht eine Lösung zu finden; *Prölss* VersR 1994, 901 ff.: Er versucht dem Patienten die Bürde abzunehmen und sie dem Arzt aufzuerlegen.
94 *Müller* NJW 1997, 3049; *Müller* GesR 2004, 257 f.; Es wird also im Gegensatz zum Strafrecht schon für das Außerachtlassen der objektiv-typisierten Sorgfalt gehaftet (*Spickhoff-Deutsch/Spickhoff* Einl. Rn. 39) *Spickhoff* ist der Meinung, dass damit der zivilrechtlichen Fahrlässigkeitshaftung ein wenig der „Stempel" des Übernahmeverschuldens aufgedrückt wird; *Müller* DRiZ 2000, 259, 261; *Laufs* NJW 1996, 1571, 1577; *Pelz* DRiZ 1998, 473, 474; BGH Urt. v. 13.02.2001, VI ZR 34/00, MDR 2001, 565; BGH Urt. v. 06.05.2003, VI ZR 259/02, MDR 2003, 989; *Sommerfeld* VersR 2015, 661: „Insofern besagt § 630 a Abs. 2 in Konkretisierung von § 276 Abs. 2, dass die Behandlung nach den zum Zeitpunkt der Behandlung bestehenden, allgemein anerkannten fachlichen Standards zu erfolgen hat, soweit nicht etwas anderes vereinbart ist."

haftungsrechtlich einzustehen, wenn dieses aus seiner persönlichen Lage heraus subjektiv als entschuldbar erscheinen mag".[95]

II. Die Arzthaftung nach dem Patientenrechtegesetz im Einzelnen

1. § 630 a Abs. 1 BGB „Behandlungsvertrag"

Der Gesetzgeber ist bei der Normierung des Behandlungsvertrages bei dem für das Besondere Schuldrecht typischen Muster geblieben und hat zuerst die Hauptleistungspflichten benannt.[96] In § 630 a heißt es: „Durch den Behandlungsvertrag wird derjenige, welcher die medizinische Behandlung eines Patienten zusagt (Behandelnder), zur Leistung der versprochenen Behandlung, der andere Teil (Patient) zur Gewährung der vereinbarten Vergütung verpflichtet, soweit nicht ein Dritter zur Zahlung verpflichtet ist."[97]

Der Behandlungsvertrag wird im Sinne eines Austauschs von medizinischer Behandlung gegen Entgelt definiert.[98] § 630 a Abs. 1 erfasst in klassischer Weise die gegenseitigen Pflichten der Parteien.[99] Nach *Rehborn*[100] stellt es für den Zivilrechtler eine Selbstverständlichkeit dar, dass zwischen dem Arzt und dem Patienten ein Vertrag zustande kommt. § 630 a ist dabei nicht auf Selbstzahler beschränkt, sondern soll vielmehr umfassend für jegliche Art der Behandlung gelten.[101] Der Vertragsschluss richtet sich nach den allgemeinen Vorschriften des BGB.[102]

Aus § 630 a Abs. 1 a. E. lässt sich ableiten, dass in jedem Fall – gleich ob Privatpatient oder bei der Gesetzlichen Krankenversicherung versichert – ein

---

95 BGH Urt. v. 13.02.2001, VI ZR 34/00, VersR 2001, 646; vgl. auch *Müller* DRiZ 2000, 259, 261; *Wessel* ZfSch 2013, 135 f.; *Gaßner/Strömer* MedR 2012, 159 ff.
96 *Preis/Schneider* NZS 2013, 280, 281.
97 Dieser wird von *Spickhoff* wegen seiner Ungenauigkeit und Regelungslücken kritisiert *Spickhoff* VersR 2013, 267, 271.
98 *Wagner* VersR 2012, 789, 790; *Preis/Schneider* NZS 2013, 281 f.
99 *Preis/Schneider* NZS 2013, 281.
100 *Rehborn* GesR 2013, 257.
101 Patientenrechtsgesetz Begründung BT-Drucksache 17/10488, S. 18; *Wagner* VersR 2012, 789, 790.
102 Vgl. *Ratzel/Luxenburger-Griebau* Handbuch des Medizinrechts § 10 Rn. 6. Dagegen die Lehre der öffentlich-rechtlichen Sonderbeziehung, die für die GKV-Versicherten in der gesetzlichen Krankenversicherung ein abgeschlosses System sieht; vgl. dazu BSG Urt. v. 10.12.2008, B 6 KA 37/07 R, BSGE 102, 134 = GesR 2009, 305.

Behandlungsvertrag zwischen Patient und Behandelndem zustande kommt.[103] Das sozialrechtlich geprägte Schrifttum ging bislang hingegen von einer sozialrechtlichen Qualifikation kassenärztlicher Tätigkeit aus.[104] Würde man eine sozialrechtliche Qualifikation annehmen, wäre der Rechtsweg zu den ordentlichen Gerichten zur Geltendmachung eines Behandlungsfehlers versperrt, da eine zivilrechtliche Verbindung nicht bestünde.[105] Der BGH behandelte den gesetzlich versicherten Patienten schon vor der Kodifikation des Patientenrechtegesetzes nicht anders als den privatversicherten Patienten und eröffnete ihm somit den Weg zu den ordentlichen Gerichten.[106] Dieser im Sozialrecht verbreiteten Gegenansicht entzieht der Gesetzgeber mit seiner Formulierung *soweit nicht ein Dritter zur Zahlung verpflichtet ist* die Grundlage.[107]

Er formuliert des Weiteren, in einer Legaldefinition, den Begriff des Behandelnden. Schon vor dem Patientenrechtegesetz verstand man unter dem Begriff der Arzthaftung nicht nur die Frage der Haftung des Arztes bei Fehlbehandlung, sondern auch die Haftung des Krankenhausträgers.[108] Die gesetzliche Formulierung hingegen geht über dieses Verständnis hinaus und benennt all diejenigen, die die medizinische Behandlung – gleich in welcher Eigenschaft – zusagen.[109] Die Gesetzesbegründung zählt hier namentlich Ärzte, Zahnärzte, Psychologische Psychotherapeuten, Kinder- und Jugendlichenpsychotherapeuten, Hebammen, Masseure, Medizinische Bademeister, Ergotherapeuten, Logopäden, Physiotherapeuten u.a. und Heilpraktiker auf.[110] Kritisch zu dieser Erweiterung äußert sich *Thurn*[111]: Er hält sie nicht für sachgerecht, aber auf der anderen Seite für sachlich irrelevant.

Der die Behandlung Zusagende und der die Behandlung tatsächlich Durchführende können identisch sein und sind es häufig auch. Dies ist jedoch nicht

---

103 Vgl. dazu Patientenrechtsgesetz Begründung BT-Drucksache 17/10488, S. 18; *Olzen/Metzmacher* JR 2012, 271, 272.
104 BSG Urt. v. 16.12.1993, 4 RK 5/92, NZS 1994, 507 f.; BSG Urt. v. 16.09.1997, 1 RK 28/95, NJW 1999, 1805 f.; *Waltermann* § 8 Rn. 221 geht nach dem Patientenrechtsgesetz von einem „Nebeneinander von öffentlichem und Privatrecht" aus.
105 So *Wagner* VersR 2012, 789, 790.
106 Vgl. die st. Rspr. BGH Urt. v. 28.04.1987, VI ZR 171/86, BGHZ 100, 363 f. = VersR 1987, 990, 991; BGH Urt. v. 06.07.1989, III ZR 79/88, BGHZ 108, 230 = NJW 1990, 760; BGH Urt. v. 20.12.2005, VI ZR 180/04, BGHZ 165, 290 = VersR 2006, 409.
107 *Wagner* VersR 2012, 789, 790; *Preis/Schneider* NZS 2013, 281, 282.
108 Vgl. z.B. *Laufs/Kern/Rehborn-Stollmann/Wollschläger* § 88 Rn. 9 ff.
109 *Rehborn* GesR 2013, 257, 258.
110 Patientenrechtsgesetz Begründung BT-Drucksache 17/10488, S. 18.
111 *Thurn* MedR 2013, 153, 154.

zwingend vorgesehen.¹¹² „Es soll auch weiterhin möglich sein, dass der die Behandlung Zusagende im Sinne des Absatzes 1 und der die Behandlung tatsächlich Durchführende personenverschieden sind."¹¹³ So kann es z.b. bei einer Praxisgemeinschaft oder in einem Medizinischen Versorgungszentrum (MVZ) eine juristische Person sein, die die Behandlung zusagt. Die juristische Person stellt wiederum ihrerseits den ausführenden Behandelnden bereit, der die Behandlungsleistung als Erfüllungsgehilfe gemäß § 278 für sie erbringt.¹¹⁴

Diese Situation kommt auch bei Behandlungsverträgen mit Krankenhausträgern vor.¹¹⁵ Drei Gestaltungsmöglichkeiten kommen in Betracht:¹¹⁶ Der totale Krankenhausvertrag, der gespaltene Krankenhausvertrag und der totale Krankenhausvertrag mit Arztzusatzvertrag.¹¹⁷ „Alle von der Rechtsprechung und Literatur entwickelten Konstellationen werden durch Absatz 1 nunmehr auf eine gesetzliche Grundlage gestellt."¹¹⁸ Allerdings findet sich im Wortlaut nichts von den drei Gestaltungsmöglichkeiten.¹¹⁹ Lediglich die Gesetzesbegründung lässt darauf schließen, dass diese Möglichkeiten gewollt sind.¹²⁰ Nach *Preis/Schneider* sind diese Behandlungsgestaltungen durchaus gewünscht, jedoch müsste entweder der Wortlaut der Norm extensiv ausgelegt oder eine Analogie herangezogen werden.¹²¹

---

112 Vgl. dazu Patientenrechtsgesetz Begründung BT-Drucksache 17/10488, S. 18; *Rehborn* GesR 2013, 257, 258.
113 Patientenrechtsgesetz Begründung BT-Drucksache 17/10488, S. 18.
114 Patientenrechtsgesetz Begründung BT-Drucksache 17/10488, S. 18; Münchener Anwaltshandbuch-*Clausen* § 7 Rn. 36.
115 Patientenrechtsgesetz Begründung BT-Drucksache 17/10488, S. 18.
116 Vgl. BGH III ZR 169/97, VersR 1998, 728 ff.; *Huster/Kaltenborn-Gaidzik/Weimer* Krankenhausrecht § 15 Rn. 12 ff.
117 *Huster/Kaltenborn-Gaidzik/Weimer* § 15 Rn. 12 ff.
118 Patientenrechtsgesetz Begründung BT-Drucksache 17/10488, S. 18.
119 *Preis/Schneider* NZS 2013, 281, 282; *Spickhoff* ZRP 2012, 65, 67 kritisiert die fehlende Aufnahme in den Gesetzestext.
120 Patientenrechtsgesetz Begründung BT-Drucksache 17/10488, S. 18. Kritik an der nicht ausdrücklichen Regelung der verschiedenen Krankenhausverträge kommt von *Preis/Schneider* NZS 2013, 281, 282. Sie hätten sich eine Aufzählung der Verträge in einem gesonderten Absatz gewünscht. Auch *Kubella* Patientenrechtegesetz S. 140 ff. hält eine spezielle Regelung für zwingend notwendig. Ferner auch *Schünemann* NJW 1982, 2027, 2031.
121 *Preis/Schneider* NZS 2013, 281, 282: Zu welcher Norm oder welchem rechtlichen Konstrukt eine Analogie hergeleitet werden soll, lässt der Beitrag allerdings offen.

a) Totaler Krankenhausvertrag

Beim totalen Krankenhausvertrag verpflichtet sich der Krankenhausträger, alle für die Behandlung erforderlichen Leistungen, sowohl ärztliche als auch nichtärztliche, zu erbringen.[122] Es handelt sich um einen gemischten Vertrag mit vordergründig dienstrechtlichen Elementen.[123] Nach § 17 Abs. 2 KHEntgG kann er formlos und konkludent abgeschlossen werden.[124] Der totale Krankenhausvertrag stellt die Regelform der stationären Krankenhausbetreuung dar.[125] Die Pflicht zur umfassenden medizinisch notwendigen Versorgung trifft das Krankenhaus.[126] Dies gilt auch für diejenigen Leistungen, die das Krankenhaus z.B. aufgrund von mangelnder Ausstattung nicht erbringen kann.[127] Verlangt der Patient zusätzliche stationäre Leistungen, die sich nicht im Rahmen der allgemeinen Krankenhausleistungen bewegen, muss er eine zusätzliche ausdrückliche Vereinbarung mit dem Krankenhausträger treffen.[128]

Die Grundidee eines totalen Krankenhausvertrages ist die Konzentration der vertraglichen Haftung beim Krankenhausträger.[129] Dieser trägt sowohl für die Handlungen der Ärzte als auch der nichtärztlichen Mitarbeiter des Krankenhauses gemäß § 278 die Verantwortung.[130] Eine eigene vertragliche Haftung der Klinikärzte oder des Klinikpersonals ist nicht gegeben, so dass sie ausschließlich

---

122 Patientenrechtsgesetz Begründung BT-Drucksache 17/10488, S. 18; *Geiß/Greiner* A Rn. 26; *Gehrlein* A II Rn. 26; OLG Brandenburg Urt. v. 08.04.2003, 1 U 26/00, NJW-RR 2003, 1383; *Martis/Winkhart* K 132 ff. m.w.N; *Hart* Jura 2000, 14, 15, 17 f.; BGH Urt. v. 14.02.1995, VI ZR 272/93, BGHZ 129, 6 f., 15 f., MDR 1995, 698; *Huster/Kaltenborn-Gaidzik/Weimer* § 15 Rn. 12 f.
123 *Müller* DRiZ 2000, 259, 261; *Ehlers/Broglie-Broglie* Kap. 6 Rn. 736; *Hart* Jura 2000, 14, 15.
124 BGH VersR 2000, 999; *Geiß/Greiner* A Rn. 26.
125 *Spickhoff-Spickhoff* § 630 a Rn. 26; *Quaas/Zuck/Clemens-Quaas* § 14 Rn. 10; *Geiß/Greiner* A Rn. 26; *Ehlers/Broglie-Broglie* Kap. 6 Rn. 736; nicht unumstritten, die Rechtsprechung sieht den totalen Krankenhausvertrag mit Arztzusatzvertrag als Regelform an vgl. *Müller* DRiZ 2000, 259, 261.
126 § 2 Abs. 2 S. 1 KHEntgG; § 39 Abs. 1 S. 3 SGB V; *Gehrlein* A II Rn. 26.
127 *Geiß/Greiner* A Rn. 28.
128 *Quaas/Zuck/Clemens-Quaas* § 14 Rn. 11.
129 *Ehlers/Broglie-Broglie* Kap. 6 Rn. 736; *Geiß/Greiner* A Rn. 26; *Quaas/Zuck/Clemens* § 14 Rn. 10; *Spickhoff-Spickhoff* § 630 a Rn. 26.
130 BGH Urt. v. 06.12.1988, VI ZR 132/88, NJW 1989, 1538–1548 = MDR 1989, 437–438; *Ehlers/Broglie-Broglie* Kap. 6 Rn. 736; *Geiß/Greiner* A Rn. 26; *Quaas/Zuck/Clemens-Quaas* § 14 Rn. 10.

wie vertragliche Haftungsvermittler zu Lasten des Krankenhausträgers als Vertragsschuldner anzusehen sind.[131]

b) Gespaltener Krankenhausvertrag

Beim sog. gespaltenen Krankenhausvertrag erbringt der Krankenhausträger insbesondere die allgemeinen Krankenhausleistungen.[132] Die ärztlichen Leistungen hingegen werden durch einen gesonderten Vertrag, z.b. mit einem Belegarzt[133], erbracht.[134] Daher ist das Grundmodell für diesen Vertragstypen auch der Belegarztvertrag.[135] Dieser ist nach ständiger Rechtsprechung ein Dauervertrag mit atypischem Inhalt.[136] Kennzeichnend für den gespaltenen Krankenhausvertrag mit einem Belegarztvertrag[137] ist, dass der Patient die medizinischen Leistungen ausschließlich vom Belegarzt[138] erwartet. Diese Erwartungshaltung

---

131 *Geiß/Greiner* A Rn. 29.
132 Patientenrechtsgesetz Begründung BT-Drucksache 17/10488, S. 18; *Gehrlein* A II Rn. 27; OLG Düsseldorf Urt. v. 05.02.1987, 8 U 112/85, VersR 1988, 91; OLG Stuttgart Urt. v. 20.08.1992, 14 U 3/92, NJW 1993, 2384; OLG Schleswig Urt. v. 04.12.1996, 4 U 146/95, NJW 1997, 3098 = MedR 1997, 321–322; BGH Urt. v. 16.04.1996 VI ZR 190/95, NJW 1996, 2429; kritisch zu dieser Spaltungskonstruktion *Kleinewerfers/Wilts* NJW 1963, 2345, 2347.
133 Der Belegarzt wird vom Gesetz als ein freiberuflich tätiger Arzt angesehen. Dieser ist aufgrund eines Vertrages mit dem Krankenhausträger berechtigt, aber auch verpflichtet, die Patienten (Belegpatienten) im Krankenhaus (sog. Belegkrankenhaus) zu behandeln (vgl. § 18 Abs. 1 KHEntgG). Vgl. dazu auch *Quaas/Zuck/Clemens-Quaas* § 14 Rn. 13; *Gehrlein* A II Rn. 28. Der Klinikträger ist im Gegenzug verpflichtet, die Räume und Ausstattung sowie das nichtärztliche Personal zu stellen (vgl. dazu *Geiß/Greiner* A Rn. 31.)
134 *Gehrlein* A II Rn. 27 ff.; *Quaas/Zuck-Quaas* § 14 Rn. 13.
135 Vgl. §§ 2 Abs. 1 S. 2, 18 Abs. 1 KHEntgG. Vgl. auch *Quaas/Zuck/Clemens-Quaas* § 14 Rn. 13; Zum reinen Belegkrankenhaus siehe *Spickhoff-Spickhoff* § 630a Rn. 32; *Müller* DRiZ 2000, 259, 261; *Hart* Jura 2000, 14, 15; *Huster/Kaltenborn-Gaidzik/Weimer* § 15 Rn. 16.
136 BSG Urt. v. 17.09.1986, 3 RK 21/85, MedR 1987, 125; BVerwG Urt. v. 12.03.1987, 3 C 14/86, MedR 1987, 252; BGH Urt. v. 08.11.2005, VI ZR 319/04, BGHZ 165, 36, 40 = VersR 2006, 361–363; BGH Urt. v. 20.07.2006, III ZR 145/05, NJW- RR 2006, 1427 f. = MedR 2006, 654 – 655.
137 Der sog. gespaltene Krankenhausvertrag mit Belegarztvertrag ist das Grundmodell (*Quaas/Zuck/Clemens-Quaas* § 14 Rn. 13); vgl. auch *Kleinewerfers/Wilts* NJW 1965, 332, 333; *Gehrlein* A II Rn. 27 ff.
138 Bezüglich des Haftungskreises des Belegarztes vgl. *Gehrlein* A II Rn. 28 m.w.N; *Müller* DRiZ 2000, 259, 261.

schließt eine ärztliche Leistungspflicht durch das Krankenhaus selbst aus.[139] Wenn ein gespaltener Krankenhausvertrag in Abgrenzung zum totalen Krankenhausvertrag vereinbart werden soll, muss in aller Deutlichkeit darauf hingewiesen werden, dass der Krankenhausträger nicht Schuldner der ärztlichen Leistung ist und damit gerade für diese nicht haftet.[140]

Die Haftung beim gespaltenen Krankenhausvertrag ist unterteilt in die Haftung des Klinikträgers[141] für die allgemeinen Krankenhausleistungen und die Haftung des Belegarztes für seine spezifischen Behandlungsleistungen.[142] Eine gesamtschuldnerische Haftung von Arzt und Krankenhausträger ist dann nicht ausgeschlossen, wenn sich der Schaden des Patienten gleichermaßen aus beiden Wirkungssphären ergibt.[143]

c) Totaler Krankenhausvertrag mit Arztzusatzvertrag

Der dritte (und damit letzte) Krankenhausvertragstypus ist der sog. totale Krankenhausvertrag mit Arztzusatzvertrag[144]. Dem sog. totalen Krankenhausvertrag mit Arztzusatzvertrag liegt dieselbe Struktur zugrunde wie dem (reinen) totalen

---

139 BGH Urt. v. 07.12.2004, VI ZR 212/03, NJW 2005, 888. Andere Ansicht hingegen OLG Hamm VersR 2006, 512.
140 BGH Urt. v. 22.12.1992, VI ZR 341/91, NJW 1993, 779 = BGHZ 121, 107, 112; *Hart* Jura 2000, 14, 15; *Müller* DRiZ 2000, 259, 261.
141 Bezüglich der Haftung des Klinikträgers siehe *Gehrlein* A II Rn. 29 ff. m.w.N.
142 *Ehlers/Broglie-Broglie* Kap. 6 Rn. 738; OLG Hamm Urt. v. 24.04.2002, 3 U 8/01, VersR 2003, 1312 = ArztR 2003, 190–192; BGH Urt. v. 16.05.2000, VI ZR 321/98, NJW 2000, 2737 = VersR 2000, 1146–1150; BGH Urt. v. 08.11.2005, VI ZR 319/04, NJW 2006, 437 = VersR 2006, 361–363, siehe dazu auch die Anmerkung von *Rehborn* BGHReport 2006, 297, 298 und die Anmerkung von *Schodder* EwiR 2007, 581, 582; Siehe zur Abgrenzung der Haftung zwischen Belegarzt und Belegkrankenhaus: BGH Urt. v. 14.02.1995, VI ZR 272/93, BGHZ 129, 6, 13; BGH Urt. v. 11.06.1996, VI ZR 172/95, BGH NJW 1996, 2429.
143 *Geiß/Greiner* A Rn. 45. Als Beispiel wird das Zusammentreffen von Organisationsverstößen des Klinikträgers mit Mängeln in der Überwachung durch den Belegarzt genannt; BGH Urt. v. 11.06.1996, VI ZR 172/95, NJW 1996, 2429.
144 Dies ist der Regelfall für den totalen Krankenhausvertrag mit Wahlleistung siehe dazu: BGH Urt. v. 18.06.1985, VI ZR 234/83, NJW 1985, 2189 = MDR 1985, 1012, 1013; BGH Urt. v. 22.12.1992, VI ZR 341/91, NJW 1993, 779–781 = JZ 1993, 1062, 1063; BGH Urt. v. 19.02.1998, III ZR 169, 97, NJW 1998, 1778 = ArztR 1998, 314–317; *Müller* DRiZ 2000, 259, 261; A.A *Reiling* MedR 1995, 443, 451 f. Er sieht den totalen Krankenhausvertrag als Regelfall an.

Krankenhausvertrag.[145] Zusätzlich werden ärztliche Leistungen aufgrund eines gesonderten Vertrags mit einem Arzt[146] erbracht.[147] Ärzte können ihre selbsterbrachten Leistungen auch eigenständig liquidieren.[148]

Bei diesem Vertrag ist erneut eine Haftungskonzentration beim Krankenhausträger zusehen.[149] Der selbstliquidierende Arzt haftet zwar auch persönlich[150], ist aber gleichzeitig Haftungsvermittler nach § 278.[151] Die Folge der Haftung aus diesem Vertragstypus ist damit eine doppelte Haftung, einerseits in der Person des Krankenhausträgers und andererseits in der des selbstliquidierenden Arztes.[152]

2. § 630 a Abs. 2 BGB „Medizinischer Standard"

In Abs. 2 des § 630 a wird auf den medizinischen Standard Bezug genommen: „Die Behandlung hat nach den zum Zeitpunkt der Behandlung bestehenden, allgemein anerkannten fachlichen Standards zu erfolgen, soweit nicht etwas anderes vereinbart ist." Der medizinische Standard wird von Juristen als rechtlich erheblicher Standard akzeptiert und deshalb auch übernommen.[153]

---

145 *Gehrlein* A II Rn. 27; BGH Urt. v. 18.06.1985, VI ZR 234/83, NJW 1985, 2189 = MDR 1985, 1012, 1013; BGH Urt. v. 19.02.1998, III ZR 169/97, VersR 1998,726 = NJW 1998, 1778 = ArztR 1998, 314–317; vgl. auch BGH Urt. v. 18.06.1985, VI ZR 234/83, NJW 1985, 2189, 2190 = MDR 1985, 101, 1013.
146 Z.B. wie beim gespaltenen Krankenhausvertrag der Belegarzt.
147 *Hart* Jura 2000, 14, 15, 18; *Ehlers/Broglie-Broglie* Kap. 6 Rn. 737; Patientenrechtsgesetz Begründung BT-Drucksache 17/10488, S. 18; vgl. dazu auch BGH Urt. v. 19.02.1998, III ZR 169/97, BGHZ 138, 91, 98 = NJW 1998, 1778 f.; BGH Urt. v. 18.06.1985, VI ZR 234/83, BGHZ 95, 63, 67 f. (Arzt als zusätzlicher Schuldner); BGH Urt. v. 22.12.1995, VI ZR 341/91, BGHZ 121, 107, 110; OLG Hamm Urt. v. 22.11.1999, 3 U 90/99, NJW 2000, 3437 f.; *Kuhla* MedR 2002, 280.
148 *Geiß/Greiner* A Rn. 49.
149 *Ehlers/Broglie-Broglie* Kap. 6 Rn. 737; *Geiß/Greiner* A Rn. 52.
150 *Franski/Hansen* NJW 1990, 737, 739; *Gehrlein* A II Rn. 27. *Geiß/Greiner* A Rn. 53.
151 OLG Stuttgart Urt. v. 10.05.1990, 14 U 56/89, VersR 1991, 1141; BGH Urt. v. 10.03.1981, VI ZR 202/79, NJW 1981, 2002 = VersR 1981, 730–732; BGH Urt. v. 19.02.1998, III ZR 169/97, NJW 1998, 1778 = MDR 1998, 582–584; BGH Urt. v. 30.11.1982, VI ZR 77/81, NJW 1983, 1374 = VersR 1983, 244; *Deutsch/Spickhoff* Medizinrecht Rn. 120; *Geiß/Greiner* A Rn. 52 f.
152 *Gehrlein* A II Rn. 27; *Reiling* MedR 1995, 443, 450.
153 *Taupitz* NJW 1986, 2851, 2858; *Hart*, Ärztliche Leitlinien und Haftungsrecht, in *Hart* (Hrsg.), Ärztliche Leitlinien, Empirie und Recht professioneller Normsetzung, 2000, 137, 142; BGH Urt. v. 27.11.1952, VI ZR 25/52, BGHZ 8, 138; vgl. zur Haftung des

Es sind „die vom Recht an den Arzt zu stellenden Anforderungen aus dem medizinischen Standard zu entnehmen".[154] Der Rechtsanwender hat sich bei der Übernahme des medizinischen Standards „an der entsprechenden Schutzrichtung der anzuwendenden Rechtsnorm auszurichten."[155] Für die rechtliche Betrachtungsweise können durch den Juristen an die Medizin keine anderen Sorgfaltsanforderungen gestellt werden, als sie sich nach medizinischen Maßstäben ergeben.[156] Dies muss so geschehen, dass der von Rechts wegen übernommene Standard in den verschiedenen Rechtsbereichen unterschiedliche Gestalt haben kann.[157] Auf dieser Ebene sind die unterschiedlichen Interessen von Medizinern und Juristen im Einzelfall zu beurteilen.[158] Diese Einzelfallabwägung nimmt insbesondere der Richter vor, der den ermittelten außerrechtlichen Standard mit dem rechtlichen Standard in Einklang bringt, der von Verfassung, Gesetzen und Verordnungen vorgegeben ist.[159] Das Recht kann folglich den medizinischen Standard nicht festlegen,[160] es kann jedoch bestimmen, ob der medizinische Standard den Anforderungen des Rechts genügt.[161]

---

unterqualifizierten Arztes *Koziol* AcP 196, 1996, 593, 608; vgl. zum Standard bei Homöopathie durch Ärzte *Müller/Raschke* NJW 2013, 428 f.; *Müller* GesR 2004, 257 ff.
154 *Groß* VersR 1996, 657, 663.
155 *Taupitz* AcP 211, 2011, 352, 356.
156 *Groß* VersR 1996, 664; vgl. auch BGH Urt. v. 29.11.1994, VI ZR 189/93, VersR 1995, 659 = NJW 1995, 776.
157 *Hart* VSSR 2002, 256, 277.
158 *Taupitz* Die Standesordnung der freien Berufe, S. 1118 m.w.N.
159 Vgl. *Pauge* Arzthaftungsrecht Rn. 164 f.; *Taupitz* Die Standesordnung der freien Berufe, S. 1125 m.w.N.
160 BGH NJW 1995, 776, 777; *Weyers/Mirtsching* JuS 1980, 317, 319. Zudem darf der medizinische Standard immer nur an dem gemessen werden, was sowohl personell als auch technisch möglich ist. Vgl. dazu *Groß* VersR 1996, 657, 664; so kann nicht eine Universitätsklinik mit einem Kleinstadtklinikum verglichen werden. Vgl. dazu BGH Urt. v. 14.12.1993, VI ZR 67/93, VersR 1994, 480 = NJW 1994, 1596; *Hart* Leitlinien im Medizin- und Gesundheitsrecht in *Hart* (Hrsg.) Klinische Leitlinien und Recht, S. 282.
161 *Taupitz* AcP 211, 2011, 352, 357. *Taupitz* hält dies für eine Verkennung der Anforderungen des Rechts bei der Festlegung rechtlicher Pflichten; dagegen wohl *Bamberger/Roth/Hau/Poseck-Spindler* § 823 Rn. 594 und *Hart* Leitlinien im Medizin- und Gesundheitsrecht, in: *Hart* (Hrsg.) Klinische Leitlinien und Recht, S. 282: „Es fehlt dem Recht im Bereich des ärztlichen „Professionsvorbehalts" die Kompetenz zur Kontrolle. Deshalb bestimmt der medizinische Standard den rechtlichen. Recht rezipiert den medizinischen Standard. Die Rezeptionsfrage ist Rechtsfrage, nicht Tatfrage."

Im Arzthaftungsrecht gehört der medizinische Standard zu den Kernfragen des Prozesses.[162] Für die Ermittlung des medizinischen Standards wird auf Regelwerke wie DIN-Normen, technische Vorschriften oder Fach- und Standesregeln zurückgegriffen.[163] Insbesondere Richtlinien, Leitlinien und Stellungnahmen kommt eine hohe Bedeutung zu.[164] Richtlinien und Leitlinien sollen den medizinischen Standard in bestimmten Situationen be- oder festschreiben.[165]

Die AWMF[166] formuliert[167] den Begriff der Leitlinie folgendermaßen: „Leitlinien sind systematisch entwickelte Entscheidungshilfen über die angemessene ärztliche Vorgehensweise bei speziellen gesundheitlichen Problemen [...] wissenschaftlich begründete und praxisorientierte Handlungsempfehlungen [...] Leitlinien sind Orientierungshilfen im Sinne von Handlungs- und Entscheidungskorridoren, von denen in begründeten Fällen abgewichen werden kann

---

162 *Laufs* NJW 2000, 1757, 1762.
163 *Bamberger/Roth/Hau/Poseck-St.Lorenz* § 276 Rn. 24 m.w.N.; allgemein zum Standard: *Taupitz*, Die Standesordnung der freien Berufe, 1991 S. 1172 f., 1176; *Weyers/Mirtsching* Jus 1980, 317, 319 (bildet verschiedene Fälle um den Standard zu ermitteln); zum medizinischen Standard allgemein vgl. *Hart* Jura 2000, 64, 65; *Mertens* VersR 1974, 509, 516 f.; zur Ermittlung des medizinischen Standards allgemein *Müller* GesR 2004, 257 f.
164 Vgl. für die Leitlinien *Hart* MedR 1998, 8: „Therapieleitlinien und allgemeine Leitlinien nutzen der Sicherung der Qualität ärztlichen Handelns; sie riskieren die ärztliche Therapiefreiheit. Therapieleitlinien können Standards ärztlicher Behandlung neu entwickeln, vorhandene Standards verbessern und vorhandene Standards bestätigen. Sie können innovieren, rationalisieren, generalisieren, orientieren – und sie setzen möglicherweise verbindliche professionelle Regeln, die nach ihrer Ausgestaltung zur Befolgung zwingen, Begründungen bei Abweichungen erfordern oder als Empfehlung beachtet werden wollen."; vgl. zu ärztlichen Leitlinien und Standards *Ihle*, Ärztliche Leitlinien, Standards und Sozialrecht.
165 *Rehborn* MDR 2000, 1101, 1102; *Sommerfeld* VersR 2015, 661: „Bei der Festlegung und Ausfüllung der Standardfrage sind *medizinische Leitlinien* der Fachgesellschaften (wie der Arbeitsgemeinschaft der Wissenschaftlichen Medizinischen Fachgesellschaften [AWMF] und anderer Stellen und die in einem förmlichen Verfahren einer legitimierten Institution für den betroffenen Rechtsraum ergangenen (verbindlichen) *Richtlinien* (etwa des Gemeinsamen Bundesausschusses) immer wieder von erheblicher Bedeutung".
166 Arbeitsgemeinschaft der wissenschaftlichen und medizinischen Fachgesellschaften.
167 Für Leitlinien gibt es unterschiedliche Definitionen. Diese unterscheiden sich aber zum Teil nur marginal.

oder sogar muss."[168] Leitlinien geben den gültigen Stand der Wissenschaft zum Zeitpunkt der Veröffentlichung wieder.[169] Sie sind bloße Empfehlungen für ärztliches Handeln.[170]

Richtlinien hingegen sind Regelungen des Handelns oder des Unterlassens, die von einer gesetzlich, berufsrechtlich, standesrechtlich oder satzungsrechtlich legitimierten Institution herausgebracht werden.[171] Sie sind im Rechtsraum der veröffentlichenden Institution verbindlich[172] und können bei Nichtbeachtung Sanktionen nach sich ziehen.[173]

Laut der Gesetzesbegründung des Patientenrechtegesetzes ist der Standard der jeweilige Stand der naturwissenschaftlichen Erkenntnisse und der ärztlichen Erfahrung, welcher „zur Erreichung des Behandlungsziels erforderlich ist und sich in der Erprobung bewährt hat".[174] Man spricht vom

---

168 *Bergmann* GesR 2006, 33 ff.; vgl. zu anderen Begriffsbestimmungen von Leitlinien in der Literatur: *Geiß/Greiner* B 9 a; *Pauge* Rn. 185 f., 596; *Schmidt-Recla* GesR 2003, 138, 140; *Jorzig/Feifel* GesR 2004, 310, 311; *Frahm* GesR 2005, 529, 531; *Hart* MedR 1998, 8, 12 oder *Hart* MedR 2002, 472 f. (Darstellung OLG Naumburg Urt. v. 19.12.2001, 1 U 46/01).
Auch die Rechtsprechung ist uneinheitlich: OLG Stuttgart Urt. v. 22.02.2001, 14 U 62/2000 = MedR 2002, 650, 653; OLG Naumburg Urt. v. 25.03.2002, 1 U 111/01 = ArztuR 2003, 99–100; OLG Hamm Urt. v. 01.11.1999, 3 U 131/98, VersR 2000, 1373, 1374 = NJW-RR 2000, 401–402.
169 *Schmidt-Recla* GesR 2003, 138, 140; siehe auch OLG Hamm Urt v. 27.01.1999, 3 U 26/98, NJW 2000, 1801 (Richtlinien); OLG Hamm Urt. v. 09.05.2001, 3 U 250/99, VersR 2002, 857, 858 (spricht von Empfehlungen); OLG Sachsen-Anhalt Urt. v. 25.03.2002, 1 U 111/01, ArztuR 2003, 99–100; OLG Sachsen-Anhalt Urt. v. 19.12.2001, 1 U 46/01, MedR 2002, 471–472; vgl. auch *Geiß/Greiner* B 9 a.; *Walter* GesR 2003, 165 f., 171.
170 Kritische Auseinandersetzung dazu *Hart* MedR 1998, 8; OLG Karlsruhe Urt. v. 09.01.2002, 7 U 115/00, AHRS 1220/310; OLG Braunschweig Urt. v. 12.07.2012, 1 U 1/04; LG Neubrandenburg Urt. v. 11.01.2005, 4 O 165/04, MedR 2005, 283; OLG Köln Urt. v. 06.08.2014, 5 U 137/13; Thüringer OLG Urt. v. 01.06.2010, 4 U 498/07; LG Kiel Urt. v. 14.09.2012, 17 O 89/11; OLG Hamm 18.06.2014, I-3 U 66/14, 3 U 66/14, GesR 2014, 607–610; BGH Urt. v. 15.04.2014, VI ZR 382/12, VersR 2014, 879 = MDR 2014, 896; *Frahm* GesR 2005, 529 f.; BGH Beschl. v. 28.03.2008, VI ZR 57/07, GesR 2008, 361 f.
171 *Bergmann* GesR 2006, 337.
172 Vgl. zur sozialrechtlichen Verbindlichkeit *Frahm* GesR 2005, 529, 531; *Müller* GesR 2004, 257, 260; *Jorzig/Feifel* GesR 2004, 310, 311; *Geiß/Greiner* B 9 a.
173 *Bergmann* GesR 2006, 337.
174 Patientenrechtsgesetz Begründung BT-Drucksache 17/10488, S. 28; kritisch dazu *Wagner* VersR 789, 791: *Wagner* ist der Meinung einen speziellen Sorgfaltsmaßstab

Facharztstandard.[175] Zudem ist der Ort der Behandlung, z.B. das Uniklinikum als Maximalversorger oder ein städtisches Klinikum als Grundversorger, zu beachten.[176] Existiert kein Standard, auf den der Arzt zurückgreifen kann, ist nach der Maßgabe eines vorsichtigen Arztes zu behandeln.[177]

Der Arzt schuldet demnach eine dem Stand der Wissenschaft entsprechende Diagnose, Beratung, Therapie und Aufklärung.[178] Der Zeitpunkt für die Beurteilung des wissenschaftlich gültigen Standards ist die Vornahme der ärztlichen Behandlung.[179] Es kommt folglich bei der Ermittlung des Standards nie auf den Zeitpunkt der mündlichen Verhandlung im Zivilprozess an.[180]

Die Verpflichtung zur einfachsten, schnellsten und schonendsten Methode darf jedoch nicht dahingehend missverstanden werden, der Arzt sei in seiner Auswahl der verschiedenen Behandlungsalternativen eingeschränkt.[181] Vielmehr gilt der Grundsatz der Freiheit der Wahl einer bestimmten Behandlung.[182] Eine Einschränkung besteht allerdings, wenn neben der vom Arzt ausgewählten Methode weitere zur Verfügung stehen, die in der Wissenschaft unumstritten sind und mit einem für den Patienten weniger belastenden, geringeren Risiko

---

für das Arzthaftungsrecht – mit Abweichungen von § 276 – zu entwickeln, sei nicht gelungen.
175 So schon *Uhlenbruck* NJW 1965, 1057, 1063; *Pauge* Rn. 164 f. m.w.N.; *Frahm/Nixdorf/Walter* Rn. 79 m.w.N; *Boemke* NJW 2010, 1562 f.
176 *Müller* GesR 2004, 257 f.; BGH Urt. v. 08.03.1988, VI ZR 201/87, MDR 1988, 663 = NJW 1988, 1511; BGH Urt. v. 30.05.1989, VI ZR 200/88, MDR 1989, 983 = NJW 1989, 2321.
177 KG Berlin Urt. v. 24.10.2011, 20 U 67/09, BeckRS 2011, 25734 = GesR 2012, 33, 34; BGH Urt. v. 27.03.2007, VI ZR 55/05, VersR 2007, 995, 997 f. (erhöhte Vorsicht bei einem Heilversuch mit noch zugelassenen Medikamenten); *Deutsch/Spickhoff* Medizinrecht Rn. 331.
178 *Ehlers/Broglie-Broglie* Kap. 6 Rn. 741.
179 *Geiß/Greiner* B 9 m.w.N; *Ehlers/Broglie-Broglie* Kap. 6 Rn. 742; BGH Urt. v. 25.11.2003, VI ZR 8/03 = NJW 2004, 1452 = VersR 2004, 645, 647; *Frahm/Nixdorf/Walter* Rn. 79 m.w.N; vgl. auch § 630 a Abs. 2: „Die Behandlung hat nach den zum Zeitpunkt der Behandlung bestehenden, allgemein anerkannten fachlichen Standards zu erfolgen, soweit nicht etwas anderes vereinbart ist."
180 *Ehlers/Broglie-Broglie* Arzthaftungsrecht Kap. 6 Rn. 742.
181 *Ehlers/Broglie-Broglie* Arzthaftungsrecht Kap.6 Rn. 746.
182 *Ehlers/Broglie-Broglie* Arzthaftungsrecht Kap. 6 Rn. 746; *Deutsch* VersR 1982, 305; vgl auch OLG Hamburg Urt. v. 30.03.1979, 1 U 115/77, VersR 80, 336, zur Wahl der Therapie vgl. OLG Hamm Urt. v. 25.02. 2014, 26 U 157/12, GesR 2006, 413 f.

verbunden sind.[183] Ferner muss der Arzt den sichersten Weg der Behandlung wählen.[184] Bei neuen Behandlungsmethoden darf die Anwendung bzw. das Ausprobieren einer neuen Alternative nicht so weit gehen, dass der Patient nur als Lernobjekt für experimentelle Zwecke missbraucht wird.[185]

3. § 630 b BGB „Anzuwendende Vorschriften"

In § 630 b sind die anzuwendenden Normen genannt: Auf das Behandlungsverhältnis sind die Vorschriften über das Dienstverhältnis, das kein Arbeitsverhältnis im Sinne des § 622 ist, anzuwenden, soweit nicht in diesem Untertitel etwas anderes bestimmt ist. Der Gesetzgeber hat also darauf verzichtet, das Arzthaftungsrecht im Patientenrechtegesetz umfassend zu regeln.[186] Dies bringt – trotz aller Kritik in der Literatur[187] – zum Ausdruck, dass der Behandlungsvertrag als Dienstvertrag gewollt ist.[188] Die dienstvertraglichen Vorschriften prägen das besondere Vertrauensverhältnis der Vertragsparteien.[189] Dies gilt im Besonderen

---

183 BGH Urt. v. 26.11.1991, VI ZR 389/90, NJW 1992, 754; zur Therapiefreiheit sehr prägnant *Hart* MedR 1998, 8: „Die ärztliche Therapiefreiheit hat auch und im Kern ein dienendes Ziel: dem Patienten zu nutzen. Dieses Ziel hat ein paternalistisches, sozusagen fiduziarisches, ein autonomiesicherndes und ein beteiligendes Element. Paternalistisch sorgt der Arzt für eine gute Behandlung („Schutz"): das ist seine Kompetenz als Experte für gute medizinische Behandlung; autonomiesichernd schafft er die Voraussetzungen eines „informed consent" des Patienten, einer insofern autonomen Entscheidung in einer partnerschaftlichen Verfassung der Arzt-Patient-Beziehung („Aufklärung"); Beteiligung des Patienten in dieser partnerschaftlichen Beziehung – und möglicherweise darüber hinaus – ergänzt das Autonomieziel um die Kommunikation („Partizipation"). „Informed consent" geht auf und über in „autonomous authorization." Ärztliche Therapiefreiheit lebt in der Sphäre von Patientenschutz, sie ist begrenzt durch Aufklärungspflichten und Beteiligungsprozessen. Paternalistischer Schutz ist die Festlegung guter Behandlungsstandards durch die Profession. Insofern decken sich Therapiefreiheit und Patientenschutz." (Anmerkung: kursive Hervorhebungen wurden von der Verfasserin entfernt.)
184 *Ehlers/Broglie-Broglie* Arzthaftungsrecht Kap. 6 Rn. 747; vgl. auch BGH Urt. v. 05.12.1967, VI ZR 54/66, VersR 1968, 276 = MDR 1968, 316.
185 *Heilmann* NJW 19990, 1513, 1514.
186 *Wagner* VersR 2012, 789, 791.
187 Siehe S. 12.
188 So auch *Preis/Schneider* NZS 2013, 281, 282.
189 *Preis/Schneider* NZS 2013, 281, 282.

für § 613 S. 1, der die Behandlung „im Zweifel" als höchstpersönliche Leistung ansieht.[190]

4. § 630 c BGB „Pflichten"

In § 630 c Abs. 1 sind sowohl Mitwirkungs-[191] als auch Informationspflichten genannt: Behandelnder und Patient sollen bei der Behandlung zusammenwirken. Dies wird als „Partnerschaftsgedanke"[192] verstanden. Verstößt der Patient gegen seine Obliegenheiten zur Mitwirkung, dann behält der Arzt – auch bei Misserfolg der Behandlung – seinen Honoraranspruch.[193] Dem Patienten kann zudem ein Mitverschulden gemäß § 254 zur Last gelegt werden.[194]

---

190 *Spickhoff* ZRP 2012, 65, 66; Patientenrechtsgesetz Begründung BT-Drucksache 17/10488, S. 20; *Olzen/Metzmacher* JR 2012, 271, 272. Sieht medizinische Behandlung einschränkend nur dann als höchstpersönliche Leistung an, wenn es dem Patienten erkennbar auf eine Identität von Vertragspartner und ausführende Person ankommt wie z.b. bei der Wahlleistungsvereinbarung bei einem Chefarzt; so auch MüKo-*Müller-Glöge* § 613 Rn. 3; BGH Urt. v. 20.12.2007, III ZR 144/07, BGHZ 175, 76 = NJW 2008, 987; OLG Düsseldorf Urt. v. 16.02.1995, 8 U 33/94, NJW 1995, 2421, 2422.
191 Vgl. zur Mitwirkungspflicht bzw. -kompetenz *Pitschas* VSSR 2007 319, 323 f. m.w.N; vgl. zur „Voraussetzung" der Mitwirkung des Patienten BVerfG Beschl. v. 25.07.1979, 2 BvR 878/74, BVerfGE 52, 131, 179: Der Arzt soll nicht die gesamte Last tragen, sondern der Patient soll aktiv in den Prozess seiner Behandlung mit eingebunden werden. Ferner soll ein Dialog zwischen Arzt und Patient bestehen, der davon geprägt ist, die Mitwirkung und Mitverantwortung zu stärken. Im Zuge dessen muss der Arzt die Aufklärung als Selbstverständnis zur Wahrung des Selbstbestimmungsrechts der Patienten ansehen und leben: „Mitwirkung, Dialog und Stärkung der Eigenverantwortung des Patienten sind nur möglich, wo dieser zunächst über die in seinem Fall bestehende medizinische Situation aufgeklärt worden ist; ein unaufgeklärter Patient vermag demgegenüber in der Regel nicht mehr zu sein als ein passives Objekt ärztlicher Fürsorge."
192 Patientenrechtsgesetz Begründung BT-Drucksache 17/10488, S. 21; auch bekannt unter dem Stichwort „compliance" vgl. *Laufs/Kern/Rehborn-Kern/Rehborn* § 73 Rn. 6 ff. Unter „compliance" versteht man die Befolgung von Verhaltensanweisungen des Arztes an den Patienten im Rahmen einer Behandlung (vgl. *Katzenmeier* Arzthaftung § 1 S. 59 f. m.w.N); *Spickhoff-Deutsch/Spickhoff* Einl. Rn. 18: „Der Heilauftrag des Arztes und das Selbstbestimmungsrecht des Patienten verbinden sich in Wirklichkeit zu einer partnerschaftlich gesteuerten medizinischen Behandlung."
193 *Laufs/Kern/Rehobrn-Kern/Rehborn* § 73 Rn. 8.
194 Patientenrechtsgesetz Begründung BT-Drucksache, 17/10488, S. 21; *Laufs/Kern/Rehborn-Kern/Rehborn* § 73 Rn. 8; *Olzen/Metzmacher* JR 2012, 271, 273; vgl. zum Behaupten eines Mitverschuldens des Patienten durch den Arzt und die Beweislast

Die Einbeziehung der Mitwirkung des Patienten an der Behandlung und deren negative Folgen bei Verletzung der Mitwirkungsobliegenheit ist zwingend erforderlich. Würde man dem Patienten nicht ein gewisses Maß selbstständiger Mitarbeit zumuten, wäre eine Medikamentengabe, eine Diät oder ein bestimmtes Trainingsprogramm, das vom Patienten selbst absolviert werden muss, nicht möglich. Zudem geht das Grundgesetz auch von der Eigenständigkeit des Menschen aus, was sich im Subsidiaritätsprinzip oder in Art. 2 GG niederschlägt. Auch das Arzthaftungsrecht erkennt den Willen und die Selbstbestimmtheit des Patienten an. Dies zeigt sich nicht zuletzt in der Ablehnungsmöglichkeit einer Therapie. Aus diesen Gründen und aus der Natur der Sache ist eine Mitwirkungsobliegenheit des Patienten unumgänglich.

Die angesprochene Selbstbestimmung findet sich in § 630 c Abs. 2, der lautet: „Der Behandelnde ist verpflichtet, dem Patienten in verständlicher Weise zu Beginn der Behandlung und, soweit erforderlich, in deren Verlauf sämtliche für die Behandlung wesentlichen Umstände zu erläutern, insbesondere die Diagnose, die voraussichtliche gesundheitliche Entwicklung, die Therapie und die zu und nach der Therapie zu ergreifenden Maßnahmen." Diese Maßnahmen dienen zur Stärkung des Selbstbestimmungsrechts des Patienten und der Sicherung des Heilungserfolges.[195] Nach der Gesetzesbegründung soll davon auch die therapeutische Aufklärung oder Sicherungsaufklärung erfasst sein.[196] Die therapeutische Aufklärung dient allerdings nicht der allgemeinen Information des Patienten, sondern soll über die Mitwirkungsobliegenheiten bzw. über das eigene Verhalten des Patienten während der Behandlung informieren.[197] Sie soll also die Behandlung sichern, indem der Arzt Warn- und Verhaltenshinweise für den Patienten gibt.[198]

Müller NJW 1997, 3049, 3050: Nach allgemeinen Grundsätzen trägt dann die Behandlungsseite die Beweislast.
195 *Olzen/Metzmacher* JR 2012, 271, 273.
196 Patientenrechtegesetz Begründung BT-Drucksache 17/10488, S. 32.
197 BGH Urt. v. 10.03.1981, VI ZR 202/79, NJW 1981, 2002, 2003 = VersR 1981, 730 f.; BGH Urt. v. 27.06.1995, VI ZR 32/94, VersR 1995, 1099, 1110 = NJW 1995, 2407; BGH Urt. v. 16.11.2004, VI ZR 328/03, NJW 2005, 427, 428 = VersR 2005, 228; BGH Urt. v. 08.07.2008, VI ZR 259/06, NJW 2008, 2846; OLG Koblenz Urt. v. 20.06.2012, 5 U 1450/11, VersR 2012, 1304 f.; *Wussow* VersR 2002, 1337 f.; *Spickhoff-Greiner* § 839 Rn. 206; vgl. zur Abgrenzung der Aufklärungspflichten untereinander *Hassner* VersR 2013, 23 f.
198 *Spickhoff-Greiner* § 839 Rn. 206.

Sind für den Behandelnden Umstände erkennbar, die die Annahme eines Behandlungsfehlers[199] begründen, hat er den Patienten über diese auf Nachfrage oder zur Abwendung gesundheitlicher Gefahren zu informieren. Diese sogenannte Fehleraufklärung bei „erkennbarem Behandlungsfehler" ist ein Konstrukt, welches im Wesentlichen an die Rechtsprechung angelehnt ist.[200] Erkennbare Behandlungsfehler sind solche Fehler, die dem Arzt in Folge der Behandlung ohne weitere Suche bekannt werden.[201] Eine Nachforschungs- bzw. Recherchepflicht besteht für den Arzt nicht.[202] Diese Pflicht des Arztes ist ein theoretischer Gedanke ohne praktische Relevanz.[203] In der Regel wird es vielmehr so sein, dass die Ärzte einen Misserfolg der Behandlung erkennen und den Erfolg dennoch anstreben werden. Grundsätzlich wird ein Arzt einen Behandlungsfehler nicht zugeben, sondern den Misserfolg vielmehr als schicksalhaft und unvermeidlich bezeichnen. Da es keine Recherchepflicht gibt, muss der Arzt auch keine Beweise vorlegen, die auf einen tatsächlichen Behandlungsfehler hindeuten. Somit dient diese Floskel nur als theoretisches Konstrukt des Wunschdenkens.

Abs. 3 der Norm behandelt die Information über die Behandlungskosten: „Weiß der Behandelnde, dass eine vollständige Übernahme der Behandlungskosten durch einen Dritten nicht gesichert ist oder ergeben sich nach den Umständen hierfür hinreichende Anhaltspunkte, muss er den Patienten vor Beginn der Behandlung über die voraussichtlichen Kosten der Behandlung in Textform informieren. Weitergehende Formanforderungen aus anderen Vorschriften bleiben unberührt."[204] Wird gegen diese Pflicht verstoßen, kann der

---

199 *Spickhoff* JZ 2015, 15 ff.
200 Str. so aber BT-Drucksache 17/10488, S. 21; a.A. *Wagner* VersR 2012, 789, 794 f.; eine Aufklärungspflicht wurde in dem Fall bejaht, wenn der Patient Beschwerden hatte, die einer weiteren Behandlung bedurften, oder bei Nachfrage des Patienten selbst (*Bamberger/Roth/Hau/Poseck-Spindler* § 823 Rn. 633 m.w.N.)
201 *Wagner* VersR 2012, 789, 794 f. Patientenrechtegesetz Begründung BT-Drucksache 17/10488, S. 21: Danach muss der Arzt wahrheitsgemäß antworten, wenn er Umstände erkennt, die auf einen Behandlungsfehler hindeuten. Selbst dann ist er zu Wahrheit verpflichtet, wenn er selbst dabei Gefahr läuft, auch die eigenen Fehler kundtun zu müssen. Die Pflicht gilt also nicht nur für Fehler Dritter, sondern auch für eigene Fehler des Arztes. Eine Recherchepflicht zur Ergründung der eigenen Fehler gibt es hingegen nicht. Der Arzt muss also nicht aktiv nach eigenen Behandlungsfehlern forschen.
202 Patientenrechtegesetz Begründung BT-Drucksache 17/10488, S. 32.
203 Palandt-*Weidenkaff* § 630 c Rn. 7; Wagner sieht nur die Geltendmachung der Schadensersatzansprüche als erleichtert *Wagner* VersR 2012, 789, 795.
204 Dazu siehe schon *Laufs* NJW 2000, 1757, 1760.

Patient gemäß §§ 280 Abs. 1, 249 Abs. 1 Befreiung vom Vergütungsanspruch verlangen.[205]
Der sehr streng gefasste Abs. 3 wird durch den Abs. 4 der Norm entschärft. Dort sind die Ausnahmen der Informationspflichten geregelt: „Der Information des Patienten bedarf es nicht, soweit diese ausnahmsweise aufgrund besonderer Umstände entbehrlich ist, insbesondere wenn die Behandlung unaufschiebbar ist oder der Patient auf die Information ausdrücklich verzichtet hat."
Hier ist das klassische Regel-Ausnahme-Verhältnis zu erkennen. Zudem sind die Pflichten des Arztes nicht so streng, wie sie auf den ersten Blick wirken. Eine Informationsverpflichtung besteht nur dann, wenn der Arzt sicheres Wissen hat oder hinreichende Anhaltspunkte für die fehlende Übernahme der Behandlungskosten vorliegen.

5. § 630 d BGB „Einwilligung"

§ 630 d Abs. 1 lautet: „Vor Durchführung einer medizinischen Maßnahme, insbesondere eines Eingriffs in den Körper oder die Gesundheit, ist der Behandelnde verpflichtet, die Einwilligung des Patienten einzuholen. Ist der Patient einwilligungsunfähig, ist die Einwilligung eines hierzu Berechtigten einzuholen, soweit nicht eine Patientenverfügung nach § 1901 a Absatz 1 Satz 1 die Maßnahme gestattet oder untersagt. Weitergehende Anforderungen an die Einwilligung aus anderen Vorschriften bleiben unberührt. Kann eine Einwilligung für eine unaufschiebbare Maßnahme nicht rechtzeitig eingeholt werden, darf sie ohne Einwilligung durchgeführt werden, wenn sie dem mutmaßlichen Willen des Patienten entspricht."
Danach trifft den Arzt vor einem medizinischen Eingriff die Pflicht, den Patienten aufzuklären und seine Einwilligung einzuholen.[206] Das Erfordernis für

---

205 BGH Urt. v. 09.05.2000, VI ZR 173/99, NJW 2000, 3429, 3431 f. = VersR 2000, 999–1002; KG Berlin Urt. v. 21.09.1999, VersR 2000, 89 = NJW-RR 2000, 35–37.
206 *Olzen/Metzmacher* JR 2012, 271, 273; dazu kritisch: *Tröndle* MDR 1983, 881 f.; § 8 MBO: Dieser Paragraph besagt, dass Ärzte zur Behandlung die Einwilligung, welche eine Aufklärung im persönlichen Gespräch voraussetzt, vom Patienten einholen müssen. Insbesondere ist bei Operationen über Risiken und Alternativen aufzuklären. Der Patient muss die Tragweite und Bedeutung des operativen Eingriffs verstehen. Insbesondere für diagnostische und operative Eingriffe muss dem Patienten genügend Bedenkzeit eingeräumt werden. Je weniger ein Eingriff medizinisch geboten ist oder je größer das Risiko und die Konsequenzen sind, umso ausführlicher und eindrücklicher muss der Patient über mögliche Ergebnisse und Risiken aufgeklärt werden; *Wussow* VersR aaO.

eine wirksame Einwilligung im Sinne eines „informed consent"[207] kommt in den §§ 630 d–e deutlich zum Ausdruck. Die Selbstbestimmungsaufklärung ist eng verknüpft mit der Einwilligung des Patienten, da diese nur wirksam erteilt werden kann, wenn die Aufklärung angemessen war.[208] „Die Einwilligung bedingt und begrenzt die Rechtmäßigkeit eines rechtserheblichen Verhaltens, das ohne wirksame Einwilligung rechtlicher Mißbilligung ausgesetzt wäre. Ungeachtet der Besonderheiten, die sich aus den verschiedenen Rechtsgebieten ergeben, sind die Einwilligungstatbestände „Generalklauseln"[209] [...], d.h. sie sind Ausdruck grundlegender Rechtsvorstellungen, die die geltende Rechtsordnung prägen und durchziehen, der Vorstellung nämlich, daß die rechtliche Beziehung zu anderen sich prinzipiell nicht auf Macht oder Zwang, sondern auf Konsens und auf die Achtung vor der Entschließungsfreiheit gründet."[210]

In Abs. 2 der Norm werden die Wirksamkeitsvoraussetzungen benannt: Die Wirksamkeit der Einwilligung setzt voraus, dass der Patient, oder im Fall des Absatzes 1 Satz 2 der zur Einwilligung Berechtigte, vor der Einwilligung nach Maßgabe von § 630 e Absatz 1 bis 4 aufgeklärt wurde. Die wirksame Einwilligung ist aufgrund der sonst rechtswidrigen Körperverletzung zwingend notwendig.[211] Jeder ärztliche Heileingriff stellt zunächst einmal eine tatbestandliche

---

207 *Olzen/Metzmacher* JR 2012, 271, 273/274; *Laufs* NJW 2000, 1757, 1760; vgl. auch *Laufs* NJW 1996, 2413 f.
208 Vgl. auch *Wagner* VersR 2012, 789, 793.
209 BVerfG Urt. v. 15.01.1958, 1 BvR 400/51, BVerfGE 7, 198, 206.
210 BVerfG Beschl. v. 25.07.1979, 2 BvR 878/74, BVerfGE 52, 131, 172.
211 *Heilmann* NJW 1990, 1513, 1514: Heilmann sieht den Konflikt durch die Aufklärung und die daraus folgende Einwilligung als Annäherung von Arzt und Patient an als „optimaler Heilerfolg kraft freien Parteienwillens"; BGH Urt. v. 16.01.1959, VI ZR 179/57, NJW 1959, 814; BGH Urt. v. 22.06.1971, VI ZR 230/69, VersR 1971, 929; *Roxin/Schroth-Schroth* Handbuch des Medizinstrafrechts S. 23 ff.; vgl. auch *Kohlhaas* NJW 1965, 2348 ff.; *Spickhoff-Deutsch/Spickhoff* Einl. Rn. 17; vgl. ferner BVerfG Beschl. v. 25.07.1979, 2 BvR 878/74, BVerfGE 52, 131, 173, 178, welcher keine Einschränkung der Aufklärungspflicht bei ernstlichen oder schweren Erkrankungen annimmt: „Eine solche Einschränkung der Aufklärungspflicht gegenüber dem – seiner Sinne mächtigen – Patienten führt im Ergebnis dazu, daß je ernstlicher ein Patient krank ist, desto stärker auch sein Selbstbestimmungsrecht verkürzt werden dürfte. Im Lichte des Art. 2 Abs. 2 Satz 1 GG ist das Institut der Einwilligung demgegenüber inhaltlich so zu bestimmen, daß das Recht des Patienten gewahrt bleibt, entsprechend seinen ureigensten Maßstäben seine Einwilligung zu erteilen oder zu verweigern; hierüber ist er von Verfassungs wegen allenfalls sich selbst, nicht aber dritten Personen und ihren Maßstäben Rechenschaft schuldig. Dieses Recht verdient von Verfassungs wegen Achtung und Schutz zumal dort, wo es sich – etwas wegen der Schwere seiner

Körperverletzung dar, welche nicht zuletzt aus dem Grundsatz des Rechts auf körperliche Unversehrtheit gemäß Art. 2 Abs. 2 GG folgt.[212]

„Das Erfordernis der Einwilligung auch zu diagnostischen, zu vorbeugenden und zu Heileingriffen hat seine normative Wurzel in den grundlegenden Verfassungsprinzipien, die zu Achtung und Schutz der Würde und der Freiheit des Menschen und seines Rechts auf Leben und körperliche Unversehrtheit verpflichten, Art. 1 Abs. 1, Art. 2 Abs. 1, 2 Satz 1 GG."[213] Weiter führt das Bundesverfassungsgericht aus: „Verfehlt wäre es, dem Kranken und Gebrechlichen, weil seine Gesundheit bereits versehrt sei, nur ein gemindertes Maß an Selbstbestimmungsrecht zuzusprechen, und deshalb Eingriffe zum Zwecke der Diagnose, Vorbeugung, Linderung, Besserung oder Behebung eines Leidens dem Erfordernis der Einwilligung zu entziehen oder nur geringere Anforderungen an die Einwilligung und das in ihrem Rahmen gebotene Maß der Aufklärung zu stellen. Das Grundrecht des Art. 2 Abs. 2 Satz 1 GG schützt die Unversehrtheit des Menschen nicht lediglich nach Maßgabe seines jeweiligen konkreten Gesundheits- oder Krankenzustandes; es gewährleistet zuvörderst Freiheitsschutz im Bereich der leiblich-seelischen Integrität des Menschen, nicht aber beschränkt es sich auf speziellen Gesundheitsschutz."[214]

Daneben hat die Norm einen vertraglichen (Neben-)Pflichtcharakter, dessen Verletzung einen Schadensersatzanspruch nach sich ziehen kann.[215]

Krankheit, der Notwendigkeit des Eingriffs oder auch des Risikos, das mit ihm oder seinem Unterbleiben verbunden ist – um eine existentielle Entscheidung des Patienten über seine eigene Integrität handelt."

212 *Heilmann* NJW 1990, 1513, 1514; BGH Urt. v. 28.11.1957, 4 StR 525/57, BGHSt 11, 112; BGH Urt. v. 29.06.1995, 4 StR 760/94, NStZ 1996, 34 dazu *Ulsenheimer* NStZ 1996, 132 f.; BGH Urt. v. 04.10.1999, 5 StR 712/98, BGHSt 45, 219, 221; BGH Urt. v. 20.01.2004, 1 StR 319/03, NStZ 2004, 442; BGH Urt. v. 05.07.2007, 4 StR 549/06, NStZ-RR 2007, 340, 341; BGH Urt. v. 20.12.2007, 1 StR 576/07, NStZ 2008, 278, 279; *Fischer* StGB § 223 Rn. 16 ff.; *Frister/Lindemann/Peters* Kap. 1 Rn. 1; Es ist durchaus umstritten in der Literatur, ob jeder ärztliche Heileingriff als Körperverletzung anzusehen ist, siehe dazu *Roxin/Schroth-Schroth* Handbuch des Medizinstrafrechts S. 23 ff. mwN. oder auch *Bockelmann* NJW 1961, 945, 946; *Bockelmann* JZ 1962, 525 ff.; *Kraatz* Arztstrafrecht S. 12 ff.; *Tröndle* MDR 1983, 881 ff.; ausführliche Darstellung der früheren Meinungen: *Weyers/Mirtsching* Jus 1980, 317, 320; *Uhlenbruck* VersR 1968, 1101 f. setzt dies als gegeben voraus.
213 BVerfG Beschl. v. 25.07.1979, 2 BvR 878/74, BVerfGE 52, 131, 172, 173.
214 BVerfG Beschl. v. 25.07.1979, 2 BvR 878/74, BVerfGE 52, 131, 172, 173.
215 *Olzen/Metzmacher* JR 2012, 271, 274.

6. § 630 e BGB „Aufklärung"

§ 630 e knüpft an das Selbstbestimmungsrecht des Patienten an, indem er die Aufklärungspflicht zum ärztlichen Heileingriff näher regelt. § 630 e lautet: „Der Behandelnde ist verpflichtet, den Patienten über sämtliche für die Einwilligung wesentlichen Umstände aufzuklären. Dazu gehören insbesondere Art, Umfang, Durchführung, zu erwartende Folgen und Risiken der Maßnahme sowie ihre Notwendigkeit, Dringlichkeit, Eignung und Erfolgsaussichten im Hinblick auf die Diagnose oder die Therapie. Bei der Aufklärung ist auch auf Alternativen zur Maßnahme hinzuweisen, wenn mehrere medizinisch gleichermaßen indizierte und übliche Methoden zu wesentlich unterschiedlichen Belastungen, Risiken oder Heilungschancen führen können." Die Wurzeln des normativen Erfordernisses der Einwilligung und damit die der Einwilligung zugrunde liegenden Verfassungsprinzipien, die dem Patienten die Möglichkeit zur selbstbestimmten Heilbehandlung geben, bedingen einen normativen Kernbereich der Einwilligung.[216] Dieser Kernbereich umfasst die ärztliche Aufklärungspflicht und ist bei der Ausgestaltung einfachen Rechts, bei seiner Auslegung und Anwendung im Einzelfall zu beachten.[217] Deshalb wird auch der Umfang der Einwilligung in die ärztliche Heilmaßnahme einfachgesetzlich geregelt.[218]

In Abs. 2 sind die Aufklärungsvoraussetzungen normiert. Diese müssen

1. mündlich durch den Behandelnden oder durch eine Person erfolgen, die über die zur Durchführung der Maßnahme notwendige Ausbildung verfügt; ergänzend kann auch auf Unterlagen Bezug genommen werden, die der Patient in Textform erhält,
2. so rechtzeitig erfolgen, dass der Patient seine Entscheidung über die Einwilligung wohlüberlegt treffen kann,
3. für den Patienten verständlich sein.

Das, was der Gesetzgeber so anschaulich verankert hat, trifft die Kernaussage des Bundesverfassungsgerichts von 1979: „Erst die Kenntnis dieser Umstände in ihrer Gesamtheit und Bedeutung für die konkrete Situation ermöglicht dem Patienten, der dazu willens ist, eine Abwägung dahin, ob er sich dem Eingriff durch diesen Arzt unterziehen will oder nicht, insbesondere ob er den geplanten

---

216 BVerfG Beschl. v. 25.07.1979, 2 BvR 878/74, BVerfGE 52,131, 172, 173; *Maunz-Dürig-Di Fabio* Art. 2 II Rn. 69, 70.
217 BVerfG Beschl. v. 25.07.1979, 2 BvR 878/74, BVerfGE 52,131 ff.
218 BVerfG Beschl. v. 25.07.1979, 2 BvR 878/74, BVerfGE 52,131 ff. zitiert nach juris Rn. 124.

Eingriff als nach seiner Auffassung notwendig, sinnvoll und hinreichend erfolgsversprechend ansieht. Diese Voraussetzungen der Abwägungsmöglichkeit zu vermitteln, damit eine wirksame Einwilligung erklärt werden könne, ist typischerweise der Sinn der ärztlichen Aufklärungspflicht; dieser grundsätzliche Umfang ist bei der Bestimmung ihres einfachrechtlichen normativen Gehalts von Verfassungs wegen geboten und von den rechtsanwendenden Stellen auch im Einzelfall zu beachten."[219]

Neu seit 2013 ist, dass die Aufklärung durch den Arzt erfolgen muss, der den Eingriff vornimmt.[220] In der ständigen BGH-Rechtsprechung war bislang die Übertragung der Aufklärung durch einen anderen ärztlichen Mitarbeiter zulässig.[221]

7. § 630 f „Dokumentation"

Nach § 630 f muss der Arzt eine Patientenakte führen, um seiner Dokumentationspflicht nachzukommen: „Der Behandelnde ist verpflichtet, zum Zweck der Dokumentation in unmittelbarem zeitlichem Zusammenhang mit der Behandlung, eine Patientenakte, in Papierform oder elektronisch, zu führen. Berichtigungen und Änderungen von Eintragungen in der Patientenakte sind nur zulässig, wenn neben dem ursprünglichen Inhalt erkennbar bleibt, wann sie vorgenommen worden sind. Dies ist auch für elektronisch geführte Patientenakten sicherzustellen. Der Behandelnde ist verpflichtet, in der Patientenakte sämtliche, aus fachlicher Sicht für die derzeitige und künftige Behandlung wesentlichen Maßnahmen und deren Ergebnisse aufzuzeichnen, insbesondere die Anamnese, Diagnosen, Untersuchungen, Untersuchungsergebnisse, Befunde, Therapien und ihre Wirkungen, Eingriffe und ihre Wirkungen, Einwilligungen und Aufklärungen. Arztbriefe sind in die Patientenakte aufzunehmen."

Seit langem wird die Dokumentationspflicht einhellig als eine Nebenpflicht qualifiziert, welche aus dem Behandlungsvertrag folgt.[222] Die Dokumentation dient zum einen der weiteren Behandlung,[223] zum anderen – wenn auch zumeist

---

219 BVerfG Beschl. v. 25.07.1979, 2 BvR 878/74, BVerfGE 52, 131, 172, 173.
220 *Wagner* VersR 2012, 789, 793.
221 BGH Urt. v. 07.11.2006, VI ZR 206/05, BGHZ 169, 364 = VersR 2007, 209; *Wagner* VersR 2012, 789, 793. Er hält eine derartige Beschränkung zum Schutze des Patienten nicht für notwendig und will im Ergebnis an der st. Rspr. des BGH festhalten.
222 Grundlegend BGH Urt. v. 27.06.1978, VI ZR 183/76, NJW 1978, 2337, 2338 f.; *Borchert* CR 1993, 718 f.
223 BGH Urt. 24.011989, VI ZR 170/88, NJW 1989, 2330, 2331 = VersR 1989, 512, 514; LG Ellwangen Urt. v. 14.05.2004, 1 S 25/04; OLG Oldenburg Urt. v. 30.01.2008, 5 U

als zweitrangig angesehen – dem Nachweis vorgenommener Maßnahmen oder eines diagnostischen Ergebnisses im Zivilprozess.[224]

Die fehlende Befunderhebung wurde mehrmals und wird noch heute in der Rechtsprechung mit den Grundsätzen der fehlenden Dokumentation gleichgesetzt.[225] Auf diese Rechtsprechung wird später eingegangen und erklärt, warum dieser Vergleich in welcher Hinsicht schwierig ist.

Die Pflicht zur Dokumentation durch den Arzt und das Recht des Patienten zur Einsicht[226] in seine Krankenakte ist aus der ständigen Rechtsprechung des BGH entnommen.[227] Das Recht besteht für den Patienten „jederzeit" und ist vom Arzt „unverzüglich" zu erfüllen.[228] Sinn und Zweck der Dokumentation von Anamnesen, Symptomen und des Krankheitsverlaufs[229] ist es, eine sachgerechte, therapeutische Behandlung und ggf. Weiterbehandlung zu gewährleisten und den Behandelnden dazu zu bewegen, Rechenschaft über die vorgenommene Behandlung abzulegen.[230] Bei fehlender Dokumentation wird davon

---

92/06, VersR 2008, 691–693 = NJW-RR 2009, 32–34; SG Marburg Urt. v. 06.04.2011, S 12 KA 831/10; *Spickhoff-Scholz* § 10 MBO Rn. 1.

224 Dafür wohl *Olzen/Metzmacher* JR 2012, 271, 275; kritische Auseinandersetzung dazu: *Laufs/Kern/Rehborn-Rehborn/Kern* § 61 Rn. 12; ein Teil der Literatur (vgl. *Laufs* Rn. 455; nach a.A. erscheint es lebensfremd, den Beweissicherungszweck nach der Rechtsprechung des BGH abzusprechen (*Deutsch* Rn. 354) *Geiß/Greiner* B 202 sieht den Beweissicherungszweck als sekundär an.

225 Vgl. dazu Ausführungen S. 84 f.

226 Das Akteneinsichtsrecht ist in § 630 g geregelt: (1) Dem Patienten ist auf Verlangen unverzüglich Einsicht in die vollständige, ihn betreffende Patientenakte zu gewähren, soweit der Einsichtnahme nicht erhebliche therapeutische Gründe oder sonstige erhebliche Rechte Dritter entgegenstehen. Die Ablehnung der Einsichtnahme ist zu begründen. § 811 ist entsprechend anzuwenden.
(2) Der Patient kann auch elektronische Abschriften von der Patientenakte verlangen. Er hat dem Behandelnden die entstandenen Kosten zu erstatten.
(3) Im Fall des Todes des Patienten stehen die Rechte aus den Absätzen 1 und 2 zur Wahrnehmung der vermögensrechtlichen Interessen seinen Erben zu. Gleiches gilt für die nächsten Angehörigen des Patienten, soweit sie immaterielle Interessen geltend machen. Die Rechte sind ausgeschlossen, soweit der Einsichtnahme der ausdrückliche oder mutmaßliche Wille des Patienten entgegensteht.

227 Vgl. vor allem: BGH Urt. v. 03.02.1987, VI ZR 56/86, BGHZ 99, 391 = VersR 1987, 1089, 1091; BGH Urt. v. 27.06.1978, VI ZR 183/76, BGHZ 72, 132 = VersR 1978, 1022, 1023.

228 *Wagner* VersR 2012, 789, 794.

229 Die Aufzählung ist nicht abschließend.

230 BGH Urt. v. 02.06.1987, VI ZR 174/86, NJW 1988, 762, 763 = MDR 1987, 1017 f.; Patientenrechtsgesetz Begründung BT-Drucksache 17/10488, S. 25 f.; vgl. dazu auch

ausgegangen, dass die Maßnahme oder Einwilligung nicht vorgenommen wurde,[231] es tritt eine Beweislastumkehr ein.[232]

Das Einsichtsrecht des Patienten in die Krankenakte[233] gemäß § 630 g dient zum einen der Beweisführung[234] im Prozess und zum anderen der informationellen Selbstbestimmung[235] des Patienten.

8. § 630 h BGB „Beweislast"

Ein Fehler des Behandelnden wird vermutet, wenn sich ein allgemeines Behandlungsrisiko verwirklicht hat, das für den Behandelnden voll beherrschbar[236] war

---

§ 10 I MBO: „Ärzte haben über die Erkenntnisse und getroffenen Maßnahmen die erforderlichen Aufzeichnungen zu machen. „Diese sind nicht nur Gedächtnisstützen für die Ärztin oder den Arzt, sie dienen auch dem Interesse der Patientin oder des Patienten an einer ordnungsgemäßen Dokumentation."

231 *Preis/Schneider* NZS 2013, 280, 285; BGH Urt. v. 11.11.2014, VI ZR 76/13, VersR 2015, 327 f.: „Das Fehlen der Dokumentation einer aufzeichnungspflichtigen Maßnahme begründet die Vermutung, dass die Maßnahme unterblieben ist. Diese Vermutung entfällt weder deshalb, weil in der Praxis mitunter der Pflicht zur Dokumentation nicht nachgekommen wird, noch deshalb, weil die Dokumentation insgesamt lückenhaft ist." (Leitsatz 3 zitiert nach juris).

232 Vgl. die grundlegende Entscheidung: BGH Urt. v. 27.06.1978, VI ZR 183/76, VersR 1978, 1022 = JZ 1978, 721; zur kritische Auseinandersetzung mit dem Thema der Dokumentation und den beweisrechtlichen Folgen siehe *Hausch* VersR 2006, 612 ff.; BGH Urt. v. 23.03.1993, VI ZR 26/92, VersR 1993, 836 = MDR 1993, 623 f.: Bei nicht üblicherweise zu dokumentierenden Kontrolluntersuchungen ist „nicht schon aus dem Schweigen der Dokumentation auf das Unterbleiben entsprechender Untersuchungen" zu schließen (Teile des Leitsatzes zitiert nach juris).

233 Vgl. dazu auch § 10 Abs. 2 MBO: Ärzte haben Patienten auf deren Wunsch grundsätzlich in die sie betreffenden Krankenunterlagen Einsicht zu gewähren. Ausgenommen sind diejenigen Teile der Akte, die subjektive vom Arzt persönlich gewonnene Eindrücke oder Wahrnehmungen enthalten. Kopien müssen gegen Kopierkosten dem Patienten zur Verfügung gestellt werden; *Müller* ZEV 2014, 401 f.; BGH Urt. v. 23.11.1982, VI ZR 222/79, NJW 1983, 18 f. = MedR 1983, 25; BGH Urt. v. 23.11.1982, VI ZR 177/81, VersR 1983, 267 f. = MDR 1983, 299 f.; BGH Urt. v. 06.12.1988, VI ZR 76/88, VersR 1989, 252 f. = JZ 1989, 440 f.

234 *Preis/Schneider* NZS 2013, 281, 285; OLG Köln Urt. v. 12.11.1981, 7 U 96/81 (nicht rechtskräftig), NJW 1982, 704 f.; siehe auch *Hess* ZEV 2006, 479 f. zum Einsichtsrecht der Erben.

235 BVerfG Urt. v. 09.01.2006, 2 BvR 443/02, NJW 2006, 1116; BVerfG Beschl. v. 16.09.1998, 1 BvR 1130/98, MedR 1999, 180 f. = NJW 1999, 1777 f.

236 Vgl. zum voll beherrschbaren Risiko: BGH Urt. v. 24.06.1975, VI ZR 72/74, NJW 1975, 2245 (Zustand eines Tubus); BGH Urt. 11.10.1977, VI ZR 110, 75, NJW 1978,

und das zur Verletzung des Lebens, des Körpers oder der Gesundheit des Patienten geführt hat (§ 630 h Abs. 1).

Der Behandelnde hat zu beweisen, dass er eine Einwilligung vor der Behandlung gemäß § 630 d eingeholt und entsprechend den Anforderungen des § 630 e aufgeklärt hat. Genügt die Aufklärung nicht den Anforderungen des § 630 e, kann der Behandelnde sich darauf berufen, dass der Patient auch im Fall einer ordnungsgemäßen Aufklärung in die Maßnahme eingewilligt hätte. (§ 630 h Abs. 2). Hier spricht der Gesetzgeber von der hypothetischen Einwilligung.[237]

Liegt ein grober Behandlungsfehler[238] vor und ist dieser grundsätzlich geeignet, eine Verletzung des Lebens, des Körpers oder der Gesundheit der tatsächlich eingetretenen Art herbeizuführen, wird vermutet, dass der Behandlungsfehler für diese Verletzung ursächlich war (§ 630 h Abs. 5).

---

584 (Funktionstüchtigkeit eines Narkosegeräts); BGH Urt. v. 09.05.1978, VI ZR 81/77, NJW 1978, 1683 (Reinheit eines Desinfektionsmittels); BGH Urt. v. 03.11.1981, VI ZR 119/80, NJW 1982, 699 (Sterilität einer Infusionsflüssigkeit); BGH Urt. v. 10.01.1984, VI ZR 158/82, BGHZ 89, 263, 269 = NJW 1984, 1400 (unbemerkt gebliebene Entkoppelung eines Infusionssystems); BGH Urt. v. 27.01.1981, VI ZR 138/79, VersR 1981, 462 (Tupfer im Operationsgebiet vergessen); BGH Urt. v. 24.01.1984, VI ZR 203/84, NJW 1984, 1403 (Lagerungsschäden); BGH Urt. 25.06.1991, VI ZR 320/90, NJW 1991, 2960 (Sturz aus dem Duschstuhl); OLG Köln Urt. v. 21.06.1989, 27 U 156/89, VersR 1990, 1240 (Sturz von der Untersuchungsliege); BGH Urt. v. 26.02.1991, VI ZR 344/89, NJW 1991, 1540, 2960 (Gefahrenbereich Pflege); *Nixdorf* VersR 1996, 160, 162 f.; „Die Vermutung des § 630h I geht darüber nur insoweit hinaus, als der Behandelnde bei Überzeugung des Gerichts von der Verwirklichung der Vermutungsbasis den Hauptbeweis erbringen muss, dass das vollbeherrschbare Risiko *in concreto* nicht abschirmbar gewesen ist." Nach *Schärtl* und entgegen der herrschenden Meinung führt die Vermutung des § 630 h I zu keiner Sonderbeweislastverteilung, sondern bewirkt „eine Rückkopplung der vertraglichen an die allgemeinen Prozessgrundsätze", *Schärtl* die Beweislastverteilung im Arzthaftungsprozess NJW 2014, 3601, 3603.

237 Allgemein zur hypothetischen und mutmaßlichen Einwilligung: für § 223 StGB MüKo-StGB-*Joecks* § 223 Rn. 112 ff; *Schönke/Schröder-Sternberg-Lieben* § 223 Rn. 38 g, h.; BGH Urt. v. 04.10.1999, 5 StR 712/98, VersR 2000, 603–605 mit Anmerkung von *Hoyer* JR 2000, 473 ff.; BGH Urt. v. 05.02.1991, VI ZR 108/90, NJW 1991, 2342 f. = MedR 1991, 200–203; mit Anmerkung von *Giesen* JZ 1991, 677 f.; LG Göttingen Urt. v. 11.10.1990, 2 O 569/88, VersR 1990, 1401; für § 203 StGB MüKo-StGB-*Cierniak/Pohlit* Rn. 85; *Kern* NJW 1994, 753 f.

238 Gegen die Figur des groben Behandlungsfehlers *Fleischer* JZ 1999, 766, 773 m.w.N.

Auch im Arzthaftungsrecht gilt grundsätzlich die allgemeine Regel der Beweislastverteilung.[239] Die gerichtliche Durchsetzung des Schadensersatzes „steht und fällt dabei regelmäßig mit den Möglichkeiten der Beweiserbringung".[240] Die von der Rechtsprechung hergeleiteten „Ausnahmeregelungen", wie z.B. die Beweislastumkehr[241], sind nun im Gesetz niedergeschrieben und systematisch zusammengefasst.[242] § 630 h greift nur dann ein, wenn die allgemeinen Regeln verdrängt bzw. korrigiert werden.[243] Damit soll eine prozessuale Waffengleichheit hergestellt werden.[244]

Kritik an der Norm kommt von *Olzen/Metzmacher*[245]: Die Norm gebe die „abgestufte" Darlegungs- und Beweislast nicht vollständig wieder. Nicht ausdrücklich verankert werde auch das Institut der hypothetischen Einwilligung als Verteidigungsmöglichkeit des Behandelnden. Der Arzt kann im Prozess den Einwand erheben, der Patient hätte sich auch dann mit dem Eingriff einverstanden erklärt, wenn er ordnungsgemäß aufgeklärt worden wäre.[246] Der Patient

---

239 Verweis auf S. 48 f. *Preis/Schneider* NZS 2013, 280, 285; BVerfG Beschl. v. 25. 7. 1979, 2 BvR 878/74, NJW 1979, 1925 m.w.N.
240 *Preis/Schneider* NZS 2013, 281, 285.
241 Verweis auf S. 57 f.
242 *Preis/Schneider* NZS 2013, 281, 286.
243 *Preis/Schneider* NZS 2013, 281, 286.
244 Verweis auf S. 51; *Olzen/Metzmacher* JR 2012 271, 276; BGH Urt. v. 14.03.1978, VI ZR 213/76, NJW 1978, 1681, 182 unter Berufung auf *Franzki-Franzki* NJW 1975, 2225 f.; *Katzenmeier* DÄBl. 2011 A 1885; OLG Stuttgart Urt. v. 08.02.1990, 14 U 19/89, VersR 1991, 229 f.; allgemein zur Waffengleichheit im Arzthaftungsprozess siehe OLG München Urt. v. 26.09.2013, 1 U 1665/12; OLG Köln Urt. v. 01.07.2013, 1 U 213/13: OLG Karlsruhe Urt. v. 12.12.2001, 7 U 90/00; BGH Urt. v. 31.05.1988, VI ZR 261/87, NJW 1988, 2302 f.; BGH Urt. v. 17.04.1984, VI ZR 220/82, NJW 1984, 1823 f.; Münchener Anwaltshandbuch Medizinrecht-*Adolphsen* § 16 Rn. 262; *Schmid* NJW 1994, 767 f.; *Scholz* r+s 1996, 381.
245 *Olzen/Metzmacher* JR 271, 276.
246 BGH Urt. v. 16.09.1959, VI ZR 179/57, BGHZ 29, 176, 187; BGH Urt. v. 07.02.1984, VI ZR 174/82, BGHZ 90, 103, 111; BGH Urt. v. 25.11.1975, VI ZR 122/73, NJW 1976, 365; BGH Urt. v. 20.05.1992, VIII ZR 240/91, NJW 1992, 2351, 2353; BGH Urt. v. 22.01.2009, III ZR 197/08, NJW 2009, 1209, 1211; OLG Köln Urt. v. 19.04.1989, 27 U 61/88, VersR 1990, 663, 664; OLG Schleswig Urt. v. 13.0.1995, 4 U 243/86, VersR 1996, 634, 636; OLG Koblenz Urt. v. 08.12.1998, 3 U 655/97, MDR 1999, 871; OLG Oldenburg Urt. v. 20.07.1999, 14 U 1/99, NJW-RR 2000, 904, 905; OLG Hamm Urt. v. 29.03.2006, 3 U 263/05, VersR 2006, 1511, 1512; *Laufs* NJW 1979, 1230, 1233 zustimmend mit Verweis auf *Nüßgens* in Festschrift Hauß, S. 287, 289 f.; vgl. zur mutmaßlichen und hypothetischen Einwilligung S. 48 f. und Fn. 237.

kann – zur Vermeidung eines Missbrauchs des Aufklärungsrechts[247] – einen plausiblen Entscheidungskonflikt für den Fall einer ordnungsgemäßen Aufklärung darlegen.[248] *Olzen/Metzmacher* sehen die ständige Rechtsprechung durch die fehlende Verankerung im Gesetz jedoch nicht als gefährdet an. Wie zuvor deutlich gemacht wurde, ist das Institut der hypothetischen Einwilligung sehr wohl an sich geregelt.[249]

Die vom BGH ausgeführten „drei Stufen" der Beweislastumkehr[250] werden wie folgt in die Norm aufgenommen: Dies gilt auch dann, wenn es der Behandelnde unterlassen hat, einen medizinisch gebotenen Befund rechtzeitig zu erheben oder zu sichern, soweit der Befund mit hinreichender Wahrscheinlichkeit ein Ergebnis erbracht hätte, das Anlass zu weiteren Maßnahmen gegeben hätte, und wenn das Unterlassen solcher Maßnahmen grob fehlerhaft gewesen wäre (§ 630 h Abs. 5).

a) Die „drei Stufen" des BGH

Nach der aktuellen BGH-Rechtsprechung und der Regelung in § 630 h Abs. 5 BGB greift eine Beweislastumkehr zugunsten des Patienten bezüglich der Ursächlichkeit der Verletzung der Befunderhebung für den Primärschaden nur dann ein, wenn[251]

1. behandlungsfehlerhafte Diagnose- oder Kontrollbefunde nicht erhoben bzw. gesichert wurden (Stufe 1),

---

247 BGH Urt. v. 07.02.1984, VI ZR 174/82, BGHZ 90, 103, 112.
248 BGH Urt. v. 07.02.1984, VI ZR 174/82, BGHZ 90, 103, 112; BGH Urt. v. 26.06.1990, VI ZR 289/89, NJW 1990, 2928, 2929; BGH Urt. v. 14.06.1994, VI ZR 260/93, NJW 1994, 2414, 2415; BGH Urt. v. 12.07.1994, VI ZR 299/93, NJW 1994, 3009, 3011; BGH Urt. v. 17.03.1998, VI ZR 74/97, NJW 1998, 2734; BGH Urt. v. 01.04.2003, VI ZR 366/02, NJW 2003, 2012, 2013; BGH Urt. 10.02.2005, III ZR 330/04, NJW 2005, 1364; BGH Urt. v. 10.10.2006, VI ZR 74/05, NJW 2007, 217, 219; BGH Urt. v. 22.01.2009, III ZR 197/08, NJW 2009, 1209, 1211; OLG Karlsruhe Urt. v. 03.03.1993, 7 U 180/91, VersR 1994, 860, 861; OLG Stuttgart Urt. v. 15.05.1997, VersR 1998, 1111, 1113; OLG Schleswig Urt. v. 13.01.1995, 4 U 243/86, VersR 1996, 634, 636; OLG Brandenburg Urt. v. 01.09.1999, 1 U 3/99, NJW-RR 2000, 398, 400; OLG Naumburg Urt. v. 05.04.2004, 1 U 105/03, VersR 2004, 1460, 1461; OLG Hamm Urt. v. 29.03.2006, 3 U 263/05, VersR 2006, 1511, 1512; LG Bremen Urt. v. 20.12.2001, 6 O 2653/00, VersR 2003, 1581; Soergel-*Spickhoff* § 823 Anh. I Rn. 155.
249 Siehe dazu S. 48 f.
250 Siehe dazu ausführlich S. 57 ff.
251 Vgl. zur Auflistung *Frahm/Nixdorf/Walter* Arzthaftungsrecht Rn. 141.

2. die Erhebung mit hinreichender Wahrscheinlichkeit ein aus medizinischer Sicht reaktionspflichtiges Ergebnis erbracht hätte (Stufe 2) und
3. sich das Unterlassen einer medizinischen Reaktion auf den potentiellen Befund als grober Behandlungsfehler darstellen würde (Stufe 3).

Fraglich ist, was die Rechtsprechung mit „hinreichender Wahrscheinlichkeit" unter der „zweiten Stufe" meint.[252] Nach der neueren Rechtsprechung scheint diese in Richtung einer mehr als 50 %-igen bzw. ab 51 %-igen Wahrscheinlichkeit eines positiven Befundes zu gehen.[253]

Der BGH kannte diese drei Stufen schon relativ früh in der Entwicklung des Befunderhebungsfehlers. Dies lässt sich aus dem Urteil aus dem Jahr 1987, welches als Einleitungsbeispiel dieser Arbeit gedient hat, ableiten: Hätten in diesem Fall[254] schon einfache Befunderhebungen eine Klarheit über einen entzündlichen Krankheitsprozess geben können, wäre die Erhebung solcher Befunde gerade geschuldet gewesen. Wegen des Risikos einer solchen Erkrankung hätten die Befunde erhoben werden und der Arzt hätte daraus Konsequenzen für die weitere Behandlung ziehen müssen. Liegen diese Voraussetzungen vor, dann geht die Unaufklärbarkeit des Ursachenzusammenhangs zwischen dem Unterlassen einer rechtzeitigen Therapie und der weitgehende Schaden bei der Klägerin zu Lasten der Beklagten.[255]

b) Eigene Bewertung dieser Rechtsprechung und des Gesetzestextes

Die Absenkung des Beweismaßes, indem die Beweislast im Falle eines nur einfachen Befunderhebungsfehlers umgekehrt wird, ist sowohl dogmatisch als auch praktisch – vom Ergebnis herdenkend – als nicht passend anzusehen.

Grundsätzlich soll nur der grobe Behandlungsfehler zu einer Beweislastumkehr führen.[256] Die Rechtsprechung und auch § 630 h Abs. 5 gehen davon aus,

---

252 Zur kritischen Auseinandersetzung mit dem Begriff der Wahrscheinlichkeit unter Betrachtung der einschlägigen Rechtsprechung: *v. Harder*, Die Beweisfigur des Befunderhebungs- und Befundsicherungsfehlers im Arzthaftungsprozess nach der Rechtsprechung des BGH und der Instanzgerichte (2009), S. 73 ff.; *Hausch* VersR 2003, 1489, 1492.
253 Vgl. OLG Köln Urt. v. 26.05.2008, 5 U 175/07, VersR 2009, 1543; OLG Köln Urt. v. 28.05.2003, 5 U 77/01, VersR 2004, 247; OLG Hamm Urt. v. 31.08.2005, 3 U 277/04, GesR 2006, 31; *Schultze-Zeu*, VersR 2008, 898.
254 Ausführlicher Tatbestand siehe S. 133 f.; BGH Urt. v. 03.02.1987, VI ZR 56/86, VersR 1987, 1089 ff.
255 BGH Urt. v. 03.02.1987, VI ZR 56/86, VersR 1987, 1089 ff.
256 Vgl. § 630 h Abs. 5 S. 1.

dass auch der einfache Befunderhebungsfehler unter den eben genannten Kriterien zu einer Beweislastumkehr führen kann. Gegen eine eng geregelte Ausnahme ist nichts einzuwenden. Allerdings ist nach den „drei Stufen" des BGH fast immer von einer Beweislastumkehr auszugehen, sobald der vermeintliche ärztliche Fehler als Befunderhebungsfehler anzusehen ist.

Dies soll an einem Beispiel verdeutlicht werden. Schaut man sich den auch von *Spickhoff*[257] zitierten Fall des BGH[258] näher an, wird deutlich, wie schnell es zu einer Beweislastumkehr beim Befunderhebungsfehler kommen kann. Laut BGH lag in diesem Fall ein einfacher Befunderhebungsfehler vor. Es wurde eine Beckenringfraktur übersehen und daher deren Behandlung unterlassen. Dieses Unterlassen der weiteren Behandlung wäre – hätte man die Fraktur erkannt – als grober Behandlungsfehler einzustufen gewesen. Laut Sachverständigengutachten hätten sich die Folgen selbst bei adäquater Behandlung und unterbliebenem Befunderhebungsfehler mit neunzigprozentiger Wahrscheinlichkeit nicht geändert. Dennoch gab der BGH der Klage statt.

An diesem Fall kann man die Verlagerung der Beweislast von der Kläger- auf die Beklagtenseite deutlich erkennen. Der Grundsatz, dass jeder dasjenige darlegen und beweisen muss, was für ihn günstig ist, wird hier fast vollständig umgangen. „Genau genommen wird [...] ein einfacher Befunderhebungsfehler, kombiniert mit einem hypothetischen groben Behandlungsfehler, zum Anlass genommen, die entsprechende Beweislastumkehr durchzuführen. Kaum rechtspolitisch begründbar ist allerdings, warum nicht wenigstens die Kausalität des einfachen Behandlungsfehlers für den („hypothetischen") groben Behandlungsfehler dem normalen Beweismaß des § 286 ZPO unterliegt."[259] Möglicherweise könnte die zitierte BGH-Entscheidung nur eine Ausnahme darstellen. Sie verdeutlicht jedoch die Unwägbarkeiten einer Beweislastumkehr aufgrund der „Drei-Stufen-Theorie".

Die Ansicht von *Spickhoff*[260] behandelt die richtigen Ansatzpunkte und ist wichtig für die weitere Arbeit mit dieser Problematik. Im Falle des einfachen Befunderhebungsfehlers sollte es grundsätzlich bei den allgemeinen Grundsätzen der Beweislastverteilung bleiben. Es ist weder ein größeres Beweisproblem für den Patienten ersichtlich, als dies bei einem einfachen Behandlungsfehler der Fall wäre, noch sind andere Indikationen für eine Notwendigkeit dieser

---

257 *Spickhoff* VersR 2013, 267, 280.
258 BGH Urt. v. 27.04.2004, VI ZR 34/03, VersR 2004, 909.
259 *Spickhoff* VersR 2013, 267, 280 ff. m.w.N.
260 AaO.

Beweiserleichterungen erkennbar.²⁶¹ Es kommt selbst im Falle eines einfachen Befunderhebungsfehlers zur Absenkung des Beweismaßes der Unterlassenskausalität, also die Unterlassung der gebotenen Befunderhebung, für den hypothetischen Befund, dessen Nichtbeachtung sodann als grober Behandlungsfehler die Beweislastumkehr bis zum Erfolg der Verletzung, d.h. in Bezug auf die haftungsbegründende Kausalität, auslöst.²⁶²

Der Diagnosefehler ist von der Rechtsprechung bisher sehr selten als Behandlungsfehler mit einer Beweislastumkehr angesehen worden.²⁶³ Wenn der einfache Befunderhebungsfehler in Zukunft in vermehrten Fällen sogar zu einer Beweislastumkehr führt, ist der von der Rechtsprechung entwickelte Grundsatz in Verbindung mit dem Diagnosefehler aufgeweicht. Dabei wird nicht etwa die Abgrenzung zwischen Diagnosefehlern und Befunderhebungsfehlern verkannt, im Gegenteil, die Gefahr liegt gerade darin, nicht sauber abzugrenzen und somit allzu schnell einen Befunderhebungsfehler anzunehmen. Dass eine genaue Abgrenzung notwendig ist, erkennt auch der BGH an.²⁶⁴

Wenn die Rechtsprechung und der jetzige Gesetzestext nicht zu einer vollständigen Missachtung der Beweisgrundsätze in der Praxis führen sollen, müssen feste Regeln und Grenzen für die Abgrenzung von Diagnose- und Befunderhebungsfehlern aufgestellt werden. Ansonsten käme die Entscheidung, wer die Beweislast trägt und damit den Prozess verliert,²⁶⁵ einem Münzwurf gleich.

c) 3. Stufe²⁶⁶

Liegt ein grober Behandlungsfehler vor und ist dieser grundsätzlich geeignet, eine Verletzung des Lebens, des Körpers oder der Gesundheit der tatsächlich eingetretenen Art herbeizuführen, wird vermutet, dass der Behandlungsfehler für diese Verletzung ursächlich war. Dies gilt auch dann, wenn es der Behandelnde unterlassen hat, einen medizinisch gebotenen Befund rechtzeitig zu erheben oder zu sichern, soweit der Befund mit hinreichender Wahrscheinlichkeit

---

261 Die Problematik der Beweisbarkeit mit einem prozessualen Mittel der Beweisvereitelung zu lösen, ist nicht der richtige Weg; siehe dazu S. 73 ff. und S. 84 f.
262 *Spickhoff* VersR 2013, 267, 280 ff. m.w.N.
263 Siehe dazu S. 82 f.
264 BGH Urt. v. 09.01.2007, VI ZR 69/06, VersR 2007, 541–543 = GesR 2007, 233–236.
265 Ausführungen dazu siehe S. 43 ff.
266 Die Arbeit konzentriert sich auf die dritte Stufe, da die erste Stufe der Befunderhebungsfehler an sich ist und die zweite Stufe schon die anfänglich genannten Dissertationen zum Gegenstand hatten. Aus diesen Gründen beginnen die Ausführungen auf der dritten Stufe.

ein Ergebnis erbracht hätte, das Anlass zu weiteren Maßnahmen gegeben hätte, und wenn das Unterlassen solcher Maßnahmen grob fehlerhaft gewesen wäre (§ 630 h Abs. 5).

Der Wortlaut dieser Norm zeigt deutlich, dass die Vermutung der Ursächlichkeit der Verletzung für die Erhebung und Sicherung der Befunde für den Fall gilt, dass der Befund mit hinreichender Wahrscheinlichkeit ein reaktionspflichtiges Ergebnis gebracht hätte. Hätte der Arzt bei Kenntnis dieses Ergebnisses eine weitere Behandlung unterlassen, wäre dies als grob fehlerhaft anzusehen. Der Gesetzeswortlaut zäumt das Pferd sozusagen von hinten auf. Nicht die unterlassene Befunderhebung ist als grob fehlerhaft anzusehen, sondern das potentielle Verhalten des Arztes bei hypothetischer Befunderhebung. Nach dem Wortlaut der Norm liegt damit eine Beweislastumkehr für den einfachen Befunderhebungsfehler vor, wenn das hypothetische Ergebnis zwingend ein bestimmtes Verhalten des Arztes hätte zur Konsequenz haben müssen.

Wagner[267] erscheint der § 630 h als besonders anfällig für den Gleichschritt der deliktischen und vertraglichen Haftung[268] und als Beispiel für die Probleme einer Kodifizierung des Richterrechts[269]. Er bezeichnet die Norm als „Momentaufnahme der „Rechtsprechungsregeln" zur Beweislastverteilung"[270] in der Arzthaftung und erkennt darin gerade keine dauerhafte gesetzliche Regelung, sondern sieht sie vielmehr der ständigen Rechtsprechung des VI. Zivilsenates des BGH[271] unterworfen.

Die Gesetzesbegründung betont, an der Rechtsprechung zum Arzthaftungsrecht ändere sich mit dem Patientenrechtegesetz nichts Wesentliches. Im Gegenteil, es werde – zumindest was die Kodifikation im Bürgerlichen Gesetzbuch anbelangt – bloß eine Klarstellung für Leistungserbringer und Patienten herbeigeführt. Der Gesetzgeber will für den Laien eine unübersichtliche Rechtsprechung in Normen verankern. Diese Intention bringt die Gesetzesbegründung deutlich zum Ausdruck: „Mit dem Gesetz sollen die Rechte der Patientinnen und Patienten transparent, verlässlich und ausgewogen gestaltet sowie bestehende Vollzugsdefizite in der Praxis abgebaut werden. Hierfür werden die wesentlichen

---

267 *Wagner* VersR 2012, 789, 801.
268 Siehe dazu S. 62 f.
269 *Wagner* vergleicht die Kodifikation des Patientenrechtegesetzes mit der Kodifikation der §§ 32a, 32 b GmbHG zum eigenkapitalersetzenden Darlehen.
270 *Wagner* aaO.
271 U.a. zuständig für das Arzthaftungsrecht.

Inhalte des Behandlungs- und Arzthaftungsrechts, die bislang im Wesentlichen nicht im Gesetz, sondern richterrechtlich geregelt sind, kodifiziert."²⁷²

III. Deliktsrecht

In der Vergangenheit wurde das Arzthaftungsrecht allein nach den Rechtsgrundlagen der Vertragshaftung und dem Recht der unerlaubten Handlung beurteilt.²⁷³ Für den Patienten als Kläger kamen damit Ansprüche aus Behandlungsvertrag und aus Deliktsrecht gemäß §§ 823 ff. in Betracht. Diese können unabhängig voneinander als sog. Anspruchskonkurrenz²⁷⁴ geltend gemacht werden. Die vertragliche Haftungsbeziehung knüpft an die im Arztvertrag vereinbarte Behandlungsaufgabe an. Wenn der Arzt nicht die vereinbarte Behandlung erbringt, kann der Patient daraus einen Anspruch ableiten. Demgegenüber knüpft die deliktische Haftungsbeziehung an die Garantenstellung des Arztes an.²⁷⁵ Diese erlangt der Arzt z.B. durch tatsächliche Übernahme einer Behandlung.²⁷⁶

Die Arzthaftung richtete sich vor 2002 ganz überwiegend nach dem Deliktsrecht, da nur auf diesem Wege Ersatzansprüche zugesprochen wurden,²⁷⁷ vgl. § 847 a.F..²⁷⁸ Durch das Schadensersatzrechtsänderungsgesetz von 2002 und die Modernisierung des Schuldrechts wurde die Grundlage für eine stärkere Verlagerung der Arzthaftung in das Vertragsrecht geschaffen, wodurch die Bedeutung des Deliktsrechts für die Arzthaftung deutlich reduziert wurde.²⁷⁹ Der Unterschied des Deliktsrechts zum Vertragsrecht ist nach der Schuldrechtsmodernisierungsreform jedoch sehr gering, sodass die Vertrags- und Deliktshaftung

---

272 Begründung des Gesetzesentwurfes BT-Drucksache 17/10488, S. 36.
273 *Ratzel/Luxenburger* § 12 Rn. 1 ff.
274 *Laufs/Kern/Rehborn-Kern/Rehborn* § 102 Rn. 1 ff.; *Kern* in *Ratzel/Lissel* § 1 Rn. 12 ff., 23 ff.
275 BGH Urt. v. 08.02.2000, VI ZR 325/98, NJW 2000, 2741; BGH Urt. v. 20.09.1988, VI ZR 37/88, NJW 1989, 767; BGH Urt. v. 25.06.1985, VI ZR 270/83, NJW 1985, 2749, 2750.
276 BGH Urt. v. 08.02.2000, VI ZR 325/98, NJW 2000, 2741; *Schönke/Schröder-Bosch* § 13 Rn. 28 m.w.N.
277 *Prütting/Wegen/Weinreich-Schaub* § 823 Rn. 202.
278 § 847 a.F.: Im Falle der Verletzung des Körpers oder der Gesundheit sowie im Falle der Freiheitsentziehung kann der Verletzte auch wegen des Schadens, der nicht Vermögensschaden ist, eine billige Entschädigung in Geld verlangen.
279 BT-Drucksache 14/7752; *Deutsch* JZ 2002, 588, 592; *Katzenmeier* VersR 2002, 1066, 1073 f.; *Spindler/Rieckers* JuS 2004, 272 ff.

weitestgehend einheitlich beurteilt wurde und wird.[280] Schon seit längerem haben der BGH[281] und andere oberste Gerichte[282] betont, keine Differenz zwischen diesen beiden Anspruchsgrundlagen machen zu wollen. „Das Arzthaftungsrecht erscheint dann als unitarisches Sonderhaftungsrecht, das Vertrags- und Deliktshaftung denselben Grundsätzen unterwirft."[283] Dennoch können vereinzelt Ungleichheiten zum Vertragsrecht bestehen.[284] Diese können z.b. beim Beweismaß[285] oder bei bestimmten Kausalitätsfragen auftreten.[286]

Fraglich ist, ob und wie sich das Patientenrechtegesetz auf das Verhältnis zum Deliktsrecht auswirken wird. Nach *Schaub* wird das Patientenrechtegesetz zu einer reduzierten Anwendung des Deliktsrechts führen.[287] Allerdings wird es nicht gänzlich seine Bedeutung verlieren. Diese hat das Deliktsrecht insbesondere für die persönliche Haftung des Arztes beim totalen Krankenhausaufnahmevertrag[288] sowie für das haftungsrechtlich relevante Handeln angestellter Ärzte in einer Arztpraxis.[289] Da die haftungsrechtlichen Regelungen des Patientenrechtsgesetzes auf der vom Deliktsrecht stammenden Rechtsprechung beruhen[290] und daher auch jetzt weitgehende Parallelen zum Vertragsrecht existieren, wird auf längere Zeit gesehen eine gewisse Eigendynamik der §§ 630 a ff. erwartet.[291] Dies erwartet auch *Rehborn*,[292] der dem Deliktsrecht in Zukunft eher geringe Bedeutung zumisst.

Nach *Wagner* hingegen bleibt das Deliktsrecht neben der vertraglichen Haftung bestehen.[293] Es werde insbesondere für diejenigen Patienten eine Relevanz

---

280 BGH NJW 1989, 767, 768 m.w.N; *Erman-Schiemann* § 823 Rn. 131; *Staudinger-Hager* § 823 Rn. I 7; *Karls* NJW-RR 2006, 458.
281 BGH Urt. v. 20.09.1988, VI ZR 37/88, VersR 1988, 1273 = NJW 1989, 767, 768.
282 OLG Karlsruhe Urt. v. 12.10.2005, 7 U 132/04, NJW-RR 2006, 458.
283 *Wagner* VersR 2012, 789, 801.
284 Vgl. *Prütting/Wegen/Weinreich-Schaub* § 823 Rn. 202, 203.
285 *Foerste* Festschrift Deutsch 165, 168 ff.
286 *Schütz/Dopheide* VersR 2009, 475 ff.
287 Vgl. *Prütting/Wegen/Weinreich-Schaub* § 823 Rn. 202 f. m.w.N.
288 Beim totalen Krankenhausvertrag wird der Krankenhausträger alleine Vertragspartner – ganz gleich, ob es sich um Kassenpatienten oder Privatpatienten handelt. Geschuldet ist sowohl die ärztliche als auch die nichtärztliche Leistung. Auch für die vom Krankenhaus zur Erfüllung beauftragten Dritten, z.B. für das Labor haftet der Träger des Krankenhauses. Vgl. dazu *Frahm/Nixdorf/Walter* Rn. 24.
289 *Prütting/Wegen/Weinreich-Schaub* § 823 Rn. 202 f.
290 *Prütting/Wegen/Weinreich-Schaub* § 823 Rn. 202 f.
291 *Wagner* VersR 2012, 789, 801; *Prütting/Wegen/Weinreich-Schaub* § 823 Rn. 202.
292 *Rehborn* GesR 2013, 257, 258.
293 *Wagner* VersR 2012, 789, 801.

haben, die keinen Vertrag mit dem Arzt abgeschlossen haben. Laut *Katzenmeier*[294] hat sich das Deliktsrecht längst zum primären Instrument der Verhaltenssteuerung und Schadenszuweisung im Arzthaftungsrecht entwickelt. Es gebe keinen Beleg dafür, dass das Deliktsrecht „weiter an eigenständiger Bedeutung einbüße" oder dass es „nur noch eine eigenständige Bedeutung, wenn eine vertragliche Haftungsgrundlage fehle", haben werde.[295] Er bezieht sich auf die Begründung zum Zweiten Schadensersatzrechtsänderungsgesetz.[296] In diesem haben sich die Ausrichtungen auch nicht zur Vertragshaftung hin verschoben. Aus diesem Grund sieht *Katzenmeier* das Deliktsrecht neben dem Behandlungsvertrag nicht als „gefährdet" an. Auch *Spickhoff*[297] nimmt das Deliktsrecht weiterhin parallel zur Vertragshaftung als bestehende Anspruchsbegründung an.

Die Anspruchskonkurrenz soll und wird auch mit dem Patientenrechtegesetz nach Wunsch des Gesetzgebers erhalten bleiben. Dieser führt dazu aus: „Ferner sollen die neuen Regelungen zum Behandlungsvertrag das Verhältnis zum Deliktsrecht unberührt lassen. Es besteht auch weiterhin Idealkonkurrenz zwischen vertraglicher und deliktischer Haftung; daran soll sich durch die Kodifizierung des Behandlungsvertrages nichts ändern. Allerdings wird die Haftung aus Delikt neben der vertraglichen Haftung womöglich weiter an eigenständiger Bedeutung einbüßen."[298]

Auch der Gesetzgeber hat erkannt, dass das Deliktsrecht mit den Jahren neben der vertraglichen Haftung an Relevanz verloren hat.[299] Eigenständige Bedeutung kommt dem Deliktsrecht entweder dann zu, wenn es keinen Behandlungsvertrag gibt oder Ansprüche aus einem solchen nicht geltend gemacht werden können.[300]

---

294 *Katzenmeier* § 2 S. 94 ff.
295 So aber die Begründung des Gesetzesentwurfes BT-Drucksache 17/10488, S. 17 f.
296 Begründung zum Zweiten Gesetz zur Änderung schadensrechtlicher Vorschriften vom 24.09.2001 BT-Drucksache 14/7752, S. 15.
297 *Spickhoff* VersR 2013, 267, 281 f.
298 Begründung des Gesetzesentwurfes BT-Drucksache 17/10488, S. 17.
299 Begründung des Gesetzesentwurfes BT-Drucksache 17/10488, S. 18.
300 Vgl. auch *Wagner* VersR 2012, 789, 801; Begründung des Gesetzesentwurfes BT-Drucksache 17/10488, S. 18.

D. Behandlungsfehler

I. Allgemeines

Wie gesehen können Behandlungsfehler sowohl nach dem Vertragsrecht oder auch dem Deliktsrecht zur Haftung des Krankenhauses oder des persönlich behandelnden Arztes führen. Der Behandlungsfehler ist in der Regel als Personenschaden im Sinne der §§ 249 ff. anzusehen.[301] Nach §§ 249 ff. ist die Naturalrestitution das vorrangige Instrument des Schadensausgleichs. Bei einem Schaden durch einen Behandlungsfehler hingegen ist eine Naturalrestitution kaum möglich, da dieser Schaden oftmals nicht rückgängig gemacht werden kann.[302]

Der Behandlungsfehler kann nach Behandlungsstadien eingeteilt werden, so dass sowohl Diagnose- und Befunderhebungsfehler als auch Therapie- und Organisationsfehler unter diesen zu subsumieren sind.[303] Daraus folgt, dass es keine genaue Einteilung in Gruppen geben kann.[304] Es wird außerdem zwischen einfachen und groben Behandlungsfehlern unterschieden.

II. Grober Behandlungsfehler

Ein Behandlungsfehler ist dann als grob anzusehen, wenn

1. der Arzt eindeutig gegen bewährte ärztliche Regeln in der Behandlung oder gesicherte medizinische Erkenntnisse verstoßen hat und dadurch
2. einen Fehler begangen hat, der aus objektiver ärztlicher Sicht nicht mehr verständlich erscheint, da ein solcher Fehler dem Arzt „schlechterdings nicht unterlaufen darf".[305]

---

301 *Prütting* Fachanwaltskommentar Medizinrecht § 249 Rn. 3.
302 *Müller* ZfSch 2009, 62.
303 BeckOK-*Förster* § 823 Rn. 784.
304 *Spickhoff-Greiner* § 839 Rn. 22.
305 *Spickhoff-Greiner* § 839 Rn. 169; BGH Urt. v. 10.05.1983, VI ZR 270/81, VersR 1983, 729–731 = MDR 1983, 1012; BGH Urt. v. 23.03.1993, VI ZR 26/92, NJW 1993, 2376, 2377 = MDR 1993, 623, 624; BGH Urt. v. 04.10.1994, VI ZR 205/93, NJW 1995, 778, 779 = VersR 1995, 46, 47; BGH Urt. v. 13.02.1996, VI ZR 402/94, NJW 1996, 1589–1591 = VersR 1996, 633, 634; BGH Urt. v. 11.06.1996, VI ZR 172/95, NJW 1996, 2428–2429 = MDR 1996, 1246; BGH Urt. v. 19.11.1996, VI ZR 350/95, NJW 1997, 789, 799 = VersR 1997, 315–317; BGH Urt. v. 02.12.1997, VI ZR 386/96, NJW 1998, 814, 815 = VersR 1998, 242, 243; BGH Urt. v. 13.01.1998, VI ZR 242/96, BGHZ 138,

„Für die Annahme eines schweren Behandlungsfehlers muß ein Fehlverhalten vorliegen, das zwar nicht notwendig aus subjektiven, in der Person des Arztes liegenden Gründen, aber aus objektiver ärztlicher Sicht bei Anlegung des für einen Arzt geltenden Ausbildungsmaßstabes und Wissensmaßstabes nicht mehr verständlich und verantwortbar erscheint, weil ein solcher Fehler dem behandelnden Arzt aus dieser Sicht „schlechterdings nicht unterlaufen darf."[306] Der grobe Behandlungsfehler muss nicht zwingend nur ein einzelner Fehler des Arztes ein. Der Arzt kann mehrere „einfache" Fehler und damit einen groben Behandlungsfehler in Gänze begehen.[307]

1, 6 = NJW 1998, 1780, 1781; BGH Urt. v. 03.11.1998, VI ZR 253/97; MDR 1999, 229, 230 = VersR 1999, 231, 232; BGH Urt. v. 29.05.2001, VI ZR 120/00, VersR 2001, 1030; BGH Urt. v. 19.06.2001, VI ZR 286/00, VersR 2001, 1115; BGH Urt. v. 16.06.2009, VI ZR 157/08, VersR 2009, 1267; BGH Urt. v. 20.09.2011, VI ZR 55/09, VersR 2011, 1569, 1570 = MDR 2011, 1285, 1286; BGH Urt. v. 25.10.2011, VI ZR 139/ 10, NJW 2012, 227, 228 = MDR 2012, 150, 151; OLG Celle Urt. v. 07.05.2001, 1 U 15/00, VersR 2002, 1558 f.; OLG Köln Urt. v. 07.08.2013, 1–5 U 92/12, 5 U 92/12, VersR 2014, 106–112 = MedR 2014, 105–111; OLG Bremen Urt. v. 13.01.2006, 4 U 23/05, MedR 2007, 660–663.

306 BGH Urt. v. 10.05.1983, VI ZR 270/81, VersR 1983, 729–731 = MDR 1983, 1012, mit Anmerkung von *Stürner* JZ 1983, 965 f.

307 OLG Köln Urt. v. 30.05.1990, 27 U 169/89, NJW-RR 1991, 800.

E. Beweislast

I. Einleitung

Beim groben Behandlungsfehler greift die Beweislastumkehr.[308] Dies ist jedoch, wie später erläutert wird, die Ausnahme, da es grundsätzlich bei der allgemeinen Beweislast des Anspruchstellers verbleibt. Die Beweislast spielt im Arzthaftungsprozess eine entscheidende Rolle. Harder[309] bringt in ihrer Dissertation die Problematik der Beweislast in der Arzthaftung[310] auf den Punkt: „Pointiert formuliert gilt im Arzthaftungsprozess derzeit der Grundsatz: Ist dem Arzt ein Befunderhebungs- oder Befundsicherungsfehler nachzuweisen, sind die Prozessaussichten für den Patienten günstig. Liegt hingegen ein einfacher sonstiger sog. Kunstfehler[311] vor, sei es bei einer Operation, bei der Diagnosestellung, einem Verhaltenshinweis oder anderweitig, verbleibt es für den Patienten im Hinblick auf den schwierigen Kausalitätsnachweis bei einem erheblichen Prozessrisiko."[312] Daran ist zu erkennen, dass es gerade bei einem Befunderhebungsfehler entscheidend auf die Frage der Beweislast ankommt.

II. Die Grundsätze der Beweislast im Zivilprozess

Welche Partei eine Tatsache oder Behauptung beweisen muss, regeln die Beweislastregeln im Zivilprozess. „Einen Rechtsstreit gewinnt nicht derjenige, der Recht hat, sondern nur der, der die strittigen rechtserheblichen Behauptungen als beweislastpflichtige Partei auch beweisen kann."[313] Aus diesem Grundsatz folgern manche: „Dem Beweis haftet etwas Zufälliges, Ungewisses an. Daher kann man auch oft sagen hören, die Beweislast zu haben, sei halber Prozessverlust."[314]

---

308 Vgl. dazu S. 80 f.
309 *v. Harder* Die Beweisfigur des Befunderhebungs- und Befundsicherungsfehlers im Arzthaftungsprozess nach der Rechtsprechung des BGH und der Instanzgerichte (2009).
310 Allgemein zur Beweislast in der Arzthaftung siehe S. 73 ff.
311 Zu der Begrifflichkeit des Kunstfehlers siehe S. 65, S. 66.
312 *v. Harder* Die Beweisfigur des Befunderhebungs- und Befundsicherungsfehlers im Arzthaftungsprozess nach der Rechtsprechung des BGH und der Instanzgerichte (2009) S. 7.
313 *Weimar* JR 1977, 7.
314 *Schneider* Beweis und Beweiswürdigung § 2 Rn. 15; *Prütting* ZZP Bd. 123, 2010, 135 ff.; vgl. auch *Weimar* JR 1977,7.

Dem kann so nicht gefolgt werden. Für die Beweiswürdigung des Gerichts und die Beweislastverteilung gibt es klare Vorgaben, an die sich das Gericht halten muss.[315] So kann z.b. durch eine Beweislastumkehr eine Gerechtigkeitslücke oder fehlendes Beweismaterial, welches eine Partei aufgrund ihrer Stellung gar nicht haben kann, ausgeglichen werden.[316] Das Beweisrecht beherrscht das Zivilrecht.[317] Diese außerordentlich große Bedeutung des Beweisrechts für die Rechtspraxis und die Rechtsanwendung wird nicht bestritten.[318] Für das Verständnis des heutigen Beweisrechts ist es wichtig zu erkennen, wie sich das Prozessrecht entwickelt hat.

Das Zivilverfahrensrecht wurde insbesondere im 18. und 19. Jahrhundert in Europa stark geformt.[319] Der damals gemeine Prozess[320] war noch durch Schriftlichkeit, Nichtöffentlichkeit und die Bindung der richterlichen Beweiswürdigung an feste Beweisregeln gekennzeichnet.[321] Mit Untergang des alten Reichs und der napoleonischen Eroberungen löste sich dieses Prozessmodell allmählich auf.[322] Neue Modelle einzelner Staaten entwickelten sich, teilweise nach dem Vorbild des französischen Rechts, fort.[323]

Nach der grundlegenden Beweislasttheorie von *Leo Rosenberg*[324], die sich noch gegenwärtig im dogmatischen Fundament des Zivilprozessrechts auswirkt,[325]

---

315 Vgl. *Jauernig/Hess* Zivilprozessrecht § 50 Rn. 4 ff.; *Schneider* Beweis und Beweiswürdigung § 3 Rn. 20 ff.; *Schilken* Zivilprozessrecht § 11 Rn. 499 ff.; HK-ZPO-*Saenger* § 286 Rn. 52 ff.; *Prütting/Gerhlein-Laumen* § 286 Rn. 56 ff.
316 *Baumgärtel* Beweislastpraxis im Privatrecht C Rn. 443 ff.; *Reinhardt* NJW 1994, 93 ff.; *Schmidt* JuS 1975, 430 ff.; vgl. *Weimar* JR 1977, 7, 9: es wird auf § 242 zurückgegriffen.
317 *Reinhardt* NJW 1994, 93; *Baumgärtel* Beweislastpraxis im Privatrecht C Rn. 443 ff.; vgl. auch *Schneider* Beweis und Beweiswürdigung § 2 m.w.N.
318 Vgl. *Prütting* ZZP 123, 2010, 135 ff.
319 *Prütting* ZZP 123, 2010, 135, 138.
320 Dieser fand bis in das 19. Jahrhundert hinein Anwendung (vgl. *Prütting/Gehrlein-Prütting* Einl. Rn. 5)
321 *Prütting* ZZP 123, 2010, 135, 138; vgl. *Prütting/Gehrlein-Prütting* Einl. Rn. 5.
322 *Prütting* ZZP 123, 2010, 135, 138; vgl. *Prütting/Gehrlein-Prütting* Einl. Rn. 5.
323 vgl. *Prütting/Gehrlein-Prütting* Einl. Rn. 5; Vgl. M. Ahrens, Prozessreform und ein einheitlicher Zivilprozess, (2007). *Prütting* ZZP 123, 2010, 135, 138.
324 Vgl. auch *Franzki*, Die Beweisregeln im Arzthaftungsprozess S. 25 f. Diese Lehre war 1982 nicht mehr unbestritten, wie *Franzki* aufzeigt; Kritik äußert *Leipold* (in der Schriftenreihe der Juristischen Gesellschaft zu Berlin 1985 Bd. 93) Beweismaß und Beweislast im Zivilprozess S. 17 f. m.w.N.
325 *Prütting* ZZP 123, 2010, 135 ff.; *Reinhardt* NJW 1994, 93; *Baumgärtel* Beweislastpraxis im Privatrecht C Rn. 134 f., 155.

wird bis heute das Recht der Beweislast weiterntwickelt.[326] Das Prinzip der Beweislastverteilung sieht *Rosenberg* in folgendem Satz: Jede Partei hat die Voraussetzungen der ihr günstigen Norm (= derjenigen Norm, deren Rechtswirkung ihr zugute kommt) zu behaupten und sie zu beweisen.[327] Dieser Grundsatz hat zum jetzigen Zeitpunkt noch entscheidende Bedeutung im Zivilprozess.[328]

Der Beweis dient der Überzeugung des Gerichts von der Wahrheit der parteilichen Tatsachenbehauptung im Zivilprozess.[329] Der Beweislastverteilung hingegen liegt der Grundsatz der prozessualen Waffengleichheit zugrunde.[330] Diese folgt aus Art. 3 GG und Art. 6 EMRK[331] und ist ggf. gemäß § 139 ZPO durch einen richterlichen Hinweis klarzustellen.[332]

Das materielle Recht hingegen kennt nur die Lösung, dass sich der Tatbestand eines Rechtssatzes im tatsächlichen Geschehen verwirklicht und sich daraus eine bestimmte Rechtsfolge ergibt oder sie aufgrund eines fehlenden Tatbestandsmerkmals ausbleibt.[333] Die Folgen eines non liquet werden vom materiellen Recht gänzlich unbeachtet gelassen, so dass sie in der Rechtsfindung auf materieller Ebene keine Rolle spielen.[334] Um diese Situation zu lösen, bedarf es spezieller Beweislastregeln in der Prozessordnung. In der Literatur wird jedoch vereinzelt die Beweislastumkehr abgelehnt und auf den allgemeinen Mitwirkungsgrundsatz der Gegnerpartei hingewiesen.[335] Im Arzthaftungsprozess wird

---

326 *Reinhardt* NJW 1994, 93ff.
327 Vgl. *Baumgärtel* Beweislastpraxis im Privatrecht C Rn. 155.
328 *Rosenberg/Schwab/Gottwald* Zivilprozessrecht § 116 Rn. 7 f; *Reinhardt* NJW 1994, 93, 94.
329 *Meller-Hannich* Zivilprozessrecht § 13 Rn. 343; *Grunsky/Jakoby* Kap. 14 Rn. 514 f.
330 *Reinhardt* NJW 1994, 93; BVerfG Beschl. v. 25.07.1979, 2 BvR 878/74, BVerfGE 52, 131, 156; BVerfG Beschl. v. 07.10.1980, BVerfGE 55, 72, 94; BVerfG Beschl. v. 30.01.1985, 1 BvR 1341/82, BVerfGE 69, 126, 140; *Rosenberg/Schwab/Gottwald* Zivilprozessrecht § 1, Rn. 38; Gegen diese Formulierung im Arzthaftungsprozess im Rahmen der Mitwirkungspflicht des Arztes *Stürner* NJW 1979, 1225, 1226. Stürner ist der Meinung, anstatt sich auf diese Schlagworte zu fokussieren, sollte man lieber auf die allgemeinen Grundsätze zurückgreifen und daraus den vom Arzt geschuldeten Aufklärungsbeitrag entwickeln; *Müller* NJW 1997, 3049 ff.
331 BVerfGE 52, 131 ff.; BGH Urt. v. 01.10.1998, I ZB 29/96, NJW 1999, 363; BGH Urt. v. 21.10.1997, XI ZR 25/97, NJW 1998, 306.
332 *Rosenberg/Schwab/Gottwald* Zivilprozessrecht § 1 Rn. 38; *Stein/Jonas-Leipold* Band 3 § 139 Rn. 81.
333 Vgl. *Musielak* Grundkurs ZPO § 6 Rn. 474.
334 Vgl. *Musielak* Grundkurs ZPO § 6 Rn. 474.
335 *Stürner* NJW 1979, 1225, 1227; *Peters* ZZP 95, 1982, 200 f.

noch mehr auf die Mitwirkung einer Partei abgestellt, wenn es z.B. um das Vorlegen der Behandlungsunterlagen im Original geht. Dies ist Ausdruck des Amtsermittlungsgrundsatzes.[336]

Die Beweislastregeln beziehen sich auf die unerwünschte, jedoch gerade nicht in der Arzthaftung auszuschließende, Situation des non liquet.[337] Sie kommen allerdings nicht erst im Prozess zum Tragen, vielmehr können die Beweislastregeln die Parteien schon vor dem Prozess dahingehend beeinflussen, ob sie diesen führen oder lieber davon Abstand nehmen wollen.[338]

Es existieren zwei unterschiedliche Arten bzw. Begriffe der Beweislast: die objektive und die subjektive Beweislast.[339] Bei der objektiven Beweislast, auch materielle Beweislast oder Feststellungslast genannt,[340] wird geregelt, welche Partei bei Unaufklärbarkeit einer entscheidungserheblichen Tatsache oder eines Sachverhaltes die Folgen der Beweislosigkeit trägt.[341] Gelingt der Hauptbeweis einer beweiserheblichen Tatsache nicht, dann entsteht ein non liquet und die Klage ist nach der Beweislast zu entscheiden.[342] Falls der Beweis jedoch erbracht wird, das Gericht also davon überzeugt ist, dass die Behauptung derjenigen Partei, welche die Beweislast trägt, gelungen ist, dann spielt die objektive Beweislast keinerlei Rolle.[343]

Die subjektive Beweislast hingegen, auch formelle Beweislast oder Beweisführungslast[344] genannt, betrifft die Notwendigkeit eines Beweisantrittes für eine streitige Tatsache an sich.[345] Dieser Beweisantritt ist zwingend, um das Gericht

---

336 Vgl. zum Amtsermittlungsgrundsatz im Arzthaftungsprozess die Ausführungen auf S. 9 f.
337 *Schilken* Zivilprozessrecht § 11 Rn. 499; vgl. auch *Lüke* Zivilprozessrecht § 23 Rn. 276; *Baumgärtel* Beweislastpraxis im Privatrecht A Rn. 2; *Reinhardt* NJW 1994, 93, 94.
338 Vgl. *Schilken* Zivilprozessrecht § 11 Rn. 500.
339 *Schilken* Zivilprozessrecht § 11 Rn. 501 ff.; *Lüke* Zivilprozessrecht § 23 Rn. 276; *Jauernig/Hess* Zivilprozessrecht § 50 Rn. 4–10; *Rosenberg/Schwab/Gottwald* Zivilprozessrecht § 116 Rn. 3 ff.; *Baumgärtel* Beweislastpraxis im Privatrecht A Rn. 15.
340 *Schilken* Zivilprozessrecht § 11 Rn. 502.
341 *Schilken* Zivilprozessrecht § 11 Rn. 502; *Jauernig/Hess* Zivilprozessrecht § 50 Rn. 4; *Rosenberg/Schwab/Gottwald* Zivilprozessrecht § 116 Rn. 3.
342 *Schilken* Zivilprozessrecht § 11 Rn. 502.
343 *Jauernig/Hess* Zivilprozessrecht § 50 Rn. 8.
344 *Rosenberg/Schwab/Gottwald* Zivilprozessrecht § 116 Rn. 4; *Jauernig/Hess* Zivilprozessrecht § 50 Rn. 4; *Schilken* Zivilprozessrecht § 11 Rn. 501.
345 *Schilken* Zivilprozessrecht § 11 Rn. 501; *Jauernig/Hess* Zivilprozessrecht § 50 Rn. 4; *Lüke* Zivilprozessrecht § 23 Rn. 276; *Rosenberg/Schwab/Gottwald* Zivilprozessrecht § 116 Rn. 4.

Die Grundsätze der Beweislast im Zivilprozess 71

zu einer Beweisaufnahme zu verpflichten.[346] Wenn die beweispflichtige Partei dem nicht nachkommt – also keinen Beweis anbietet –, ist von einer Nichtbeweisbarkeit der streitigen Tatsache auszugehen, mit derselben Rechtsfolge wie bei der objektiven Beweislast, nämlich dem Nichterbringen des Beweises mit eventuellem Verlust des Rechtsstreits.[347] Zunächst hat das Gericht die subjektive und anschließend die objektive Beweislast zu prüfen.[348] In der Praxis vermengen sich die Unterschiede zwischen objektiver und subjektiver Beweislast häufig, da die Rechtsprechung grundsätzlich nur allgemein von einer Beweislastumkehr spricht, wobei meist beide Institute gemeint sind.[349]

Die Beweislastverteilung richtet sich entweder nach einer Beweislastnorm[350] oder nach einer Beweislastvereinbarung.[351] Beweislastnormen führen zu einer sekundären Zurechnungsordnung.[352] Sie gehören damit zu demselben Bereich wie auch der Rechtssatz, dessen Voraussetzungen die vorgetragenen streitigen Tatsachen begründen sollen.[353] Deshalb werden sie auch als Tatbestandsmerkmale der materiellen Rechtssätze bezeichnet.[354]

Eine Beweislastvereinbarung zwischen den Parteien ist nicht uneingeschränkt zulässig.[355] Beweisverträge sind etwa dann nichtig, wenn sie in die freie Beweiswürdigung des Gerichts eingreifen.[356] Ein Beweisvertrag liegt vor, wenn die Parteivereinbarung den Richtern vorschreibt, wie sie ein bestimmtes Beweisergebnis zu würdigen haben und damit gerade die Freiheit in der Beweiswürdigung des Gerichts einschränken.[357] Die Beweiswürdigung ist jedoch ureigenste

---

346 *Schilken* Zivilprozessrecht § 11 Rn. 501.
347 *Schilken* Zivilprozessrecht § 11 Rn. 501.
348 *Jauernig/Hess* Zivilprozessrecht § 50 Rn. 4.
349 *Laumen* NJW 2002, 3739, 3742: „Die Unterscheidung zwischen der Umkehr der Feststellungslast einerseits und der konkreten Beweisführungslast andererseits wird in der Rechtsprechung bislang praktisch nicht beachtet; vielmehr wird stets ohne Differenzierung nur von „Beweislastumkehr" gesprochen."
350 *Rosenberg/Schwab/Gottwald* Zivilprozessrecht § 116 Rn. 30 ff.; *Baumgärtel* Beweislastpraxis im Privatrecht C Rn. 143; *Musielak* Grundkurs ZPO § 6 Rn. 475.
351 HK-ZPO-*Saenger* § 284 Rn. 35.
352 *Rosenberg/Schwab/Gottwald* Zivilprozessrecht § 116 Rn. 30 f.
353 *Rosenberg/Schwab/Gottwald* Zivilprozessrecht § 116 Rn. 30 f.
354 Vgl. *Pohle* Festschrift Dölle II S. 317, 327.
355 HK-ZPO-*Saenger* § 284 Rn. 35; *Thomas/Putzo-Reichold* Vorb. § 284 Rn. 38.
356 HK-ZPO-*Saenger* § 284 Rn. 35 und § 286 Rn. 11; RG Urt. v. 23.05.1919, II 376/18, RGZ 96, 57, 59.
357 *Teubner/Künzel* MDR 1988, 720, 722; *Rosenberg/Schwab/Gottwald* Zivilprozessrecht § 114 Rn. 9, 10.

Aufgabe des Gerichts und darf nicht durch die Parteien aufgehoben oder abgeändert werden.[358] Der Umfang und das Ergebnis der Beweisaufnahme kann allerdings in einem bestimmten Umfang durch die Beweisverträge beeinflusst werden.[359] Die Beweisverträge werden als Prozessverträge qualifiziert, da sie eine unmittelbare Wirkung auf den Prozess haben.[360] Im Rahmen des Verhandlungs- und Dispositionsgrundsatzes sind solche Vertragsgestaltungen zulässig, da dort der Beweisantritt und das Geständnis im Belieben der Parteien steht.[361] Es wird unterschieden in Beweismittelverträge und den Geständnisvertrag.[362] Durch die Beweismittelverträge soll die Beweisführung der Parteien auf bestimmte Beweismittel – Urkunden – beschränkt werden.[363] Geständnisverträge hingegen schreiben dem Gericht vor, bestimmte vorgetragene Tatsachen als entweder schon festgestellt oder nicht feststellbar zu betrachten.[364]

Die Beweisverträge sind nicht mit den Beweislastverträgen zu verwechseln. „Beweislastverträge sind Verträge, welche die Ungewissheit einer Tatsache der einen oder der anderen Partei zur Last legen."[365] Sie regeln gerade nicht die Tatsachenfeststellung durch das Gericht, sondern die Beweislastverteilung im Falle eines non liquet.[366]

Fehlen solche Parteivereinbarungen, dann ist von der so genannten negativen Grundregel der Beweislast auszugehen.[367] Jede Partei trägt grundsätzlich die Beweislast für das Vorhandensein aller, auch der negativen Voraussetzungen der ihr günstigen Norm bzw. Normen.[368] Vereinfacht ausgedrückt bedeutet dies: Jeder muss das beweisen, was für ihn günstig ist. „Nur eine solche Grundregel ist mit

---

358 Vgl. *Zöller-Greger* § 286 ZPO Rn. 1 ff.; *Prütting/Gehrlein-Laumen* § 286 Rn. 2, 3; *Musielak-Foerste* § 286 Rn. 1; *Zimmermann* ZPO § 286 Rn. 1; *Schellhammer* Zivilprozess Rn. 550 ff.; *Schneider* Beweis und Beweiswürdigung § 2 Rn. 17, § 9 Rn. 130 f.
359 *Rosenberg/Schwab/Gottwald* Zivilprozessrecht § 114 Rn. 9.
360 *Rosenberg/Schwab/Gottwald* Zivilprozessrecht § 114 Rn. 9; vgl. *Baumgärtel* Beweislastpraxis im Privatrecht A Rn. 184.
361 *Stein/Jonas-Leipold* § 286 Rn. 133 ff.; *Rosenberg/Schwab/Gottwald* Zivilprozessrecht § 113 Rn. 9, 10.
362 *Rosenberg/Schwab/Gottwald* Zivilprozessrecht § 114 Rn. 9.
363 *Rosenberg/Schwab/Gottwald* Zivilprozessrecht § 114 Rn. 9.
364 *Rosenberg/Schwab/Gottwald* Zivilprozessrecht § 114 Rn. 9.
365 *Rosenberg/Schwab/Gottwald* Zivilprozessrecht § 114 Rn. 10.
366 *Rosenberg/Schwab/Gottwald* Zivilprozessrecht § 114 Rn. 9, 10 und § 116 Rn. 35.
367 *Rosenberg/Schwab/Gottwald* Zivilprozessrecht § 116 Rn. 7.
368 *Rosenberg/Schwab/Gottwald* Zivilprozessrecht § 116 Rn. 7; *Reinhardt* NJW 1994, 94.

einem geordneten, dem Bestandsschutz verpflichteten, Rechtsschutz vereinbar."[369]

Es kann eine Art Grundschema hergeleitet werden:[370] Der Kläger trägt normalerweise die Beweislast für die anspruchsbegründenden (auch die negativen)[371] Tatbestandsmerkmale.[372] Der Beklagte hingegen trägt die Beweislast für rechtsvernichtende, rechtshindernde[373] und rechtshemmende Normen.[374]

III. Beweislast im Arzthaftungsrecht und deren Bedeutung für den Prozess

„Die Krux des Arzthaftungsprozesses liegt nur allzu oft nicht im Bereich der rechtlichen Haftungsvoraussetzungen, sondern bei den Schwierigkeiten ihres Nachweises."[375] Für die Beweislastverteilung im Arzthaftungsprozess gelten grundsätzlich die allgemeinen Beweislastverteilungsregeln.[376] Wenn die Anspruchsvoraussetzungen ungeklärt bleiben, wird ihr Nichtbestehen fingiert und der Prozess verloren.[377]

---

369 *Rosenberg/Schwab/Gottwald* Zivilprozessrecht § 116 Rn. 8.
370 Vgl. *Rosenberg/Schwab/Gottwald* Zivilprozessrecht § 116 Rn. 9; *Musielak-Foerste* § 286 Rn. 35 m.w.N, Rn. 48.
371 BGH Urt. v. 18.02.2009, XII ZR 163/07, FamRZ 2009, 849, 851; BGH Urt. v. 13.12.1984, III ZR 20/83, NJW 1985, 17747, 1175.
372 Vgl. *Rosenberg/Schwab/Gottwald* Zivilprozessrecht § 116 Rn. 9; *Musielak-Foerste* § 286 Rn. 35.
373 BGH Urt. v. 09.07.1999, V ZR 12/98, NJW 1999, 3481.
374 Vgl. *Musielak-Foerste* § 286 Rn. 35; BGH Urt. v. 13.11.1998, V ZR 386/97, NJW 1999, 352, 353.
375 *Wagner* VersR 2012, 789, 791; *Weyers/Mirtsching* JuS 1980, 317, 322; *Nixdorf* VersR 1996, 160; *Franzki*, Die Beweisregeln im Arzthaftungsprozess S. 31; *Weimar* JR 1977, 7 f. spricht von einem Beweisnotstand. Dieser ist dann gegeben, wenn eine beweislastpflichtige Partei in einem Zivilprozess den ihr obliegenden Beweis nach allgemeiner Lebenserfahrung nicht erbringen kann; *Mertens* VersR 1974, 509, 513 spricht von einer „[...] Mauer des Schweigens, hinter der die ärztliche Kunst aber auch die ärztlichen Kunstfehler beginnen [...]"; *Reinhardt* NJW 1994, 93, 94.
376 Grundlegend: BVerfG Beschl. v. 25.07.1979, 2 BvR 878/74, NJW 1979, 1925 = VersR 1979, 907 ff. *Uhlenbruck* NJW 1965, 1057, 1058; *Baumgärtel/Wittmann* JA 1979, 113, 114; *Weyers/Mirtsching* JuS 1980, 317, 322; OLG Karlsruhe Urt. v. 12.10.2005, 7 U 132/04, NJW-RR 2006, 458 f.; OLG Hamm Urt. v. 11.10.2004, 3 U 93/04, GesR 2006, 30, 31 = MedR 2006, 215 f.
377 *Stürner* NJW 1979, 1225, 1226; *Franzki*, Die Beweisregeln im Arzthaftungsprozess S. 31 f.

Der Beweis für einen Behandlungsfehler ist grundsätzlich nach dem sog. Strengbeweis § 286 ZPO zu führen.[378] Der Strengbeweis gilt auch für den Nachweis des Ursachenzusammenhangs, jedoch nur für die haftungsbegründende Kausalität.[379] Für die haftungsausfüllende Kausalität sind die Anforderungen nicht im Sinne eines Strengbeweises zu fordern.[380] Die Beweisführung folgt dann nach § 287 ZPO dem sog. Freibeweisverfahren.[381] Für eine Behauptung kann also eine deutlich überwiegende, auf gesicherter Grundlage beruhende, Wahrscheinlichkeit für eine Überzeugung ausreichen.[382]

In keinem anderen Rechtsgebiet hängt der Ausgang des Verfahrens so stark von der Beweislastverteilung ab wie im Arzthaftungsrecht.[383] Diese Aussage wird auch von der Begründung zum Patientenrechtegesetz getragen: „Im Falle eines Haftungsprozesses wegen eines Behandlungsfehlers hängt der Ausgang des Verfahrens meist von der Frage ab, wer welche Tatsachen darzulegen und zu beweisen hat. Hier gilt es in Fortführung der langjährigen Rechtsprechung des Bundesgerichtshofs die widerstreitenden Interessen der Vertragsparteien zu einem gerechten Ausgleich zu bringen."[384] Die Bedeutung der Beweislast kommt dabei nicht erst im Prozess selbst zum Tragen, sondern spielt schon im Rahmen der Darlegungslast für den Kläger eine besondere Rolle.[385]

Für den Patienten ist es teilweise sehr schwierig bis unmöglich, den Beweis für einen Fehler und dessen Kausalität zu erbringen. Diese Schwierigkeiten

---

378 *Müller* NJW 1997, 3049, 305; OLG Karlsruhe Urt. v. 12.10.2005, 7 U 132/04; BGH Urt. v. 24.06.1986, VI ZR 21/85, VersR 1986, 1121 f. = MDR 1987, 43; OLG Köln Beschl. v. 10.09.2014, I-5 U 97/14, 5 U 97/14, MedR 2015, 518 f. mit Anmerkung von *Müller* MedR 2015, 520 f.
379 *Müller* NJW 1997, 3049, 3051.
380 BGH Urt. v. 24.06.1986, VI ZR 21/85, NJW 1987, 705 = VersR 1986, 1121; BGH Urt. v. 22.09.1992, VI ZR 293/91, NJW 1992, 3298 = VersR 1993, 55 f.; *Müller* NJW 1997, 3049, 3051; OLG Köln Urt. v. 13.01.2014, 5 U 66/10, GesR 2014, 284 f.
381 *Müller* NJW 1997, 3049, 3051.
382 BGH Urt. v. 13.11.1962, VI ZR 214/61, VersR 1963, 67 f. = MDR 1963, 122 f.; BGH Urt. v. 15.10.1963, VI ZR 236/62, VersR 1964, 70 f.; BGH Urt. v. 15.12.1970, VI ZR 90/69, VersR 1971, 442 f.; BGH Urt. v. 27.02.1973, VI ZR 27/72, NJW 1973, 1413, f. = JZ 1973, 427 f.; BGH Urt. v. 07.07.1970, VI ZR 233/69, NJW 1970, 1970 = VersR 1970, 924; BGH Urt. v. 02.12.1975, VI ZR 79/74, NJW 1976, 1145 = MDR 1976, 566; BGH Urt. v. 13.01.1987, VI ZR 82/86, NJW 1987, 1481 = VersR 1987, 667 f.; BGH Urt. v. 22.09.1992, VI ZR 293, 91, NJW 1992, 3298 = VersR 1993, 55 f.
383 Siehe dazu S. 73.
384 Begründung des Gesetzesentwurfes BT-Drucksache 17/10488, S. 11.
385 *Weyers/Mirtsching* JuS 1980, 317, 322.

hat die Rechtsprechung[386] gesehen und sie in einigen Fällen durch Umkehr der Beweislast gemildert.[387] Schon das Reichsgericht hat, um der Interessenabwägung gerecht zu werden, anerkannt, dass die Beweislast wegen der Ursächlichkeit eines Fehlers dem Arzt auferlegt werden kann.[388] Die Beweislast kehrt sich insbesondere dann um, wenn der Arzt „den Kranken durch unsachgemäße Behandlung bewusst oder leichtfertig einer Gefahr ausgesetzt hat, die nach den äußeren Umständen nach gerade die Schädigung herbeiführen konnte, die dann eingetreten ist."[389]

Der Bundesgerichtshof hat diese Rechtsprechung des Reichsgerichts übernommen.[390] Mittlerweile hat sich die Rechtsprechung des BGH „zu einer tatbestandsmäßig umschriebenen Beweislastsonderregel verfestigt."[391] Das bedeutet, ein Arzt, dem ein schuldhaft grober Behandlungsfehler[392] unterlaufen ist, der geeignet ist, den eingetretenen Schaden herbeizuführen, muss beweisen, dass es auch ohne seinen Fehler zu diesem Schaden gekommen wäre.[393] Wenn der Arzt den Patienten, entweder vorsätzlich oder grob fahrlässig[394], in eine Gefahrensituation bringt, welche den Umständen nach auch geeignet ist, den eingetretenen Schaden herbeizuführen, muss der Arzt sich entlasten.[395] Die Befreiung von dem Beweislastrisiko ändert die materiell-rechtliche Qualität des Anspruchs, indem das Vorliegen der nichtaufgeklärten Anspruchsvoraussetzung fingiert wird.[396] Die Rechtsfolge tritt also möglicherweise ohne das tatsächliche Bestehen des

---

386 Vgl. BGH Urt. v. 14.03.1978, VI ZR 213/76, NJW 1978, 1681; BGH Urt. v. 27.06.1978, VI ZR 183/76, NJW 1978, 2337.
387 Vgl. *Baumgärtel/Wittmann* JA 1979, 113, 114; *Stürner* NJW 1979, 1225 f.
388 RG Urt. v. 17.05.1943, III 81/42, RGZ 171, 168, 171.
389 RG Urt. v. 17.05.1943, III 81/42, RGZ 171, 168, 171.
390 BGH LM Nr. 25 zu § 286 (C) ZPO. Weiter fortentwickelt: vgl. z.B. BGH Urt. v. 28.04.1959, VI ZR 51/58, NJW 1959, 1583, 1584; BGH Urt. v. 11.04.1967, VI ZR 61/66, NJW 1967, 1508; LG Münster Urt. v. 14.11.1967, 5 T 492/67, NJW 1968, 1185; BGH Urt. v. 11.06.1968, VI ZR 116/67, NJW 1968, 2291.
391 *Baumgärtel/Wittmann* JA 1979, 113, 115.
392 Verweis auf S. 65 f.
393 BGH Urt. v. 14.10.1958, VI ZR 186/57, VersR 1958, 849; BGH Urt. v. 26.06.1962, VI ZR 113/61, VersR 1962, 960 f.; *Baumgärtel/Wittmann* JA 1979, 113, 115.
394 *Uhlenbruck* NJW 1965, 1057, 1063 spricht von „grobleichtfertig".
395 RG Urt. v. 17.05.1943, III 81/42, RGZ 171, 168, 171; BGH Urt. v. 21.12.1955, VI ZR 127/55, NJW 1956, 1835 (hier auch zum Anscheinsbeweis); BGH Urt. v. 14.10.1958, VI ZR 186/57, VersR 1958, 849 mit Anmerkung von *Böhmer* JR 1959, 63, 64; BGH Urt. v. 26.11.1964, III ZR 5/64, VersR 1965, 91 f.
396 *Stürner* NJW 1979, 1225, 1226; vgl. dazu auch *Steffen* Festschrift Brandner S. 327.

Tatbestandsmerkmals ein, was eine Minderung der Anspruchsvoraussetzungen zur Folge hat.[397]

Das Bundesverfassungsgericht hat in einer aufsehenerregenden Entscheidung[398] klargestellt, dass eine Beweislastumkehr immer dann in Betracht kommt, wenn dies zur Herstellung der sog. „Waffengleichheit" im Prozess dient. Im Zivilprozess ist Waffengleichheit[399] als verfassungsrechtlich gewährleistete Gleichwertigkeit der prozessualen Stellungen beider Parteien vor dem Richter anzusehen.[400] Vier Verfassungsrichter trugen den genannten Beschluss[401], wohingegen vier dagegen stimmten.[402] Durch die Stimmengleichheit konnte ein Verstoß gegen das Grundgesetz gemäß § 15 Abs. 2 S. 4 BVerfGG nicht festgestellt werden. Der Richter muss, im Hinblick auf die in Art. 103 Abs. 1 GG gesicherte Verfahrensgarantie, beiden Parteien im Rahmen der Verfahrensordnung gleichermaßen die Möglichkeit einräumen, alles Erhebliche, sowohl zum Angriff als auch zur Verteidigung vorzubringen und damit geltend zu machen.[403] Also hat der Richter diese Gleichstellung der Parteien durch eine objektive und faire Verhandlungsführung, durch die Bereitschaft zur Verwertung und Bewertung des jeweiligen Vorbringens, durch unparteiische Rechtsanwendung und durch korrekte Erfüllung seiner sonstigen, gegenüber den Parteien bestehenden, prozessualen Obliegenheiten zu achten.[404] Darüber hinaus lassen sich für das von Beweislastregeln geprägte Zivilprozessrecht keine verfassungsrechtlichen Folgerungen herleiten.[405]

Im Zivilprozess hat der Richter den materiellen Inhalten der Verfassung – insbesondere den Grundrechten – durch seine Verfahrensgestaltung Geltung zu

---

397 *Stürner* NJW 1979, 1225, 1226.
398 BVerfG Beschl. v. 25.07.1979, 2 BvR 878/74, BVerfGE 52, 131 ff. Gegenstand des Verfahrens war die Frage, inwieweit die Grundrechte und allgemeine Verfassungsgrundsätze auf den Arzthaftungsprozess einwirken.
399 Siehe zu Grenzen der Waffengleichheit im Zivilprozess bei einem Beschluss nach § 522 Abs. 2 ZPO BVerfG Nichtannahmebeschl. v. 30.07.2008, 1 BvR 1525/08, NJW 2009, 137 f. = GesR 2008, 634.
400 Vgl. BVerfG Beschl. v. 22.01.1959, 1 BvR 154/55, BVerfGE 9, 124, 130 f. (im Vergleich zu § 114 ZPO); BVerfG Beschl. v. 25.07.1979, 2 BvR 878/74, BVerfGE 52, 131 ff.
401 Diese Richter trugen den Beschluss: Rinck, Wand, Rottmann und Träger.
402 Diese Richter trugen den Beschluss nicht: Zeidler, Hirsch, Niebler und Steinberger.
403 Vgl. BVerfG Beschl. v. 22.01.1959, 1 BvR 154/55, BVerfGE 9, 124, 130 f. (im Vergleich zu § 114 ZPO); BVerfG Beschl. v. 25.07.1979, 2 BvR 878/74, BVerfGE 52, 131, 156 ff.
404 BVerfG Beschl. v. 08.02.1967, 2 BvR 235/67, BVerfGE 21, 139, 145; vgl. auch Beschluss des Zweiten Senats vom 25.07.1979, 2 BvR 878/74, BVerfGE 52,131,156 ff.
405 *Laufs* NJW 1979, 1232 f.; *Stürner* NJW 1979, 1225 f.

verschaffen.[406] In diesem Rahmen hat der Richter für ein faires Verfahren Sorge zu tragen.[407] Um diesen Grundsätzen gerecht zu werden, ist eine faire Handhabung des Beweisrechts, vor allem der Beweislastregeln, von enormer Bedeutung, da sie als „Entscheidungsnormen im Schnittpunkt von sachlichem und Verfahrensrecht stehen."[408]

Die Beweislastumkehr soll damit dem Patienten wegen der der Arzthaftung typischerweise anhängenden Beweisschwierigkeit, welche sich dann oftmals zugunsten des Arztes bzw. des Krankenhausträgers auswirkt, forensisch Rechnung tragen.

Die vier gegen den genannten Beschluss stimmenden Richter sahen den Verfassungsgrundsatz einer fairen Prozessführung im Zivilprozess unterlaufen.[409] Im zu entscheidenden Fall nahmen sie einen Verstoß gegen das Willkürverbot des Art. 3 GG an.[410] Danach müssen den Eigenarten des Arzthaftungsprozesses „verfassungsrechtliche Bedenken begegnen, die Beweislast für ein bestimmtes Vorbringen generell einer Seite aufzubürden, die von der typischen Art der Fallkonstellation her in der Regel nicht in der Lage sein kann, den erforderlichen Beweis zu erbringen."[411] Dies gilt gerade auch im Hinblick auf die – nicht unumstrittene[412] – Anwendbarkeit von § 280 Abs. 1 S. 2.[413]

Die dafür stimmenden Richter erkannten hingegen in dem Urteil des Oberlandesgerichts keinen Verstoß gegen das Verfassungsrecht. Sie argumentierten mit den Grundsätzen der ZPO und stellten fest, dass „das auf die Arzthaftung anzuwendende Beweisrecht in Rücksicht auf die vielschichtige Interessenlage, die erhebliche Gefahrenneigung der ärztlichen Tätigkeit und die besondere, oft schwierige prozessuale Situation der geschädigten Patienten sachgerechte, dem Interessenausgleich und Härteausgleich dienende Beweisregeln enthält."[414]

Stürner sieht diese Billigkeitsrechtsprechung bzgl. der Beweislastumkehr als verfehlt an und hält ein Sonderprozessrecht für Ärzte für den besseren Weg, die speziellen Schwierigkeiten im Verfahren zu überwinden.[415] Er nimmt die

---

406 BVerfG Beschl. v. 24.03.1976, 2 BvR 804/75, BVerfGE 42, 64, 73.
407 BVerfG Beschl. v. 27.09.1978, 1 BvR 361/78, BVerfGE 49, 220, 225.
408 BVerfG Beschl. v. 25.07.1979, 2 BvR 878/74, BVerfGE 52, 131, 145.
409 BVerfG Beschl. v. 25.07.1979, 2 BvR 878/74, BVerfGE 52, 131, 143 ff.
410 BVerfG Beschl. v. 25.07.1979, 2 BvR 878/74, BVerfGE 52, 131, 143 ff.
411 BVerfG Beschl. v. 25.07.1979, 2 BvR 878/74, BVerfGE 52, 131, 146.
412 Vgl. dazu S. 14 f.
413 BVerfG Beschl. v. 25.07.1979, 2 BvR 878/74, BVerfGE 52, 131, 143, 146 (noch zu § 282).
414 BVerfG Beschl. v. 25.07.1979, 2 BvR 878/74, BVerfGE 52, 131,143, 155 m.w.N.
415 *Stürner* NJW 1979, 1225, 1226.

Beweislastumkehr nicht als eine gerechte Verteilung für denjenigen an, der „besser" im Prozess den Sachverhalt aufklären kann.[416] Vielmehr solle bei der Verteilung der Beweislast stets zu fragen sein, was bei Unaufklärbarkeit geschehen solle, auch wenn jede Partei den ihr möglichen Aufklärungsbeitrag geleistet habe. Jede Risikoverteilung, die dieser Fragestellung nicht standhält, ist seiner Meinung nach verfehlt. Er sieht die Beweislastverteilung im Ergebnis als eine materiell-rechtliche Frage der Güterzuteilung an und misst ihre Richtigkeit daran, ob die Rechtsfolge auch ohne Gewissheit über ein Tatbestandsmerkmal als sachgerecht erscheint. Er ist der Ansicht, das Beweisrisiko für einen Behandlungsfehler solle beim Patienten verbleiben.

„Sie [die Beweislastverteilung] darf beim Arztfehlerprozeß nicht außer Acht lassen, daß es hier spezifische Beweisnöte auf beiden Seiten gibt."[417] Auf der einen Seite erkennt der BGH die Beweisnot des Patienten, der zwar grundsätzlich einen Fehler des Arztes zu beweisen hat, dem aber der Einblick in die Arbeit des Arztes nur begrenzt, häufig sogar gar nicht möglich ist. Auf der anderen Seite steht der Arzt vor der Schwierigkeit, dass Zwischenfälle, die in der Regel auf ein ärztliches Fehlverhalten hindeuten können, oftmals infolge der Unberechenbarkeit des lebenden Organismus auch schicksalhaft eintreten können. Das letzteres der Fall war, könnte der Patient und Kläger nur dann hinreichend sicher beweisen, wenn er jede Einzelheit seines Handelns durch Dokumentation und Zeugen beweismäßig absichert.[418]

Uhlenbruck hingegen befürwortet eine Beweislastumkehr und sieht für den Patienten den allgemeinen Grundsatz „in den Fällen durchbrochen, in denen es ihm wegen Beweisnotstandes nicht zuzumuten ist, einen Beweis über Dinge zu

---

416 Vgl. dazu auch: BGH Urt. v. 14.03.1978, VI ZR 213/76, NJW 1978, 1681 = VersR 1978, 542 f. „Das bedeutet aber noch nicht, wie das Berufungsgericht anzunehmen scheint, daß etwa jeder im Prozeß vorgelegte Operationsbericht des Arztes schon die Vermutung der Richtigkeit für sich hätte, obwohl er sich zunächst als Parteivortrag darstellt. Die „Waffengleichheit" erfordert es vielmehr, daß die Beklagtenseite gleichzeitig in zumutbarem Umfange Umstände darlegt und unter Beweis stellt, aus denen sich die allgemeine Vertrauenswürdigkeit der Aufzeichnung ergibt. Dazu gehört im vorliegenden Falle vor allem auch, daß der von dem Drittbeklagten erstellte Bericht in unmittelbarem Zusammenhang mit der Operation abgefaßt und vor allem nicht etwa erst nach Erkennbarwerden des Zwischenfalls abgewandelt worden ist. Auch dieser Nachweis muß der Beklagtenseite bei ordnungsmäßiger Organisation des Krankenhausbetriebs unschwer möglich sein und ist ihr daher zuzumuten; er ist dann freilich tatrichterlich nicht starr, sondern verständnisvoll und fallbezogen zu würdigen."
417 BGH Urt. v. 14.03.1978, VI ZR 213/76, NJW 1978, 1681 = VersR 1978, 542 f.
418 BGH Urt. v. 14.03.1978, VI ZR 213/76, NJW 1978, 1681 = VersR 1978, 542 f.

führen, die seinem Einfluß- oder Gefahrenbereich und in der Regel auch seiner Sachkenntnis entzogen sind."[419] *Uhlenbruck* folgert dies teils aus den Grundsätzen des materiellen und prozessualen Rechts, teils aus von der Rechtsprechung abgeleiteten allgemeinen Rechtsgedanken. Er hält einen Beweis für den Patienten in manchen Bereichen weder für möglich noch für zumutbar. Zudem falle es dem Arzt aufgrund seiner Dokumentation und seiner Sachkenntnis oft leichter, den Entlastungsbeweis zu führen.[420]

Dem ist teilweise entgegenzutreten. Im Zivilprozess kommt es nach den Grundsätzen der Beweislastverteilung nicht darauf an, welche Partei etwas leichter nachweisen kann. Auch ist nur bedingt zutreffend, der Arzt könne den Entlastungsbeweis aufgrund seiner Dokumente leichter führen, da diese – im übrigen auch für den Patienten einsehbar – oft nur kurze Informationen enthalten. Die Dokumentation wurde meist lange Zeit vor dem Zivilprozess geführt und häufig sind keine eigenen Erinnerungen an den Patienten vorhanden.

Für *Stürner* spricht der Vergleich mit anderen Rechtsgebieten, z.B. dem Patentrecht.[421] Zudem bleibt er bei den Grundsätzen der Beweislastverteilung, was davor schützt, eine vermeintliche Billigkeitsrechtsprechung anzuwenden. Dies darf nicht dahingehend missverstanden werden, die Billigkeitsrechtsprechung sei an sich nicht wünschenswert. Wünschenswert vielmehr wäre, den Blick auf ein einheitliches Gerichtsverfahren zu lenken, das für alle Patienten gleichermaßen abläuft. Bei einer reinen Billigkeitsrechtsprechung ist allerdings die Gefahr gegeben, dass die Grundsätze des zivilprozessualen Verfahrens aufgeweicht werden und es von dem jeweiligen Instanzgericht abhängig ist, welche Billigkeitsgesichtspunkte zum Tragen kommen.

In § 630 h Abs. 5 ist die Beweislast ausdrücklich normiert. Auch die Begründung zum Patientenrechtegesetz greift diese Problematik auf und nennt Fallgruppen, bei denen es zu einer Beweislastumkehr kommt: „Der Nachweis einer solchen Pflichtverletzung in Form des Behandlungsfehlers sowie der Nachweis der Ursächlichkeit dieses Fehlers für den eingetretenen Schaden fällt Patientinnen und Patienten oft schwer, da sie nicht über das notwendige Wissen der Behandlungsabläufe und die medizinischen Zusammenhänge verfügen."[422] Aus diesem Grund hat die Rechtsprechung besondere Regelungen zur Beweislastverteilung im Arzthaftungsrecht, wie z.B. die Beweiserleichterung aufgrund einer

---

419 *Uhlenbruck* NJW 1965, 1057, 1061.
420 *Uhlenbruck* NJW 1965, 1057, 1061.
421 *Stürner* NJW 1979, 1225 ff.
422 Begründung des Gesetzesentwurfes BT-Drucksache 17/10488, S. 11.

nicht dokumentierten Maßnahme, entwickelt. So ist zu Gunsten der Patienten davon auszugehen, dass eine vom Arzt nicht dokumentierte Maßnahme auch nicht getroffen wurde. Bei Behandlungen durch einen Berufsanfänger wird vermutet, dass die mangelhafte Qualifikation für den Gesundheitsschaden ursächlich war. Entsprechendes gilt zudem beim groben Behandlungsfehler, da die Beweislast auf der Behandlerseite gesehen wird. Der Behandelnde kann dann den Beweis des Gegenteils führen.[423]

Ferner nennt die Begründung des Patientenrechtegesetzes noch die Fallgruppe des vollbeherrschbaren Risikos.[424] Die Beweislastumkehr bei einfachen Behandlungsfehlern wird nicht genannt. Nur der grobe Behandlungsfehler wird explizit aufgeführt. Dies kann folglich allein bedeuten, dass nur für den groben Behandlungsfehler und die genannten Fallgruppen eine Beweiserleichterung in Form der Beweislastumkehr gelten soll. Nicht gewollt ist somit eine extensive Ausweitung dieser Beweiserleichterungen.

IV. Beweislastumkehr

Die Beweislastumkehr wird als „eine Situation bezeichnet, bei der der Richter eine Beweislastverteilung abweichend von der gesetzlichen Ausgangslage vornimmt, sei es im Einzelfall oder durch ständige Rechtsprechung."[425] Sie ist in vielen Rechtsgebieten mittlerweile fester Bestandteil des Zivilverfahrens.[426] Die Beweislastumkehr ist hinsichtlich der Kausalität bei groben Behandlungsfehlern[427] typisch, wie sie bei lückenhafter ärztlicher Dokumentation bezüglich der Frage nach dem Vorliegen eines Behandlungsfehlers immanent ist.[428] Wie und

---

423 Begründung des Gesetzesentwurfes BT-Drucksache 17/10488, S. 11.
424 Vgl. Begründung des Gesetzesentwurfes BT-Drucksache 17/10488, S. 11.
425 *Germelmann/Matthes/Prütting* ArbGG § 58 Rdn. 82 a (mit Verweis auf *Baumgärtel/Laumen/Prütting-Prütting* Kap. 25).
426 Vgl. *Nixdorf* VersR 1996, 160 f.
427 BGH Urt. v. 04.10.1994, VI ZR 205/93, VersR 1995, 46, 47 = MedR 1995, 70; BGH Urt. v. 12.11.1991, VI ZR 369/90, VersR 1992, 238, 239; BGH Urt. v. 14.07.1992, VI ZR 214/91, VersR 1992, 1263, 1265; BGH Urt. v. 10.05.1983, VI ZR 270/81, VersR 1983, 729, 730 = MDR 1983, 1012; BGH Urt. v. 21.09.1982, VI ZR 302/80, BGHZ 1985, 212 = VersR 1982, 1193; BGH Urt. v. 26.11.1991, VI ZR 389/90, VersR 1992, 240 = MDR 1992, 561; vgl. auch *Franzki* Die Beweislastregel im Arzthaftungsprozeß, S. 57 f.; *Weimar* JR 1977, 7, 8; *Steffen*, Festschrift Brandner, S. 327, 335.
428 BGH Urt. v. 14.02.1995, VI ZR 272/93, VersR 1995, 706, 707 = MDR 1995, 698; BGH Urt. v. 23.03.1993, VI ZR 26/92, VersR 1993, 836 = NJW 1993, 2375 f.; BGH Urt. v. 24.01.1989, VI ZR 170/88, VersR 1989, 512 f. = MedR 1989, 195 f.; BGH Urt. v. 27.06.1978, VI ZR 183/76, BGHZ 72, 132 = VersR 1978, 1022; BGH Urt.

mit welchem Erfolg der Arzt darauf reagiert haben würde, muss wiederum der Patient beweisen.[429] Damit unterstreicht die Rechtsprechung ihre Zurückhaltung im Hinblick auf die Beweislastumkehr.[430]

„Der BGH ist bestrebt, die Beweiserleichterungen [...], nur insoweit zu gewähren, als ihre innere Rechtfertigung ausreicht."[431] Selbst bei groben Behandlungsfehlern wurde eine Beweislastumkehr verneint, wenn es höchst unwahrscheinlich war, dass der Schaden durch den groben Behandlungsfehler verursacht wurde.[432] Im Fall des BGH aus dem Jahr 1993[433] verlangte die Klägerin u.a. Schadensersatz, weil der Beklagte als Notarzt ihre Arm- und Schulterschmerzen nicht richtig gedeutet hatte. Er hat einen Herzinfarkt verkannt. Das Berufungsgericht nahm richtigerweise einen groben Behandlungsfehler an. Das Berufungsgericht legte jedoch die Beweislast für die Ursächlichkeit des Schadens dem beklagten Notarzt auf, was der BGH als rechtsfehlerhaft ansah. Zwar hatte der Sachverständige die Möglichkeit der Vermeidung des Herzinfarktes bei früherer Einweisung in die Klinik als sehr unwahrscheinlich eingeschätzt, nichtsdestotrotz nahm das Berufungsgericht, aufgrund mangelnder Entlastung seitens des Beklagten, eine Haftung an. Der BGH wies auf seine ständige Rechtsprechung hin und betonte, dass die Beweiserleichterung „nicht gänzlich unabhängig vom Grad der Unwahrscheinlichkeit der Ursächlichkeit des Fehlers für den eingetretenen Schaden"[434] sei.

In einem anderen Fall[435] ging es um die Nichterkennung einer drohenden Frühgeburt, die mit erheblicher körperlicher und seelischer Beeinträchtigung des Kindes einherging. Der Arzt habe es u.a. unterlassen, eine gebotene vaginale Untersuchung durchzuführen. Der Sachverständige war der Ansicht, dass diese vaginale Untersuchung als „klar und selbstverständlich notwendig"

---

v. 09.11.1982, VI ZR 23/81, JR 1983, 192 f. mit Anmerkung von *Baumgärtel* JR 1983, 193 f.; vgl. dazu auch Anmerkung zum Urteil des BGH v. 26.06.1978, VI ZR 183/76, von *Walter* JZ 1978, 806 f.; *Baumgärtel/Wittmann* JA 1979, 113, 118; *Stürner* NJW 1979, 1223, 1228; *Wasserburg* NJW 1980, 617, 618 f.; *Schmid* NJW 1987, 681 f.; Anmerkung zum Urteil des BGH v. 18.03.1986, VI ZR 215/84, *Matthies* JZ 1986, 959 f.

429 *Steffen* Festschrift Brandner, S. 327, 335.
430 So auch *Steffen* Festschrift Brandner, S. 327, 335.
431 *Groß* VersR 1996, 665.
432 BGH Urt. v. 26.10.1993, VI ZR 155/92, VersR 1994, 52 = NJW 1994, 801; BGH Urt. v. 04.10.1995, VI ZR 205/93, VersR 1995, 46 = NJW 1995, 778; BGH Urt. v. 14.02.1995, VI ZR 272/93, BGHZ 129, 6 = VersR 1995, 706.
433 BGH Urt. v. 26.10.1993, VI ZR 155/92, VersR 1994, 52 = NJW 1994, 801.
434 BGH Urt. v. 26.10.1993, VI ZR 155/92, VersR 1994, 52, 53.
435 BGH Urt. v. 04.10.1995, VI ZR 205/93, VersR 1995, 46 ff.

durchzuführen gewesen wäre. Das Berufungsgericht nahm einen groben Behandlungsfehler an. Allerdings sah der BGH es als rechtsfehlerhaft an, eine Beweislastumkehr zu Lasten des Beklagten anzunehmen. Bei der Frage, ob ein grober Behandlungsfehler eine Beweislastumkehr rechtfertige, könne das Gewicht der Möglichkeit nicht unberücksichtigt bleiben, dass der Behandlungsfehler zum Misserfolg beigetragen habe.[436] Die hohe Unwahrscheinlichkeit bzgl. der kausalen Verknüpfung mit dem Schaden müsse sich bei der Frage, ob eine Beweislastumkehr gerechtfertigt sei, auswirken.

Dies zeigt die feine Differenzierung, die zwischen der ursprünglichen Beweislastverteilung und der Beweislastumkehr gemacht werden muss. Es kann – zumindest nach den Entscheidungen des BGH aus diesen Jahren – nicht als Faustregel gelten, dass für jeden groben Behandlungsfehler eine Beweislastumkehr gilt.

V. Beweislastumkehr bei Befunderhebung

Die Beweislastumkehr bei Befunderhebungs- oder -sicherungsfehlern wird seit einigen Jahren angewandt.[437] Nach *Nixdorf*[438] gab es in der Vergangenheit kein Bedürfnis, die Beweislastumkehrregel auch für die Befunderhebung zu nutzen. Vielmehr wurde dieser Fehler des Arztes anderen Behandlungsfehlern gleichgestellt und die Beweislastumkehr trat dann ein, wenn eine unterlassene Befunderhebung bzw. -sicherung sich medizinisch als klärungsbedürftiger, sich aufdrängender Befund ergab und damit einen groben Behandlungsfehler darstellte.[439]

Das Erkenntnisgefälle bei der allgemeinen Beweislastregel zwischen Arzt und Patient ist bei der unterlassenen Befunderhebung besonders spürbar.[440] Der BGH scheint bezogen auf die Beweiserleichterung hinsichtlich der Kausalität jedoch nicht konsequent zu sein. In einem Nichtannahmebeschluss[441]

---

436 Vgl. dazu BGH Urt. v. 21.09.1982, VI ZR 302/80, BGHZ 85, 212, 216 f. = VersR 82, 1193, 1195.
437 Vgl. *Nixdorf* VersR 1996, 160 f.
438 *Nixdorf* VersR 1996, 160 f.
439 BGH Urt. v. 07.06.1983, VI ZR 284/81, VersR 1983, 983 = MedR 1984, 102 f.; BGH Urt. v. 21.09.1982, VI ZR 302/80, VersR 1982, 1193, 1195 = NJW 1983, 333 f.
440 Vgl. dazu allgemein: BGH Urt. v. 14.03.1978, VI ZR 213/76, NJW 1978, 1681, 1682 = JR 1979, 67 f.; *Giesen* JZ 1982, 448, 450 ff.; *Franzki/Franzki* NJW 1975, 2225, 2226 f.; *Musielak* JuS 1983, 609, 611; Anmerkung zum BGH Urt. v. 21.09.1982, VI ZR 302/80 von *Schlund* JR 1983, 284 m.w.N.
441 OLG Hamm Urt. v. 27.01.1993, 3 U 189/91, VersR 1993, 440 mit Nichtannahmebeschluss des BGH vom 01.12.1992, VI ZR 103/92: Die Revision gegen das Urteil des

vermerkte der BGH, dass aus der unterlassenen Befunderhebung keine Beweiserleichterung für den Kausalverlauf hergeleitet werden könne. In einer weiteren Entscheidung[442] hingegen spricht der BGH wiederum von Beweiserleichterung für den Beweis des Ursachenzusammenhangs. Für *Nixdorf*[443] bleibt es nach der BGH-Entscheidung[444] dabei, dass es eine Beweiserleichterung hinsichtlich der Kausalität gibt. Eine Darstellung von ihm stellt die Problematik anschaulich dar:

„Unterlassene Befunderhebung → fiktiver Befund → fiktive (aber unterlassene) Behandlungsmaßnahme → Erfolg."

Bis zu welchem Kettenglied die Beweiserleichterung bzw. die Beweislastumkehr gelten soll, hängt davon ab, in welchem Umfang und Ausmaß die vom Arzt hineingetragene Aufklärungsschwierigkeit des Patienten reicht und wie weit ein Ursachenzusammenhang immerhin wahrscheinlich ist.

Dabei sind nach *Nixdorf* zwei Aspekte zu unterscheiden: Zum einen der Befund, der sich als wahrscheinlich festumrissen fingieren lässt, und zum anderen eine Vielzahl von möglichen weiteren Befundergebnissen.

Beim ersten Aspekt wirkt sich ab dem „Kettenglied" „fiktiver Befund" eine Aufklärungsschwierigkeit des Patienten nicht mehr aus. Dann würde sich die Situation so darstellen, als habe der Behandlungsfehler von Anfang an in einem Unterlassen einer angemessenen Therapie bestanden. In diesem Fall trägt der Patient dann die Beweislast dafür, ob und in welcher Form der Arzt auf den fiktiven Befund hätte reagieren müssen. Ferner ist der Patient beweisbelastet in der Hinsicht, ob die indizierte Therapie erfolgreich gewesen wäre und dadurch der jetzt vorhandene Gesundheitsschaden hätte abwendet werden können.

In der zweiten Variante muss der Arzt die fehlende Notwendigkeit einer Therapie begründen. Er muss darlegen und beweisen, dass mögliche alternative Befunde die hier erwartete Therapie eben nicht zur Folge gehabt hätten. In diesem Fall bliebe die unterlassene Befunderhebung ohne tatsächliche Konsequenz in der Therapiewahl. Wenn der Erfolg von einer zu fingierenden

---

OLG Hamm wurde vom BGH mit folgender Begründung zurückgewiesen: Das Berufungsgericht sei zutreffend davon ausgegangen, dass keine Beweiserleichterung bzw. Beweislastumkehr für den Kausalzusammenhang der unterlassenen Befunderhebung und den Tod der Patientin gegeben ist. Durch eine solche Beweislastumkehr soll der Patient nur so gestellt werden, wie er stünde, wenn der gebotene Befund erhoben worden wäre. Der Kläger wäre auch dann für den ausbleibenden Erfolg beweispflichtig.
442 BGH Urt. v. 10.05.1994, VI ZR 192/93, VersR 1994, 984, 986 = MDR 1994, 890, 891.
443 *Nixdorf* VersR 1996, 160, 161 f.
444 BGH Urt. v. 10.05.1994, VI ZR 192/93, VersR 1994, 984, 986 = MDR 1994, 890, 891.

Behandlungsmaßnahme abhängt, dann reicht eine Beweislastumkehr bis hin zu diesem letzten Kettenglied, wenn eine Abwendbarkeit des Erfolges immerhin wahrscheinlich war.

VI. Beweisvereitelung

Eine Umkehr der Beweislast kann auch in den Fällen eintreten, in denen eine Prozesspartei der gegnerischen Partei den Beweis durch Beweisvereitelung schuldhaft erschwert oder vereitelt.[445] Verschuldet der Arzt es in der Weise, dass die Unterlagen nicht im Prozess vorgelegt werden können, ändert oder ergänzt er schon vorhandene Unterlagen oder fertigt diese erst später an, so kann das Gericht die Behauptung des Patienten als bewiesen ansehen, obwohl keine Belege dafür vorhanden sind.[446] Eine Beweislastumkehr kann aufgrund einer Beweisvereitelung vorliegen, wenn ein Arzt beispielsweise einen Mulltupfer, der in der Wunde vergessen wurde, erst später herausnimmt und diesen wegwirft.[447] Voraussetzung ist jedoch, dass für den Arzt erkennbar war, dass der Gegenstand später einmal zu Beweiszwecken benötigt werden wird.[448]

VII. Befunderhebung als Beweisvereitelung?

Harder sieht in ihrer Dissertation den Befunderhebungsfehler als Beweisvereitelung an.[449] Sie führt hierzu das – auch in dieser Arbeit besprochene – Urteil

---

445 RG Urt. v. 28.03.1930, III 236/29, RGZ 128, 121, 125; BGH Urt. v. 06.11.1962, VI ZR 29/62, NJW 1963, 389, 390; *Müller* NJW 1997, 3049, 3052; OLG München Urt. v. 24.07.2015, 10 U 3566/14; OLG Koblenz Urt. v. 12.04.2013, 5 U 4/13, VersR 2014, 207 f.; siehe auch S. 59 f. zu nicht auffindbaren Dokumenten oder Befunden und deren Bezug zur Beweisvereitelung bzw. zum Beweiserschwernis; *Reinhardt* NJW 1994, 93, 94.
446 BGH Urt. v. 06.11.1962, VI ZR 29/62, NJW 1963, 389; BGH Urt. v. 15.11.1984, IX ZR 157/83, NJW 1986, 59, 60, 61: danach kommt es für den zu entscheidenden Fall auf die Umstände an, „ob sie nach Billigkeitserwägungen nur eine Beweiserleichterung erforderlich machen oder es unzumutbar erscheinen lassen, daß der Kläger mit jeglicher Beweisführung belastet ist." *Reinhardt* NJW 1994, 93, 94 spricht von einer Sanktionswirkung.
447 BGH Urt. v. 6.04.1955, VI ZR 72/54, VersR 1955, 344 ff.
448 *Müller* NJW 1997, 3049, 3052; BGH Urt. v. 01.02.1994, VI ZR 65/93, NJW 1994, 1594.
449 *v. Harder* Die Beweisfigur des Befunderhebungs- und Befundsicherungsfehlers im Arzthaftungsprozess nach der Rechtsprechung des BGH und der Instanzgerichte (2009), S. 65 ff.

des BGH aus dem Jahre 1987[450], an. *Harder* zitiert folgende Passage: „Die sich aus der Behandlung des Patienten ergebende ärztliche Verpflichtung, durch entsprechende Untersuchungsmaßnahmen einen bestimmten Krankheitsstatus zu erheben, verfolgt zwar in erster Linie therapeutische Ziele. Sie dient aber auch, ähnlich wie die Pflicht zur Dokumentation der Befunde, der Wahrung des Persönlichkeitsrechts des Patienten, dem Rechenschaft über den Gang der ärztlichen Behandlung abzulegen ist."[451] Daraus schlussfolgert *Harder*, der Befunderhebungsfehler sei gänzlich gleichzusetzen mit dem Dokumentationsversagen und der daraus entstehenden Folge der Beweisvereitelung im Prozess. Richtig ist, dass der BGH einen Vergleich mit der Dokumentationspflicht anstellt.[452] Was von *Harder* aber außer Betracht gelassen wurde, sind die dem Zitat vorausgehenden Ausführungen des BGH. Dort spricht dieser von einem erheblich verschuldeten Nichterheben von Befunden: „Ähnlich wie bei der Verletzung der ärztlich geschuldeten Verpflichtung zur Dokumentation von Befunden [...] verschlechtert der Verstoß gegen ärztliche Berufspflichten bei der Befundsicherung die Möglichkeit, im Nachhinein den grundsätzlich vom Patienten zu erbringenden Beweis für den Ursachenverlauf zwischen Behandlungsfehler und Körperschaden zu führen. Für den Fall, daß ein Arzt in ungewöhnlichem Ausmaß einfache Diagnose- und Kontrollbefunde zum Behandlungsgeschehen nicht erhoben hat und deswegen in besonderem Maße die Verantwortung dafür trägt, daß die notwendigen Daten zur Aufdeckung des Behandlungsgeschehens nicht zur Verfügung stehen, hat der erkennende Senat wegen der vom Arzt grob verschuldeten Unaufklärbarkeit deswegen schon die Folgerung gezogen, daß das Aufklärungshindernis im Haftpflichtprozeß nicht zulasten des Patienten gehen darf."

In diesem Fall ist es völlig einleuchtend und verständlich: Die unterlassene Befunderhebung muss zu Lasten des Arztes gehen. Allerdings ist es der falsche Weg, aus einer materiellen Pflicht einen prozessualen Nachteil herzuleiten. Zwar ist es richtig, dass dieser Weg bei der mangelnden Dokumentation eingeschlagen wird. Der Unterschied zwischen der Dokumentationspflicht und der Pflicht, weitere Befunde zu erheben, ist jedoch mehr als nur marginal. Bei der Dokumentation geht es darum, vorhandene Daten, Vorgänge oder Befunde aufzuschreiben, also zu dokumentieren, um einerseits die weitere Behandlung des Patienten zu sichern und andererseits – auch im Prozess – bestimmte Vorgehensweisen, Tests

---

450 BGH Urt. v. 03.02. 1987, VI ZR 56/86, MDR 1987, 573 = JuS 1987, 741–743.
451 BGH Urt. v. 03.02. 1987, VI ZR 56/86, MDR 1987, 573 = JuS 1987, 741–743.
452 Vgl. auch dazu die Anmerkung von *Schlund* JR 1988, 65 f. und *Emmerich* JuS 1987, 741–742 zum Urt. des BGH v. 03.02.1987, VI ZR 56/86.

und die Aufklärung darlegen und beweisen zu können. Im Gegensatz zur Dokumentation ist die Befunderhebung dazu da, noch nicht Vorhandenes erst noch herauszufinden. Es besteht also ein erheblicher Unterschied, ob der Arzt das Vorgenommene „nur" aufschreiben oder ob er andere Tests durchführen muss. Bei der Befunderhebung ist nicht die Beweissituation eine Überlegung, sondern vielmehr die Behandlung und die Gesundheit des Patienten. Es bedarf der sorgfältigen Abwägung, ob eine Befunderhebung vorgenommen wird, da diese entweder einen Eingriff in den Körper des Patienten darstellen kann oder weitere Ausschlussdiagnostik hervorruft.[453] Eine Befunderhebung ist dann aber – und das wäre die Gefahr und der Rückschluss aus dieser Rechtsprechung – ein zwingendes Mittel zur Absicherung des Arztes. Damit wäre eine Überdiagnostik geradezu provoziert.

Es stimmt, wie auch *Harder* hervorhebt, dass der BGH auch bei der Befunderhebung von einem so genannten materiellen und prozessualen Doppelcharakter ausgeht. Vom rein „tatsächlichen" Standpunkt aus gesehen ist dieser Aussage des BGH zuzustimmen. Wenn eine Befunderhebung nicht vorgenommen wurde, fehlt diese im Prozess als Beweis.[454]

Der Schluss, den man hieraus ziehen könnte, nämlich aus einem tatsächlich nicht vorhandenen Beweis eine Beweisvereitelung zu machen, ist nicht nur rechtlich fragwürdig, sondern setzt auch für die Praxis ein falsches Signal.[455] Würde man diesen Ansatz in dieser Art weiterverfolgen, wäre es genau umgekehrt. Aus einer prozessual schwierigen Situation wird eine wiederum prozessuale Folge gezogen. Das Problem sollte aber nur in Ausnahmefällen rein auf der prozessualen Ebene gelöst werden. Vielmehr sollte man dieses vorverlagern und eine materielle Lösung anstreben. In dem zitierten Fall des BGH kann ruhigen Gewissens von einer solchen Ausnahmesituation gesprochen werden. Der BGH selbst betont das ungewöhnlich hohe Ausmaß des Unterlassens der Befunderhebung und von Kontrolluntersuchungen in dem hier besprochenen Fall. Der Schluss, weg von der Ausnahme und hin zu einer Verallgemeinerung, ist gerade in Kombination des Vergleichs der fehlenden Dokumentation zu weit gegriffen und lässt viel Spielraum für sehr einseitige Interpretationen.[456]

---

453 Siehe dazu ausführlich S. 131 f. und S. 115 f.
454 So auch *Sundmacher* Die unterlassene Befunderhebung (2007), S. 121.
455 Dass es zu einer Überdiagnostik für die reine Absicherung im Prozess kommen kann, wird auf S. 115 f. ausführlich erläutert.
456 *Giesen* Arzthaftungsrecht Rn. 428 geht diese Einschränkung noch nicht weit genug. Er plädiert für eine extensivere Auslegung.

Auch *Peter*[457] sieht eine rein prozessuale Lösung kritisch. „Von daher war es in der Tat fraglich, ob dem Arzt das Unterlassen therapeutisch gebotener Maßnahmen über prozessuale Sanktionen vorgehalten werden konnte. Diese Kritik hat auch heute noch dort ihre Berechtigung, wo eine nicht der Sachverhaltsaufklärung dienende ärztliche Maßnahme als grober Behandlungsfehler zur Beweislastumkehr führt." Es stellt nach *Peter*[458] eine Verfälschung ärztlicher Sorgfaltspflichten und nach *Matthies*[459] eine Überdehnung solcher Pflichten dar, wenn man eine ausschließlich der Behandlung dienende Pflicht prozessual sanktioniert und dies aufgrund der tatsächlichen Erschwerung der Sachverhaltsaufklärung. Nach *Peter* ist bei diesen Fällen des groben ärztlichen Fehlverhaltens nicht ihr Ergebnis der Beweislastumkehr selbst, sondern die Begründung im materiellen Recht unbillig. *Peter* erhebt nicht nur für den groben Behandlungsfehler und dessen prozessuale Wirkung die Kritik, sondern auch für die Beweisvereitelungsproblematik bei der „schadenstiftendes und beweisvereitelndes Verhalten zusammenfallen."[460] Der Anwendung beweisvereitelnder Grundsätze wird entgegengehalten, dass die vom Arzt geschuldete Pflicht der ordnungsgemäßen Behandlung diene, nicht aber den Zweck habe, dem Patienten die Beweisführung zu sichern.[461]

Peter[462] folgt dieser Auslegung nicht in Gänze. Er führt aus, eine ärztliche Maßnahme müsse nicht automatisch andere Zwecke erfüllen als den Primärzweck.[463] Er strengt somit denselben Vergleich mit der Dokumentationspflicht an wie der BGH. „Neben der Führung einer entsprechend inhaltlich ausgestalteten, ordnungsgemäßen Dokumentation gehört dazu auch die Vornahme von Diagnose- und Kontrollmaßnahmen, die das Geschehen nachvollziehbar machen."[464] Dabei stellt der BGH seiner Ansicht nach in zutreffender Weise klar, dass nur solche Maßnahmen erfasst werden, die auch medizinisch indiziert sind.[465] Eine

---

457 *Peter* NJW 1988, 751 f.
458 *Peter* NJW 1988, 751 f.
459 *Matthies* NJW 1983, 335, 335 mit Verweis auf *Baumgärtel* Festschrift Bruns S. 97; *Hanau* NJW 1968, 2291, 2292.
460 *Peter* NJW 1988, 751.
461 *Baumgärtel* aaO., S. 69, 70; *Blomeyer*, AcP 158 (1959–1960), 106; *Stürner*, Aufklärungspflichten der Parteien des Zivilprozesses, S. 171 ff.; *Uhlenbruck*, 1972, NJW 1972, 2206; *Kleinewerfers-Wilts*, VersR 1967, 621; *Franzki* aaO., S. 78 ff.
462 *Peter* NJW 1988, 751.
463 *Peter* NJW 1988, 751.
464 *Peter* NJW 1988, 751.
465 *Peter* NJW 1988, 751.

bloße beweissichernde Tätigkeit des Arztes, die nicht zugleich therapeutischen Nutzen hat, ist weder von Rechts wegen gefordert noch wäre sie nach *Peter* billigenswert.[466] Die Körperverletzungstatbestände würden in dieser Hinsicht eindeutige Grenzen ziehen.[467]

Diese Abgrenzung ist notwendig, um nicht in die Gefahr einer Überdiagnostik[468] im Sinne einer reinen beweissichernden Diagnostik zu geraten. Dass überhaupt eine Grenze gezogen werden muss, um nicht eine erhebliche Gefahrenerhöhung beim Patienten hervorzurufen, zeigt, wie unausgegoren der Vergleich mit der Dokumentationspflicht auf der einen Seite und die Folge der Beweissicherungspflicht auf der anderen Seite ist.

VIII. Kritik an der Beweislastumkehr

1. Allgemeines

Wie gesehen, ist die Beweislastumkehr in der Arzthaftung bei groben Behandlungsfehlern gefestigte Rechtsprechung sowie geschriebenes Gesetz. Allerdings ist dieses Konstrukt – vielleicht gerade, weil es so selbstverständlich als gesetzt hingenommen wird – zu hinterfragen. Die Beweislastumkehr wird mit der Begründung eines fairen Verfahrens unter den Grundsätzen von Treu und Glauben deshalb angenommen, weil der Patient gerade bei einem groben Fehler nicht zu beweisen vermag, ob die Behandlung dazu fehlerhaft war.[469]

2. Literaturansichten

In der Literatur gibt es verschiedene Auffassungen zur Notwendigkeit und Sinnhaftigkeit der Beweislastumkehr im Arzthaftungsprozess. Es wird von *Stürner* bemerkt, dass es wenige Unterschiede zu anderen Prozessen mit ähnlich undurchsichtigen Berufsfeldern gibt.[470] *Reinhardt* sieht die Beweislastumkehr dagegen in manchen Fällen als reine rechtspolitische Überlegung an.[471] *Stürner*[472] will die Beweislast grundsätzlich beim Patienten belassen. Die Probleme der Aufklärbarkeit und die dadurch hervorgerufenen Beweisprobleme sind

---

466 *Peter* NJW 1988, 751.
467 *Peter* NJW 1988, 751.
468 Zur Überdiagnostik vgl. *Geiß/Greiner* Arzthaftungsrecht Rn. B 65 m.w.N.
469 Siehe S. 93 ff.
470 *Stürner* NJW 1979, 1225, 1226.
471 *Reinhardt* NJW 1994, 93, 95.
472 *Stürner* NJW 1979, 1225, 1226.

nicht nur im Arzthaftungsprozess bekannt, sondern liegen eigentlich in jedem anderen für den Kläger fremden Gebiet, z.b. dem Patentrecht, vor. *Hausch* ist der Ansicht, dass die Beweislastumkehr bei Diagnosefehlern/-irrtümern zu Wertungswidersprüchen führt.[473]

Bergmann/Wever[474] hingegen gehen davon aus, dass der Beruf des Arztes nicht mit anderen Berufsgruppen verglichen werden kann. Der ärztliche Beruf unterscheide sich „rechtsdogmatisch von der Haftung anderer Berufsgruppen durch den Tatbestand der eigenmächtigen Heilbehandlung und durch ein besonderes Beweisrecht mit erheblichen Beweislastverschiebungen zu Lasten der Behandlungsseite".[475]

Die Beweiserleichterung bzw. nach heutiger Ansicht des BGH nur noch die Beweislastumkehr wird aufgrund der schwer zu beweisenden Materie angenommen. Deshalb kann nicht behauptet werden, die Arzthaftung unterscheide sich rechtsdogmatisch, weil die Beweislast beim groben Behandlungsfehler umgekehrt wurde. Diese wurde erst aufgrund der behaupteten Eigenart der Arzthaftung umgekehrt. Es handelt sich somit um einen Zirkelschluss. Auch der Begründungsversuch der eigenmächtigen Heilbehandlung ist nicht einschlägig, da diese seit 1894[476] nicht mehr als vertretbar angesehen wird. Es kommt auf die Einwilligung des Patienten an und nicht darauf, was objektiv sinnvoll oder vom Arzt als medizinisch erstrebenswert angesehen wird.

Bezogen auf den angeblich nicht möglichen Vergleich des Arztberufes mit anderen Berufsgruppen soll folgender Vergleich die Problematik, zugegeben überspitzt, illustrieren: Der Patient kontaktiert den Arzt, um eine Heilbehandlung zu bekommen, als bitte er einen Mechaniker, sein Auto zu reparieren, oder einen Unternehmer, sein Haus zu errichten. Von den tatsächlichen Vorgängen wird der Patient in der Regel keine genauen Vorstellungen haben. Dieser Vergleich soll nicht dahingehend missverstanden werden, dass der menschliche Körper mit einer Sache verglichen werden könne oder überhaupt mit einem Gegenstand vergleichbar sei. Allerdings ist auch der Aspekt, dass dem Arzthaftungsrecht wegen der Medienwirksamkeit besondere Aufmerksamkeit zukommen kann, nicht zu unterschätzen. Es ist selbstverständlich als viel einschneidender und für

---

473 *Hausch*, Der grobe Behandlungsfehler in der gerichtlichen Praxis, S. 152 f.
474 *Bergmann/Wever* Die Arzthaftung S. 1 (bezogen auf die Haftung dieser Berufsgruppe).
475 *Bergmann/Wever* Die Arzthaftung S. 1 (verweist auf Katzenmeier S. 378 ff. bzgl. der verfassungsrechtlichen Maßgaben und das Waffengleichheitsgebot).
476 RG Urt. v. 21.05.1894, 1406/94, RGSt 25, 375: In dem Urteil vertrat das Reichsgericht die Auffassung, dass auch ein medizinisch indizierter Eingriff die Tatbestandsvoraussetzungen der Körperverletzung erfüllt.

den betroffenen Patienten als große Beeinträchtigung anzusehen, wenn bei einer Operation etwas nicht wie geplant verläuft, als wenn der Automotor bei einer Inspektion geschädigt wird. Dennoch läuft die von *Bergmann/Wever* dargestellte Begründung bzgl. des eigenmächtigen Heilversuches aus den genannten Gründen ins Leere.

Nach *Prölss* „[...] liegt der Beweislastverteilung nach Gefahrenkreisen ein regelrechtes Zurechnungsdenken zugrunde, indem von der Frage ausgegangen wird, welche Partei unter gewissen Umständen näher dran ist, die Folgen der Beweislosigkeit zu tragen."[477] Als Vergleich für die Zurechnung des Schadens spricht *Prölss* von der Zurechnung der Beweislosigkeit.[478]

Für eine Beweislastverteilung nach Gefahrenbereichen kann als Argument laut *Prölss* folgendes angenommen werden: Der Gläubiger kann die Wirkungssphäre des Schuldners nicht überblicken. Aufgrund der oftmals nicht erfolgreichen Beweisbarkeit befindet sich der Schuldner in einem Beweisnotstand.[479] Es geht nicht um den Einzelfall, in dem eine Tatsache nicht bewiesen werden kann, sondern vielmehr „um eine ganze Fallgruppe, bei der der Gläubiger regelmäßig beweislos und damit rechtlos bleiben würde, wenn man ihm das Risiko der Unaufklärbarkeit auferlegen wollte."[480]

Der dem Schuldner vom Gesetz eingeräumte Schadensersatzanspruch würde zu einem nudum ius verkümmern.[481] Nach *Prölss* ist es gerecht, dem Schuldner immer dann die Beweislast aufzubürden, wenn die Schadensursache aus seinem Gefahrenbereich hervorgegangen ist.[482] Dadurch würde erreicht, dass sich der Schuldner, durch den Vorteil der Überblickbarkeit seines Gefahrenbereiches viel eher in der Lage sieht, seinen Gefahrenbereich zu übersehen und die im Prozess streitigen Vorgänge aufzuklären.[483] Der Schuldner wäre dann um die Aufklärung des Sachverhalts nach Kräften bemüht.[484]

---

477 *Prölss* VersR 1964, 901, 903.
478 *Prölss* VersR 1964, 901, 903.
479 *Prölss* VersR 1964, 901, 903 verweist hier auf: *Rümelin* AcP 88 (1898), 300; *Müller-Erzbach* AcP 106 (1910), 317 ff.; *Marton* AcP 162 (1963), 13 ff.; vgl. auch *Stoll* Festschrift Steffen, S. 465: Je größer/grober der Fehler des Arztes ist, desto geringer sind die Beweisschwierigkeiten des Patienten.
480 *Prölss* VersR 1964, 901, 903.
481 *Prölss* VersR 1964, 901, 903.
482 *Prölss* VersR 1964, 901, 903 f.
483 *Prölss* VersR 1964, 901, 903 f.
484 *Prölss* VersR 1964, 901, 903 f.

Kritik an der Beweislastumkehr 91

Diese Regeln sind – wohl auch allgemein nicht auf andere Bereiche wie z.b. die Architektenhaftung – aber im Besonderen nicht auf die Arzthaftung übertragbar. Zum einen folgen sie nicht den Grundsätzen der ZPO. Als Vergleich soll der Grundsatz des Gerichtsstandes als Grundgedanken der ZPO dienen; in § 12 und § 13 ZPO ist geregelt, dass der Wohnort des Beklagten (also des Schuldners) der allgemeine Gerichtsstand ist. Dies hat seinen Grund darin, dass der Beklagte unfreiwillig in einen Prozess hineingezogen wird und der Gesetzgeber aus diesem Grund zumindest eine örtliche Nähe zum Gericht als „Ausgleich" für den Beklagten schaffen wollte.[485] Ferner gilt der Grundsatz, dass der Kläger die Tatsachen beweisen muss. Würde dies nicht der Fall sein, müsste der Beklagte also grundsätzlich den Entlastungsbeweis führen, würde es zu einer Unmenge an Prozessen kommen, bei denen die Kläger – bösartig unterstellt – hoffen, dass der Beklagte sich nicht entlasten kann und deshalb unterliegt. Auch wenn *Prölss* dies nur für den Fall annimmt, bei dem der Schuldner seinen Gefahrenbereich beherrscht und überblicken kann, ist dies dennoch ein nicht unbeachtlicher Teil. Bei der Haftung von Bauunternehmen, Banken, Architekten usw. kann der Schuldner seinen Bereich überblicken und der Gläubiger ist aufgrund fehlenden Wissens der Materie im Nachteil.

Übertragen auf das Arzthaftungsrecht bedeutet dies, dass der Arzt immer die Beweispflicht hätte. Darüber hinaus gilt hier noch eine Besonderheit, welche z.B. in Bauprozessen weniger zu finden ist. Der Arzt mag zwar sein Fachgebiet beherrschen, allerdings wäre es unbillig, ihm die Unwägbarkeiten und Unberechenbarkeit des menschlichen Körpers als allgemeines Risiko aufzubürden. „Die Rechtsprechung zum Arzthaftungsrecht hat die Aufgabe, die Grenze zu ziehen zwischen dem schicksalhaften, auf der Unberechenbarkeit der menschlichen Natur beruhenden Gesundheitsschaden und demjenigen, der eingetreten ist, weil der Arzt den von ihm geschuldeten hohen Qualitätsstandard bei der Behandlung nicht gewahrt hat."[486] Das Risiko der Krankheit und deren Folgen verlagert sich mit der Behandlung des Patienten nicht auf den Arzt.[487]

Ein weiteres Argument, das von *Prölss* vorgebracht wird, ist die Undurchsichtigkeit eines Gefahrenbereichs.[488] Er sieht den Schuldner nicht nur näher am

---

485 Es handelt sich um eine am Gerechtigkeitsgedanken orientierte prozessuale Lastenverteilung, vgl. Zöller- *Vollkommer* § 12 ZPO Rn. 2; BayObLG Beschl. v. 07.03.1996, 1 Z AR 14/96, MDR 1996, 850; AG Köln Urt. v. 07.12.1993, 129 C 340/93, NJW-RR 1995, 185; LG Karlsruhe Beschl. v. 31.10.1995, 12 O 492/95, NJW 1996, 1417.
486 *Pelz* DRiZ 1998, 473, 474.
487 *Pelz* DRiZ 1998, 473, 474.
488 *Prölss* VersR 1964, 901, 903 f.

Gefahrenbereich, sondern auch näher am Tragen der Beweislosigkeit, weil dies eine Folge der Undurchsichtigkeit seines Gefahrenbereichs ist.[489] „Es wäre völlig ungerecht, den Gläubiger im Verhältnis zum Schuldner mit den Folgen der Undurchsichtigkeit eines Gefahrenbereiches zu belasten, den nicht er, sondern der in Anspruch genommene Schuldner beherrscht."[490] Dem kann erneut entgegengehalten werden, dass dem Arzt auch nicht der zum Teil völlig undurchsichtige Bereich des menschlichen Körpers zum Nachteil werden soll.

Als weiterer Grund wird von *Prölss* der Präventivzweck[491] genannt: Es muss nach ihm und anderen berücksichtigt werden, dass die Schadensersatznormen nicht nur den Sinn haben, bereits eingetretene Schäden zu regulieren, sondern sie sollen auch verhindern, dass Schäden überhaupt erst entstehen. *Prölss* zieht daraus den Schluss, dass wenn die Beweislast beim Schädiger läge, dieser verantwortungsvoller mit dem Gläubiger und dessen Sachen umgehen würde, weil er genau wüsste, dass er in der Beweispflicht steht.[492]

So argumentiert auch *Katzenmeier*: „Haftungsregeln dienen immer zugleich der Prävention, mögen die Ersatzvorschriften ihren Schwerpunkt auch bei der nachträglichen Korrektur, also dem Ausgleich, und nicht bei der Prophylaxe haben."[493] Die Ersatzpflicht, die im Falle eines Schadens droht, soll vor Verhaltensweisen schützen, die erst zum Schadensersatz führen.[494] Die Beweislastumkehr würde aufgrund eines Präventivgedankens zur Bestrafung für eine – meistens nicht gewollte – Schädigung führen. Der Schuldner, also der Arzt, hat in der Regel keine oder nur geringe Kenntnis von Beweislasten, so dass er nicht anders handeln würde als zuvor. Des Weiteren würde die Arzthaftung zu einer Gefährdungshaftung mutieren.

Koziol[495] nimmt den Gedanken der Haftung aus der besonderen Gefahrenquelle, die durch einen Behandelnden ausgeführt wird, welcher

---

489 *Prölss* VersR 1964, 901, 903 f.
490 *Prölss* VersR 1964, 901, 903.
491 *Prölss* VersR 1964, 901, 904, 905; für den Präventivgedanken siehe auch *Marton* AcP 162 (1963) 1, 45 ff.
492 *Prölss* VersR 1964, 901, 904.
493 *Katzenmeier* VersR 2007, 137, 140.
494 *Katzenmeier* VersR 2007, 137, 140 m.w.N.; *Müller* VersR 2006, 1289, 1294 f.; vgl. auch v. *Bar* AcP 181 (1981), 289, 311 f. zum Präventionsgedanken und die Problematik der Haftpflichtversicherung; vgl. auch dazu: *Looschelders* VersR 1996, 529, 535 f.: „Die Versicherung steht [...] in einem Spannungsverhältnis zu der präventiven Funktion des Haftungsrechts."; *Körner* NJW 2000, 241 f.; *Koch* JZ 1999, 922 ff.; *Canaris* JZ 1987, 993, 995 f.
495 *Koziol* AcP 196 (1996) 593, 608.

unterdurchschnittlich für diese Aufgabe qualifiziert ist, auf: „Derjenige, der trotz seiner geringen Fähigkeiten eine Tätigkeit aufnimmt, die besondere Kenntnisse und Verstandeskräfte erfordert, schafft erst dadurch eine besondere Gefahrenquelle, und zwar nicht nur für allfällige Vertragspartner, sondern auch für beliebige Dritte."[496] Er nennt dabei u.a. einen Spitalarzt, der seinem Patienten einen Dauerschaden zugefügt hat. Inwiefern dies auf eine Unterqualifizierung zurückzuführen ist, wird offengelassen. Auch wird kein Nachweis für diese Behauptung angegeben. Es ist schwer nachzuvollziehen, woher diese Vermutung stammt und warum eine „Fallgruppe der Unterqualifizierung" hergestellt wird, um eine Haftung zu begründen. Es bedarf dieser nicht, weil eine Haftung schon dann besteht, wenn der erforderliche Standard[497] unterschritten wurde, unabhängig davon, ob der Arzt persönlich und von seinen Fähigkeiten her dazu in der Lage gewesen wäre, die Aufgabe zu erfüllen.

Wagner[498] spricht sich für eine Proportionalhaftung und *Fleischer*[499] für eine Beweisreduktion auf die überwiegende Wahrscheinlichkeit anstatt einer Beweislastumkehr bei groben Behandlungsfehlern aus. *Müller*[500] sieht die Ausgleichsfunktion als vorrangig an. Es sind sowohl die Proportionalhaftung als auch eine Beweisreduktion auf eine überwiegende Wahrscheinlichkeit nicht praxistauglich. Bei der Proportionalhaftung würden sich Folgefragen und damit Folgeprobleme auftun; der Streit würde sich um eine oder mehrere Ebenen verschieben. Bei einer überwiegenden Wahrscheinlichkeit stellte sich die Frage, ab wann eine solche angenommen wird. Prozentzahlen sind in der Praxis schwer zu bestimmen, da sich die Sachverständigen oftmals nicht auf festgelegte Zahlen einlassen.

Die Ausgleichsfunktion, wie *Müller*[501] sie vertritt, ist grundsätzlich der richtige Ansatz, führt aber zu erheblichen praktischen Problemen, wie gerade aufgezeigt.

3. Verfassungsrechtliche Sicht

Das Bundesverfassungsgericht[502] spricht nicht nur von einer besonderen prozessualen Situation, sondern auch von einem Härteausgleich infolge spezieller

---

496 *Koziol* AcP 196 (1996) 593, 608.
497 Siehe zum Facharztstandard S. 39 ff.
498 *Wagner* in Verhandlungen des 66. DJT Bd. I Gutachten, S. A58 f.
499 *Fleischer* JZ 1999, 766, 773 f.
500 *Müller* VersR 2005, 1461 f.
501 *Müller* VersR 2005, 1461 f.
502 BVerfG Beschl. 25.07.1979, 2 BvR 878/74, BVerfGE 52, 131, 143, 155.

Gefahrenneigung der ärztlichen Arbeit. Es ist nicht zu vernachlässigen, dass die ärztliche Tätigkeit im Fall einer Fehlbehandlung eine solche mit besonders empfindlichen Konsequenzen für den Patienten ist. Dies soll auch in keiner Weise bestritten werden. Allerdings kann dies nicht dazu führen – und deshalb kann daraus auch nicht der Schluss gezogen werden –, aufgrund einer bestimmten Arbeitssituation per se eine schlechtere Prozesssituation herzuleiten. Dies führt dazu, dass bei vielen Ärzten oder Krankenhäusern eine „Antihaltung" entsteht, welche die schon erwähnte Kluft zwischen Juristen und Ärzten nur noch vergrößert.

Beispielsweise schließen manche Abteilungen für Geburtshilfe, weil ihre Versicherungskosten zu hoch sind. Diese sind sowohl bei Hebammen als auch bei Krankenhäusern, die Geburten durchführen, extrem angestiegen.[503] Auch das Verhalten eines Arztes würde sich ändern. Der Arzt könnte dann verleitet sein, eine so genannte „sicherheitstaktische Medizin" zu praktizieren. Bei der Diagnostik würde z.B. eine Überdiagnostik provoziert, allein um sich vor prozessualen Folgen abzusichern. Eine Überdiagnostik hätte nicht nur haftungsrechtliche Konsequenzen[504], sondern kann auch zu einer strafbaren Körperverletzung führen.

Ferner ist es der ZPO fremd, wegen gefahrengeneigter Tätigkeit Beweiserleichterungen einzuführen; dem stehen der Beibringungsgrundsatz und die allgemeine Beweislastregel entgegen. Dies bedeutet allerdings nicht, dass es nicht in Ausnahmefällen zu einer Beweislastumkehr kommen kann. Dies sollte jedoch die Ausnahme bleiben und gerade nicht zur Regel werden.

Auch das Zusammenspiel von Unter- und Übermaßverbot im Schadens- und Haftungsrecht spielen mit in diesen Erwägungen hinein.[505] Aus verfassungsrechtlicher Sicht ist davon auszugehen, dass sich im Haftungs- und Schadensrecht zwei Rechtssubjekte – Schädiger und Geschädigter – gegenüberstehen und sich jeder gegenüber dem Staat auf Grundrechte berufen kann.[506] Der Schädiger hat aufgrund des Übermaßverbotes einen abwehrrechtlichen Anspruch gegen

---

503 Vgl. die Internetseite „Deutscher Hebammen Verband e.V."
504 Vgl. S. 115 f.
505 Vgl. zu dem Zusammenspiel von Unter- und Übermaßverbot im Haftungs- und Schadensrecht *Looschelders* VersR 1999, 141, 143 f.
506 Vgl. dazu BVerfG Beschl. 1 BvR 26/84, BVerfGE 81, 242, 255 = VersR 1990, 627; *Canaris* JuS 1989, 161, 163 f.; *Hager* JZ 1994, 373, 381; *Looschelders/Roth* JZ 1995, 1034, 1040; *Medicus* AcP 192 (1992), 35, 69.
allgemein zur Problematik der Grundrechtskollision *Alexy* Theorie der Grundrechte, S. 77 ff.

den Staat, nicht mit übermäßigen Ersatzpflichten belastet zu werden, genauso wie Geschädigte Anspruch auf Entschädigung haben.[507] Diese Interessen müssen zu einem gerechten Ausgleich gebracht werden.[508] „Der grundrechtliche Schutz des potentiell Beklagten strahlt folglich dergestalt auf die rechtsstaatliche Beurteilung der Beweislastverteilung aus, daß die Grundregel der Beweislast eine grundsätzliche Vermutung widerspiegelt, die ihn vor einer vorschnellen, rechtsstaatswidrigen Verurteilung bewahren soll."[509] Daraus ergibt sich direkt und unmittelbar, dass die Umkehr der Beweislast einen Ausnahmefall bildet, dessen „Statthaftigkeit sich als das Ergebnis einer abwägenden Beurteilung aller tangierten Rechtspositionen präsentiert."[510]

Der Verfassung können aufgrund ihres Rahmencharakters[511] nur Mindestanforderungen[512] entnommen werden. Der Schutz des Geschädigten muss also einen gewissen Mindeststandard erfüllen, aber auch dem Schädiger darf nicht zu viel Last aufgebürdet werden.[513] Diese Grundsätze gelten erst einmal nur für die Entschädigung. Allerdings kann daraus auch Nützliches für die Beweislastverteilung gewonnen werden. Die staatliche Einflussnahme auf den Ausgang eines prozessualen Verfahrens bei Unaufklärbarkeiten des Sachverhaltes durch die Entscheidung zu Lasten der einen oder der anderen Seite zu treffen, unterliegt nicht nur rechtsstaatlichen Prämissen, sondern wird regelmäßig auch in grundrechtlich geschützte Rechtspositionen der unterlegenen Partei eingreifen.[514] Daraus folgt, dass eine an sich verfassungsgemäße materielle Regelung zwingend mit dem Grundgesetz in Konflikt gerät, wenn die Frage nach der Beweislast ihrerseits verfassungswidrig ist.[515]

---

507 Vgl. zur Unterscheidung der abwehrrechtlichen und schutzrechtlichen Funktion Grundrechte *Alexy* Theorie der Grundrechte, S. 174 ff., 395 ff.; *Canaris* AcP 184 (1984), 201, 212 ff., 225 ff.
508 *Looschelders* VersR 1999, 141, 143.
509 *Reinhardt* NJW 1994, 93, 96.
510 *Reinhardt* NJW 1994, 93, 96.
511 Zum Rahmencharakter des Grundgesetzes: *Böckenförde* NJW 1976, 2089; *Seibert* FamRZ 1995, 1457, 1458; *Wahl* NvWZ 84, 401 f.
512 Vgl. dazu auch *Reinhardt* NJW 1994, 93, 97.
513 Zum Unter- und Übermaßverbot im Zivilrecht *Canaris* JuS 1989, 161; *Looschelders/ Roth* JZ 1995, 1034, 1038.
514 *Reinhardt* NJW 1994, 93.
515 *Reinhardt* NJW 1994, 93.

4. Praktische Folgen

Was Literatur und Rechtsprechung richtig erkannt haben, ist die Notwendigkeit der Herstellung eines gerechten Ausgleichs vor Gericht. Allerdings ist die Umsetzung mit den Jahren sehr einseitig bzw. zu Lasten einer Partei, nämlich des Arztes gewesen. In bestimmten Fällen ist eine Beweislastumkehr aus Gründen der Waffengleichheit und des fairen Verfahrens notwendig. Allerdings sollte dies eine Ausnahmeregelung[516] darstellen, selbst im Rahmen des groben Behandlungsfehlers.

Der BGH hat schon sehr früh in seiner Rechtsprechung zum Arzthaftungsrecht die Ausnahme der vollständigen Beweislastumkehr betont.[517] Die Umkehr der Beweislast ist nach der Rechtsprechung BGH nur dann verhältnismäßig, wenn sie eine „objektive Unvereinbarkeit" des Prozessausgangs und damit des Ergebnisses bei Anwendung der eigentlichen Beweislastverteilung mit dem „rechtsstaatlichen Gebot des fairen Verfahrens zu bereinigen sucht" und ausschließlich auf diejenigen Fallgruppen begrenzt bleibt, in denen aufgrund des Ausnahmecharakters ein regulierendes Eingreifen zwingend notwendig ist.[518]

Daraus folgt, dass die Beweislastumkehr immer nur dann verhältnismäßig ist, wenn aufgrund der Anwendung der grundsätzlichen Beweislastregeln ein sozial schwer zu ertragendes und nicht haltbares Ergebnis die Folge dieser Anwendung wäre.[519] „Dem gegenüber sind Billigkeits- oder Bequemlichkeitserwägungen, wenn ein Beweis einfacher möglich oder eher zumutbar ist, nicht hinreichend."[520]

Es leuchtet nicht ein, warum ein Patient größere Schwierigkeiten haben sollte, einen groben Behandlungsfehler zu beweisen, als einen einfachen „leichten" Behandlungsfehler.[521] In welchem Fall der Behandlungsfehler als leicht oder

---

516 Vgl. generell zur Ausnahmeregelung bei der Beweislastumkehr *Reinhardt* NJW 1994, 93, 97 m.w.N.
517 BGH Urt. v. 15.11.1984, IX ZR 157/83, NJW 1986, 59, 61 = MDR 1985, 669 f. (hier im Bereich der Zwangsvollstreckung): „Dies hat das Berufungsgericht verkannt. Es geht davon aus, daß die Beweislastumkehr selbstverständliche Folge der Dokumentationspflichtverletzung des Beklagten sei. Es würdigt daher nicht die Umstände des vorliegenden Falles dahin, ob sie nach Billigkeitsgesichtspunkten nur eine Beweiserleichterung erforderlich machen oder es unzumutbar erscheinen lassen, daß der Kläger mit jeglicher Beweisführung belastet wird."
518 BGH Urt. v. 15.11.1984, IX ZR 157/83, NJW 1986, 59, 61 = MDR 1985, 669 f.; *Reinhardt* NJW 1994, 93, 97.
519 *Reinhardt* NJW 1994, 93, 99.
520 *Reinhardt* NJW 1994, 93, 99.
521 *Spickhoff* VersR 2013, 267, 280.

als schwer zu qualifizieren ist, hängt davon ab, ob er dem Arzt schlechterdings nicht unterlaufen darf.[522] Wann diese Voraussetzung vorliegt, hängt zumeist von der Einschätzung des Sachverständigen ab.[523] Ob der Sachverständige erklärt, es handle sich um einen groben Behandlungsfehler oder nicht, ändert nichts an der Schwierigkeit des Patienten, den Beweis an sich zu führen. Vielmehr ist die Beweissituation dieselbe.

Das Problem der Beweislastumkehr in der Arzthaftung liegt dogmatisch darin begründet, dass es nicht gelungen ist, sie auf argumentativ belastbare Fundamente zu stellen.[524] Es handelt sich dabei zu großen Teilen um Billigkeitsentscheidungen.[525] Es ist nicht nachzuvollziehen, warum beim einfachen Behandlungsfehler für den Kläger, also den Patienten, die Aufklärung des Behandlungsgeschehens nicht, wie beim groben Behandlungsfehler, erschwert sein sollte.[526]

Die Beweislastumkehr soll sich nach § 630 h Abs. 5 S. 1 jedoch nicht nur auf einfache Behandlungsfehler erstrecken.[527] „Denn die heutige Rechtserzeugung, sei es legislativer oder auch judikativer Provenienz, hat insbesondere das Instrument der Beweislastumkehr als wohl taugliche Methode erkannt, unbillig empfundene Wertungen und Ergebnisse im geltenden Recht allgemein und für den Einzelfall zu korrigieren und so, fast mehr noch als mit der traditionellen materiellen Rechtsetzung selbst, Rechtspolitik zu betreiben."[528]

Die gesetzlichen Beweislastregeln sind kein Allheilmittel für die politische Zielsetzung neben dem materiellen Recht, sondern diese Regeln sind vielmehr die letzte Möglichkeit der Umsetzung, dem verfassungsrechtlich legitimen Gesetzeszweck für den Fall des non liquet Geltung zu verschaffen.[529]

---

522 Siehe dazu S. 65 ff.
523 BGH NJW 2015, 1601 ff.
524 *Spickhoff* VersR 2013, 267, 280.
525 *Spickhoff* VersR 2013, 267, 280.
526 *Spickhoff* VersR 2013, 267, 280.
527 Vgl. u.a. *Spickhoff* VersR 2013, 267, 280.
528 *Reinhardt* NJW 1994, 93. *Reinhardt* hat schon vor dem Patientenrecht eine Gefahr der Normierung der Beweislastumkehr gesehen, welche „die Praxis völlig zu verkehren imstande ist"; vgl. dazu auch *Steffen* Festschrift Brandner, S. 327, 333.
529 *Reinhardt* NJW 1994, 93, 99; vgl. dazu auch *Steffen* Festschrift Brandner, S. 327, 330.

5. Anscheinsbeweis als Lösungsansatz?

Der Anscheinsbeweis[530] ist schon vom Grundsatz her nicht geeignet, der besonderen prozessualen Situation gerecht zu werden.[531]

Die Heranziehung der Grundsätze des Anscheinsbeweises zugunsten der beweisbelasteten Klägerpartei kann im Bereich des Haftungsgrundes, bezogen auf die Frage, ob ein Behandlungsfehler aufgrund seiner typischen Art und Weise der Ausprägung in Betracht kommt, erwogen werden.[532] Dann könnte mit Hilfe dieser typischen Ausprägung auf das Vorliegen eines Verschuldens und/oder auf die ursächliche Zuordnung des Primärschadens geschlossen werden.[533] Dies zeigt, dass der Anscheinsbeweis im Arzthaftungsprozess grundsätzlich möglich ist.[534]

Es liegt bei einem medizinischen Geschehen meist kein typischer und auf den ersten Blick für jeden eindeutig verständlicher Vorgang vor, wie es beim Anscheinsbeweis üblich ist. Deshalb ist es gerade schwer und oftmals langwierig, einen Arzthaftungsprozess zu führen. Ferner muss der Anscheinsbeweis „nur" erschüttert werden[535], um seine Wirkung zu verlieren. Wenn man also einen Anscheinsbeweis annehmen wollte, dann würde dies nicht das gewünschte Ergebnis bringen. Nur in relativ eindeutigen Fällen hilft der Anscheinsbeweis der beweisbelasteten Partei weiter.[536] Nach *Müller*[537] ist der Anscheinsbeweis in der Praxis – für den Kernbereich des ärztlichen Handelns – nicht häufig. Die Typizität ist angesichts des komplexen menschlichen Organismus und der Unterschiedlichkeit von Behandlungsbedingungen nur selten gegeben.

---

530 Gerichte machen davon nur mit Zurückhaltung Gebrauch: OLG Oldenburg Urt. v. 15.03.1994, 5 U 115/93, VersR 1995, 786; OLG Düsseldorf Urt. v. 22.06.1995, 8 U 137/94, NJW 1995, 3060; OLG Nürnberg Urt. v. 02.11.1993, 1 U 513/92, MedR 1995, 323 mit Anm. von *Winkler-Wilfurth* MedR 1995, 325 f.

531 Siehe zur kritischen Auseinandersetzung mit dem Anscheinsbeweis und der unterlassenen Befunderhebung *Sundmacher*, die unterlassene Befunderhebung des Arztes, S. 161 ff.

532 *Geiß/Greiner* Arzthaftpflichtrecht B Rn. 231.

533 *Geiß/Greiner* Arzthaftpflichtrecht B Rn. 231.

534 Vgl. dazu BGH Urt. v. 11.06.1965, VI ZR 64/64; BGH Urt. v. 16.03.2010, VI ZR 64/09, NJW-RR 2010, 1331 = VersR 2010, 267; OLG Hamm Urt. v. 04.05.1987, 3 U 323/86, VersR 1988, 807.

535 *Geiß/Greiner* Arzthaftpflichtrecht B Rn. 231; BGH Urt. v. 16.03.2010, VI ZR 64/09, NJW-RR 2010, 1331 = VersR 2010, 627.

536 Vgl. dazu BGH Urt. 14.06.2005, VI ZR 179/04, BGHZ 163, 209, 216 = VersR 2005, 1238: HIV-Infektion der Ehefrau des Patienten nachdem dieser aufgrund einer Bluttransfusion mit dem HIV-Virus angesteckt worden war.

537 *Müller* NJW 1997, 3049, 3051.

F. Diagnosefehler

I. Allgemeines

Die Diagnose und Befunderhebung als Ausprägung der Behandlungsmaxime stellt eine der wichtigsten Pflichten dar, da sie das Fundament für die Therapie und damit für das gesamte Behandlungsgeschehen bilden.[538] Zunächst wird dargestellt, was ein Diagnosefehler ist und welchem Fehler er innerhalb der Arzthaftung zuzuordnen ist. Danach wird auf die statistische Wahrscheinlichkeit einer richtigen Diagnose in der Medizin und deren Auswirkungen auf die rechtliche Beurteilung eingegangen. Abschließend werden die verschiedenen Arten von Diagnosefehlern aufgezeigt.

Der Begriff des Fehlers lässt sich in drei Kategorien einteilen: Behandlungsfehler, Aufklärungsfehler und Organisationsfehler.[539] Der Diagnosefehler fällt unter den Behandlungsfehler, im engeren Sinne unter die konkreten Qualitätsmängel.[540] Er wurde früher und wird teilweise heute in der Laiensprache unter dem juristisch unscharfen Begriff des „Kunstfehlers" geführt.[541] Grundsätzlich ist also das Nichterkennen einer erkennbaren Erkrankung und der für sie kennzeichnenden Symptome als Behandlungsfehler zu bewerten.[542] Allerdings ist mit der Folge der Haftung bei Diagnosefehlern vorsichtig umzugehen, denn Diagnosefehler, die auf eine Fehlinterpretation erhobener Befunde zurückzuführen sind, bewertet die Rechtsprechung nur mit Zurückhaltung als Behandlungsfehler.[543]

---

538 *Bamberger/Roth/Hau/Poseck- Spindler* § 823 Rn. 660.
539 Vgl. *Quaas/Zuck/Clemens-Quaas* § 14 Rn. 66; *Bamberger/Roth/Hau/Poseck- Spindler* § 823 Rn. 659.
540 Aufzählung der Behandlungsfehlertypen: *Igl/Welti* Gesundheitsrecht Rn. 936; *Spickhoff-Greiner* § 839 Rn. 22 ff.; *Geiß/Greiner-Greiner* Arzthaftpflichtrecht B Rn. 10 ff.
541 *Deutsch/Spickhoff* Medizinrecht Rn. 172; *Weyers/Mirtsching* JuS 1980, 317, 319; *Bergmann/Wever* Die Arzthaftung S. 1; der Begriff wird noch verwandt von *Ehlers/Broglie* Arzthaftungsrecht, Kap. 6 Rn. 743 f.: Nach *Broglie* spricht für den Begriff die Tatsache, dass er seit mehr als zwei Jahrhunderten gebräuchlich ist.
542 *Quaas/Zuck*/Clemens- Quaas § 14 Rn. 76; *Gehrlein* Grundriss der Arzthaftpflicht B II Rn. 16.
543 *Martis/Winkhart* Arzthaftungsrecht D 1 ff.; BGH Urt. v. 14.07.1981, VI ZR 35/79, VersR 1981, 1033; BGH Urt. v. 08.07.2003, VI ZR 304/02, VersR 2003, 1256 = NJW 2003, 2827; vgl. auch *Nixdorf* VersR 1996, 160 f.

Diese Zurückhaltung bei der Betrachtung als Diagnosefehler ist die Folge der Unberechenbarkeit des menschlichen Körpers.[544]

Der BGH führte dazu 2003 in einem Urteil aus[545]: „Irrtümer bei der Diagnosestellung, die in der Praxis nicht selten vorkommen, sind jedoch oft nicht die Folge eines vorwerfbaren Versehens des Arztes. Die Symptome einer Erkrankung sind nämlich nicht immer eindeutig, sondern können auf die verschiedensten Ursachen hinweisen. Dies gilt auch unter Berücksichtigung der vielfachen technischen Hilfsmittel, die zur Gewinnung von zutreffenden Untersuchungsergebnissen einzusetzen sind [...]. Auch kann jeder Patient wegen der Unterschiedlichkeiten des menschlichen Organismus die Anzeichen ein und derselben Krankheit[546] in anderer Ausprägung aufweisen. Diagnoseirrtümer, die objektiv auf eine Fehlinterpretation der Befunde zurückzuführen sind, können deshalb nur mit Zurückhaltung als Behandlungsfehler gewertet werden."[547]

Irrtümer bei der Diagnosestellung sind deshalb oft nicht die Folge eines vorwerfbaren Verhaltens des Arztes. Symptome sind nicht immer eindeutig, sondern können auf verschiedene Ursachen hinweisen. Der Organismus eines jeden Menschen ist einzigartig. Deshalb kann auch jeder Mensch die Anzeichen ein- und derselben Krankheit in einer anderen Ausprägung aufweisen. Bloße Fehlinterpretationen der diagnostischen Befunde führen deshalb grundsätzlich nur zur Haftung, wenn sie aus der Sicht eines gewissenhaften Arztes unter Berücksichtigung des ihm zustehenden Beurteilungsfreiraums und aus der ex-ante Sicht nicht mehr vertretbar erscheinen.[548]

---

544 Vgl. BGH Urt. v. 08.07.2003, VI ZR 304/02, VersR 2003, 1256 = NJW 2003, 2827; *Ratzel/Luxenburger* § 12 Rn. 25.
545 BGH Urt. v. 08.07.2003, VI ZR 304/02, VersR 2003, 1256 = NJW 2003, 2827.
546 Zum Krankheitsbegriff dessen Problematik und verschiedenen Ansätzen siehe *Laufs/Kern/Rehborn-Kern/Rehborn* § 1 Rn. 23 ff. m.w.N.; siehe auch *Haffke* MedR 1990, 243 f.; BGH Urt. v. 17.12.1986, IVa ZR 78/85, BGHZ 99, 228 = VersR 1987, 278 und BGH Urt. 21.09.2005, IV ZR 113/04, VersR 2005, 1673 = NJW 2005, 3783: Regelwidrigkeit des körperlichen oder geistigen Zustandes eines Menschen.
547 Siehe dazu auch *Martis/Winkhart* Arzthaftungsrecht D 1 ff.; *Geiß/Greiner* Arzthaftpflichtrecht B Rn. 55; *Pauge* Rn. 190 ff. m.w.N.
548 BGH Urt. v. 21.09.1982, VI ZR 302/80, NJW 1983, 333; BGH Urt. v. 23.04.1991, BGH Urt. v. 23.04.1991, VI ZR 161/90, NJW 1991, 2350; BGH Urt. v. 08.07.2003, GesR 2003, 352; vgl. zu Operationsänderung bzw. -erweiterung bei u.a. fehlerhafter Diagnose: *Uhlenbruck* VersR 1968, 1101 f.; Vgl. *Nixdorf* VersR 1996, 160 f.

Diese Irrtumsproblematik für eine Fehlerinterpretation kann wohl nur für schon erhobene und vorliegende Befunde gelten.[549] Deshalb ist der Befunderhebungsfehler rechtlich dem Behandlungsfehler näher gestellt.[550]

Die Diagnosestellung ist eine ärztliche Pflicht, welche aus dem Behandlungsvertrag hergeleitet wird.[551] Die Informationspflicht über die Diagnose gegenüber dem Patienten ist in § 630 c Abs. 2 geregelt.[552] Dementsprechend ist der Arzt auch dazu verpflichtet, den Patienten über das sich aus der Diagnose heraus ergebende Krankheitsbild aufzuklären.[553] Die Information soll die Behandlung im weiten Sinne als Gegenstand des Vertrages zwischen Patient und Arzt betreffen.[554] Begrifflich soll sie von der Aufklärung nach § 630 e zu unterscheiden sein.[555] Kritisch äußerten sich dazu *Spickhoff*[556] und *Katzenmeier*[557]. *Spickhoff* bemängelt die fehlende Überschneidungsfreiheit von Informationspflichten. § 630 c greife keinesfalls nur Pflichten auf, die die einwilligungswirksame Aufklärung überschreiten. Es entsteht nach seiner Meinung eine unglückliche Doppelung der Regelung von zumindest teilweise identischen Pflichten. Eine Gleichstellung zeigt sich z.B. daran, dass sowohl Informations- als auch Aufklärungspflichten nicht bestehen, wenn die Behandlung unaufschiebbar ist. *Katzenmeier* hält eine Differenzierung vom Grundgedanken her für sinnvoll und verweist auf andere

---

549 Vgl. *Nixdorf* VersR 1996, 160 f.
550 Vgl. dazu zu groben Behandlungsfehlern: BGH Urt. v. 10.11.1987, VI ZR 39/87, VersR 1988, 293, 294 = MDR 1988, 397.
551 *Laufs/Kern-Rehborn-Kern/Rehborn* § 52 Rn. 1; *Geiß/Greiner* B Rn. 55
552 § 630 c Abs. 2: Der Behandelnde ist verpflichtet, dem Patienten in verständlicher Weise zu Beginn der Behandlung und, soweit erforderlich, in deren Verlauf sämtliche für die Behandlung wesentlichen Umstände zu erläutern, insbesondere die Diagnose, die voraussichtliche gesundheitliche Entwicklung, die Therapie und die zu und nach der Therapie zu ergreifenden Maßnahmen. Sind für den Behandelnden Umstände erkennbar, die die Annahme eines Behandlungsfehlers begründen, hat er den Patienten über diese auf Nachfrage oder zur Abwendung gesundheitlicher Gefahren zu informieren. Ist dem Behandelnden oder einem seiner in § 52 Absatz 1 der Strafprozessordnung bezeichneten Angehörigen ein Behandlungsfehler unterlaufen, darf die Information nach Satz 2 zu Beweiszwecken in einem gegen den Behandelnden oder gegen seinen Angehörigen geführten Straf- oder Bußgeldverfahren nur mit Zustimmung des Behandelnden verwendet werden.
553 *Ratzel/Luxenburger-Kaiser* § 12 Rn. 25; *Laufs/Kern-Rehborn-Kern/Rehborn* § 42 Rn. 15; *Palandt-Weidenkaff* § 630 c Rn. 4.
554 *Palandt-Weidenkaff* § 630 c Rn. 3.
555 Begründung des Gesetzesentwurfes BT-Drucksache 17/10488, S. 21.
556 *Spickhoff* ZRP 2012, 65, 67.
557 *Katzenmeier* NJW 2013, 817.

entsprechende Differenzierungen in unterschiedlichen Gesetzen.[558] Nur die Selbstbestimmungserklärung ist Wirksamkeitsvoraussetzung für eine Einwilligung. Die Verletzung der therapeutischen Aufklärung stellt einen Behandlungsfehler dar.[559] Nach *Katzenmeier* wäre aber auf eine klarere Abgrenzung zu achten gewesen.

Die Aufklärung kann – wenn der Patient z.B. zur Wiedervorstellung nicht erscheint – telefonisch oder per Brief geschehen.[560] Der Behandlungsvertrag verpflichtet ferner zur rechtzeitigen Diagnose.[561] Die Mitteilung der Diagnose ist auch deshalb notwendig, damit die Einwilligung in eine Behandlung oder Operation wirksam ist.[562] Das OLG Oldenburg sah die Berufspflicht als verletzt an, nachdem ein Arzt bei diagnostizierten Harnleitersteinen und daraus folgender „stummer Niere" (fehlende Darstellung des Nierenhohlsystems bei Ausscheidungsurographie), den Patienten nicht auf seinen lebensbedrohlichen Zustand hingewiesen hatte.[563]

Grundsätzlich hat der Patient jederzeit das Recht, seine Diagnose – sei es auch nur eine vorläufige – zu erfahren.[564] Dies gilt umso mehr bei ausdrücklicher Nachfrage seitens des Patienten.[565] Eine Ausnahme wird deshalb nur in engen Grenzen gemacht. Bei schweren Erkrankungen können bei bestimmter Sachlage unzutreffende oder verharmlosende Informationen gegeben werden.[566]

II. Begriff und Bedeutung der Diagnose

Um die eigentliche Bedeutung der Diagnose und damit der Diagnostik als fortlaufenden Prozess zu verstehen, muss die Herkunft dieses Begriffes und dessen

---

558 Als Beispiel führt *Katzenmeier* das GenDG an. § 8 betrifft die Einwilligung, § 9 die Aufklärung und § 10 die genetische Beratung, die selbst eine ärztliche Leistung und daher keine ergänzende Aufklärung ist (siehe *Katzenmeier* NJW 2013, 817, 818 Fußnote 24); vgl. auch *Preis/Schneider* NZS 280, 284.
559 BGH Urt. v. 15.03.2005, VI ZR 239/03, VersR 2005, 834.
560 LG Münster Urt. v. 18.08.2005, 11 O 1064, 04.
561 BGH Urt. v. 25.06.1985, VI ZR 270/8, NJW 1985, 2749; BGH Urt. v. 28.01.1986, VI ZR 83/85, NJW 1986, 2367; BGH Urt. v. 29.03.1988, VI ZR 185/87, NJW 1988, 2304; BGH Urt. v. 25.04.1989, VI ZR 175/88, NJW 1989, 2318.
562 BGH Urt. v. 29.11.1988, VI ZR 140/88, VersR 1989, 478; OLG Stuttgart Urt. v 14.04.1988, 14 U 16/87, VersR 1988, 695, 696.
563 OLG Oldenburg Urt. v. 27.05.1997, 5 U 187/96, NJWE-VHR 1998, 41.
564 Vgl. *Laufs/Kern/Rehborn-Kern/Rehborn* § 52 Rn. 15.
565 *Laufs/Kern/Rehborn-Kern/Rehborn* § 52 Rn. 15.
566 Vgl. *Rieger* DMW 1977, 368, 369, 370; *Grünwald* ZStW 73 (1961) S. 5, 18 f.

Begriff und Bedeutung der Diagnose

Sinn geklärt werden. Die Wörter Diagnose und Diagnostik gehen zurück auf das griechische Verb „diagignoskein". Es bezeichnet die unterschiedlichen Aspekte eines kognitiven Vorgangs, vom Erkennen bis hin zum Beschließen. Diagignoskein bedeutet „gründlich kennenlernen", „entscheiden" und „beschließen".[567] Der Begriff „Diagnose" im medizinischen Sinne meint also das Erkennen von Krankheiten. Grundlagen für jede Diagnostik sind die objektiven und subjektiven Erscheinungen, die Symptome. Die medizinische Diagnostik führt über den Weg von den Symptomen zur Krankheit.[568] Die Diagnostik ist der Prozess der Erkenntnisgewinnung, der zur individuellen Diagnose führt.[569]
Nach *Köbberling*[570] wird der Begriff der Diagnose häufig in einem doppelten Sinne verwandt:[571]

1. Als Aussage für einen individuellen Patienten. In dieser Form ist der Begriff in der Regel probabilistisch und hat häufig nur temporären Charakter.
2. Als abstrakter Begriff zur modellhaften Beschreibung einer bestimmten Krankheit.

Köbberling beschreibt die Diagnose als eine in der Regel nur bestmögliche Annäherung an eine Krankheit: „Die gestellte Diagnose stimmt auch nach ausführlicher und unter optimalen Bedingungen durchgeführter Diagnostik meist nur mit einer gewissen Wahrscheinlichkeit mit der Zielkrankheit überein."[572] Die Diagnose ist danach als „Wahrscheinlichkeitsaussage" zu verstehen.[573]

Durch die Verknüpfung und Zusammenschau von diagnostischen Einzelelementen im Sinne von Tests und Befunden mit den jeweiligen Wahrscheinlichkeiten wird aus einer zuvor bestehenden Wahrscheinlichkeit für das Vorliegen einer Krankheit eine neue und dann meist auch höhere Wahrscheinlichkeit gewonnen.[574] „Es handelt sich somit um einen iterativen Prozess, der nach

---

567 *Fisseni* Lehrbuch der psychologischen Diagnostik S. 1.
568 *Gross* 1969 Medizinische Diagnostik (Vortrag).
569 *Köbberling/Richter/Trampisch/Windeler* Methodologie der medizinischen Diagnostik S. 3, 4.
570 *Köbberling/Richter/Trampisch/Windeler* Methodologie der medizinischen Diagnostik S. 1.
571 Aufzählung siehe *Köbberling* Diagnoseirrtum, Diagnosefehler, Befunderhebungsfehler S. 1–2 und *Köbberling/Richter/Trampisch/Windeler* Methodologie der medizinischen Diagnostik S. 1.
572 *Köbberling* Diagnoseirrtum, Diagnosefehler, Befunderhebungsfehler S. 2.
573 *Hilgers/Bauer/Scheiber* Einführung in die Medizinische Statistik S. 81.
574 *Köbberling* Diagnoseirrtum, Diagnosefehler, Befunderhebungsfehler S. 4–5.

Ausschöpfung der vorgegebenen diagnostischen Möglichkeiten schließlich auf einer bestimmten Stufe beendet wird."[575] Die so einmal entstandene Verdachtsdiagnose muss mit fortschreitender Erkrankung immer wieder überprüft, korrigiert und ggf. angepasst werden.[576]

Dies zeigt, dass die Diagnose nie etwas Sicheres und Feststehendes sein kann. Es gibt immer nur Wahrscheinlichkeiten einer richtigen Diagnose, wobei 100 % aufgrund der Unwägbarkeiten des menschlichen Körpers nie zu erreichen sind. Der diagnostische Prozess wird vielmehr auf einer bestimmten Stufe beendet und es ergibt sich dann der Wahrscheinlichkeitsgrad des Krankheitsbildes.[577] In der ärztlichen Praxis ist das Maß der Wahrscheinlichkeit für die therapeutische Entscheidung maßgeblich. Es kommt darauf an, wann dieses ausreichend ist, um eine bestmögliche Diagnose zu stellen.[578]

Nach Erreichen dieses Wahrscheinlichkeitsgrades ist der diagnostische Prozess jedoch in vielen Fällen noch nicht abgeschlossen. Vielmehr versteht sich die Diagnose zu diesem Zeitpunkt als „temporäre Handlungsanweisung".[579] Nach dieser entscheiden sich die ersten Handlungsschritte. Die dadurch wiederum gewonnenen Befunde erhöhen oder vermindern die ursprüngliche Wahrscheinlichkeit der „richtigen" Krankheit.[580]

Welche Unsicherheiten in der Wahrscheinlichkeitsprognostik einer Befunderhebung liegen soll dieses Beispiel verdeutlichen[581]:

„Ein bestimmtes Blutmerkmal (HLA B 27) wird im Labor immer mit absoluter Richtigkeit als positiv oder negativ erkannt. Dieses Merkmal ist bei 95 % aller Patienten mit einem sog. Morbus Bechterew, einer entzündlichen Erkrankung der kleinen Wirbelgelenke mit zunehmender schmerzhafter Verkrümmung der Wirbelsäule, positiv, während es bei Nicht-Bechterew-Patienten nur in 8 % positiv ist. Wenn ein Patient in eine Rheumasprechstunde kommt und ungeklärte Rückenschmerzen hat, könnte der Arzt z.B. mit 50 % Wahrscheinlichkeit

---

575 *Köbberling* Diagnoseirrtum, Diagnosefehler, Befunderhebungsfehler S. 4–5.
576 Vgl. *Geiß/Greiner* B Rn. 55.
577 Zum Begriff der Krankheit vgl. Fn. 546.
578 *Köbberling*. Diagnoseirrtum, Diagnosefehler, Befunderhebungsfehler S. 5.
579 *Köbberling* Diagnoseirrtum, Diagnosefehler, Befunderhebungsfehler S. 5; *Köbberling/ Richter/Trampisch/Windeler* Methodologie der medizinischen Diagnostik S. 4.
580 *Köbberling* Diagnoseirrtum, Diagnosefehler, Befunderhebungsfehler S. 5; *Köbberling/ Richter/Trampisch/Windeler* Methodologie der medizinischen Diagnostik S. 4.
581 Das Beispiel wurde übernommen aus: *Köbberling* Diagnoseirrtum, Diagnosefehler, Befunderhebungsfehler, S. 8/9.

annehmen, dass ein Morbus Bechterew vorliegt. Wenn er jetzt den Test[582] durchführt und ein positives Resultat erhält, ist die Wahrscheinlichkeit, dass tatsächlich ein Morbus Bechterew vorliegt, 94 %. Der Arzt wird also für den praktischen Gebrauch vom Vorliegen eines Morbus Bechterew ausgehen, obwohl er damit rechnen muss, dass sich durchschnittlich sechs falsche positive Tests unter 100 richtigen positiven Test befinden.

Wenn derselbe Test als Screening-Test[583] in der Allgemeinbevölkerung durchführt wird, in der die Bechterew'sche Erkrankung nur eine Häufigkeit von 2 auf 100 hat, die Ausgangswahrscheinlichkeit also nur 0,2 % beträgt, dann würde ein positives Testergebnis nur mit einer Wahrscheinlichkeit von 2,2 % auf das tatsächliche Vorliegen eines Bechterew hinweisen. Auf jeden richtigen Test kämen also ca. 45 falsch positive Tests.

Der gleiche Test, dessen Laborergebnis immer eindeutig positiv ist, ergibt bei unterschiedlicher Ausgangswahrscheinlichkeit sehr unterschiedliche Ergebnisse."

Dieses Beispiel zeigt, wie unterschiedlich sich dieselben Testergebnisse auswirken können. Ein Testergebnis kann auf der einen Seite eine sehr hohe Wahrscheinlichkeit und auf der anderen Seite nur eine minimale Wahrscheinlichkeit auf eine bestimmte Krankheit geben. Scheinbar „eindeutige" Befunde wirken sich in der Gesamtschau der Umstände und des Krankheitsbildes eines Menschen völlig unterschiedlich aus. Ähnliche Wahrscheinlichkeitsproblematiken gibt es auch für andere Krankheiten z.B. die Erkennung eines HIV-Erkrankten.[584]

III. Die statistische Wahrscheinlichkeit einer Diagnose

Die Diagnose wird auch als Vorhersage der Realität gesehen.[585] Es besteht die Möglichkeit, dass ein Proband positiv getestet wird, obwohl die Erkrankung nicht vorliegt und umgekehrt.[586] Um die Unsicherheiten in der Diagnosestellung verstehen zu können, müssen die Wahrscheinlichkeiten zumindest in den groben Größenordnungen bekannt sein.[587] Es kommt also darauf an, mit welcher

---

582 Der Begriff Test in der Medizin ist mit dem Begriff Befund in der Rechtswissenschaft gleichzusetzen.
583 Unter Screening versteht man einen systematischen Test, der eingesetzt wird, um innerhalb eines definierten Prüfbereichs Elemente herauszufiltern, die bestimmte Eigenschaften aufweisen.
584 *Hilgers/Bauer/Scheiber* Einführung in die Medizinische Statistik S. 85 ff.
585 *Hilgers/Bauer/Scheiber* Einführung in die Medizinische Statistik S. 81/82.
586 *Hilgers/Bauer/Scheiber* Einführung in die Medizinische Statistik S. 81/82.
587 So auch *Köbberling* Diagnoseirrtum, Diagnosefehler, Befunderhebungsfehler S. 6.

Wahrscheinlichkeit bei einem positiven Testergebnis eine bestimmte Krankheit vorliegt oder bei einem negativen Testergebnis ausgeschlossen werden kann. Dies ist der sog. prädiktive Wert.[588]

Beim prädiktiven Wert wird zwischen positiv und negativ prädiktiv unterschieden.[589] Der positive prädiktive Wert bzw. positive Vorhersagewert ist ein Parameter zur Einschätzung der Aussagekraft von medizinischen Testverfahren.[590] Dieser Wert gibt an, wie viele Personen, bei denen eine bestimmte Krankheit mittels eines Testverfahrens festgestellt wurde, auch tatsächlich krank sind.[591] Der negative prädiktive Wert oder negative Vorhersagewert ist ebenfalls ein Parameter zur Einschätzung der Aussagekraft von medizinischen Testverfahren.[592] Er gibt an, wie viele Personen, bei denen eine bestimmte Krankheit mittels eines Testverfahrens *nicht* festgestellt wurde, auch tatsächlich gesund sind.[593]

Die bedingten Wahrscheinlichkeiten, die für die Qualitätsbestimmung eines Befundes/Tests anzuwenden sind, sind *Sensitivität* und *Spezifität*.[594]

Der Begriff der Sensitivität beschreibt die Fähigkeit des Befundes/Tests, diejenigen Patienten, die tatsächlich krank sind, zu erkennen.[595] Hierfür wird die Anzahl der korrekterweise positiv getesteten Patienten durch die Summe aller richtig positiv und aller richtig negativ getesteten Personen geteilt.

Richtig positiv bedeutet, dass ein tatsächlich erkrankter Patient als krank getestet wurde.[596] Positiv bedeutet in diesem Kontext „Entscheid auf Krankheit".[597] Ein Patient, der falsch positiv getestet wurde, ist in Wirklichkeit nicht krank.[598] Wurde der Proband hingegen richtig negativ getestet, gibt das Testergebnis wahrheitsgemäß die fehlende Krankheit an.[599] Bei einem falsch

---

588 Wird auch als Posttest-Wahrscheinlichkeit bezeichnet; *Hilgers/Bauer/Scheiber* Einführung in die Medizinische Statistik S. 84; *Held/Rufibach/Seifert* Medizinische Statistik S. 287 ff.
589 *Hilgers/Bauer/Scheiber* Einführung in die Medizinische Statistik S. 84.
590 *Hilgers/Bauer/Scheiber* Einführung in die Medizinische Statistik S. 84.
591 *Hilgers/Bauer/Scheiber* Einführung in die Medizinische Statistik S. 84.
592 *Hilgers/Bauer/Scheiber* Einführung in die Medizinische Statistik S. 84.
593 *Hilgers/Bauer/Scheiber* Einführung in die Medizinische Statistik S. 84.
594 *Hilgers/Bauer/Scheiber* Einführung in die Medizinische Statistik S. 83.
595 *Hilgers/Bauer/Scheiber* Einführung in die Medizinische Statistik S. 83.
596 *Held/Rufibach/Seifert* Medizinische Statistik S. 285.
597 *Held/Rufibach/Seifert* Medizinische Statistik S. 285.
598 *Held/Rufibach/Seifert* Medizinische Statistik S. 285; *Schuhmacher/Schulgen* Methodik klinischer Studien S. 325.
599 *Held/Rufibach/Seifert* Medizinische Statistik S. 285.

negativen Ergebnis wird ein kranker Mensch fälschlicherweise als gesund eingestuft.[600]

$$\text{Sensitivität} = \frac{\text{Anzahl richtig positiver}}{\text{Anzahl richtig positiver + Anzahl falsch negativer (Gesamtanzahl der Erkrankten)}}$$ [601]

Unter der Sensitivität ist auch die „Empfindlichkeit des Testverfahrens" zu verstehen.[602] Sie gibt die richtige Entscheidung unter den Kranken an.[603] Liegt für einen Test eine hohe Sensitivität vor, so wird dieser Test kaum tatsächlich Erkrankte übersehen.[604]

Wird ein Testverfahren mit hoher Sensitivität eingesetzt, ist die Chance gut, einen Erkrankten nicht zu übersehen.[605] Dabei können dennoch tatsächlich Gesunde fälschlicherweise als krank klassifiziert werden.[606]

$$\text{Spezifität} = \frac{\text{Anzahl richtig negativer}}{\text{Anzahl richtig negativer + Anzahl falsch positiver (Gesamtanzahl der Erkrankten)}}$$ [607]

Bei der Spezifität geht es im Unterschied zur Sensitivität darum, einen tatsächlich Gesunden auch als gesund und einen tatsächlich Erkrankten auch als krank zu qualifizieren.[608] Je höher die Spezifität desto niedriger ist die Wahrscheinlichkeit, eine Person fälschlicherweise als krank zu klassifizieren, obwohl keine Krankheit vorliegt.[609]

Als *Prävalenz (sog. Punktprävalenz)* bezeichnet man die Häufigkeit einer Krankheit oder eines Symptoms in einer Bevölkerung zu einem bestimmten *Zeitpunkt*.[610] Die Prävalenz ermittelt sich aus dem Quotienten der Anzahl

---

600 *Held/Rufibach/Seifert* Medizinische Statistik S. 285; *Schuhmacher/Schulgen* Methodik klinischer Studien S. 325.
601 *Hilgers/Bauer/Scheiber* Einführung in die Medizinische Statistik S. 83.
602 *Hilgers/Bauer/Scheiber* Einführung in die Medizinische Statistik S. 83.
603 *Hilgers/Bauer/Scheiber* Einführung in die Medizinische Statistik S. 83.
604 *Hilgers/Bauer/Scheiber* Einführung in die Medizinische Statistik S. 83.
605 *Schuhmacher/Schulgen* Methodik klinischer Studien S. 325.
606 *Harms* Medizinische Statistik S. 83.
607 *Hilgers/Bauer/Scheiber* Einführung in die Medizinische Statistik S. 83.
608 *Harms* Medizinische Statistik S. 83; *Held/Rufibach/Seifert* Medizinische Statistik, S. 285, 286.
609 *Hilgers/Bauer/Scheiber* Einführung in die Medizinische Statistik S. 83.
610 *Kundt/Krentz/Glass* Epidemiologie und Medizinische Biotmetrie S. 10; *Hilgers/Bauer/Scheiber* Einführung in die Medizinische Statistik S. 233.

betroffener Individuen in einer Population und der Anzahl aller Individuen dieser Population.[611] Zur Veranschaulichung soll folgendes Beispiel dienen[612]: In Stockholm wurden insgesamt 1038 Frauen im Alter von 70–74 Jahren ermittelt. Nach einer Untersuchung dieser Frauen stellte sich heraus, dass 70 von ihnen an rheumatoider Arthritis leiden. Die Punktprävalenz betrug 0.067 und errechnete sich, indem man die Anzahl der Erkrankten durch die Anzahl der Getesteten teilte (70/1038 = 0.067).

Der prädiktive Wert – wie er zu Anfang beschrieben wurde – errechnet sich nicht alleine aus Sensitivität und Spezifität.[613] Es kommt wesentlich auf die sog. *a-priori-Wahrscheinlichkeit* an, also der Wahrscheinlichkeit für das Vorliegen einer Krankheit vor der Testdurchführung/Befunderhebung.[614]

Die Formel bzw. Methodik, mit der „bedingte Wahrscheinlichkeiten" ermittelt werden, ist die sog. *Bayes´sche Formel*[615]:

$$\text{Prädiktiver Wert} = \frac{\text{Prävalenz} \times \text{Sensitivität}}{\text{Prävalenz} \times \text{Sensitivität} + [(1-\text{Prävalenz}) \times (1-\text{Spezifität})]}$$ [616]

Die hieraus gezogene Erkenntnis ist für die Erfassung medizinischer Diagnostik wichtig: Je nach Ausgangswahrscheinlichkeit, auch bei denselben Testergebnissen, können sich sehr unterschiedliche Posttest-Wahrscheinlichkeiten ergeben.[617]

In der Medizin wird häufig mit so genannten Scores gearbeitet, um eine bestimmte Wahrscheinlichkeit für das Vorliegen oder Nichtvorliegen einer Krankheit zu ermitteln. Gemäß der S-2 Leitlinie zur Behandlung von Venenthrombose und Lungenembolie der AWMF vom Oktober 2015 wird beispielsweise die Wahrscheinlichkeit für das Vorliegen einer solchen Erkrankung anhand des Wells-Score ermittelt. Von dieser Wahrscheinlichkeit hängen die weitere Behandlung und damit auch die weiteren diagnostischen Schritte ab. So müssen z.B. bei bestimmten Testergebnissen Untersuchungen durchgeführt werden oder eben unterbleiben, um die anfänglichen Wahrscheinlichkeiten ggf. nicht zu verfälschen.

---

611 *Kundt/Krentz/Glass* Epidemiologie und Medizinische Biotmetrie S. 10.
612 *Kundt/Krentz/Glass* Epidemiologie und Medizinische Biotmetrie S. 10.
613 *Kundt/Krentz/Glass* Epidemiologie und Medizinische Biotmetrie S. 139.
614 *Kundt/Krentz/Glass* Epidemiologie und Medizinische Biotmetrie, S. 139.
615 *Hilgers/Bauer/Scheiber* Einführung in die Medizinische Statistik S. 88.
616 *Held/Rufibach/Seifert* Medizinische Statistik S. 287.
617 *Hilgers/Bauer/Scheiber* Einführung in die Medizinische Statistik S. 86 ff.

Die statistische Wahrscheinlichkeit einer Diagnose

Als Beispiel sollen zwei Algorithmen aus dieser Leitlinie dienen. Die erste Abbildung zeigt den diagnostischen Weg zur Venenthrombose, das zweite Bild den Weg zu Ausschluss oder Feststellung einer Lungenembolie.

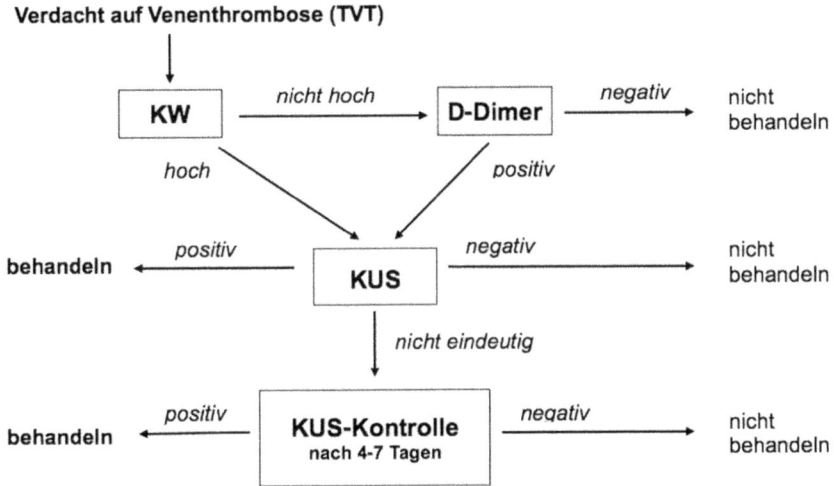

Die Quelle des Bildes ist S-2 Leitlinie Diagnostik und Therapie der Venenthrombose und Lungenembolie; Aktueller Stand: 10. Oktober 2015, S. 92.

KW steht hierbei für die „klinische Wahrscheinlichkeit" und KUS für einen „Kompressionsultraschall der Beinvenen".

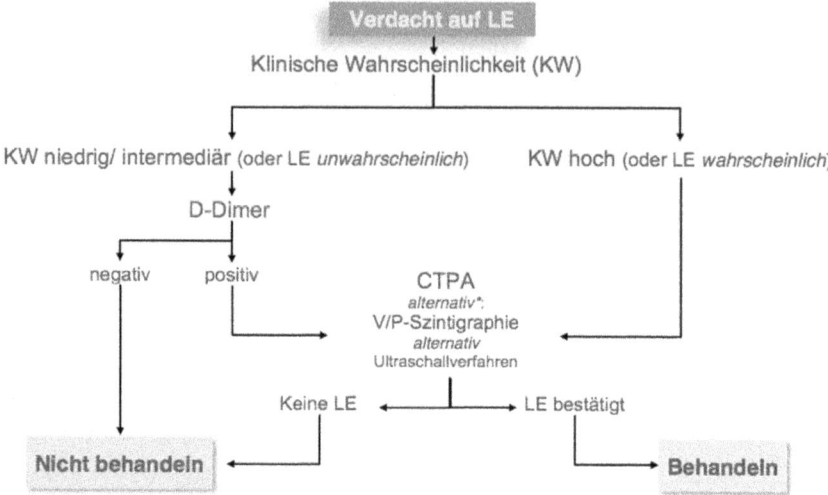

Die Quelle des Bildes ist S-2 Leitlinie Diagnostik und Therapie der Venenthrombose und Lungenembolie; Aktueller Stand: 10. Oktober 2015, Seite 94.

„CTPA = Computertomographische Pulmonalisangiographie, KW = klinische Wahrscheinlichkeit, V/P = Ventilations-/Perfusions-Szintigraphie. * **Alternative Verfahren** sind insbesondere indiziert, wenn die CTPA bei individueller Abschätzung zu risikoreich erscheint. Weniger invasiv ist die **V/P-Szintigraphie** und nicht-invasiv sind die **Ultraschallverfahren**. Bei sonographischem Nachweis einer Beinvenenthrombose kann der Verdacht auf LE als bestätigt angesehen werden, denn die Therapie ist identisch. Der Lungenultraschall kann zum LE-Nachweis mit herangezogen werden. Bei negativen Ultraschallbefunden ist eine LE nicht aus- geschlossen!"[618]

Die erste Abbildung beschreibt die Erkennung oder den Ausschluss einer Venenthrombose. Für eine erste diagnostische Entscheidung bedarf es zunächst der Bestimmung der klinischen Krankheitswahrscheinlichkeit. Ohne diese Bestimmung kann dieser Algorithmus nicht angewandt werden. Bei der Diagnostik der Venenthrombose erfolgt die Festlegung der klinischen Wahrscheinlichkeit anhand des Wells-Scores.[619] Dies soll folgendes Schaubild verdeutlichen:

---

618 S-2 Leitlinie Diagnostik und Therapie der Venenthrombose und Lungenembolie, S. 94.
619 S-2 Leitlinie Diagnostik und Therapie der Venenthrombose und Lungenembolie; Aktueller Stand: 10. Oktober 2015, S. 82 f.

Tab. 1: Validierter klinischer Score zur Ermittlung der klinischen Wahrscheinlichkeit einer Venenthrombose: Wells-Score [wells et al. 1995]

Klinische Charakteristik	Score
Aktive Tumorerkrankung	1,0
Lähmung oder kürzliche Immobilisation der Beine	1,0
Bettruhe (>3 Tage); große Chirurgie (<12 Wochen)	1,0
Schmerz / Verhärtung entlang der tiefen Venen	1,0
Schwellung ganzes Bein	1,0
Unterschenkelschwellung >3 cm gegenüber Gegenseite	1,0
Eindrückbares Ödem am symptomatischen Bein	1,0
Kollateralvenen	1,0
Frühere, dokumentierte TVT	1,0
Alternative Diagnose mindestens ebenso wahrscheinlich wie Venenthrombose	-2,0

Score ≥ 2,0: Wahrscheinlichkeit für TVT hoch
Score < 2,0: Wahrscheinlichkeit für TVT nicht hoch
TVT = Venenthrombose

Quelle dieses Bildes: S-2 Leitlinie Diagnostik und Therapie der Venenthrombose und Lungenembolie; Aktueller Stand: 10. Oktober 2015, S. 82.

Ist nun anhand dieses Scores eine Wahrscheinlichkeit errechnet worden, so bestimmt sich daran das weitere Vorgehen.

Hat z.B. ein Patient mit Krankheitssymptomen, die eine Lungenembolie möglich machen, eine Schwellung am ganzen Bein mit Schmerzen und sind bei ihm vorangegangen Thrombosen bekannt, liegt der Well-Score bei 3. Bei diesem Patienten würde, weil die klinische Wahrscheinlichkeit als hoch einzustufen ist, kein D-Dimer-Test durchgeführt werden müssen und auch nicht sollen, da dieser dann die Diagnosewahrscheinlichkeit aufgrund schlechter Sensitivität beeinflussen kann.[620] Bei diesem Patienten würde direkt ein Kompressionsultraschall durchgeführt. Je nachdem, ob dieser Ultraschall ein positives oder negatives Ergebnis hätte, schließt sich die Behandlung oder eine Wiederholung des Ultraschalls an. Anhand dieses Beispiels wird deutlich, wie wichtig die Bestimmung der Wahrscheinlichkeit für oder gegen eine Diagnose ist.

---

620 Vgl. zu D-Dimer-Test S-2 Leitlinie Diagnostik und Therapie der Venenthrombose und Lungenembolie; Aktueller Stand: 10. Oktober 2015, S. 40 ff.

IV. Umgang mit Befunden

Dass die Diagnostik keine vollständig sichere Methode der Erfassung einer Krankheit darstellt und dies auch nicht leisten kann, ist ein wichtiger Schritt zum Verständnis der Fehlerquote in der Diagnostik, aber auch der BGH-Rechtsprechung.
  Auf dem Weg zur Diagnose werden Befunde erhoben und ausgewertet. Befunde sind z.B. Patientendaten aus dessen Anamnese oder Beschwerdebilder, sichtbare Beschwerden sowie Ergebnisse klinischer oder technischer Untersuchungen.[621] Der Arzt muss die notwendigen Befunde erheben und diese fachgerecht beurteilen.[622] Um dies gewährleisten zu können, hat er alle ihm zur Verfügung stehenden Erkenntnisquellen zu nutzen. Dies allerdings nur insoweit, wie die Umstände und Verdachtsmomente dies verlangen und der Eingriff im Dienste der Erkenntnis erfolgt, ohne neue beziehungsweise überwiegende Gefahren von einem gewissen Gewicht heraufzubeschwören.[623] Das bedeutet, je deutlicher sich ein Befund als klare Diagnose darstellt, desto eher kann der Arzt auf die weitere, eventuell belastende und kostspielige, Diagnostik verzichten.[624] „Angesichts der ständig wachsenden Möglichkeiten der Diagnostik besteht die ärztliche Kunst häufig gerade darin, überflüssige Maßnahmen zu vermeiden und sich der inflationären und unkritischen Anwendung aller möglichen Diagnosemethoden zu verschließen."[625]
  Der Arzt ist aber nicht nur verpflichtet, seinen Blick in jegliche Richtung hin offen zu halten, sondern auch eine Diagnose ggf. zu revidieren.[626] Im Rahmen der Behandlung muss die ursprünglich gestellte Diagnose gesichert, fortlaufend überprüft und notfalls verworfen werden.[627] Die vorläufige Diagnose[628] muss also immer wieder überprüft und angepasst werden.[629] Hierzu ist der Arzt wiederum

---

621 *Köbberling* Diagnoseirrtum, Diagnosefehler, Befunderhebungsfehler S. 4.
622 *Laufs/Kern/Rehborn-Kern* § 51 Rn. 1 ff. m.w.N.
623 *Geiß/Greiner-Greiner* B. Rn. 65 m.w.N.
624 Vgl. dazu *Laufs/Kern/Rehborn-Kern/Rehborn* § 52 Rn. 7 ff.
625 *Köbberling* Diagnoseirrtum, Diagnosefehler, Befunderhebungsfehler S. 17.
626 *Laufs/Kern/Rehborn-Kern/Rehborn* § 52 Rn. 17.
627 Vgl. *Uhlenbruck* DMW 1978, 406, 407.
628 Die vorläufige Diagnose wird auch als Verdachtsdiagnose oder als Arbeitsdiagnose bezeichnet.
629 *Geiß/Greiner-Greiner* B Rn. 65 ff.; BGH Urt. v. 21.09.1982, VI ZR 302/80, BGHZ 85, 212; BGH Urt. v. 03.02.1987, VI ZR 56/86, BGHZ 99, 391; OLG Oldenburg Urt. v. 01.06.1988, 3 U 56/88, VersR 1989, 481; OLG Hamm Urt. v. 29.05.1989, 3 U 419/88, VersR 1990, 1120; OLG Bamberg Urt. v. 07.05.1992, 1 U 133/86, VersR 1993,

aus dem Behandlungsvertrag verpflichtet und er muss dem Patienten die korrigierte Diagnose dann auch mitteilen.[630]

V. Die Vereinbarkeit der Diagnostik mit dem Wirtschaftlichkeitsgebot

Bei allem medizinischen Fortschritt, welcher sich auch in der Statistik zeigt, muss die medizinische Behandlung bezahlbar sein und bleiben. „Ich habe übrigens seit vielen Jahren das Paradoxon aufgestellt, daß die steigende Vervollkommnung der ärztlichen Kunst wohl dem Individuum zugutekommt, die menschliche Gesellschaft aber ruinieren muß!"[631]

Dieses Zitat von 1892 beschreibt sehr treffend die Problematik des Gesundheitswesens im Lichte des Wirtschaftlichkeitsgebots.[632]

Der Arzt sorgt sich in erster Linie um das Wohl jedes einzelnen Patienten. Dabei ist seine Sorge „eingebettet in die Verantwortlichkeit für die anderen und die späteren Kranken"[633]. Der Mediziner dient der Gesundheit des Einzelnen und zugleich des gesamten Volkes.[634] Durch die vor Jahren herrschende Unterfinanzierung der gesetzlichen Krankenversicherung war dieser Grundsatz

---

1019; BGH Urt. v. 26.10.1993, VI ZR 155/92, NJW 1994, 801; OLG Stuttgart Urt. v. 31.10.1996, 14 U 52/95, MedR 1997, 275.
630 *Laufs/Kern/Rehborn-Kern/Rehborn* § 52 Rn. 17.
631 Schreiben des Chirurgen *Theodor Billroth* an den Komponisten *Johannes Brahms*, zitiert von *Schönermark,* Der unaufhaltsame Siegeszug der Gesundheitsökonomie, HNO, S. 157.
632 Vgl. zum Wirtschaftlichkeitsgebot insbesondere den Nikolausbeschluss BVerfG Beschl. v. 06.12.2005, 1 BvR 347/98, MedR 2006, 164–168 = JZ 2006, 463–467; *Andreas/Junghanns* ArztR 2010, 312–316.
633 *Laufs/Kern/Rehborn-Kern* § 2 Rn. 8.
634 § 1 I Bundesärzteordnung; siehe dazu auch BVerfG Urt. v. 11.06.1958, 1 BvR 596/56, BVerfGE 7, 377, 430 (zum Apothekenwesen); BVerfG Beschl. v. 7.07.1961, 1 BvL 44/55, BVerfGE 13, 97, 107 (für die Handwerksprüfung): Das Bundesverfassungsgericht sprach das erste Mal von *Volksgesundheit.* Zunächst wurde die Volksgesundheit als ein von der jeweiligen Politik des Gemeinwesens unabhängiger Gemeinschaftswert bezeichnet.
Nach *dems.* ist das Wort der Volksgesundheit als Metapher längst überholt. Für ihn kann es vielmehr keine Gesundheit des Volkes geben, (*Quaas/Zuck/Clemens-Zuck* § 1 Rn. 2 ff.). Zum Wechsel der Begriffswahl siehe auch: BVerfG Beschl. v. 11.02.2003, 1 BvR 1972/00, 1 BvR 70/01, BVerfGE 107, 186, 187 „Gesundheit der Bevölkerung"; *Steiner* MedR 2003 1, 2; *Frenzel* DÖV 2007, 243, 247.

gefährdet und es kam zur „implizierten Rationierung".[635] Für den Versicherten besteht das Risiko, dass sich der Standard in der Medizin aufgrund des ökonomischen Drucks senkt und es aus reinen wirtschaftlichen Gründen zur Leistungsverkürzung beim Patienten kommt.[636] Eine ärztliche Rationalisierung würde deshalb die Patientenversorgung allgemein verbessern und sogar einen Patientenschaden eindämmen, da das wirtschaftliche Verhalten eine Überversorgung reduziert.[637] Kritisch ist der Zustand des kollektiv finanzierten Gesundheitswesens zu bewerten, wenn der finanzielle Ressourcenverbrauch als alleiniger oder überwiegender Entscheidungsparameter zum Maßstab erwünschten Handelns wird.[638]

Auf der anderen Seite hat der Arzt nicht nur das Individualinteresse zu beachten, sondern auch das Gemeinwohl[639] in seine Überlegungen aufzunehmen, um die Solidargemeinschaften der Versicherten und ggf. auch den Staat nicht übermäßig zu belasten.[640] Sparzwänge erschweren diese „doppelte Aufgabe" für den Arzt und die „Explosion des Machbaren" überfordert die Krankenkassen.[641]

Obwohl die Kosten eine eher nachrangige Bedeutung in der Diagnostik darstellen, soll dennoch auch bei der Diagnostik das Wirtschaftlichkeitsgebot eingehalten werden.[642] Das Wirtschaftlichkeitsgebot geht aus § 12 SGB V hervor. Danach müssen die Leistungen ausreichend, zweckmäßig und wirtschaftlich sein. Sie dürfen das Maß des Notwendigen nicht überschreiten. Ausreichend

---

635 *Laufs/Kern/Rehborn-Kern* § 2 Rn. 10; vgl. dazu *Strech* Rationalisierung und Rationierung am Krankenbett 2014, S. 27; *Andreas/Junghanns* ArztR 2010, 312–316; *Huster* JZ 2006, 466 f.; *Gödicke* NVwZ 2006, 774 f.; *Padê* NZS 2007, 352 f.; *Schlottmann/Haag* NZS 2008, 524.
636 *Genzel* MedR 1995, 43, 53.
637 *Strech* Rationalisierung und Rationierung am Krankenbett 2014, S. 27.
638 *Schönermark* Der unaufhaltsame Siegeszug der Gesundheitsöknomie HNO 2014, S. 157.
639 *Jaeger* NZS 2003, 225 sieht den Begriff des Gemeinwohls als rechtspolitisch weit offener Begriff, der viele Lösungsansätze zulässt. Die Konkretisierung dieses Begriffes ist Aufgabe des Gesetzgebers.
640 *Laufs/Kern/Rehborn-Kern* § 2 Rn. 8 ff.
641 *Laufs/Kern/Rehborn-Kern* § 2 Rn. 8 ff. Zu der Problematik des Kostendrucks in der Medizin und die Probleme mit dem medizinischen Fortschritt: *Krämer* MedR 1996, 1 ff.; *Laufs* NJW 1994, 1565 f.; *Laufs* NJW 1996, 1571, 1575; *Laufs* NJW 1997, 1609, 1610; *Laufs* NJW 1999, 1758, 1767; *Laufs* NJW 2000, 1757, 1763 f.; siehe auch *Uhlenbruck* MedR 1995, 427 ff.
642 Zum Wirtschaftlichkeitsgebot im Verhältnis zum Schadensersatz vgl. *Müller* VersR 2006, 1289, 1295.

sind die Leistungen, wenn sie dem Einzelfall angepasst sind, dem allgemein anerkannten Stand medizinischer Erkenntnisse entsprechen und den medizinischen Fortschritt berücksichtigen.[643] Zweckmäßig bedeutet in diesem Sinne, dass die Leistung für das Behandlungsziel dienlich ist.[644] Zudem muss die Diagnostik auch wirtschaftlich sein. Wirtschaftlichkeit bedeutet, das angestrebte therapeutische oder diagnostische Ziel muss durch die Leistung effektiv und effizient zu erreichen sein.[645] Ferner muss die diagnostische Maßnahme auch notwendig sein. Notwendig ist sie, wenn sie objektiv erforderlich ist, um im Einzelfall ausreichend und zweckmäßig zu sein.[646]

Daran lässt sich erkennen: Eine Überdiagnostik ist nicht gewollt.[647] Überdiagnostik kann nicht nur zur Nichterstattung seitens der Krankenkasse führen,[648] sondern stellt auch eine von der Einwilligung des Patienten nicht gedeckte Körperverletzung dar.[649]

VI. Umfang der Diagnostik

Der Umfang der Diagnostik muss sich am Krankheitsbild orientieren.[650] Dies umfasst auch, die Maßnahmen so schnell durchzuführen, dass mit Hilfe der gewonnenen Ergebnisse zum Wohle des Patienten möglichst frühzeitig mit einer wirksamen Behandlung begonnen werden kann.[651] Eine sog. „Überdiagnostik", d.h. Untersuchungen durchzuführen, weil sie wegen der Ausstattung und des Fortschritts der Medizin lediglich möglich, nicht jedoch nötig sind oder nur dazu dienen, um den Arzt abzusichern, kann ebenfalls – wie gerade gesehen – zur

---

643 BSG Urt. v. 28.06.1983, 8 RK 22/81, BSGE 55, 188 f; *Knickrehm/Kreikebohm/Waltermann-Waltermann* SGB V § 12 Rn. 3.
644 *Knickrehm/Kreikebohm/Waltermann-Waltermann* SGB V § 12 Rn. 4; *Becker/Kingreen* SGB V § 12 Rn. 7.
645 BSG Urt. v. 28.06.1983, 8 RK 22/81, BSGE 55, 188; *Knickrehm/Kreikebohm/Waltermann-Waltermann* SGB V § 12 Rn. 5.
646 Vgl. BSG Urt. v. 26.10.1982, 3 RK 16/81; *Knickrehm/Kreikebohm/Waltermann-Waltermann* SGB V § 12 Rn. 6.
647 So auch *Laufs/Uhlenbruck* Handbuch des Arztrechtes § 100 Rn. 7; *Steffen* Festschrift Brandner S. 327, 330; *Geiß/Greiner-Greiner* B. 65 m.w.N.
648 Vgl. § 12 SGB V.
649 Vgl. *Köbberling* Diagnoseirrtum, Diagnosefehler, Befunderhebungsfehler S. 21.
650 *Quaas/Zuck/Clemens-Quaas* § 14 Rn. 76; *Bartens* kritischer Artikel der „Süddeutschen Zeitung" vom 29.06.2015 „Das Dilemma der Diagnose" (Online-Version).
651 *Geiß/Greiner* Arzthaftpflichtrecht B Rn. 65–74.

Haftung führen.[652] Eine Überdiagnostik kann vor allem bei ungünstiger Prognose häufiger gegeben sein.[653]

Aufgrund der zahlreichen diagnostischen Möglichkeiten liegt die Gefahr einer Überdiagnostik oftmals nahe.[654] Befunderhebung ist nur dann sinnvoll und erforderlich, wenn „eine ärztliche Entscheidung auf der Basis einer höheren diagnostischen Wahrscheinlichkeit vorgenommen werden soll, als sie sich aus der Prätest-Wahrscheinlichkeit ergibt"[655].

Nach *Schreiber*[656] wird oftmals eine Diagnostik nicht aus medizinischen, sondern aus rechtlichen Gründen durchgeführt. Da auch seine Beschreibungen nicht präzise sind und damit viel Spielraum für individuelle Auslegungen lassen, hat sich im medizinischen Alltag die Tendenz entwickelt, die Diagnostik so weit wie technisch möglich durchzuführen, um spätere Vorhalte und Vorwürfe zu vermeiden.[657]

Eine Überdiagnostik kann aber nicht nur zur Haftung für den Arzt führen; sie kann auch für den Patienten gefährlich sein.[658] Nicht nur, dass die Erhebung des Tests bzw. des Befundes einen Eingriff in die körperliche Unversehrtheit darstellt, sondern auch das Wissen, das man nach einem durchgeführten Test hat, kann wiederum zahlreiche weitere Test nach sich ziehen, um eine – wenn auch oftmals unwahrscheinliche Diagnose – auszuschließen.[659] Diese nunmehr notwendig gewordenen Tests bergen wiederum Gefahren für den Patienten.

Bevor der Arzt diagnostische Maßnahmen einleitet, muss er sich im Wesentlichen zwei Fragen stellen[660]:

1. Mit welcher Wahrscheinlichkeit liegt die Zielkrankheit vor und reicht diese Wahrscheinlichkeit für ausstehende Entscheidungen („temporäre Handlungsanweisung") aus?

---

652 OLG Hamm Urt. v. 12.06.1996, 20 U 220/95, VersR 1997, 1342; *Bihr/Hekking/Krauskopf/Lang* Handbuch der Krankenhauspraxis S. 169; *Laufs/Kern/Rehborn-Kern/Rehborn* § 52 Rn. 1 ff.
653 *Laufs/Kern/Rehborn-Kern/Rehborn* § 52 Rn. 9.
654 Verweis auf die Problematik der Überdiagnostik beim Befunderhebungsfehler S. 136, S. 137.
655 *Köbberling* Diagnoseirrtum, Diagnosefehler, Befunderhebungsfehler S. 31.
656 *Schreiber* Notwendigkeit und Grenzen rechtlicher Kontrolle in der Medizin S. 44, 45.
657 *Köbberling* Diagnoseirrtum, Diagnosefehler, Befunderhebungsfehler S. 33.
658 *Laufs/Kern/Rehborn-Kern/Rehborn* § 52 Rn. 9.
659 *Köbberling* Diagnoseirrtum, Diagnosefehler, Befunderhebungsfehler S. 34.
660 Aufzählung übernommen aus *Köbberling* Diagnoseirrtum, Diagnosefehler, Befunderhebungsfehler S. 32/33.

2. Ist nach Durchführung der diagnostischen Maßnahmen eine Wahrscheinlichkeit zu erwarten, die die zu treffende Entscheidung auf eine sicherere Basis stellt?

VII. Verschiedene Arten von Diagnosefehlern

1. Diagnoseirrtum

Der Begriff „Diagnoseirrtum" wird in der juristischen Literatur und in der Rechtsprechung nicht immer einheitlich verwendet. Er wird oftmals unter dem Begriff der „Fehldiagnose" geführt. Fehldiagnose bedeutet eine Interpretation von Symptomen und erhobenen Befunden, die im Ergebnis zu einer unrichtigen Diagnose geführt hat.[661] Dies hat zur Konsequenz, dass der Unterschied zwischen einem Irrtum und einem Fehler rein haftungsrechtlicher Natur ist.[662]

Ist eine Fehldiagnose nicht vorwerfbar, weil sie nach den Umständen des Einzelfalls noch vertretbar war, handelt es sich um einen folgenlosen Diagnoseirrtum.[663] Ist sie hingegen nicht mehr vertretbar – aus welchen Gründen auch immer – liegt ein Diagnosefehler mit möglichen Haftungsansprüchen vor.[664]

Dazu führte das OLG Koblenz 2006 aus[665]: „Irrtümer in der Stellung einer Diagnose erlauben nicht einmal den verlässlichen Schluss auf eine einfache Fahrlässigkeit [...]. Eine solche Annahme ist erst dann gerechtfertigt, wenn das diagnostisch gewonnene Ergebnis für einen gewissenhaften Arzt nicht mehr vertretbar erscheint [...]." Bloße Diagnoseirrtümer deuten ohne andere hinzukommende Komponenten nicht auf ein grob fehlerhaftes Handeln hin. Der Vorwurf eines groben Verstoßes gegen die ärztliche Sorgfaltspflicht, bezogen auf die Diagnosestellung an sich, setzt regelmäßig eine fundamental falsche Einschätzung

---

661 *Pauge* Arzthaftungsrecht Rn. 190; *Wenzel-Wenzel* in Handbuch des Fachanwalts Medizinrecht Kapitel 7 Rn. 87 ff. und Kapitel 4 Rn. 256 ff.
662 Vgl. *Köbberling* Diagnoseirrtum, Diagnosefehler, Befunderhebungsfehler S. 39.
663 So auch vom OLG Hamm entschieden: „Der Beklagte hafte auch nicht für eine fehlerhafte Diagnose. Ein Arzt, der aus vollständig erhobenen Befunden einen falschen Schluss ziehe, unterliege einem – für sich allein nicht haftungsbegründenden – Diagnoseirrtum. Dieser stelle erst dann einen haftungsbegründenden Diagnosefehler dar, wenn die Diagnose im Zeitpunkt der medizinischen Behandlung aus der Sicht eines gewissenhaften Arztes medizinisch nicht vertretbar sei." Pressemitteilung des OLG Hamm Urt. v. 29.05.2015, 26 U 2/13, ArztR 2016, 16–17.
664 Dazu insgesamt: *Pauge* Arzthaftungsrecht Rn. 190; *Wenzel-Wenzel* in Handbuch des Fachanwalts Medizinrecht Kapitel 7 Rn. 87 ff. und Kapitel 4 Rn. 256 ff.
665 OLG Koblenz Urt. v. 31.08.2006, 5 U 588/06, VersR 2006, 1547.

voraus.⁶⁶⁶ Das Handeln muss dann offensichtlich gegen bewährte medizinische Regeln und Erkenntnisse verstoßen haben und aus objektiver Sicht nicht mehr verständlich erscheinen, weil dies einem Arzt schlechterdings nicht unterlaufen darf.⁶⁶⁷

Wie erläutert, führt also nicht jeder Diagnose„fehler" zur Haftung des Arztes, sondern nur ein vorwerfbarer Fehltritt. Fehldiagnosen sind nur dann vorwerfbar, wenn dem Arzt eine Sorgfaltspflichtverletzung zur Last fällt.⁶⁶⁸ Irrtümer, wie sie in der Praxis häufig vorkommen, sind oft nicht die Folge vorwerfbaren ärztlichen Verhaltens.⁶⁶⁹ Diagnoseirrtümer bzw. -fehler sind Fehler, die auf eine Fehlinterpretation von Befunden zurückzuführen sind.⁶⁷⁰ Diese bewertet der VI. Senat des BGH nur mit Zurückhaltung als Behandlungsfehler.⁶⁷¹ „Zwar sind Irrtümer bei der Diagnosestellung oft nicht die Folge eines vorwerfbaren Versehens des behandelnden Arztes, da die Symptome einer Erkrankung nicht immer eindeutig sind, sondern auf die verschiedensten Ursachen hinweisen können. Soweit die Diagnoseirrtümer lediglich auf eine Fehlinterpretation der Befunde zurückzuführen sind, sind sie deshalb stets nur mit Zurückhaltung als Behandlungsfehler zu werten."⁶⁷²

Ein anderes Bild ergibt sich jedoch bei der vertikalen Arbeitsteilung. Hier kann eine grundsätzlich noch vertretbare Diagnosestellung durch einen Facharzt bei einem Nicht-Facharzt zur Haftung im Rahmen eines Organisationsverschuldens führen.⁶⁷³ Allerdings haftet für den Fehler des Nicht-Facharztes, der darauf vertrauen durfte, dass seine Fähigkeiten richtig vom Facharzt eingeschätzt wurden, der übergeordnete leitende Arzt.⁶⁷⁴ Hierauf soll jedoch nicht näher eingegangen werden.

---

666 OLG Koblenz Urt. v. 31.08.2006, 5 U 588/06, VersR 2006, 1547.
667 Vgl. zu der Definition eines groben Behandlungsfehlers auch: BGH Urt. v. 10.05.1983, VI ZR 270/81, VersR 83, 729, 730; BGH Urt. v. 03.12.1985, VI ZR 106/84, VersR 1986, 366, 367; BGH Urt. v. 26.11.1991, VI ZR 389/90, VersR 1992, 238, 239.
668 St. Rspr. Vgl. BGH Urt. v. 21.09.1982, VI ZR 302/80, NJW 1983, 333.
669 Vgl. *Gehrlein* Arzthaftpflicht B II Rn. 16.
670 Vgl. dazu beispielhaft BGH Urt. v. 08.07.2003, VI ZR 304/02, VersR 2003, 1256 = NJW 2003, 2827.
671 OLG Köln Urt. v. 25. 09.2013, 5 U 7/13, VersR 2014, 1005 f.; OLG Schleswig Urteil vom 21.05.1997, 4 U 186/95; OLG Stuttgart Urt. v. 16. 06.1998, 14 U 67/97; BGH Urt. v. 14.06.1994, VI ZR 236/93.
672 BGH Urt. v. 14.06.1994, VI ZR 236/93.
673 *Köbberling* Diagnoseirrtum, Diagnosefehler, Befunderhebungsfehler S. 24.
674 BGH Urt. v. 12.07.1994, VI ZR 299/93, VersR 1994, 1303.

Für die Abgrenzung von „noch vertretbarer" und „für einen gewissenhaften Arzt nicht mehr vertretbarer" Diagnose im Sinne eines Diagnosefehlers sind die Grenzen unscharf.[675] Für einen bloßen Irrtum in der Diagnose selbst muss der Arzt, da dieser nicht vorwerfbar und damit nicht pflichtwidrig, zumindest nicht schuldhaft ist, nicht haften.[676]

Das OLG Köln[677] hatte einen Fall zu entscheiden, in dem ein Frauenarzt eine Eileiterschwangerschaft nicht rechtzeitig erkannte. Er diagnostizierte fehlerhaft eine Adnexitis (meist beidseitig auftretende Entzündung von Eileiter und Eierstock). Es wurden jedoch elementare Kontrollbefunde, in diesem Fall ein Schwangerschaftstest, erhoben. Ferner deckten sich die weiteren Befunde mit der Fehldiagnose. Somit hat der Arzt nicht sorgfaltswidrig gehandelt. Er hatte alle nötigen Befunde erhoben. Die an sich fehlerhafte Diagnose ist ihm nicht vorzuwerfen. Wenn bei einem Arzt „jede" Fehldiagnose zur Haftung führte, würde sich daraus als Konsequenz eine nicht gerechtfertigte Ausdehnung der Haftung ergeben und damit zu einem untragbaren Risiko werden. Wenn der Arzt alles ihm Mögliche getan hat und es auch dem medizinischen Sollstandard entsprach, dann muss eine Haftung ausgeschlossen sein.

Objektiv falsch eingeleitete Therapiemaßnahmen aufgrund einer falschen Diagnose im Rahmen eines bloßen Diagnoseirrtums stellen keinen Behandlungsfehler dar.[678] Daran wird deutlich, dass es auch keine „Umgehungshaftung"[679] geben kann, wenn es sich lediglich um einen Diagnoseirrtum handelt. Vielmehr ist jede Haftung – auch jede nachfolgende – ausgeschlossen.

2. Einfacher Diagnosefehler

Der bloße Diagnoseirrtum als subjektive Einschätzung des Arztes hält zwar kritisch betrachtet keiner ex post Analyse stand, ist aber im Gegensatz zum Diagnosefehler kein Behandlungsfehler, woraus eine Haftung entstehen könnte.[680]

Die vorstehenden Erläuterungen zum Diagnoseirrtum greifen dann nicht ein, wenn Symptome vorliegen, die für eine bestimmte Krankheit kennzeichnend sind und der Arzt diese nicht ausreichend berücksichtigt.[681] Auch bleibt der

---

675 *Köbberling* Diagnoseirrtum, Diagnosefehler, Befunderhebungsfehler S. 21–22.
676 OLG München Urt. v. 22.03.2012, 1 U 1244/11 Rn. 40.
677 OLG Köln Urt. v. 04.07.1988, 7 U 124/87.
678 OLG Köln Urt. v. 20.07.2005, 5 U 200/04, VersR 2005, 1740 = NJW 2006, 69.
679 Zur sog. Sperrwirkung des Diagnosefehlers siehe S. 210 ff.
680 *Köbberling* Diagnoseirrtum, Diagnosefehler, Befunderhebungsfehler S. 41.
681 BGH Urt. v. 08.07.2003, VI ZR 304/02, NJW 2003, 2827.

bloße Diagnoseirrtum nicht ohne Folgen, wenn die medizinischen Standards weit unterschritten wurden, z.B. eine bei einer fehlerhaften Auswertung eines Röntgenbildes übersehene Fraktur.[682] Ein Irrtum in der Diagnose gilt folglich nur dann als Behandlungsfehler, wenn eine eindeutige Krankheitserscheinung in völlig unvertretbarer, der Schulmedizin entgegenstehender Weise gedeutet wird und dabei elementare Kontrollbefunde nicht erhoben wurden oder eine Überprüfung der ersten Diagnose im weiteren Behandlungsverlauf unterbleibt.[683]

VIII. Fallgruppen von Diagnosefehlern
1. Diagnosefehler, die sich nicht auf die Behandlung auswirken

Fraglich ist, wie die Haftung des Arztes zu bewerten ist, wenn zwar ein Diagnosefehler vorliegt, dieser sich aber nicht auf die Behandlung auswirkt. In einem vom OLG Düsseldorf entschiedenen Fall[684] stürzte der Patient von einer Leiter. Er erlitt einen Trümmerbruch des linken Fersenbeines. Der Arzt hätte dies erkennen müssen. Somit liegt ein Diagnosefehler vor. Die durch den Diagnosefehler verursachte zeitliche Verzögerung der an sich gebotenen Behandlung wirkte sich aber auf den eingetretenen Gesundheitsschaden nicht aus. Daher schied eine Haftung des Arztes bzw. des in Anspruch genommenen Krankenhausträgers unabhängig vom Vorliegen des Diagnosefehlers aus.

Dieses Beispiel zeigt, dass die alleinige Annahme eines Diagnosefehlers nicht ausreicht. Vielmehr muss er sich auf die Behandlung auswirken. Geschieht dies nicht, liegt zwar der Tatbestand vor, eine Haftung jedoch scheidet aus. Dieser allgemeine Grundsatz, wie auch an §§ 249 ff. zu erkennen, ist zwingend notwendig. Es würde zu einer sehr weiten Arzthaftung führen, wenn „nur" der Tatbestand erfüllt wäre. Die Arzthaftung ruht auch auf dem Gedanken des „gerechten Interessenausgleichs"[685]. Das setzt voraus, dass der Patient zumindest einen Nachteil erlitten haben muss. Wenn sich jedoch der Diagnosefehler nicht auf die Behandlung auswirkt, dann hat der Patient schon keinen Nachteil erlitten. Ein „gerechter Interessenausgleich" durch eine Haftung des Arztes ist also nicht notwendig.

---

682 OLG Köln Urt. v. 06.06.2002, 5 U 226/01, VersR 2004, 794.
683 BGH Urt. v. 14.06.1994, VI ZR 236/93; *Pauge* Arzthaftungsrecht Rn. 191.
684 OLG Düsseldorf Urt. v. 07.05.1986, 8 U 59/85, VersR 1987, 1219 f.
685 *Tombrink* Die Arzthaftung für schwere („grobe") Behandlungsfehler – Rechtspraxis und Perspektiven, S. 115.

2. Diagnosefehler durch nicht dokumentierte oder verlorene Befunde

Ärzte müssen, sowohl nach ihrer Berufsordnung[686] als auch nach § 630 f Abs. 3, alle Aufzeichnungen, die während einer Behandlung entstanden sind, für 10 Jahre aufbewahren. Wenn Unterlagen fehlen, die für die Beweisführung des Patienten wichtig sind, dann kann diesem eine Beweiserleichterung zukommen, indem vermutet wird, dass die dokumentationspflichtige Maßnahme unterblieben und vom Behandelnden nicht durchgeführt worden ist.[687] Dies gilt auch für nichtauffindbare, unvollständige oder unrichtige Dokumentationen.[688]

Der fehlenden Sicherung von Befunden steht das Nichterheben von gebotenen Befunden gleich.[689] Im Fall einer verkannten Endokarditis (Entzündung der Herzinnenhaut) waren entlastende Befunde nicht mehr auffindbar.[690] Die Gutachterkommission sah die vorgelegten Beweise, den schriftlichen Befund und zwei Papierausdrucke, als nicht ausreichend an. Es fehlten Papierausdrucke, die deutlich die Darstellung der Herzklappe aufweisen konnten sowie der Untersuchungsvorgang im bewegten Bild. Hier wurde zugunsten des Patienten davon ausgegangen, dass die fehlenden Unterlagen derartige Befunde enthielten, die zur Diagnose der tatsächlich vorliegenden Endokarditis geführt hätten.

3. Diagnosefehler durch Nicht-Abwarten des Ergebnisses erhobener Befunde

Als Diagnosefehler wird auch das Nicht-Abwarten des Ergebnisses eines schon durchgeführten, aber noch nicht ausgelesenen Befundes bewertet.[691] In einem Fall, der vom AG Wuppertal[692] entschieden wurde, wurde eine ältere Patientin mit dialysepflichtiger Niereninsuffizienz und weiteren Vorerkrankungen stationär aufgenommen. Es wurde eine Blutkultur veranlasst, deren Ergebnis bei der Entlassung am Folgetag nicht bekannt war. Tags darauf wurde die Patientin erneut stationär aufgenommen und verstarb am selben Tag an einer

---

686 § 10 MBO.
687 BGH Urt. v. 28.03.1995, VI ZR 356/93, NJW 1995, 1611; BGH Urt. v. 21.11.1995, VI ZR 341/94, NJW 1996, 779; BGH Urt. v. 03.11.1998, VI ZR 253/97, NJW 1999, 863.
688 OLG Zweibrücken Urt. v. 12.01.1999, 5 U 30/96, NJW-RR 2000, 27.
689 BGH Urt. v. 21.11.1995, VI ZR 341/94, VersR 1996, 330 = NJW 1996, 779.
690 Siehe zu dem Fall *Kienzle/Smentkowski*: Fallberichte aus der Gutachterkommission – Aufbewahrungspflichtverletzung, MedR 2013, 27 f.
691 *Köbberling* Diagnoseirrtum, Diagnosefehler, Befunderhebungsfehler, S. 70.
692 AG Wuppertal 33 C 130/10.

Staphylokokkensepsis (eine Blutvergiftung ausgehend von Staphylokokken). Diese Sepsis wurde in der erhobenen Blutkultur nachgewiesen. Darin sah das Gericht einen Diagnosefehler. Aufgrund der zeitlich sehr geringen Verzögerung – nur um einen Tag – wurde allerdings ein Schaden für die Patientin verneint.

4. Diagnosefehler durch Nicht-Beachtung externer Hinweise

Auch kann sich ein Diagnosefehler dadurch ergeben, dass externe Hinweise, z.B. durch Schilderungen des Patienten selbst oder von Angehörigen, nicht beachtet wurden. Es ist selbst dann als Diagnosefehler zu werten, wenn ohne die Hinweise eine Diagnose in eine bestimmte Richtung nicht notwendig gewesen wäre.[693] In einem Fall der Ärztekammer Nordrhein[694] wurde ein Patient mit unspezifischen Beschwerden stationär aufgenommen. Die Angehörigen teilten den behandelnden Ärzten mit, dass Sprachstörungen neu aufgetreten seien. Da der Patient nicht fließend Deutsch sprach, fielen die Sprachstörungen nicht weiter auf. Die Ärzte hätten aber aufgrund der Schilderungen der Angehörigen eine neurologische Basisuntersuchung anordnen müssen. Da diese unterblieb und aufgrund dessen der vorliegende Kleinhirninfarkt erst später erkannt wurde, lag laut der Ärztekammer ein Diagnosefehler vor.

In diesem Fall ist die Abgrenzung zum Befunderhebungsfehler nicht gelungen. Selbst nach der herrschenden Schwerpunkttheorie[695] muss man hier zum Ergebnis eines Befunderhebungsfehlers, und gerade nicht eines Diagnosefehlers, gelangen. Der Schwerpunkt der Vorwerfbarkeit war nicht die falsche Diagnose an sich, sondern vielmehr die unterbliebene neurologische Basisuntersuchung. Es kann keinen Unterschied machen, ob den Ärzten ein Sprachproblem selbst auffällt oder sie dieses aufgrund von Verständigungsschwierigkeiten von den Angehörigen mitgeteilt bekommen. In beiden Fällen liegt der Verdacht eines neurologischen Geschehens nahe und muss deshalb abgeklärt werden.

Ein weiterer Fall zeigt, wie wichtig es ist, alle Möglichkeiten – auch wenn diese von nicht an der Behandlung beteiligten Außenstehenden aufgezeigt werden – mit in Betracht zu ziehen und die ärztliche Diagnose immer wieder zu

---

693 Z.B. bei Zufallsbefunden vgl. BGH Urt. v. 21.12.2010, VI ZR 284/09, MDR 2011, 224, 225.
694 Gutachterkommission der Ärztekammer Nordrhein 2007/2615 aus *Köbberling* Diagnoseirrtum, Diagnosefehler, Befunderhebungsfehler S. 78, Fall 19.
695 Siehe zur Schwerpunkttheorie und deren Auswirkung S. 205 ff.

überprüfen.[696] Eine 80-jährige Patientin wurde in einer Rehabilitationsklinik mit Opioiden behandelt. Nachdem eine Veränderung des Bewusstseins der Patientin in Form einer Eintrübung festgestellt wurde, bat der Sohn der Patientin, welcher selbst Mediziner ist, um eine deutliche Reduzierung der Opioide. Dem kamen die Ärzte nicht nach. Sie hielten die Dosis der Medikamente für angemessen und bezogen die Somnolenz (eine Form der Bewusstseinsstörung; Benommenheit und starke Schläfrigkeit) und die Halluzinationen nicht auf die Opiattherapie. Erst als die Patientin komatös wurde und auf die Intensivstation verlegt werden musste, wurde auf eine andere Therapie umgestellt, welche den Zustand erheblich besserte. Die Patientin erlitt hierdurch einen gesundheitlichen Schaden und ihre Behandlungsdauer verlängerte sich. Die Gutachterkommission der Ärztekammer sprach in ihrem Votum von einer diagnostischen „Blindheit" in der Symptomdeutung. Aufgrund der Fachkundigkeit des Sohnes hätten die Ärzte gerade seinen Anregungen nachkommen und ihre Diagnose kritisch hinterfragen und überprüfen müssen. Dass die Bitte auf Medikamentenreduzierung gerade von einem Arzt und nicht von einem medizinischen Laien stamme, wog besonders schwer.

5. Diagnosefehler durch Nichtbeachtung von Zufallsbefunden

Eine Frage der Diagnosefehler stellt sich bei den sog. Zufallsfunden. Zufallsfunde sind solche Befunde bzw. Tests, die für das eigentliche Krankheitsbild gar nicht hätten erhoben werden müssen, aber dennoch erhoben wurden und somit vorliegen. Der BGH hat in einem Fall aus dem Jahre 2010 einen Diagnosefehler aufgrund von nicht beachteten Zufallsfunden angenommen.[697] In diesem Fall wurde die Patientin am Meniskus operiert. Im Zuge der Anästhesievorbereitung für diese OP wurde eine Aufnahme der Lunge gemacht, auf der sich eine zwei Zentimeter große Verdichtungszone des rechten Lungenflügels zeigte. Diese wurde jedoch nicht beachtet. Ein Jahr später stellte sich diese Verdichtung als Lungenkarzinom heraus, aufgrund dessen die Patientin verstarb. Laut der Sachverständigengutachten hätte man das Karzinom – wäre es schon bei der ersten Aufnahme erkannt worden – möglicherweise ohne Metastasierung entfernen können.

---

696 Gutachterkommission der Ärztekammer Nordrhein 2010/1504 aus *Köbberling* Diagnoseirrtum, Diagnosefehler, Befunderhebungsfehler S. 79, Fall 20. Dieser Fall wurde auch im Rheinischen Ärzteblatt publiziert: *Köbberling, Kratz*: Grenzen des hinnehmbaren Diagnoseirrtums, Rheinisches Ärzteblatt 2012, 20 f.
697 BGH Urt. v. 21.12.2010, VI ZR 284/09, VersR 2011, 400.

„Den Arzt verpflichten auch die Ergebnisse solcher Untersuchungen zur Einhaltung der berufsspezifischen Sorgfalt, die medizinisch nicht geboten waren, aber trotzdem – beispielsweise aus besonderer Vorsicht – veranlasst wurden."[698] Der die Befundauswertung vornehmende Arzt muss alle Auffälligkeiten zur Kenntnis nehmen und seinem Facharztstandard entsprechend weiter abklären oder therapieren. „Vor in diesem Sinne für ihn erkennbaren „Zufallsbefunden" darf er nicht die Augen verschließen."[699]

6. Diagnosefehler durch Versäumnis notwendiger Kontrolluntersuchungen

Auch wenn Kontrolluntersuchungen versäumt wurden, kann dies einen Diagnosefehler darstellen, wenn dadurch die richtige Diagnose zu spät gestellt wird.[700] Im Fall einer Säumnis einer gynäkologischen Kontrolle[701] wurde der Befund „PAP II" (der PAP-Test dient zur Früherkennung des Gebärmutterhalskrebs. PAP II bedeutet leicht entzündlich) erhoben und eine Kontrolle nach sechs bis zwölf Wochen empfohlen. Die Patientin wurde nicht ausdrücklich für diese Kontrolluntersuchung einbestellt. Nach sechs Monaten wurde eine Schwangerschaft festgestellt, aber keine erneute Untersuchung des PAP-Befundes durchgeführt. Während der Entbindung kam es zu Komplikationen. Eine Ursachendiagnostik fand dennoch nicht statt. Erst weitere neun Monate später erfolgte die Diagnose eines inoperablen Karzinoms. Die Patientin verstarb zwei Jahre später an den Folgen der Tumorerkrankung. Die Gutachterkommission sah den Fehler darin, dass der Patientin nichts von einem Karzinomverdacht mitgeteilt worden war und sie infolgedessen auf die Dringlichkeit der Kontrolluntersuchung nicht hingewiesen wurde. Dass die Patientin ein Mitverschulden trifft, weil sie die Kontrolluntersuchung versäumte, schließt eine Haftung nicht aus.[702]

Fraglich ist, ob diese Fallgruppe unter den Diagnosefehler zu fassen[703] oder vielmehr als Befunderhebungsfehler zu sehen ist. Es wird hier zwar eine falsche Diagnose gestellt. Das Karzinom wurde jedoch aufgrund von Versäumnissen

---

698 BGH Urt. v. 21.12.2010, VI ZR 284/09, VersR 2011, 400 (Leitsatz 1).
699 BGH Urt. v. 21.12.2010, VI ZR 284/09, VersR 2011, 400 (Leitsatz 2).
700 *Köbberling* Diagnoseirrtum, Diagnosefehler, Befunderhebungsfehler S. 80 f.
701 Gutachterkommission Ärztekammer 2010/1057 aus *Köbberling* Diagnoseirrtum, Diagnosefehler, Befunderhebungsfehler S. 81, Fall 21.
702 Vgl. auch BGH Urt. v. 16.06.2009, VI ZR 157/08, VersR 2009, 1267.
703 Als Diagnosefehler wollen es sowohl *Köbberling* als auch die Ärztekammer Nordrhein ansehen.

bei der Erhebung von Kontrollbefunden fehlerhaft nicht erkannt. Somit wurden gleichermaßen eine Verdachtsdiagnose nicht kontrolliert und Befunde nicht erhoben.[704]

Die von der herrschenden Meinung bevorzugte Schwerpunkttheorie[705] gelangt in diesem Fall zu keinem eindeutigen Ergebnis. Der Schwerpunkt der Vorwerfbarkeit ist immer abhängig von den Personen, die den Fall behandeln und zu entscheiden haben.

7. Diagnosefehler durch fehlerhafte arbeitsteilige Diagnosen

Auch dürfen Arbeitsdiagnosen von vorbehandelnden Ärzten oder arbeitsteilig arbeitenden Ärzten nicht unbesehen übernommen werden.[706] Grundsätzlich gilt unter zusammenarbeitenden Ärzten der Vertrauensgrundsatz. Dies bedeutet, dass jeder Arzt darauf vertrauen darf, dass der andere ordnungsgemäß und sorgfältig handelt.[707] Deshalb muss nicht – dies wäre auch praktisch nicht möglich – jede Diagnose überprüft oder eine Diagnostik wiederholt werden. Gerade bei speziellen Fachärzten mit entsprechendem Fachwissen, das der behandelnde Arzt selbst nicht hat, darf auf die Richtigkeit der Diagnose vertraut werden.[708]

Allerdings müssen die Diagnosen im Verlauf, wie es auch bei der eigenen Diagnose der Fall wäre, überprüft werden.[709] Dies zeigt auch folgender Fall[710]: Eine ältere Patientin wurde mit starken Schmerzen im Bein und Gangstörungen stationär aufgenommen. Es wurde eine Beckenübersicht erstellt. Dabei übersah der zuständige Radiologe eine Oberschenkelhalsfraktur, welche nicht leicht auf einer Beckenübersicht zu erkennen ist. Dies stellt also allenfalls einen Diagnoseirrtum und keinen Fehler mit der Folge einer Haftung dar. Was aber als fehlerhaft

---

704 Siehe dazu das Prüfungsschemata S. 213 ff.
705 Verweis auf die S. 169 ff. mit der Darstellung der Schwerpunkttheorie.
706 *Laufs/Kern/Rehborn-Kern/Rehborn* § 52 Rn. 13 für die Überprüfung einer Einweisungsdiagnostik im Krankenhaus.
707 BGH Urt. v. 02.10.1979, 1 StR 440/79, NJW 1980, 649, 650; BGH Urt. v. 26.02.1991, VI ZR 244/89, NJW 1991, 1539 = MDR 1991, 1143; BGH Urt. v. 08.11.1988, VI ZR 320/87, VersR 1989, 186 = MedR 1989, 84 f.
708 OLG Düsseldorf Urt. v. 30.06.1983, 8 U 178/80, VersR 1984, 643, 644 = NJW 1984, 2636: zum Vertrauen darauf, dass eine medizinische Indikation zur Vornahme der invasiven Diagnostik besteht; OLG Stuttgart Urt. v. 14 U 73/98, NJW-RR 2001, 960, 961 = VersR 2002, 98.
709 *Laufs/Kern/Rehborn-Kern/Rehborn* § 52 Rn. 17 m.w.N.
710 Gutachterkommission der Ärztekammer Nordrhein 2011/0108 aus *Köbberling* Diagnoseirrtum, Diagnosefehler, Befunderhebungsfehler S. 83, Fall 23.

angesehen wurde, ist die Behandlung danach. Der „zweit-" behandelnde Arzt hätte aufgrund der anhaltenden Schmerzen trotz verabreichter Analgetika nicht auf den Ausschluss einer Fraktur des Radiologen vertrauen dürfen. Er hätte vielmehr eine erneute Beckenaufnahme bzw. anderweitige Röntgenaufnahme durchführen müssen, um die Diagnose des Radiologen zu überprüfen. Aufgrund der weiterhin anhaltenden Schmerzen der Patientin hätte weiter nach den Ursachen geforscht werden müssen, um dann ggf. die Anfangsdiagnose zu revidieren. Ein anfänglich bloßer Diagnoseirrtum ohne Haftungsfolgen kann also im Laufe der Behandlung zu einem Befunderhebungsfehler werden. Korrekterweise sind hier zwei unterschiedliche Abschnitte zu bilden, so dass der einfache Diagnosefehler parallel zum Befunderhebungsfehler vorliegt.

8. Diagnosefehler durch sog. Ferndiagnosen ohne direkten ärztlichen Kontakt

Die Diagnosestellung fällt in den Bereich der ärztlichen Aufgaben,[711] den sog. Arztvorbehalt.[712] Wenn im Krankenhaus oder auch im ambulanten Bereich eine Diagnose ohne jeden Arztkontakt gestellt wird, fehlt es an einer Diagnosestellung im medizinischen Sinne.[713] Da es sich jedoch um eine von Anfang an fehlerhafte Diagnose handelt, wird diese Fallgruppe als Diagnosefehler behandelt. „Ein sich dabei ergebender Diagnoseirrtum stellt dann ohne weitere inhaltliche Prüfung einen Diagnosefehler und damit einen Behandlungsfehler dar."[714] Dass ein ärztlicher Diagnosefehler aufgrund fehlender Diagnose nicht vorgelegen hätte und trotzdem von der Haftung der Klinik ausgegangen wurde, zeigt dieser Fall[715]: Ein Jugendlicher wurde mit starken Bauchschmerzen in eine Klinik eingeliefert. Er wurde dort nur von einem Pfleger angesehen. Die vorliegende akute Pankreatitis (Entzündung der Bauchspeicheldrüse) wurde nicht erkannt. Erst zwei Tage später wurde sie durch einen Arzt diagnostiziert. Hätte ein Arzt anstelle des Pflegers die Pankreatitis nicht erkannt, wäre dies nur ein Diagnoseirrtum gewesen, weil eine solche Krankheit bei Jugendlichen extrem selten ist. Da hier aber schon gar

---

711 *Spickhoff-Greiner* § 839 Rn. 41.
712 Vgl. zum absoluten Arztvorbehalt § 7 I GenDG; vgl. zum Arztvorbehalt auch das Problem der Delegation und Substitution ärztlicher Leistungen an nichtärztliches Personal.
713 *Köbberling* Diagnoseirrtum, Diagnosefehler, Befunderhebungsfehler S. 86.
714 *Köbberling* Diagnoseirrtum, Diagnosefehler, Befunderhebungsfehler S. 86/87.
715 Gutachterkommission Ärztekammer Nordrhein 2007/0315 aus *Köbberling* Diagnoseirrtum, Diagnosefehler, Befunderhebungsfehler S. 87, Fall 25.

keine erste ärztliche Diagnose vorlag, kommt es auf eine noch vertretbare Diagnose nicht an. Jeder Irrtum wird vielmehr sofort als Haftungsfehler angesehen.

9. Diagnosefehler durch nicht indizierte Diagnostik

Wie oben erläutert,[716] kann auch eine Überdiagnostik zum Behandlungsfehler führen. Eine übermäßige Diagnostik wird aber selten von Patienten beanstandet.[717] Im Fall einer 68-jährigen Patientin[718] wurde eine nach klinischen Kriterien sichere Diagnose gestellt. Diese Diagnose war auch zutreffend, was die angefangene medikamentöse Therapie bestätigte. Vor Beginn der Therapie wurde dennoch eine Temporalarterienbiopsie (herausschneiden eines Teils der Arterie an der Schläfe) durchgeführt. Die vorhandenen Symptome und Beschwerden passten jedoch nicht zu dem zugrundeliegenden Krankheitsbild, welches durch die Temporalarterienbiopsie ausgeschlossen werden sollte. Bei der Biopsie kam es zu erheblichen Komplikationen. Da die Biopsie in keiner Weise indiziert war, lag ein Behandlungsfehler im Sinne eines Diagnosefehlers aufgrund der nicht indizierten Überdiagnostik vor.

10. Schwerer/fundamentaler/grober Diagnosefehler

Die Trennung zwischen einfachem und schwerem Diagnosefehler ist nicht immer eindeutig und wird im Einzelfall mit Hilfe des medizinischen Sachverständigen getroffen.[719]

Vom Diagnosefehler ist der Behandlungsfehler durch bewusst falsch gestellte Diagnosen zu unterscheiden. Dort wird die Diagnose im vollen Wissen falsch gestellt, um z.B. eine Behandlung bei der Krankenkasse abrechnen zu können.[720] Für einen solchen Fall kommt es bei einem während der Behandlung auftretenden Fehler zur Beweislastumkehr.[721]

In § 630 h Abs. 5 ist eine Fallgruppe der fundamentalen Diagnosefehler beschrieben. Der fundamentale Diagnosefehler ist nach der Rechtsprechung nur unter engen Voraussetzungen mit einem groben Behandlungsfehler[722]

---

716 Verweis auf S. 87 f. zur Erläuterung Überdiagnostik.
717 *Köbberling* Diagnoseirrtum, Diagnosefehler, Befunderhebungsfehler, S. 90.
718 Gutachterkommission Ärztekammer Nordrhein 2010/1950 aus *Köbberling* Diagnoseirrtum, Diagnosefehler, Befunderhebungsfehler S. 92, Fall 29.
719 *Ratzel/Luxenburger-Kaiser* Handbuch des Medizinrechts § 12 Rn. 27.
720 Vgl. OLG Koblenz Urt. v. 14.06.2007, 5 U 1370/06, VersR 2008, 492 f.
721 Siehe OLG Koblenz Urt. v. 14.06.2007, 5 U 1370/06, VersR 2008, 492.
722 Definition vergleiche S. 133.

gleichzusetzen.[723] „Voraussetzung ist die Fehlinterpretation eines Befundes, die aus objektiver Sicht nicht mehr verständlich erscheint und dem Behandelnden schlechterdings nicht unterlaufen darf."[724] Dieser Fehler darf dem Behandelnden insbesondere dann nicht unterlaufen, wenn die Kenntnis der richtigen Diagnose grundlegend ist und schon bei einem Examenskandidaten erwartet werden kann, weil sie zum medizinischen Basiswissen eines Behandelnden derselben Fachrichtung gehört.[725] Dabei ist jedoch das oben Gesagte[726] zu berücksichtigen, dass Irrtümer und Fehlinterpretationen bei der Diagnostik in der Praxis häufig vorkommen und oft dennoch nicht einmal die Folge eines vorwerfbaren Versehens des Arztes sind. Die Begründung des Patientenrechtegesetzes führt hierzu treffend aus: „Hat der Behandelnde z.B. die Durchführung einer bestimmten Untersuchungsmethode versäumt und infolge dessen eine fehlerhafte Diagnose gestellt, muss er hierfür einstehen."[727] Gleichwohl ist die Hürde bzw. Grenze, von der an ein Irrtum in der Diagnose als schwerer Verstoß gegen die Regeln der ärztlichen Kunst zu beurteilen ist, der dann „zu einer Belastung mit dem Risiko der Unaufklärbarkeit des weiteren Ursachenverlaufs" führen kann, immer hoch anzusetzen:[728]

„Ein Behandlungsfehler ist als grob zu bewerten, wenn der Arzt eindeutig gegen bewährte ärztliche Behandlungsregeln oder gesicherte medizinische Erkenntnisse verstoßen und einen Fehler begangen hat, der aus objektiver Sicht nicht mehr verständlich erscheint, weil er einem Arzt schlechterdings nicht unterlaufen darf."[729]

Dass es nicht auf eine subjektive Vorwerfbarkeit für einen ärztlichen Fehler ankommt, bedeutet, dass die Annahme eines groben Behandlungsfehlers keinen Sanktionscharakter für einen besonders schweren Fehler aufweist.[730] Die

---

723 BGH Urt. v. 10.11.1987, VI ZR 39/87, BGH Urt. v. 14.07.1981, VI ZR 35/79; VersR 1981, 1033; BGH Urt. v. 10.11.1987, VI ZR 39/87, VersR 1988, 293; BGH Urt. v. 14.07.1992, VI ZR 214/91, VersR 1992, 1263; BGH Urt. v. 12.02.2008, VI ZR 221/06, VersR 2008, 644.
724 Vgl. Begründung des Gesetzesentwurfes BT-Drucksache 17/10488, S. 31; siehe auch BGH Urt. v. 27.04.2004, VI ZR 34/03, VersR 2004, 909 = NJW 2004, 2011.
725 *Geiß/Greiner* Arzthaftpflichtrecht Rn. B 265.
726 Vgl. S. 117 f.
727 Vgl. Begründung des Gesetzesentwurfes BT-Drucksache 17/10488 S. 31.
728 Vgl. Begründung des Gesetzesentwurfes BT-Drucksache 17/10488 S. 31.
729 Leitsatz BGH Urt. v. 25.10.2011, VI ZR 139/10, NJW 2012, 227, 228.
730 BGH Urt. v. 04.10.1994, VI ZR 205/93, NJW 1995, 778 = VersR 1995, 659, 660 = MDR 1995, 482, 483; *Geiß/Greiner* Arzthaftungsrecht Rn. B 251 m.w.N.

Beweislastumkehr wird danach beurteilt, dass die Aufklärung des Behandlungsgeschehens wegen des Gewichts des Behandlungsfehlers und seiner Bedeutung für die Behandlung in besonderer Weise erschwert wurde mit der Folge, dass dem Patienten nach Treu und Glauben das Führen eines Kausalbeweises nicht mehr zumutbar ist.[731]

Wichtig für die Einordnung als „grob" ist also eine objektive Wertung. Diese, für den „allgemeinen" Behandlungsfehler entwickelten Grundsätze gelten auch für den Diagnosefehler. Das heißt, ein fundamentaler Diagnosefehler ist mit einem groben Behandlungsfehler gleichzusetzen.[732] Die Schwelle, wann ein Diagnosefehler als grober Diagnosefehler angesehen wird, wird von der Rechtsprechung sehr hoch angesetzt.[733]

---

731 *Geiß/Greiner* Arzthaftungsrecht Rn. B 251 m.w.N.
732 BGH Urt. v. 18.06.2002, VI ZR 136/01, VersR 2002, 1148 = NJW 2002, 2636.
733 BGH Urt. v. 14.07.1981, VI ZR 35/79, VersR 1981, 1033 = MDR 1981, 928.

G. Befunderhebungsfehler

I. Allgemeines

Beim Befunderhebungsfehler handelt es sich um einen Therapiefehler und nicht um einen Diagnosefehler im engeren bzw. eigentlichen Sinne.[734] Dieser Fehler ist durch einen Fehler bei der Diagnosestellung entstanden.[735] Der Befunderhebungsfehler ist laut BGH dem Behandlungsfehler gleichzustellen.[736] Die Pflicht zur Erhebung von Befunden ist keine besondere Pflicht, sondern wird aus der Pflicht zur Anamnese und Diagnose hergeleitet.[737] Sobald die Befundlage unklar ist, ist der Arzt verpflichtet, weitere Befunde zu erheben.[738]

Der Befunderhebungsfehler als eigenständige Fallgruppe mit einer Beweislastumkehr[739] existiert, so weit ersichtlich, seit dem Jahre 1987.[740] Bei dieser BGH-Entscheidung ging es um eine nicht erkannte eitrige Hüftentzündung nach einem Kaiserschnitt. Nach bildgebenden Verfahren, bei denen keine Pathologien gefunden wurden, wurde die Klägerin mit schmerzstillenden Medikamenten behandelt, so dass sie am Entlassungstag Beschwerdefreiheit angab. Da sie jedoch tatsächlich nicht frei von Beschwerden war, blieben aufgrund der unerkannten Hüftentzündung eine Schädigung des Hüftgelenkes und eine Gangstörung zurück. Der Sachverständige gab im Prozess an, es hätten noch mehr Untersuchungen wie z.B. ein Blutbild durchgeführt werden müssen.

Der Befunderhebungsfehler ist von der mangelnden Berücksichtigung bereits erhobener Befunde zu unterscheiden. Wurden Befunde z.B. von einem anderen Arzt bereits erhoben, müssen diese Befunde in weitere differentialdiagnostische Überlegungen eingehen. Dies verdeutlicht ein Fall der Schlichtungsstelle der Ärztekammer Nordrhein[741]. Hier hatte ein Patient – was von ärztlicher Seite

---

734 *Köbberling* Diagnoseirrtum, Diagnosefehler, Befunderhebungsfehler S. 41/42
735 *Köbberling* Diagnoseirrtum, Diagnosefehler, Befunderhebungsfehler S. 41/42.
736 BGH Urt. v. 10.11.1987, VI ZR 39/87, VersR 1988, 293, 294; BGH Urt. v. 23.03.1993, VI ZR 26/92, VersR 1993, 836, 838; vgl. allgemein dazu: *Steffen* Festschrift Brandner S. 327, 333 f.
737 Vgl. MüKo-*Wagner* § 823 Rn. 791 f. (alte Auflage)
738 OLG Stuttgart Urt. v. 02.02.1999, 14 U 4/98, VersR 2000, 362, 263 f.
739 Damals noch Beweiserleichterung bis hin zur Beweislastumkehr.
740 Grundlegende Entscheidung: BGH Urt. v. 10.11.1987, VI ZR 39/87, VersR 1988, 293 f.; vgl. auch ausführliche Darstellung und Bewertung S. 172 ff.
741 Ärztekammer Nordrhein 2010/1568 aus *Köbberling* Diagnoseirrtum, Diagnosefehler, Befunderhebungsfehler S. 67, Fall 11.

bestritten wird – angegeben, am Vortag sei ambulant ein Borreliosetest durchgeführt worden. Er litt unter starken Rücken- und Gelenkschmerzen. Der positiv ausgefallene Borreliosetest wurde unberücksichtigt gelassen. Eine von der vorbehandelnden Klinik veranlasste CRP-Bestimmung (c-reaktives Protein (Marker für Entzündungswerte) wurde ebenfalls nicht in die diagnostischen Überlegungen einbezogen. Vielmehr wurden aufwändige Untersuchungen der BWS (Brustwirbelsäule) und LWS (Lendenwirbelsäule) vorgenommen. Zwei Tage später wurde ambulant ein Antibiotikum verabreicht, welches den gewünschten Erfolg einer schnellen Besserung erbrachte. Die Gutachterkommission führte aus, dass die Versäumnisse – also die Nichtbeachtung der erhobenen Befunde – als Diagnosefehler und gerade nicht als Befunderhebungsfehler zu qualifizieren seien.

Dieser Fall stellt sich als atypisch in der Weise dar, dass Befunde zwar erhoben wurden, jedoch von anderer Stelle. Die hier vorliegende Verfehlung deswegen als Diagnosefehler zu behandeln, so wie es die Gutachterkommission getan hat, ist äußert fragwürdig und nicht gelungen.

II. Gruppen des Befunderhebungsfehlers
1. Einfacher Befunderhebungsfehler

Das OLG Köln entschied im Jahre 2011[742] wegen Nichterkennens von Gefäßverschlüssen nach jahrelanger Behandlung mit Schmerzmitteln ohne weiterer Abklärung der Ursache, dass es sich in diesem Fall um einen Befunderhebungsfehler handelte. Interessant ist hierbei,[743] dass es nicht auf einen konkreten unterlassenen Befund ankam, sondern auf eine generell mangelnde Abklärung der Ursache und eine fehlende Überweisung zum Spezialisten.

Das OLG Koblenz[744] stellte in einem Beschluss klar, das Nichterheben von weiteren und früheren Bildgebungsverfahren stelle nur einen einfachen Befunderhebungsfehler dar. Ferner machte das Gericht deutlich, dass es zu keiner Beweislastumkehr komme, da sich selbst bei frühzeitiger Erhebung dieser Befunde kein anderer Krankheitsverlauf abgezeichnet hätte.

---

742 OLG Köln Urt. v. 06.10.2011, 1 U 5220/10, GesR 2012, 149.
743 So auch *Köbberling* Diagnoseirrtum, Diagnosefehler, Befunderhebungsfehler S. 127.
744 OLG Koblenz Beschl. v. 05.05.2014, 5 U 44/14, VersR 2015, 454, 455.

2. Grober Befunderhebungsfehler

Ein grober Befunderhebungsfehler liegt vor, wenn die Unterlassung gebotener medizinischer Maßnahmen vom Arzt zwingend zweifelsfrei geboten war.[745] Mit zweifelsfrei gebotenen Befunden sind u.a. die diagnostischen Maßnahmen gemeint, die in medizinischen Standardlehrbüchern empfohlen und durch Fettdruck hervorgehoben sind.[746] Bei dem hier angeführten Fall ging es um eine nicht erkannte Hodentorsion. Obwohl zuvor mehrfach die Verdachtsdiagnose Hodentorsion genannt wurde, wurde eine operative Freilegung des Hoden unterlassen. Das „Dickgedruckte" im einschlägigen Lehrbuch enthält hierzu den prägnanten Satz: „Besser sechs Freilegungen zu viel als eine zu wenig"[747]. Somit lag in der nicht durchgeführten Freilegung des Hodens eine eindeutige Unterschreitung des fachärztlichen Standards.

3. Sicherung und Aufbewahrung von Befunden

Verstöße gegen eine Befundsicherungspflicht können auch zur Beweislastumkehr zu Lasten des Behandlers führen.[748] Die Befundsicherungspflicht betrifft die Pflicht des Arztes, bereits erhobene Daten und Befunde zu sichern und aufzubewahren, um die weitere unproblematische Behandlung zu gewährleisten.[749] Falls

---

745 BGH Urt. 21.09.1982, VI ZR 302/80, BGHZ 85, 212 f. = NJW 1983, 333, 334 = VersR 1982, 1193 f.; BGH Urt. v. 03.02.1987, VI ZR 56/86, BGHZ 99, 391, 396 ff. = NJW 1987, 1482, 1483 = MedR 1988, 23 f.; BGH Urt. v. 13.01.1998, VI ZR 242/96, BGHZ 138, 1, 5 = NJW 1998, 1780 = MDR 1998, 597; BGH Urt. v. 19.05.1987, VI ZR 167/86, NJW 1987, 2293, 2294 = MedR 1988, 89; BGH Urt. v 10.11.1987, VI ZR 39/87, NJW 1988, 1513, 1514 = MedR 1988, 143; BGH Urt. v. 03.11.1998, VI ZR 253/97, NJW 1999, 862, 863 = MDR 1999, 229; BGH Urt. v. 29.09.2009, VI ZR 251/08, VersR 2010, 115 = MDR 2010, 29; BGH Urt. v. 13.09.2011, VI ZR 144/10, VersR 2011, 1400 = NJW 2011, 34411; OLG Oldenburg Urt. v. 20.04.1999, 5 U 188/99, VersR 1999, 1423 f. = NJW-RR 2000, 403 f.; OLG Brandenburg Urt. v. 14.11.2011, 1 U 12/01, VersR 2002, 313, 314 f. = MedR 2002, 149; OLG Karlsruhe Urt. v. 20.06.2001, 13 U 70/00, VersR 2002, 1426, 1427.
746 OLG Brandenburg Urt. v. 14.11.2001, 1 U 12/01, VersR 2002, 313, 314.
747 Vgl. dazu auch die Ausführungen des OLG Düsseldorf Urt. v. 02.10.1985, 8 U 100/83, VersR 1986, 659, 660 = NJW 1986, 790, 791 für einen ähnlichen Fall.
748 BGH Urt. v. 03.02.1987, VI ZR 56/86, NJW 1987, 1482 = Jus 1987, 741; BGH Urt. v. 23.03.1993, VI ZR 26, 92, NJW 1993, 2375, 2376 f. = MedR 1993, 430; BGH Urt. v. 19.05.1987, VI ZR 167/86, NJW 1987, 2293, 2294 = VersR 1987, 1092; BGH Urt. v. 28.06.1988, VI ZR 217/87, NJW 1988, 2949 f. = MedR 1988, 1045; näher *Groß*, Festschrift Geiß S. 429, 432 ff.
749 *Spickhoff* Medizinrecht-*Greiner* § 839 Rn. 132.

Befunde nicht mehr aufzufinden sind und deshalb nicht zur Verfügung stehen, muss der Patient nicht den Nachweis führen, der Arzt habe aufgrund des Befundes einen Behandlungsfehler begangen.[750] Der Krankenhausträger hat dafür Sorge zu tragen, dass sein Personal über den Verbleib von Behandlungsunterlagen jederzeit Bescheid weiß und diese auffindbar sind. Verletzt er diese Pflicht, ist von einem Verschulden seinerseits auszugehen. Gerät der Patient hierdurch in Beweisnot und kann er aufgrund von mangelnden Unterlagen kein Fehlverhalten nachweisen, so kann ihm eine Beweiserleichterung zugute kommen.[751] Auch hier kann im Wege der Beweislastumkehr auf einen positiven Befund geschlossen werden, wenn dieser hinreichend wahrscheinlich war.[752] Bei einem nicht mehr auffindbaren Röntgenbild – wie im angeführten Fall[753] – gehen die daraus entstehenden beweisrechtlichen Nachteile für den Patienten hinsichtlich der Aufklärung eines Behandlungsfehlers und seiner zumindest wahrscheinlichen Ursächlichkeit für den Gesundheitsschaden zu Lasten des Arztes.[754] Des Weiteren geht es zu Lasten des Krankenhausträgers, wenn die Befunde – wie z.B. Proben – nicht ordnungsgemäß gelagert wurden und dann aufgrund eines Brandes zerstört werden.[755] Es gehört zu den Aufgaben des Arztes bzw. eines Krankenhausträgers, Befunde, die Auskunft über das Behandlungsgeschehen geben, zu sichern und aufzubewahren.[756] Wenn das Nichtauffinden der Befunde in der Gefahrensphäre des Patienten liegt, kommt ihm keine Beweiserleichterung zugute.[757]

---

750 BGH Urt. v. 13.02. 1996, VI ZR 402/94, NJW 1996, 1589 = VersR 1996, 633; BGH Urt. v. 21.11.1995, VI ZR 341/94, NJW 1996, 779, 781 = MDR 1996, 261; OLG Hamm Urt. v. 12.12.2001, 3 U 119/00, NJW-RR 2003, 807.
751 Leitsatz BGH Urt. v. 21.11.1995, VI ZR 341/94, NJW 1996, 779, 781 = MDR 1996, 261.
752 BGH Urt. v. 13.02.1996, VI ZR 402/94, NJW 1996, 1589 = VersR 1996, 633 betreffend eines verschwundenen EKGs.
753 BGH Urt. v. 21.11.1995, VI ZR 341/94, NJW 1996, 779, 781 = MDR 1996, 261.
754 Vgl. auch OLG Oldenburg Urt. v. 28.04.1992, 5 U 19/90, VersR 1993, 1021 betreffend abhanden gekommener CTG-Streifen.
755 OLG Hamm Urt. v. 12.12.2001, 3 U 119/00, NJW-RR 2003, 93 f.
756 Vgl. erneut BGH Urt. v. 21.11.1995, VI ZR 341/94, NJW 1996, 779, 781 = MDR 1996, 261 bestätigt in BGH Urt. v. 13.02.1996, VI ZR 402/94, NJW 1996, 1589 = VersR 1996, 633; *Müller* NJW 1997, 3049, 3053; *Laufs* NJW 1997, 1609, 1613; *Steffen* Festschrift Brandner, S. 327, 328 m.w.N.
757 OLG Hamm Urt. v. 20.01.1992, 3 U 58/91, VersR 1993, 102; Röntgenbilder, die dem Patienten übergeben wurden und deren anschließender Verbleib nicht mehr geklärt werden konnte.

Der Grund für eine solche Beweiserleichterung wird in der erschwerten Beweisführung des Patienten gesehen.[758] „Sie unterscheidet genauer zwischen dem Aspekt der Beweisvereitelung im Stadium der Befunderhebung selbst, die von dem eigentlichen Behandlungsgeschehen und den Pflichten des Arztes zu trennen ist, als die frühere Judikatur."[759]

4. Mittelbarer Befunderhebungsfehler

Der mittelbare Befunderhebungsfehler ist dann gegeben, wenn ein Arzt den notwendigen Befund nicht erheben kann, z.b. wegen fehlender Gerätschaften, und den Patienten demnach an eine Klinik oder einen Spezialisten hätte überweisen müssen.[760] Laut *Ramm*[761] spricht für eine Einordnung als Befunderhebungsfehler die Annahme, dass es keinen Unterschied mache, ob der Arzt selbst die Befunde hätte erheben müssen oder die Erhebung durch jemand anders durchführen lässt.

5. Nichtauswertung eines erhobenen Befundes

Tatsächlich erhobene Befunde können auch dann zum Befunderhebungsfehler führen, wenn die Auswertung des Befundes nicht innerhalb eines angemessenen und üblichen Zeitraumes stattfindet. Der Begriff des Befunderhebungsfehlers ist hier missverständlich. Vielmehr sollte von einem Befundauswertungsfehler gesprochen werden.

Diese Fallgruppe wurde schon bei den Diagnosefehlern angesprochen.[762] Bei der Fallkonstellation des erhobenen, aber nicht ausgewerteten Befundes und dem Befunderhebungsfehler gibt es einen Wertungswiderspruch. Unterbleibt aber die Befunderhebung an sich – mit demselben Ergebnis wie bei der Nichtauswertung –, dann handelt es sich um einen Befunderhebungsfehler mit der Gefahr einer Beweislastumkehr.

Dieser Widerspruch lässt sich sehr gut an einem Fall der Schlichtungsstelle der Ärztekammer Nordrhein darstellen[763]: Ein Patient wurde u.a. wegen Leistungsschwäche ambulant sowie stationär behandelt. Eine Knochenmarkshistologie

---

758 Vgl. *Groß* Festschrift Geiß, S. 429, 434.
759 BeckOK-*Förster* § 823 Rn. 812, 42. Edition 2016.
760 *Ramm* GesR 2011, 513, 514.
761 *Ramm* GesR 2011, 513, 514
762 Siehe dazu S. 121.
763 Schlichtungsstelle Ärztekammer Nordrhein 2008, 1262 aus *Köbberling* Diagnoseirrtum, Diagnosefehler, Befunderhebungsfehler, S. 68 Fall 12.

(die Histologie bezeichnet die Gewebelehre, welche auch die mikroskopische Anatomie erfasst. Das Knochenmark wird unter dem Mikroskop analysiert) deutete nicht auf eine hämatologische (Hämatologie: Lehre der Physiologie, Pathopyhsiologie und der Krankheit des Blutes sowie der blutbildenden Organe) Erkrankung hin. Die zwar erhobene, aber nicht ausgewertete Knochenmarkszytologie (Zytologie ist die Zelllehre) hätte eine akute myeloische (der Begriff Myeloisch stellt einen Sammelbegriff für Zellen des blutbildenden Systems dar, die nicht dem lymphathischen System zugeordnet werden können) Leukämie bestätigt. Der Patient verstarb wenige Tage, nachdem in einem anderen Krankenhaus die akute myeloische Leukämie diagnostiziert wurde.

Hier nahm die Schlichtungsstelle einen Diagnosefehler mit der Beweisbelastung beim Patienten an. Hätten die Ärzte jedoch keine Knochenmarkszytologie durchgeführt, hätte man einen Befunderhebungsfehler mit Beweislastumkehr annehmen können. Dieses Ergebnis verwundert. Wie kann es sein, dass bei demselben Ergebnis – nämlich keinem Ergebnis des Befundes, ganz gleich, ob nicht erhoben oder nur nicht ausgewertet – auf der einen Seite ein Diagnoseirrtum und auf der anderen Seite womöglich sogar ein grober Befunderhebungsfehler steht?

Rein vom tatsächlichen Geschehen scheint dies die logische Konsequenz zu sein. Wenn es einen Befund gibt, kann dies schon keinen Befunderhebungsfehler darstellen. Aber es macht vom Ergebnis außerhalb eines Zivilprozesses keinen Unterschied für den Patienten, ob der Befund nicht erhoben oder nur nicht ausgewertet wurde. Im Gegenteil, bei der Befunderhebung kommt es eventuell noch zu invasiven Maßnahmen und damit zu Beeinträchtigungen des Patienten in seiner körperlichen Unversehrtheit.

Man sollte den zwar erhobenen, aber nicht ausgewerteten Befund aufgrund des tatsächlich selben Ergebnisses dem Befunderhebungsfehler gleichstellen. Ansonsten ergäben sich Wertungswidersprüche wie im o.g. Fall. Zudem ist auch hier wieder das Problem der Überdiagnostik zu bedenken. Wenn erhobene Befunde, die dann keiner zeitnahen Auswertung unterzogen werden, „nur" zu einem Diagnosefehler mit geringem Risiko einer Haftung führen, könnte es in der Praxis zu einem Anstieg von Befunderhebungen führen, die eine Überbelastung des Patienten und des Gesundheitssystems zur Folge haben und dies nur, um diesen Befund zu haben. *Ramm*[764] sieht diese Fallgruppe nicht als eine Fallgruppe des Befunderhebungsfehlers an, da keine vergleichbare Situation bestünde. Seine Argumentation bewegt sich auf der prozessualen Ebene. Wenn

---

[764] *Ramm* GesR 2011, 513, 514.

der Befund bestünde, dann wäre eine Beweisnot des Patienten gerade nicht gegeben. Hier die aktuelle prozessuale Situation als Argument zu nehmen gelingt nicht. Es ist richtig, dass der Patient in einem Prozess nicht derselben Beweisnot ausgesetzt wäre, die bestünde, wäre der Befund überhaupt nicht erhoben worden. Allerdings kann nicht mit einer reinen prozessorientierten Linie argumentiert werden, da zunächst einmal die materiell-rechtliche Seite geklärt werden muss. Würde man nur auf einen Prozess hin begründen, dann könnte das materielle Recht durch das Prozessrecht ausgehebelt werden.

Das OLG Hamburg[765] führt zur Problematik der Beweisbarkeit Folgendes aus: „Gleiches gilt, wenn eine gebotene Befunderhebung zwar angeordnet und auch in die Wege geleitet wird, deren reaktionspflichtiges Ergebnis aber vom behandelnden Arzt um mehrere Tage verzögert ausgewertet und damit für die weitere Behandlung des Patienten verspätet umgesetzt wird." Bei dieser Konstellation bestehen für den Patienten die gleichen Probleme bei der Beweisführung wie bei einer vollständig unterbliebenen Befunderhebung. Grund hierfür ist, dass der Nachweis eines Ursachenzusammenhanges mit dem eingetretenen Schaden nur gelingt, wenn vom Patienten bewiesen und vom Gericht festgestellt werden kann, dass die zu späte Auswertung des Befundes im Falle ihrer rechtzeitigen Vornahme den Schadenseintritt gewiss oder mit an Sicherheit grenzender Wahrscheinlichkeit verhindert hätte. In beiden Konstellationen geht es um den Nachweis des hypothetischen Verlaufs bei pflichtgemäßem Verhalten des Arztes, der durch das pflichtwidrige Unterlassen der zeitnahen und damit rechtzeitigen Auswertung erschwert wird.

Das OLG Zweibrücken[766] hatte einen Fall zu entscheiden, indem war zwar der Befund – eine Blutprobe – erhoben wurde, diese wurde aber nicht wie üblich innerhalb von 24 Stunden ausgewertet, sondern erst vier Tage später. Der Senat nahm einen einfachen Befunderhebungsfehler an. Er kommt dann über den sog. fiktiven Befund und den groben Behandlungsfehler bei dessen Nichtbeachtung zur Beweislastumkehr. Zudem vergleicht der Senat die in dem zu entscheiden Fall vorliegende Situation mit der verspäteten Erhebung eines medizinischen Befundes. Die verspätete Erhebung kann nach den Ausführungen des Senates nicht anders beurteilt werden, wie die fehlerhafte Nichterhebung innerhalb eines gebotenen Zeitraumes.

---

765 OLG Hamburg Urt. v. 13.08.2004, 1 U 5/04, Rn. 11, zitiert nach juris, OLGR Hamburg 2004, 543 ff.
766 OLG Zweibrücken Urt. v. 24.04.2007, 5 U 2/06, NJW-RR 2008, 537 ff.

Das Ergebnis der Beweislastumkehr ist gerechtfertigt. Die Begründung, die leider auch sehr kurz geraten ist, leuchtet jedoch nicht ein. Fraglich ist, warum der Senat hier von einem Befunderhebungsfehler an sich ausgeht. Der entscheidende Wert, der CRP-Wert, wurde erhoben. Die Zeitspanne bis zum Vorliegen des Ergebnisses war jedoch eindeutig zu lang. Es wurde jedoch der richtige Befund zum richtigen Zeitpunkt erhoben. Damit lag der Befund also beim gerichtlichen Verfahren vor und eventuelle Beweisschwierigkeiten aufgrund eines nicht vorliegenden Befundes waren somit für den Patienten nicht gegeben. Dann die Lösung über den einfachen Befunderhebungsfehler mit einem fiktiven Befund zu suchen, gelingt nicht. Da es einen tatsächlichen Befund gab, ist die Konstruktion eines fiktiven Befundes nicht notwendig. Auch der Vergleich mit einem Befund, der zu spät erhoben wurde, ist nicht nachvollziehbar, da es dabei um einen zum richtigen Zeitpunkt nicht erhoben Befund geht. Hier wurde jedoch der Wert zum richtigen Zeitpunkt erhoben. Möglich wäre es, die Beweislastumkehr über eine Vergleichbarkeit mit der Situation des Befunderhebungsfehlers zu begründen. Einen Befunderhebungsfehler an sich anzunehmen, passt jedoch nicht in das Bild dieses Fehlertypus.

Richtig wäre es, einen groben Fehler im Rahmen der Organisation zu sehen. Es lag nicht am Erheben an sich, sondern die Organisationsstruktur des Krankenhauses war nicht ausreichend, um sicherzustellen, dass das Ergebnis innerhalb von 24-Stunden vorliegt. Hier liegt der Fehler mithin in der mangelnden Organisation zwischen Labor und dem Krankenhauspersonal. Es gilt in solchen Fällen sicherzustellen, dass ein Befund in der gebotenen Zeit dem zuständigen Arzt und damit auch dem Patienten zur Kenntnis gelangt, damit eventuell weitere notwendige Schritte eingeleitet werden können. Das wegen solcher Entscheidungen die Kritik an der Ausuferung des Befunderhebungsfehlers zu Lasten der Behandlerseite[767] laut werden, ist verständlich und führt zu Unrecht zu einer Verunglimpfung des Befunderhebungsfehlers.

6. Fehlerhafte Befundauswertung

Die fehlerhafte Befundauswertung an sich stellt keinen Befunderhebungsfehler dar.[768] Eine solche Problematik wurde in einem Fall des OLG Rostock aus dem Jahre 2012 behandelt.[769] Eine 61-jährige Patientin wurde aufgrund von Schmerzen im Bauchraum stationär aufgenommen. Es wurde eine Sonographie des

---

767 Vergleiche dazu *Bergmann* ZMGR 2015, 393 f.
768 *Köbberling* Diagnoseirrtum, Diagnosefehler, Befunderhebungsfehler S. 121.
769 OLG Rostock Urt. v. 21.12.2012, 5 U 170/11, VersR 2013, 456 f. = GesR 2013, 536 f.

Bauches vorgenommen und dabei ein vorhandener Nierenstein nicht gesehen. Vier Tage später erkrankte die Patientin an einer Sepsis, die eine Notoperation nach sich zog. Die von einem erfahrenen Radiologen vor der Operation vorgenommene Sonographie brachte die notwendige Erkenntnis eines Nierensteines. Zunächst wurde vom Gericht ein Befunderhebungsfehler angenommen. Erst im Berufungsverfahren wurde vom Sachverständigen auf die falsche Auswertung der ursprünglich durchgeführten Sonographie durch vorbehandelnde Ärzte hingewiesen. Somit liegt kein Befunderhebungsfehler, sondern ein – sogar fundamentaler – Diagnosefehler vor.

Wenn also alle Befunde rechtzeitig erhoben wurden, dann kann kein Befunderhebungsfehler vorliegen.

7. Zu spät erhobene Befunde

Nach ärztlichem Standard zu spät erhobene Befunde stehen einer vollständig unterlassenen Befunderderhebung gleich.[770] Bei einem Mammakarzinom wurde eine Probeexzision unterlassen. Hätte man diese angeordnet, so wäre das Mammakarzinom früher entdeckt und behandelt worden. Aufgrund der verspäteten Erhebung des Befundes wurde zu Gunsten der Patientin unterstellt, dass die Probeexzision einen positiven Befund ergeben hätte.[771]

Auch im Fall des BGH aus dem Jahr 2014[772] war bei einer weitergehenden Diagnostik bei unklarer neurologischer Situation ein Befunderhebungsfehler gegeben, welcher unter die Fallgruppe „zu spät erhobene Befunde" fällt. Dort wurde zwar erkannt, dass weitere neurologische Befunde zu erheben waren, um ein klares diagnostisches Bild zu erhalten. Allerdings wurde diese Befundung einen Tag später veranlasst, weil die Verlegung in eine technisch angemessen ausgestattete Klinik erst dann stattfand. Dass nicht sofort überwiesen wurde und dadurch die Befunderhebung zu lange dauerte, stellt einen Befunderhebungsfehler dar.[773]

---

770 *Laufs/Kern-Kern* Handbuch des Arztrechts § 158.
771 OLG Hamm Urt. v. 19.03.1997, 3 U 133/96.
772 BGH Urt. v. 21.01.2014, VI ZR 78/13, VersR 2014, 374–377 = MDR 2014, 655, 656.
773 Dieser Befunderhebungsfehler fällt sowohl unter die Fallgruppe „zu spät erhobene Befunde" als auch unter die Fallgruppe „mittelbarer Befunderhebungsfehler", da eine Überweisung in eine besser ausgestattete Klinik erforderlich war. Zum mittelbaren Befunderhebungsfehler siehe S. 135.

8. Unterlassene Befunderhebung aufgrund sich aufdrängender Verdachtsdiagnose

Wenn bei sich aufdrängender Verdachtsdiagnose dieser durch die jeweils geeignete Befunderhebung nicht nachgegangen wird, ist dies gerade nicht als Diagnosefehler, sondern als Befunderhebungsfehler zu werten.[774] Dies ist z.B. dann der Fall, wenn sich eine Hüftgelenkentzündung bei Beschwerden an Bein und Hüfte nach einer Kaiserschnittoperation aufdrängt.[775] In diesem Fall hätten weitere Untersuchungen durchgeführt werden müssen, um die Schmerzen, die sich nach der Gabe von Schmerzmitteln nur geringfügig besserten, abzuklären. Das OLG Oldenburg[776] hatte einen Fall zu entscheiden, bei dem die nichtinvasiven Maßnahmen zur Abklärung der Verdachtsdiagnose nicht geeignet bzw. nicht ausreichend waren. In einem solchen Fall sind ggf. auch weitere invasive Maßnahmen, welche deutlich risikobehafteter sind[777], indiziert. Hätte man diese Untersuchungen unterlassen, hätte man einen Befunderhebungsfehler annehmen müssen, da bei einer schwerwiegenden klinischen Verdachtsdiagnose alles Erforderliche zur Abklärung getan werden muss.

9. „Schlechte" Befunderhebung

Auch die Erhebung von schlechten Befunden im Sinne eines nicht für die Auswertung zu gebrauchenden Befundes stellt einen Befunderhebungsfehler dar.[778] In einem Urteil des OLG Schleswig[779] ging es primär um die Haftung des beklagten Arztes als Erstbehandler. Die mögliche Haftung des streitverkündeten Zweitbehandlers wurde in den Urteilsgründen dennoch angesprochen. Der Zweitbehandler hatte die erforderliche Röntgenaufnahme gefertigt. Diese war jedoch von der Bildqualität nicht ausreichend, so dass korrekterweise neue Röntgenbilder hätten gefertigt werden müssen. Dieses Unterlassen stellt nach dem OLG Schleswig einen Befunderhebungsfehler dar.

---

774 vgl. OLG Karlsruhe Urt. v. 20.06.2001, 13 U 70/00, VersR 2002, 1426 f.; OLG Hamm Urt. v. 06.03.1989, 3 U 201/88, VersR 1990, 660 f.
775 BGH Urt. v. 10.11.1987, VI ZR 39/87, VersR 1988, 293.
776 OLG Oldenburg Urt. v. 15.05.1990, 5 U 152/89, VersR 1991, 1242.
777 Im vorliegenden Fall mit der Folge einer Thrombose.
778 Vgl. OLG Schleswig Urt. v. 04.04.2008, 4 U 172/07, RDG 2009, 226.
779 Vgl. OLG Schleswig Urt. v. 04.04.2008, 4 U 172/07, RDG 2009, 226.

10. Unterlassene Befunderderhebung aufgrund mangelnder Mitarbeit des Patienten

Die Weigerung des Patienten, an einer Behandlung mitzuwirken, führt noch nicht dazu, dass allein deswegen Untersuchungen unterbleiben dürfen. Vielmehr muss der Arzt den Patienten ausdrücklich auf die Notwendigkeit und Dringlichkeit weiterer Abklärung hinweisen.[780] In einem Fall des OLG Zweibrücken[781] lehnte ein verwirrter Patient mit Grippeanzeichen bei einem Hausarztbesuch eine Einweisung ins Krankenhaus zwecks weiterer Abklärung der Symptome ab. Dadurch wurde eine Meningoenzephalitis (kombinierte Entzündung des Gehirns und der Hirnhäute) zu spät diagnostiziert, mit der Folge eines einmonatigen Krankenhausaufenthaltes und von Rehabilitationsmaßnahmen. Der Arzt hätte bei dem hier beschriebenen Zustand des Patienten nicht einfach von einem freien und klaren Willen gegen die stationäre Aufnahme des Patienten ausgehen dürfen. Vielmehr hätte er den Patienten ausdrücklich und eindringlich auf die Wichtigkeit der stationären Behandlung zur weiteren Aufklärung hinweisen müssen. Gerade bei verwirrten Patienten ist bei der Ablehnung zur Mitwirkung an der weiteren Behandlung Vorsicht geboten.

---

780 BGH Urt. v. 24.06.1997, VI ZR 94/96, MDR 1997, 940 = VersR 1997, 1357; OLG Köln Urt. v. 04.11.1998, 2 U 67/98, VersR 2000, 102.
781 OLG Zweibrücken Urt. v. 20.08.2002, 5 U 25/01, ZMGR 2004, 45 f.

H. Kausalität im Arzthaftungsprozess

I. Allgemeines

Der Patient muss grundsätzlich die Kausalität eines Diagnosefehlers für den Eintritt eines Körper- und Gesundheitsschadens, also den Primärschaden, nachweisen.[782] Kausalität ist die ursächliche Verknüpfung zwischen dem Behandlungsfehler und dem eingetretenen Körper- oder Gesundheitsschaden.[783] Für einen solchen Kausalzusammenhang nach der Adäquanztheorie kommt jede Handlung des Arztes in Betracht, die bei objektiver nachträglicher Betrachtung im Allgemeinen und nicht nur unter besonders unwahrscheinlichen Umständen, geeignet gewesen wäre, den (Schadens-)Erfolg herbeizuführen.[784] Es ist dabei zwischen der haftungsbegründenden und der haftungsausfüllenden Kausalität zu unterscheiden.

II. Haftungsbegründende Kausalität

Die haftungsbegründende Kausalität betrifft die Ursächlichkeit des Behandlungsfehlers für die Rechtsgutsverletzung, also von Körper und Gesundheit, als solche. Dies stellt den sog. Primärschaden dar.[785] Primärschäden sind Schäden, die als sogenannter „erster Verletzungserfolg" geltend gemacht werden.[786] Das OLG Hamm[787] hatte einen Fall zu entscheiden, indem es unterlassen wurde, eine gebotene Thromboseprophylaxe bei erkennbar geschwollenem Bein der Patientin durchzuführen. Eine Therapie konnte erst mit Verzögerung eingeleitet werden. Die durch die Verzögerung und die dadurch bedingten Umstände herbeigerufenen Schäden stellen Primärschäden dar.[788] Dies gilt sowohl für die Haftung nach unerlaubter Handlung als auch für die vertragliche Haftung.[789]

---

782 *Tombrink* Die Haftung des Arztes für schwere („grobe") Behandlungsfehler, S. 118.
783 *Martis/Winkhart* Arzthaftungsrecht K 1 m.w.N.
784 *Quaas/Zuck/Clemens-Quaas* § 14 Rn. 101.
785 BGH Urt. v. 15.03.2005, VI ZR 313/03, BGH NJW 2005, 1718, 1719; OLG Stuttgart Urt. v. 04.06.2006, 4 U 416/05; OLG Hamm Urt. v. 31.10.2014, I-26 U 173/13, 26 U 173/13; *Gehrlein* VersR 2004, 1488, 1493; *Geiß/Greiner* Arzthaftpflichtrecht B Rn. 190; *Francke* jurisPR-MedizinR 8/2013 Anm. 1.
786 OLG Hamm Urt. v. 23.08.2000, 3 U 229/99, VersR 2002 315, 317.
787 OLG Hamm Urt. v. 23.08.2000, 3 U 229/99, VersR 2002 315, 317.
788 LG Berlin Urt. v. 10.01.2013, 6 O 34/08, MedR 2014, 324.
789 BGH Urt. v. 20.03.2008, IX ZR 104/05, NJW 2008, 2647 = MDR 2008, 799 f.

Der Nachweis der haftungsbegründenden Kausalität muss gem. § 286 ZPO im Strengbeweisverfahren erbracht werden.[790] Es genügt, wenn nach tatrichterlicher Würdigung ein „für das praktische Leben brauchbarer Grad von Gewissheit" besteht.[791] Dieses Maß der richterlichen Überzeugung ist dennoch schwer zu erreichen. Der Patient muss beweisen, dass eine dem ärztlichen Soll-Standard entsprechende Behandlung den Schadenseintritt verhindert hätte.[792] Besteht die ernste Möglichkeit, dass der Patient auch bei kunstgerechter Behandlung geschädigt worden wäre, so steht dies dem Kausalitätsnachweis entgegen.[793] Dies zeigt sich oft beim Unterlassen einer gebotenen Handlung. Um bei einem Unterlassen einen Ursachenzusammenhang zu bejahen, muss die unterbliebene Behandlung hinzugedacht werden. Ferner muss im Rahmen des Beweismaßes des § 286 ZPO festgestellt werden, dass der Schaden gewiss oder mit an Sicherheit grenzender Wahrscheinlichkeit dann nicht eingetreten wäre. Die bloße Wahrscheinlichkeit des Nichteintritts reicht nicht aus.[794] Der Patient muss also nachweisen, dass bei richtiger Diagnose bzw. lege artis erfolgtem Tätigwerden des Arztes nach dem medizinischen Fachstandard kein Primärschaden eingetreten wäre.[795]

III. Haftungsausfüllende Kausalität

Die haftungsausfüllende Kausalität betrifft den Kausalzusammenhang zwischen dem Primärschaden, also den Körper- und Gesundheitsschaden, und den weiteren Gesundheits- und Vermögensschäden des Patienten, die hieraus entstehen. Dies ist der so genannte Sekundärschaden.[796] Zu den Primärschäden gehört z.B. eine Fistelbildung (Fistel: Röhrenförmige Verbindung zw. Körperhöhlen) nach einer fehlerhaft durchgeführten Operation zum Einsatz einer Hüftendoprothese (Prothese zum Ersatz eines Gelenks). Zum Sekundärschaden gehört

---

790 *Spickhoff-Greiner* § 839 Rn. 113; BGH Urt. v. 12.02.2008, VI ZR 221/06, MDR 2008, 624.
791 Grundlegend BGH Urt. v. 17.02.1970, III ZR 139/67, NJW 1970, 946 f. = MDR 1970, 491; BGH Urt. v. 09.05.1989, VI ZR 268/88, MDR 1989, 902 = VersR 1989, 758; BGH Urt. v. 26.10.1993, VI ZR 155/92, VersR 1994, 52 f. = MDR 1994, 303 f.; BGH Urt. v. 18.01.2000, VI ZR 375/98, MDR 2000, 582 = VersR 2000, 503, 505; *Steffen-Dressler* Arzthaftungsrecht Rn. 513.
792 *Geiß/Greiner* Arzthaftpflichtrecht B Rn. 200.
793 Vgl. *Laufs/Katzenmeier/Lipp-Katzenmeier* Arztrecht Kap. XI Rn. 63 ff.
794 OLG Zweibrücken Urt. v. 22.06.1999, 5 U 32/98, VersR 2000, 605.
795 BGH Urt. v. 28.06.1988, VI ZR 217/87, NJW 1988, 2949.
796 BGH Urt. v. 16.11.2004, VI ZR 328/03, VersR 2005, 228 ff.; OLG Karlsruhe Urt. v. 24.05.2006, 7 U 242/05, OLGR Karlsruhe 2006, 617 ff.

der ihm aufgrund der erforderlichen Nachbehandlung entstehende Verdienstausfalls.[797]

Zur Feststellung der haftungsausfüllenden Kausalität des durch den Behandlungsfehler verursachten Sekundärschadens kann gem. § 287 ZPO zur Überzeugungsbildung des Gerichts eine überwiegende Wahrscheinlichkeit ausreichen.[798] Verursacht ein Primärschaden einen Sekundärschaden als Vermögensschaden, so kommt auch bei Vorliegen eines groben Behandlungsfehlers eine Beweiserleichterung außerhalb des § 287 ZPO grundsätzlich nicht in Betracht.[799]

IV. Kausalität als „juristische" Kausalität

Reicht für eine Haftung des Arztes die Kausalität im naturwissenschaftlichen Sinne (Ursachenzusammenhang zwischen Handlung und Erfolg) aus oder muss eine Kausalität im juristischen Sinne (Ursachenzusammenhang zwischen Handlung und Erfolg und zusätzlich ein erforderlicher Pflichtwidrigkeitszusammenhang) gegeben sein?[800]

Wird z.B. bei einer Bandscheibenoperation ein Nerv verletzt, so haftet der Arzt für den zweifelsfreien kausal entstandenen Körper- und Gesundheitsschäden nur dann, wenn eine solche Verletzung bei sorgfältiger Operation unterblieben wäre. Handelt es sich also um ein „typisches Operationsrisiko", z.B. um eine Läsion (Schädigung, Verletzung, Störung), die auch einem sehr erfahrenen Arzt bei sorgfältigem Verhalten unterlaufen kann, dann ist der Nachweis eines kausalen Behandlungsfehlers nicht erbracht.[801] Dies kann ohne Weiteres auf Diagnosefehler übertragen werden. Hieran wird deutlich, dass es nicht nur auf die einfache Kausalität, also die Kausalität im naturwissenschaftlichen Sinne ankommt. Es muss vielmehr ein Pflichtwidrigkeitszusammenhang bestehen. Wenn der Arzt z.B. bei einer Bandscheibenoperation schon dann haftet, wenn

---

797 BGH Urt. v. 27.01.1981, VI ZR 138/79, VersR 1981, 462.
798 BGH Urt. v. 24.06.1986, VI ZR 21/85, MDR 1987, 43 = VersR 1986, 1121 ff.; BGH Urt. v. 21.10.1986, VI ZR 15/85, VersR 1987, 310; BGH Urt. v. 22.09.1992, VI ZR 293/91, MDR 1993, 175 = VersR 1993, 55 f.; BGH Urt. v. 21.07.1998, VI ZR 15/98, MDR 1998, 1165 = VersR 1998, 1153 f.; BGH Urt. v. 04.11.2003, VI ZR 28/03, VersR 2004, 118 ff.; OLG Hamburg Urt. v. 26.11.2004, 1 U 67/04, OLGR Hamburg 2005, 101 ff.; OLG Oldenburg Urt. v. 14.10.1997, 5 U 58/97, VersR 1999, 63; *Spickhoff-Greiner* Medizinrecht § 839 Rn. 113.
799 BGH Urt. v. 16.11.2004, VI ZR 328/03, VersR 2005, 228 ff.; OLG Stuttgart Urt. v. 04.06.2002, 14 U 86/01, VersR 2003, 253 ff.
800 *Tombrink* Die Arzthaftung für schwere („grobe") Behandlungsfehler, S. 119.
801 *Tombrink* Die Arzthaftung für schwere („grobe") Behandlungsfehler, S. 119.

er einen Nerv tangiert, dann stellt dies eine zu schwere Haftung für ihn dar. Das Risiko, einen Nerv zu verletzen, ist bei solch schweren Eingriffen sehr hoch.

V. Zurechnungszusammenhang

Im Mittelpunkt der Kausalitätsprüfung im Arzthaftungsprozess steht oft der sogenannte Zurechnungszusammenhang.[802] Haftung aus Vertrag oder aus unerlaubter Handlung erfolgt nur dann, wenn dem schuldhaften Diagnosefehler der Schaden des Patienten ursächlich zugerechnet werden kann.[803] Es werden nur solche Schadensursachen zugerechnet, die zur Zeit der Behandlung überhaupt vorhersehbar waren.[804] Die Mitursächlichkeit steht der Alleinursächlichkeit im vollen Umfang gleich.[805] Vorschäden gehen zu Lasten des Schädigers.[806] Bloße „Auslöser" als Mitursache in Sinne eines „Ursachenbündels" genügen für eine Haftung.[807]

So wurde die Haftung auch dann bejaht, wenn der Schaden auf einem Zusammenwirken körperlicher Vorschäden und der hinzukommenden Schädigung beruhte.[808] Das ist auch richtig. Der Arzt, der einen gesundheitlich schwachen Menschen verletzt, soll nicht so gestellt werden, als wäre der Patient gesund gewesen.

Problematisch ist hingegen die Frage, inwieweit der Arzt für Fehler eines „Zweitarztes" haftet. Auch das Risiko, dass durch die fehlerhafte Diagnose ein weiterer Arzt hinzugezogen werden muss und dieser sich ebenfalls fehlerhaft verhält, hat der behandelnde Arzt zu tragen.[809] Der Zurechnungszusammenhang ist erst dann nicht mehr gegeben, wenn es keinen Zusammenhang zur Zweitbehandlung gibt oder der Zweitarzt gegen „alle Regeln der ärztlichen Kunst" verstößt.[810]

---

802 *Quaas/Zuck/Clemens-Quaas* § 14 Rn. 105.
803 Vgl. S. 143.
804 *Ehlers/ Broglie -Gräfin von Strachwitz-Helmstatt* Arzthaftungsrecht Rn. 645, 648 f.
805 BGH Urt. v. 27.06.2000, VI ZR 201/99, VersR 2000, 1282; BGH Urt. v. 26.01.1999, VI ZR 374/97, VersR 1999, 862; OLG Celle Urt. v. 18.02.2002, 1 U 44/01, NJW-RR 2002, 1603.
806 *Quaas/Zuck/Clemens-Quaas* § 14 Rn. 105.
807 BGH Urt. v. 16.03.2010, VI ZR 64/09, NJW-RR 2010, 1331 = MDR 2010, 806 f.; BGH Urt. v. 19.04.2005, VI ZR 175/04, NJW-RR 2005, 897 f. = MDR 2005, 1108 f.; OLG Oldenburg Urt. v. 20.04.1999, 5 U 188/98, NJW-RR 2000, 403; BGH Urt. v. 26.01.1999, VI ZR 374/97, NJW-RR 1999, 819 = MDR 1999, 201; BGH Urt. v. 11.11.1997, VI ZR 146/96, NJW 1998, 813, 814 = MDR 1998, 159; OLG Köln Urt. v. 05.05.1998, 13 U 208/97, NJW-RR 1999, 721 = VersR 1998, 1249.
808 BGH Urt. v. 30.04.1996, VI ZR 55/95, NJW 1996, 2425; *Geiß/Greiner* Arzthaftpflichtrecht B Rn. 190.
809 *Quaas/Zuck/Clemens-Quaas* § 14 Rn. 106.
810 *Ehlers/Broglie -Gräfin von Strachwitz-Helmstatt* Arzthaftungsrecht Rn. 647 f.

I. Primär- und Sekundärschäden bezogen auf den Befunderhebungsfehler nach der Rechtsprechung

I. Allgemeines

Zu der haftungsbegründenden und haftungsausfüllenden Kausalität gehören wie beschrieben der Primärschaden und der Sekundärschaden.

Die Abgrenzung zwischen Primärschaden und Sekundärschaden kann im Einzelfall sehr schwierig sein.[811] Sie muss danach vorgenommen werden, ob der Kläger den Folgeschaden der Schädigung oder die Schädigung selbst geltend macht. Primärschaden ist damit die Gesundheitsschädigung in ihrer konkreten Ausprägung, nicht jedoch „die von den Symptomen abstrahierte Schädigung."[812] Die gesundheitlichen Beeinträchtigungen, die sich als Auswirkung der Schädigung bemerkbar machen, sind dann keine Folgeschäden, sondern Primärschäden, wenn sie nur das äußere Erscheinungsbild der Schädigung und keine darüber hinausgehende Schädigung, z.b. an der Psyche, betreffen.[813] Für einen Sekundärschaden muss eine ununterbrochene Kette vom Primärschaden bis hin zum Sekundärschaden erkennbar sein. Eine überwiegende Wahrscheinlichkeit reicht nicht aus.[814]

In einem Fall des BGH aus dem Jahre 2013 ging es u.a. um diese Abgrenzung.[815] Dieser hatte eine nichterkannte Hirnvenenthrombose und die dadurch entstandene Epilepsie mit tödlichem Ausgang zum Gegenstand.[816] Nach Auffassung des BGH hatte das Berufungsgericht die Abgrenzung nicht sauber vorgenommen und den Umfang des Primärschadens zu eng gesehen. Als Primärschaden ist die vollständige gesundheitliche Befindlichkeit des Patienten in der konkreten Ausprägung, so wie sie durch den Behandlungsfehler herbeigeführt wurde, zu sehen.[817] Der BGH hat damit deutlich gemacht, dass zum Primärschaden auch

---

811 *GeißGreiner* Arzthaftpflichtrecht B. Rn. 229; *Francke* jurisPR-MedizinR 8/2013 Anm.
812 *GeißGreiner* Arzthaftpflichtrecht B. Rn. 229.
813 *GeißGreiner* Arzthaftpflichtrecht B. Rn. 229.
814 BGH Urt. v. 28.06.1988, VI ZR 210/87, NJW 1988, 2948; OLG Köln Urt. v. 07.08.2013, 5 U 92/12.
815 BGH Urt. v. 02.07.2013, VI ZR 554/12, VersR 2013, 1174 = MDR 2013, 1219.
816 Siehe ausführliche Sachverhaltsschilderung auf S. 148.
817 BGH Urt. v. 12.02.2008, VI ZR 221/06, MDR 2008, 624 f.; BGH Urt. v. 21.07.1998, VI ZR 15/98, MDR 1998, 1165.

das erhöhte Risiko einer Folgeerkrankung – hier der Epilepsie – gehört.[818] „Erster Verletzungserfolg ist aber im Streitfall entgegen der Ansicht des Berufungsgerichts, wie die Revision zutreffend ausführt, nicht lediglich die von ihren Symptomen abstrahierte Gehirnschädigung des Klägers, sondern der von ihm behauptete Hirnschaden in seiner konkreten Ausprägung, d.h. mit den vom Kläger als Auswirkung geltend gemachten Beeinträchtigungen seines gesundheitlichen Befindens."[819]

In einer weiteren Entscheidung des BGH aus dem Jahre 2008 stellte dieser klar, dass die Anwendung des § 287 Abs. 1 ZPO nicht auf Folgeschäden einer Verletzung beschränkt ist, sondern neben einer festgestellten oder unstreitigen Verletzung des Körpers entstehende weiteren Körperschäden aus derselben Schädigungsursache umfasst.[820]

Das OLG des Landes Sachsen-Anhalt befasste sich im Jahre 2014[821] um einen nicht rechtzeitig entdeckten Gefäßverschluss mit der Folge einer teilweisen Beinamputation. Diese Folge wurde nicht als Sekundärschaden angesehen, mit der Konsequenz, dass sich die Beweislastumkehr auf die Schädigung als Primärschaden erstreckt. Der Gefäßverschluss mit anschließender Amputation ist gerade nicht als Sekundärschaden zu sehen, da sich das erhöhte Risiko des Nichterkennens des Gefäßverschlusses in der Amputation niedergeschlagen hat.

II. Primärschaden[822]

In einem Urteil des BGH aus dem Jahre 2013 wurde der Fall einer Patientin behandelt, die seit mehreren Jahren unter Migräne litt. Nachdem sie mehrere Tage am Stück Kopfschmerzen hatte, suchte sie den ärztlichen Notdienst auf und stellte sich vor. Der Notarzt überwies die Patientin in die Notaufnahme. Der dort erhobene neurologische Untersuchungsbefund war unauffällig. Unter anderem wurde dokumentiert, es gäbe keine Hinweise auf eine epileptische Aktivität. Die Beklagte erhielt daraufhin Aspirin und ein Mittel gegen Übelkeit. Einen Tag später verschlechterte sich der Zustand der Patientin erheblich und sie zeigte eine symptomatische Epilepsie. Es wurde eine Hirnvenenthrombose diagnostiziert.

---

818 Vgl. auch *Francke* jurisPR-MedizinR 8/2013 Anm.
819 BGH Urt. v. 21.07.1998, VI ZR 15/98, MDR 1998,1165.
820 BGH Urt. v. 14.10.2008, VI ZR 7/08, MDR 2008, 163.
821 OLG Sachsen-Anhalt Urt. v. 13.02.2014, 1 U 14/12, OLG Report Ost 24/2014 Anm. 3 (Anmerkung).
822 Anhand: BGH Urt. v. 02.07.2013, VI ZR 554/12, VersR 2013,1174.

Die Patientin erlitt eine schwere hirndiffuse Schädigung und verstarb infolge der mit der Hirnvenenthrombose einhergehenden Komplikationen.

Das Berufungsgericht ging von einem Befunderhebungsfehler aus, verneinte aber den Kausalzusammenhang. Dies sieht der BGH als rechtsfehlerhaft an. Der BGH nimmt vielmehr einen einfachen Befunderhebungsfehler mit Beweislastumkehr zugunsten des Patienten an: „Allerdings finden die von der höchstrichterlichen Rechtsprechung entwickelten Grundsätze über die Beweislastumkehr für den Kausalitätsbeweis bei groben Behandlungsfehlern grundsätzlich nur Anwendung, soweit durch den Fehler des Arztes unmittelbar verursachte haftungsbegründende Gesundheitsverletzungen (Primärschäden) in Frage stehen."[823] Für den Kausalitätsnachweis für Folgeschäden (Sekundärschaden), die erst durch den Gesundheitsschaden selbst entstehen, gilt die Beweislastumkehr zugunsten des Patienten erst dann, wenn der Folgeschaden die typische Folge des Primärschadens ist. Der Senat weist darauf hin, dass diese Grundsätze auch für die Figur des Befunderhebungsfehlers gelten.[824] Im vorliegenden Fall war der Primärschaden direkt ursächlich für den Sekundärschaden.

Die Beweislastumkehr hinsichtlich Primärschäden zeigt auch folgender Fall[825]: Ein Kleinkind stürzt mit einem Plastiklöffel im Mund und zieht sich Verletzungen im Rachenraum zu. Während des stationären Klinikaufenthaltes erlitt das Kind aufgrund mehrerer Komplikationen eine Schädigung des Nervensystems, so dass eine deutliche Behinderung zurückblieb.

Der BGH nahm hier bezüglich der haftungsbegründenden Kausalität, also des Primärschadens, eine Beweislastumkehr an.[826] Auch in dieser Entscheidung betont der BGH erneut, dass eine Beweislastumkehr bezüglich des Sekundärschadens nur dann in Betracht komme, wenn dieser die typische Folge des Primärschadens darstellt. Die Abgrenzung zwischen Primärschaden und Folgeschaden lässt der BGH hier ausdrücklich offen.

---

823 BGH Urt. v. 02.07.2013, VI ZR 554/12 zitiert nach Beck-online Rn. 12, MDR 2013, 1219, 1220.
824 BGH Urt. v. 21.10.1969, VI ZR 82/68, VersR 1969, 1148; BGH Urt. v. 09.05.1978, VI ZR 81/77, r+s 78, 208 = VersR 1978, 764; BGH Urt. v. 28.06.1988, VI ZR 210/87, VersR 1989, 145; BGH Urt. v. 16.11.2004, VI ZR 328/03, VersR 2005, 228; BGH Urt. v. 12.02.2008, VI ZR 221/06, r+s 2008, 214 = VersR 2008, 644 Rn. 13.
825 BGH Urt. v. 05.11.2013, VI ZR 527/12, VersR 2014, 154, 155.
826 BGH Urt. v. 05.11.2013, VI ZR 527/12, VersR 2014, 154, 155.

III. Sekundärschaden[827]

Wann ein Primärschaden und wann ein Sekundärschaden vorliegt, hängt jeweils vom Einzelfall ab. Wie schon angedeutet ist die Abgrenzung nicht immer leicht zu treffen, was auch folgender Fall zeigen soll: Der Kläger schlug sich mit dem Hammer auf den Zeigefinger. Er suchte den Beklagten, welcher als ambulant behandelnder Orthopäde tätig war, auf und ließ ein Röntgenbild anfertigen. Auf dem Röntgenbild übersah der Beklagte die Fraktur und diagnostizierte stattdessen eine starke Prellung. Er wurde als arbeitsfähig entlassen. Bei der Arbeit stieß der Kläger mit dem gebrochenen Finger an die Wand. Daraufhin erlitt er einen Morbus Sudeck.[828] Nach dem Klagevortrag handelt es sich um einen Morbus Sudeck, welcher als Sekundärschaden zu behandeln und nach § 287 ZPO zu beurteilen ist. Der Primärschaden sei die unterlassene Ruhigstellung des Fingers und die dadurch unsachgemäße Behandlung der Fraktur. Das Übersehen der Fraktur auf dem Röntgenbild stellt für sich genommen einen Diagnosefehler dar. Die aus der mangelnden Ruhigstellung resultierenden Folgen, der Morbus Sudeck, betreffen die haftungsausfüllende Kausalität, also den Sekundärschaden.

In einem anderen Urteil war dieselbe Krankheit der Primärschaden, da es an einer vorausgegangenen Körperverletzung fehlte.[829] Hier war die Verletzung an sich streitgegenständlich. Bei einem Verkehrsunfall soll es zu einem „Anstoß" des Handgelenks gekommen sein. Dies reiche nicht aus, den Morbus Sudeck als Sekundärschaden anzusehen, da zur Überzeugung des Gerichts eine Primärverletzung nicht feststand. Vielmehr war der Morbus Sudeck nicht eindeutig mit dem Unfall in Verbindung zu bringen. Damit liegt eine völlig andere Sachlage vor, als sie beim Sekundärschaden gegeben wäre.

Auch wenn das Gericht im Ergebnis zu einem Diagnosefehler kommt, muss es dennoch sorgfältig abwägen, ob es sich um einen groben Behandlungsfehler handelt oder nur ein einfacher Fehler vorliegt. Im erstgenannten Urteil,[830] wurde nicht abschließend durch unzureichende Sachverständigenbefragung geklärt, ob ein grober Fehler vorliegt. Vielmehr wurde durch das Gericht die Haftung durch die vermeintlich fehlende Kausalität den Sekundärschaden betreffend

---

827 Anhand von: BGH Urt. v. 12.02.2008, VI ZR 221/06, MDR 2008, 624.
828 Morbus Sudeck ist ein veralteter Begriff. Jetzt wird dieses Syndrom komplexes regionales Schmerzsyndrom genannt. Es bezeichnet starke und länger anhaltende Schmerzen an Arm oder Bein, die häufig mit einer Bewegungs- und Funktionseinschränkung einhergehen.
829 BGH Urt. v. 04.11.2003, VI ZR 28/03, MDR 2004, 509 = VersR 2004, 118.
830 BGH Urt. v. 12.02.2008, VI ZR 221/06, MDR 2008, 624.

ausgeschlossen. Dies ist ein typisches Beispiel, in dem das Gericht eine saubere Abgrenzung weder zwischen dem Befunderhebungs- und Diagnosefehler noch zwischen dem Diagnoseirrtum und -fehler vornimmt. Es wird ohne sorgfältige Analyse zu der angeblich sowieso nicht vorliegenden Wahrscheinlichkeit zur eigentlichen Krankheit Stellung genommen und diese verneint. Gerade im Hinblick auf die Probleme der Feststellung des Sekundärschadens ist es umso wichtiger, eine strikte Trennung des Diagnose- zum Befunderhebungsfehler einzuhalten, und erst nach dieser Prüfung die Wahrscheinlichkeit der Kausalität im Hinblick auf den Sekundärschaden in den Fokus zu nehmen. Ein Überspringen der Abgrenzung der beiden Fehlerarten führt dann zu verfälschten Ergebnissen. Dies gilt es zu vermeiden.

J. Abgrenzung Diagnosefehler zum Befunderhebungsfehler

I. Allgemeines

Die Problematik der Abgrenzung gehört zu den schwierigsten Gebieten des Arzthaftungsrechts.[831] Nicht selten kommt es für einen Prozessausgang auf genau diese Abgrenzung an.[832] Wann welche Art von Fehler vorliegt, damit tun sich die Instanzgerichte oftmals schwer. Umso wichtiger ist eine sichere Methode zur Abgrenzung.[833] Ob es überhaupt eine eindeutige Theorie oder Methode zur Abgrenzung geben kann oder ob dieser Gedanke ein nicht zu erfüllender Wunsch bleiben wird, wird im Folgenden beleuchtet.

1. Anerkannter Standard

Handelt es sich bei Diagnoseirrtümern um eine zum Zeitpunkt der Diagnoseerstellung, also immer aus der ex-ante-Sicht, vertretbare Deutung der Befunde, stellt sich die objektive Fehlerhaftigkeit der Diagnose nicht als vorwerfbar dar.[834] Eine Haftung wird nicht begründet.[835] Ein Fehler liegt daher erst dann vor, wenn die diagnostische Bewertung für einen gewissenhaften Arzt nicht mehr vertretbar erscheint.[836]

„Bei Diagnosefehlern ist erst dann von einem groben Behandlungsfehler auszugehen, wenn er fundamentaler Natur ist. Das setzt voraus, dass die Interpretation des Befundes gänzlich unverständlich erscheint. Beruht die fehlerhafte Diagnose darauf, dass der Arzt eindeutig gebotene Befunde nicht erhoben hat, stellt dies ein vorwerfbares Behandlungsversäumnis dar. Die Haftung richtet sich nach den von der Rechtsprechung entwickelten Regeln zum Befunderhebungsfehler."[837]

Diese Leitsätze treffen die Aussage zu den Diagnose- und Befunderhebungsfehlern sehr gut. Hieran ist auch erkennbar, auf welche drei Hauptfehler im Prozess geschaut wird. Ist nur ein einfacher Diagnoseirrtum gegeben, der jedem

---

831 Fortbildung der Ärztekammer Nordrhein am 29.10.2014 zum Thema Befunderhebung.
832 Vgl. dazu *Sommerfeld* VersR 2015, 661.
833 Vgl. dazu auch *Sommerfeld* VersR 2015, 661.
834 OLG Naumburg Urt. v. 09.12.2010, 1 U 53/10, MedR 2012, 110.
835 OLG Naumburg Urt. v. 09.12.2010, 1 U 53/10, MedR 2012, 110.
836 OLG Naumburg Urt. v. 09.12.2010, 1 U 53/10, MedR 2012, 110.
837 Hier aus OLG Naumburg Urt. v. 09.12.2010, 1 U 53/10, MedR 2012, 110 zitiert.

Arzt unterlaufen kann, so führt dies zu keiner Haftung. Es liegt kein vorwerfbares Fehlverhalten seitens der Ärzte vor.

Beim Diagnosefehler hingegen kommt es wie bei einem Behandlungsfehler im Allgemeinen darauf an, ob ein schlechterdings unverständliches Handeln der Ärzte vorliegt. Hätte der Arzt also an die richtige Diagnose denken und diese auch stellen müssen, kann er aufgrund eines Diagnosefehlers verurteilt werden. Das Kriterium des „groben Behandlungsfehlers" ist beim Diagnosefehler jedoch einer besonderen Prüfung zu unterziehen.[838] Bei einem einfachen Diagnosefehler ist meist eine Haftung aus demselben Grund ausgeschlossen, aus dem es so selten zu einem groben Diagnosefehler kommt, da der menschliche Organismus bei jedem anders ist und ein und dieselben Symptome in einer anderen Form auftreten können. Eindeutig gebotene und dennoch unterlassene Befunderhebung stellt einen Befunderhebungs- und gerade keinen Diagnosefehler dar.

2. Begriffliche Abgrenzung

Auf den ersten Blick erscheint die begriffliche Abgrenzung des Diagnosefehlers zum Befunderhebungsfehler einfach und eindeutig zu sein.[839] Wie beschrieben, liegt ein Diagnosefehler immer dann vor, wenn der Arzt unvertretbar falsche Schlüsse aus einem Befund zieht, und ein Befunderhebungsfehler immer dann, wenn der Arzt medizinisch gebotene Befunde gerade nicht erhoben hat.[840] Die Beispiele von *Sommerfeld* verdeutlichen, dass es auf den ersten Blick eine einfach zu ziehende Abgrenzung ist:

- „*Diagnosefehler*: fehlerhafte Bewertung von erhobenen oder bereits vorliegenden Befunden (z.B. von Röntgenbildern oder sonstiger Bildgebung, von Hautuntersuchungen oder von Blut- bzw. anderen Laborwerten).
- *Befunderhebungsfehler*: Unterlassung, einen medizinisch gebotenen Befund rechtzeitig zu erheben oder zu sichern (vgl. § 630 h Abs. 5 S. 2), wobei zur Befunderhebung auch die sorgfältige und umfassende Anamnese zählen kann."[841]

---

838 Ausführlich zur Zurückhaltung des Diagnosefehlers siehe S. 117 ff.
839 So auch *Ramm* GesR 2011, 513, 516.
840 Vgl. BGH Urt. v. 04.10.1994, VI ZR 205/93, MDR 1994, 1187 = NJW 1995, 778; BGH Urt. v. 21.12.2010, VI ZR 284/09, MDR 2011, 224 = GesR 2011, 153; BGH Urt. v. 12.02.2008, VI ZR 221/06, NJW 2008, 1381 = GesR 2008, 250.
841 *Sommerfeld* VersR 2015, 661, 662.

Diese Sichtweise ist herrschend, wie anhand einer Entscheidung des BGH aus dem Jahre 2014 deutlich wird: Erkennt der Behandler, dass ein unklares klinisches Beschwerdebild eines Patienten umgehend weitere diagnostische Maßnahmen erfordert, verschiebt er die erforderliche Verlegung wegen unzureichender Ausstattung der Klinik in ein ausreichend ausgestattetes Krankenhaus aber auf den nächsten Tag, ist ein Befunderhebungsfehler, nicht aber ein Diagnosefehler gegeben.[842] In diesem Fall wurde sehr wohl erkannt, dass weitergehende Befunde zur Behandlung des Patienten notwendigerweise hätten erhoben werden müssen. Diese wurden aufgrund mangelnder technischer Ausstattung der Klinik auf den nächsten Tag verschoben, da erst dann die Überweisung in ein geeignetes Krankenhaus stattfand. Hier liegt ganz eindeutig ein Befunderhebungsfehler vor. Die Entscheidung zeigt nochmals, dass es nicht nur darauf ankommt, die weitergehende Diagnostik in Betracht gezogen zu haben. Diese muss auch in einem adäquaten Zeitraum stattfinden.

Durch die unterschiedliche Benutzung[843] entsteht trotz der vermeintlichen Einfachheit der Abgrenzung an sich schon eine begriffliche Problematik. Die Interpretation[844] des Diagnosefehlers wird dadurch verschärft. Die Begriffe Diagnoseirrtum und Diagnosefehler werden oft gleichgesetzt.[845] Allerdings ist nur der Diagnosefehler von haftungsrechtlicher Relevanz.[846] Das Ziehen eines vertretbaren falschen Schlusses im Sinne einer falschen Diagnose aus vollständig erhobenen Befunden stellt einen nicht haftungsbegründenden Diagnose<u>irrtum</u> dar. Ein haftungsbegründender Diagnose<u>fehler</u> ist anzunehmen, wenn die Diagnose für einen gewissenhaften Arzt aus der ex-ante-Sicht medizinisch nicht vertretbar ist.[847]

Im genannten Bespiel von *Sommerfeld* werden die Begriffe in richtiger Weise verwendet. Er spricht jeweils von Fehlern. Dass er aber den Begriff

---

842 BGH Urt. v. 21.01.2014, VI ZR 78/13, VersR 2014, 374–377 = MDR 2014, 655, 656; siehe dazu auch die Fallgruppe „zu spät erhobene Befunde" und „mittelbarer Befunderhebungsfehler".
843 Zu den unterschiedlichen Begriffen des Diagnosefehlers und Diagnoseirrtums, insbesondere dessen uneinheitliche Verwendung sowohl in der Rechtsprechung als auch in der Literatur siehe S. 117.
844 *Ramm* GesR 2011, 513, 516; BGH Urt. v. 09.01.2007, VI ZR 59/06, NJW-RR 2007, 744 = GesR 2007, 233; OLG Köln Urt. v. 20.07.2005, 5 U 200/04, NJW 2006, 69 = VersR 2005, 1740.
845 Siehe dazu S. 117.
846 OLG Hamm Urt. v. 29.05.2015, 26 U 2/13, ArztR 2016, 16, 17.
847 OLG Hamm Urt. v. 29.05.2015, 26 U 2/13, ArztR 2016, 16, 17.

„Diagnosefehler" nicht durchgängig benutzt, ist schon an seiner Überschrift im Aufsatz „Diagnoseirrtümer/Diagnosefehler und die Abgrenzung zum Befunderhebungsfehler" zu erkennen.[848] Diese Unterscheidung zwischen Irrtum und Fehler zeigt, dass die Relevanz bekannt ist und auch die richtigen Begriffe verwendet werden können.

3. Haftungsrechtliche Abgrenzung

Die Abgrenzung zwischen dem Diagnosefehler und dem Befunderhebungsfehler ist nicht nur in der Theorie von Bedeutung, sondern stellt haftungsrechtlich einen ausschlaggebenden Punkt dar. Die Entscheidung für oder gegen eine dieser Fehlerarten ist oft prozessentscheidend.

Wann aber gerade ein reiner Diagnosefehler und wann ein Befunderhebungsfehler anzunehmen ist, ist in der Praxis nicht eindeutig geklärt.

Dass gerade kein Befunderhebungsfehler, sondern ein Diagnoseirrtum gegeben ist, wenn ein Befunderhebungsmangel bei richtiger Diagnose vorläge, betont das OLG Koblenz in einem Hinweisbeschluss aus dem Jahre 2013.[849] Der Beklagte hatte einen Herzinfarkt fälschlicherweise für ein orthopädisches Problem gehalten, mit tödlicher Folge für den Patienten. Da mehrfach unauffällige EKGs geschrieben wurden, handelte es sich nicht um einen Befunderhebungsfehler. Nur weil aus der ex-post-Sicht heraus für die richtige Diagnose noch weitere Befunde hätten erhoben werden können, handelt es sich nicht um einem Befunderhebungsfehler, sondern immer noch um einen vertretbaren Diagnoseirrtum.[850]

Nach *Sommerfeld* kommt es im Wesentlichen darauf an, ob die Befunde schon vollständig erhoben wurden und dann „nur" falsch gedeutet oder ob die Befunde noch nicht erhoben wurden, dies aber dem Standard entspräche.[851] Dass er einen Befunderhebungsfehler immer auch als einen Diagnosefehler ansieht, belegt folgender Satz: „Beruht hingegen die Fehldiagnose auf einer unzureichenden Befundlage [...]"[852] Er bezieht sich also im Wesentlichen darauf, ob es medizinisch geboten war oder ob der Facharztstandard unterschritten wurde.[853] Wenn

---

848 *Sommerfeld* VersR 2015, 661, 662.
849 OLG Koblenz Hinweisbeschl. v. 26.09.2012, 5 U 783/12, NJOZ 2013, 979 = MedR 2013, 443.
850 BGH Urt. v. 21.12.2010, VI ZR 284/09, MDR 2011, 224 = GesR 2011, 153.
851 *Sommerfeld* VersR 2015, 661, 662.
852 *Sommerfeld* VersR 2015, 661, 662.
853 Zur „dritten Fallgruppe" der Abgrenzung siehe S. 232 ff.

man den Artikel jedoch weiter liest, dann scheint *Sommerfeld* wiederum vom objektiven Facharztstandard abzuweichen und auf die subjektive Vorwerfbarkeit abzustellen: „Ergibt das vom Arzt niedergelegte Untersuchungsergebnis den Aspekt, der Anlass für die notwendige weitere Befunderhebung ist, dann liegt die Annahme eines Befunderhebungsfehlers nahe (Unterlassung einer objektiv gebotenen weiteren Befunderhebung nach den gegebenen Umständen). Der Arzt, der etwas völlig übersieht, ohne einen groben Diagnosefehler zu begehen, wird danach eventuell gegenüber dem Arzt „begünstigt", der den maßgeblichen Befund sieht und vermerkt, ohne jedoch die notwendigen weiteren Maßnahmen zu ergreifen. Entscheidend dafür ist, woran der Vorwurf gegenüber dem Behandler im konkreten Fall anknüpft."[854] Es scheint so, als knüpfe *Sommerfeld* nicht an den objektiven Facharztstandard an. Die Frage ist nicht, „ob" der Behandler den maßgeblichen Befund übersehen hat, sondern ob der Befund nach dem Facharztstandard hätte in Betracht gezogen werden müssen. Der Punkt von dem aus die Betrachtung erfolgt, ist ein völlig anderer. Man muss sich nicht den konkreten Arzt anschauen und ob dieser den zu erhebenden Befund als eine Möglichkeit angesehen hat. Vielmehr muss der Fall des Patienten mit den Anamnesen und schon erhobenen Befunden betrachtet werden. Unter diesem Gesichtspunkt wäre dann zu klären, ob nach dem objektiven Facharztstandard noch weitere Befunde zu erheben sind.

Ferner mutet es in dem Aufsatz von *Sommerfeld* zunächst danach an, als wolle er eine Abgrenzung nur nach dem objektiven Facharztstandard vollziehen; dann führt er jedoch den Anknüpfungspunkt der Vorwerfbarkeit an, welcher auf die u.a. vom BGH vertretene Schwerpunktbetrachtung hindeutet.[855] Aus dem Gesamtkontext des Aufsatzes kann man schließen, dass es sich hier weniger um eine eigene Ansicht, sondern vielmehr ein Reflektieren der BGH-Rechtsprechung handelt. Nichtsdestotrotz lässt sich hieran sehr gut erkennen, wie schwierig es ist – trotz der anfänglich vermeintlichen Klarheit der Abgrenzung –, eine Abgrenzung zu finden, die Allgemeincharakter hat.

In einem Urteil des OLG Hamm[856] aus dem Jahre 2015 wird die haftungsrechtliche Abgrenzung sauber getroffen. Dort wurde zunächst die Abgrenzung zwischen Diagnosefehler und Befunderhebungsfehler angeführt und als nächster Schritt auch die Unterscheidung zwischen Diagnosefehler und bloßem

---

854 *Sommerfeld* VersR 2015, 661, 663.
855 Zur Schwerpunktbetrachtung vgl. S. 205 f.
856 OLG Hamm Urt. v. 29.05.2015, 26 U 2/13, ArztR 2016, 16, 17.

Diagnoseirrtum. So konnte der Senat zu einem sauberen und gut vertretbaren Ergebnis kommen.

II. Entwicklung in der Rechtsprechung

Um die Problematik der Abgrenzung zwischen dem Diagnose- und Befunderhebungsfehler und die Entwicklung hin zur so genannten Schwerpunkttheorie zu verstehen, ist es angezeigt, die Rechtsprechung hierzu darzustellen und deren Entwicklung zu analysieren.

Dabei sollen schon die frühesten Urteile des BGH aufgegriffen werden, selbst wenn diese Entscheidungen das Thema der Abgrenzung des Diagnosefehlers zum Befunderhebungsfehler nicht ausdrücklich thematisieren. Es entstand schon früh ein Problembewusstsein in diese Richtung. Bereits das Reichsgericht[857] hat allgemeine Grundsätze zur Arzthaftung aufgestellt, auf die sich der BGH in seinen Entscheidungen zum Befunderhebungsfehler beruft. In dieser Entscheidung des Reichsgerichts ging es um fehlerhafte Augenoperationen und eine unterlassene Einweisung in ein Krankenhaus. Der Kläger erblindete am operierten Auge vollständig. Der Beklagte wurde verurteilt, Schadensersatz und Schmerzensgeld zu zahlen. Er hat bei einem groben Fehler nicht dargelegt und bewiesen, dass eine andere Ursache wahrscheinlich zur Erblindung geführt hätte. Der Beklagte hat vielmehr eine naheliegende Gefahr eines unglücklichen Ausgangs, wie es das Reichsgericht beschreibt, gesetzt.[858] Auf diese Grundsätze bezieht sich der BGH in seiner Entscheidung vom 14.10.1958, welche im Folgenden besprochen wird.

Eine tatsächliche Abgrenzung der beiden Fehler zueinander findet allerdings erst recht spät statt und ist in der Geschichte als jüngere Rechtsprechung zu bezeichnen. Eine intensivere Auseinandersetzung mit der Thematik erfolgt seit etwa 20 Jahren.

1. BGH Urt. v. 14.10.1958 VI ZR 186/57

a) Darstellung des Sachverhaltes und der Entscheidungsgründe

Die Klägerin brach sich im Dezember 1954 bei einem Sturz das linke Handgelenk. Nachdem ein Röntgenbild angefertigt wurde, begab sie sich noch am selben Vormittag beim Beklagten, einem Facharzt für Chirurgie, in Behandlung. Dieser richtete unter örtlicher Betäubung den Bruch und legte einen Verband an.

---

857 RG Urt. v. 17.05.1943, III 81/42, RGZ 171, 168.
858 RG Urt. v. 17.05.1943, III 81/42, RGZ 171, 168.

Vier Tage später suchte die Klägerin den Beklagten mit starken Schmerzen in seiner Sprechstunde auf. In der darauffolgenden Nacht bekam die Klägerin Fieber und präsentierte sich zunehmend bewusstseinsgetrübt. Eine Freundin der Klägerin unterrichtete den Beklagten am folgenden Mittag über deren Zustand. Der Beklagte wendete jedoch ein, nichts tun zu können. Aufgrund eines erneuten Anrufs seitens der Klägerin begab der Beklagte sich dennoch zu ihr nach Hause und stellte eine Infektion fest. Am Folgetag stellte der Beklagte eine akut lebensbedrohliche Situation bei der Klägerin fest und veranlasste die sofortige Aufnahme in ein Krankenhaus. Da die Infektion schon zu weit fortgeschritten war, wurden insgesamt zwei Amputationen notwendig.[859]

b) Gerichtliche Entscheidungen

Das Landgericht wies die Klage ab. Das Kammergericht hingegen hielt die vermögensrechtlichen Ansprüche dem Grunde nach für gerechtfertigt und urteilte ein Schmerzensgeld in Höhe von 5.000,00 DM aus. Die Revision des Beklagten beim BGH blieb erfolglos.

c) Ausführungen des BGH

Der BGH betonte, dass die Beweislastverteilung nach dem Prinzip, jeder müsse das beweisen, was für ihn günstig sei, grundsätzlich erhalten bleibe. Somit hätte die Klägerin darlegen und beweisen müssen, dass der Behandlungsverlauf ein anderer gewesen wäre, wenn die Infektion früher erkannt worden wäre. „Dieser Last werde sie nach der Rechtsprechung des RG (DR 1943, 1067 Nr. 4 = RGZ 171, 168; vgl. BGH Urteil vom 21. Dezember 1955 – VI ZR 127/55 = VersR 1956, 499) dann enthoben, wenn der Beklagte durch die festgestellte unsachgemäße Behandlung die Klägerin bewusst oder leichtfertig einer Gefahr ausgesetzt habe, die den äußeren Umständen nach gerade die dann aufgetretenen Schäden herbeiführen konnte."[860]

Nach dem BGH findet dieser Grundsatz Anwendung, da erfahrungsgemäß eine ärztliche Behandlung mehr Aussicht auf Erfolg verspricht, je aggressiver die Therapie im Anfangsstadium geführt wird, insbesondere im Falle schwerer Infektionen. Der Beklagte hätte eine bakteriologische Untersuchung durchführen müssen, um die Symptome der Klägerin zu eruieren. Diese Abklärung der Symptome hatte er aufgrund einer Sorgfaltspflichtverletzung unterlassen.

---

859 Tatbestand verkürzt aus BGH Urt. v. 14.10.1958, VI ZR 186/57.
860 BGH Urt. v. 14.10.1958, VI ZR 186/57 = VersR 1958, 849, 849.

d) Bewertung

Diese Entscheidung ist, soweit ersichtlich, die früheste Beweislastumkehr bei einem Befunderhebungsfehler[861] in der Rechtsprechung des BGH. Aus diesem Urteil lässt sich ableiten, dass zu der damaligen Zeit noch nicht zwischen groben und einfachen Behandlungsfehlern[862], geschweige denn zwischen groben und einfachen Befunderhebungsfehlern, unterschieden wurde.

Auch zwischen den verschiedenen Arten der Diagnosefehler wurde noch nicht differenziert.

Der BGH erkannte die Probleme der Beweislast, gerade im Hinblick auf unterlassene Befunderhebung schon früh. Er wendet die vom Reichsgericht aufgestellten Grundsätze[863] für einen groben Behandlungsfehler an. Mit dieser Entscheidung wollte der BGH dem Patienten und damit der Klägerseite offenbar mehr Chancen im Sinne von Waffengleichheit im Prozess geben. Es ist eine Billigkeitsentscheidung, die, würde die Rechtsprechung in dieser Weise weiter verfahren, zu einer völligen Umkehr der Beweisgrundsätze im Arzthaftungsrecht führen würde. Dass sich diese völlige Umkehr nicht durchgesetzt hat, zeigt auch die folgende Entscheidung.[864]

An dieser Entscheidung ist dennoch zu erkennen, dass die Probleme auch mit den schon bekannten und damals vom Reichsgericht aufgestellten Grundsätzen zu lösen waren. Über eine Abgrenzung zum Diagnosefehler, wie man dies heutzutage wahrscheinlich thematisieren würde, hat der BGH kein Wort verloren. Dies zeigt zum einen, dass die Problematik nicht präsent war und zum anderen, dass sofort an eine prozessuale Lösung gedacht wurde, statt die Probleme materiell-rechtlich zu lösen.

Die unbeständige und unterschiedliche Herangehensweise an diese Abgrenzungsproblematik zeigt auch die nächste Entscheidung des BGH aus dem Jahre 1982.

---

861 Auch wenn die Beweislastumkehr nicht ausdrücklich angesprochen wird, so nimmt der BGH trotzdem dieselben Folgen an wie bei einer Beweislastumkehr.
862 *Hausch* VersR 2003, 1489 Fn. 7 m.w.N.
863 Siehe dazu S. 122, 123.
864 BGH Urt. v. 21.09.1982, VI ZR 302/80, NJW 1983, 333 ff.

2. BGH Urt. v. 21.09.1982, VI ZR 302/80

a) Darstellung des Sachverhaltes und der Entscheidungsgründe

Die Kläger sind der Witwer und die Töchter der Patientin, die im Krankenhaus verstarb. Die Beklagte ist die Tochter und Erbin der inzwischen verstorbenen Fachärztin für Chirurgie Dr. H., die die Verstorbene im Hospital, einem reinen Belegkrankenhaus, behandelte.

Die Patientin, Frau M., war an einem Sonntag auf Anraten ihres Hausarztes in das Krankenhaus verbracht worden, nachdem am Vormittag bei ihr kolikartige Bauchschmerzen eingesetzt hatten. Deren Ursache konnte der Hausarzt nicht eindeutig zuordnen. Frau Dr. H. übernahm die Behandlung. Sie diagnostizierte eine akute Blinddarmentzündung und führte sofort eine Blinddarmoperation durch.

Ein Blutbild oder eine Urinuntersuchung wurden entgegen dem Inhalt der von Frau Dr. H. nach dem Tod der Patientin diktierten Krankengeschichte vor der Operation nicht veranlasst. Eine Urinuntersuchung am Folgetag ergab u.a. den Befund: „Albumen opalizierend, Sacharum (Kohlenhydrate) negativ, Sediment: Massenhaft Tripel-Phosphate und Bakterien, zahlreiche Epithelien (geschlossener Zellverband, der innere oder äußere Körperoberflächen bedeckt), Leukozyten (weiße Blutkörperchen) und Erythrozyten (rote Blutkörperchen)." Nach den Aufzeichnungen von Frau Dr. H. entleerte sich nach Eröffnung des Bauchfells ein trüber Erguss; außerdem sei der Blinddarm in seiner ganzen Ausdehnung stark entzündet gewesen. Danach setzte laut dem Krankenblatt die Darmaktivität der Patientin aus, es kam zu Koterbrechen. Dieser Zustand habe sich nach einer Infusion gebessert. Später heißt es in der Krankengeschichte, die Patientin fühle sich völlig beschwerdefrei und mache Aufstehversuche. Ein paar Tage später kam es zu einem Kreislaufzusammenbruch, am Folgetag zum Tod der Patientin.

Frau Dr. H. ließ im Krankenblatt als Todesursache „akute Herz- und Kreislaufschwäche", daneben „akute Appendizitis, Nierenentzündung und Verdacht auf Lungenembolie" vermerken. Im Totenschein gab sie als unmittelbare Todesursache „akute Herz- und Kreislaufschwäche" an, als wesentlichen Krankheitszustand zur Zeit des Todes aber auch „Nierenentzündung" und „Verdacht auf Lungenembolie". In ihrem Arztbrief an den Hausarzt erwähnte sie die Nierenerkrankung nicht, bezeichnete vielmehr den Urinbefund als „o.B." (ohne Befund). Nach Auffassung der Kläger hat Frau Dr. H. die Verstorbene ohne wirksame Einwilligung operiert und im Übrigen durch schwere Behandlungsfehler deren Tod verschuldet.[865]

---

865 Sachverhalt im Wesentlichen zitiert nach juris BGH Urt. v. 21.09.1982, VI ZR 302/80 Rn. 1- 6, VersR 1982, 1193 ff.

b) Ausführungen des BGH

„Im Arzthaftungsprozeß kann eine Beweislastumkehr für den Kausalitätsnachweis nach den Grundsätzen, die bei groben Behandlungsfehlern dazu entwickelt worden sind, auch dann in Betracht kommen, wenn der Arzt in erheblichem Ausmaß Diagnosebefunde und Kontrollbefunde zum Behandlungsgeschehen nicht erhoben hat und deshalb in besonderem Maß dafür verantwortlich ist, daß die Daten zur Aufdeckung des Behandlungsverlaufs nicht zur Verfügung stehen."[866]

Der BGH führte insbesondere zur Beweiserleichterung[867] bis hin zur Beweislastumkehr in seinen Entscheidungsgründen aus:

Das Gewicht des Fehlers, der zum Misserfolg der Behandlung beigetragen hat, muss berücksichtigt werden. Dies insbesondere vor dem Hintergrund einer Beweislastumkehr bzw. überhaupt einer Beweiserleichterung zu Gunsten der Klägerseite. Andernfalls kann es keine Beweiserleichterung bzw. Beweislastumkehr aufgrund eines groben Behandlungsfehlers geben. Dass dies keine Neuheit darstellt, drückt der BGH mit dem Verweis auf ein vorangegangenes Urteil aus.

Die Beweislastumkehr ist aufgrund des Aufklärungserschwernisses, welches vom Behandlungsfehler in das Behandlungsgeschehen hineingetragen wurde, gerechtfertigt. Es kommt darauf an, wer das Problem der fehlenden Aufklärbarkeit verantworten muss. Das Spektrum der für den Misserfolg in Betracht kommenden Ursachen war wegen der besonderen Schadensneigung des Fehlers verbreitert bzw. wurde verschoben.

Der BGH sieht den groben Verstoß gegen elementare Regeln der ärztlichen Behandlung und auch die grobe Missachtung der Sorgfaltspflicht als spezielle Prägung für den Behandlungsverlauf, welche den Misserfolg der Behandlung an sich hervorruft.

Der BGH präzisiert: „Das heißt jedoch nicht, daß eine Beweislastumkehr nur in Betracht kommen kann, soweit naheliegende Ursachen des groben Behandlungsfehlers in Frage stehen."

---

866 BGH Urt. v. 21.09.1982, VI ZR 302/80, Leitsatz 2, zitiert nach juris, VersR 1982, 1193 ff.
867 Von der „Beweisfigur Beweislasterleichterung bis hin zur Beweislastumkehr wird heute nicht mehr gesprochen. Gemeint ist nur noch die Beweislastumkehr; siehe dazu S. 73 ff.

Für solche Beschränkungen bieten die vorangegangenen Entscheidungen nach Ansicht des BGH keinerlei Grundlagen. Das sich das Berufungsgericht hierauf bezieht, ist an dieser Stelle wenig verständlich.
Der grobe Verstoß muss nur zur Herbeiführung des Schadens geeignet sein. „Damit ist lediglich zum Ausdruck gebracht, daß für Beweiserleichterungen bei groben Behandlungsfehlern nach dem Charakter des hierdurch betroffenen Interessenkonflikts nur Raum sein kann, wo die Kausalitätsfeststellungen durch die Belastung des Behandlungsgeschehens mit dem groben Behandlungsfehler konkret erschwert worden ist, was bei einem bloß theoretisch denkbaren Zusammenhang, der fast nie ausgeschlossen werden kann, noch nicht gesagt werden kann."
Auch zu vorherigen Entscheidungen des BGH[868] ergibt sich kein Widerspruch, sofern dort von einer „naheliegenden Ursache" die Rede ist.[869]

c) Bewertung

„Die Entscheidung betont einmal mehr die Besonderheiten der ärztlichen Berufshaftung, indem sie Bekanntes klärt oder auch nur zusammenfaßt und neue Aspekte hervorhebt [...]"[870] Das Hauptgewicht der Entscheidung liegt nach *Matthies*[871] auf der Beweislastumkehr hinsichtlich der Kausalität.[872]

Neu an der Entscheidung des BGH ist allerdings, dass erhebliche Kontroll- und Diagnoseversäumnisse nun ebenfalls eine Umkehr der Beweislast hervorrufen.[873]

In seiner Begründung führt der BGH die Beweislastumkehr auch bei einem einfachen Behandlungsfehler an. In dem vorgenannten Urteil[874] klang die Beweislastumkehr beim einfachen Befunderhebungsfehler zwar an, ausdrücklich wurde sie dennoch nicht ausgesprochen. Diese Entscheidung stellt eine Abgrenzung zum vorgenannten Urteil dar. Der BGH lässt zwischen den Zeilen durchblicken, grundsätzlich sei nur eine Beweislastumkehr bei groben Behandlungsfehlern zu bedenken. Zudem wirkt diese Entscheidung bezüglich der

---

868 BGH Urt. v. 11.04.1967, VI ZR 61/66, VersR 1967, 712, 714 = NJW 1967, 1508, 1509.
869 BGH Urt. v. 21.09.1982, VI ZR 302/80, VersR 1982, 1193 = BGHZ 85, 212.
870 Anmerkung zum Urteil von Matthies, NJW 335–336.
871 Anmerkung zum Urteil von Matthies, NJW 335–336.
872 Vgl. dazu auch die Ausführungen von *Hausch*, Der grobe Behandlungsfehler in der gerichtlichen Praxis S. 138 f.
873 Anmerkung zum Urteil von *Matthies* NJW 335–336.
874 BGH Urt. v. 14.10.1958, VI ZR 186/57, NJW 1960, 265.

Waffengleichheit der Parteien einschränkender als die zuvor besprochene. Der BGH spricht von einer konkreten Erschwerung der Kausalitätsfeststellung bei einem groben Behandlungsfehler. Das bedeutet zum einen, dass nicht jeder bloß theoretische denkbare Zusammenhang für eine Beweislastumkehr ausreicht. Dies wird mit der „Natur des Arzthaftungsprozesses" begründet. Zum anderen beschränkt der BGH die Beweislastumkehr ausdrücklich und grundsätzlich auf den groben Behandlungsfehler.

Dies zeigt erneut, dass der BGH von einer grundsätzlich „normalen" Beweislastverteilung ausgeht und nur im Einzelfall des groben Behandlungsfehlers eine Beweislastumkehr erreichen will. Er betont, die Beweislastumkehr sei nicht von einer Risikoerhöhung besonderen Ausmaßes abhängig, die die Folge des groben Behandlungsfehlers wäre. Vielmehr soll die Beweiserleichterung davon abhängen, in welchem Maß der Arzt durch seinen Behandlungsfehler die Aufklärung des Kausalzusammenhangs erschwert hat.

Schlund bringt die BGH-Aussage auf den Punkt: „Die Aufklärung des Behandlungsgeschehens würde u.U. nicht weniger erschweren als grobe Behandlungsfehler [...]".[875] *Matthies* kritisiert diese Argumentation für den „normalen" Behandlungsfehler.[876] Er ist der Meinung, der BGH überdehne den Normzweck des ärztlichen Sorgfaltsgebotes, da der Grad ärztlicher Fehlleistungen wenig mit der erschwerten bzw. vereitelten Nachvollziehbarkeit des Geschehens zu tun habe.[877] Bezüglich des Unterlassens der Befunderhebung sieht *Matthies*, genau wie der BGH, die Parallele zu Dokumentationsversäumnissen und begrüßt die Argumentation mit der Aufklärungserschwernis. Die Dokumentation diene der Nachvollziehbarkeit, führt *Matthies* an, und sieht die „Dokumentationspflicht als Rechenschaftspflicht". Er schränkt allerdings diese Parallele auf Kontroll- und Diagnosefehler insofern ein, als diesen ein Doppelcharakter aus Behandlungsfehler einerseits und Instrument zur besseren Nachvollziehbarkeit andererseits zukommt. Aufgrund dieses Doppelcharakters sieht *Matthies* die Begründung des BGH ebenfalls nur auf grobe Fehler beschränkt. In dieser Einschränkung auf grobe Fehler ist *Matthies* grundsätzlich zu folgen.

Allerdings ist der Grundgedanke einer Parallele zwischen Befunderhebungsfehlern und Dokumentationsversäumnissen wenig wünschenswert. Der Vergleich zur Dokumentationsrechtsprechung ist nur für die prozessualen Folgen, also die tatsächlichen Schwierigkeiten der Rekonstruktion und Aufklärung,

---

875 Anmerkung zum Urteil von *Schlund* JR 1983, 284, 285.
876 Anmerkung zum Urteil von *Matthies* NJW 1983, 335.
877 Vgl. *Hanau* NJW 1968, 2291, 2292.

vorzunehmen. Der Ansatz, die Dokumentation diene vorrangig der Nachvollziehbarkeit, ist nicht ausreichend differenziert. Die Dokumentation führt in erster Linie zur Sicherstellung der Behandlungsqualität und nicht einer etwaigen Rekonstruktion der Behandlungsvorgänge im Arzthaftungsprozess. Ferner ist zwar, wie gerade dargestellt, das Ergebnis der unterlassenen Befunderhebung und der unterlassenen Dokumentation dasselbe. Die Voraussetzungen bzw. die Anfangssituationen weichen aber eklatant voneinander ab. Eine Dokumentationspflicht setzt dann ein, wenn etwas zu dokumentieren ist, d.h. ein Wert, ein Befund oder ein Ergebnis geht der Pflicht zur Dokumentation voraus. Bei der fehlenden Befunderhebung geht es aber gerade darum, diesen Wert bzw. diesen Test erst zu erheben. Es gibt in diesem Stadium noch kein vorhandenes Ergebnis oder Ereignis. Es gestaltet sich also wesentlich schwieriger, der Pflicht zur Befunderhebung im Gegensatz zur Pflicht zur Dokumentation nachzukommen. Es wird nicht nur ein Ereignis nicht festgehalten, sondern gar nicht erst kreiert. Bei der Befunderhebung muss also nicht nur das Erlebte notiert werden, sondern es muss erst eine Entscheidung gefällt werden, ob es etwas Erlebtes überhaupt geben soll. Dabei spielen andere Überlegungen eine Rolle. Gibt es beispielsweise eine Indikation zum Röntgen in Abwägung dazu, ob die Strahlenbelastung an dieser Stelle nicht überflüssig ist und damit unnötig schädlich?

Nichtsdestotrotz wurde mit dieser Entscheidung des BGH ein großer Schritt in Richtung der Einschränkung der Beweislastumkehr im Arzthaftungsprozess getan. Der BGH sah die Gefahr der Ausuferung der Beweislastumkehr von der Ausnahme hin zum Regelfall. Die Entscheidung ist daher zu begrüßen.

Die besprochenen Urteile zeigen: Es findet keine strikte Trennung zwischen Diagnosefehlern und Befunderhebungsfehlern auf materieller Ebene statt. Stattdessen liegt der Fokus auf der Beweislastumkehr und der Frage, wann diese angenommen werden kann. Bei diesen Entscheidungen ist das Hauptaugenmerk auf der Frage gerichtet, ob es sich bei dem Behandlungsfehler um einen groben Behandlungsfehler handelt oder ob ein einfacher Fehler angenommen werden kann. Ohne überhaupt ein Problem der Abgrenzung zwischen Diagnosefehlern und Befunderhebungsfehlern zu eröffnen, wird eine Lösung auf prozessualer Ebene, und gerade nicht auf materieller Ebene, angestrebt. Das Bewusstsein für das Problem der fehlenden Befunderhebung ist durchaus vorhanden, es wird jedoch aufgrund von Billigkeitsgedanken rein auf der Beweisebene gelöst.

Ferner wird – was durchaus auch mit der prozessualen Seite zusammenhängt – eine Lösung anhand eines Vergleichs mit anderen Rechtsproblemen, hier die fehlende Dokumentation, gesucht. Bei den Urteilen ist die Vergleichbarkeit der Abgrenzung zum Diagnosefehler nicht präsent. Vielmehr wird versucht, den Befunderhebungsfehler an sich zu lösen. Es wird eine ähnliche prozessuale

Situation als Vergleich herangezogen. Dass dieser Ansatz problematisch sein kann, wurde vorstehend erläutert.

Dass nächste Urteil zeigt, dass die Abgrenzungsschwierigkeit zwischen Diagnose- und Befunderhebungsfehlern stärker in das Bewusstsein des BGH gerät. Der Befunderhebungsfehler steht nicht mehr alleinig, wie es bei den Urteilen zuvor gewesen zu sein scheint, im Vordergrund.

3. BGH Urt. v. 07.06.1983, VI ZR 284/81

a) Darstellung des Sachverhaltes und der Entscheidungsgründe

Der Kläger begab sich am frühen Nachmittag des 04.09.1978 in die Behandlung des Erstbeklagten, eines Internisten, da er am Morgen dieses Tages im linken Bein und im Gesäß einen stechenden Schmerz und eine Lähmung des linken Beines bemerkt hatte. Der Erstbeklagte überwies den Kläger ohne vorherige Untersuchung mit der Verdachtsdiagnose „akuter Discusprolaps (Bandscheibenvorfall) mit motorischer Schwäche im linken Bein" an den inzwischen verstorbenen Facharzt für Orthopädie Dr. G., dessen Witwe die Zweitbeklagte ist. Der Kläger begab sich unverzüglich zu Dr. G., der ihn röntgenologisch untersuchte und ihm schmerzstillende Spritzen gab. Seine vorläufige Diagnose lautete „Lumbago-Ischialgie (die Lumbago-Ischalgie, bzw. heute die Lumboischalgie stellt ein lumbosakrales Wurzelreizsyndrom dar, bei dem Schmerzen im Bereich der Lendenwirbelsäule und im Versorgungsbereich des Nervus ischiadicus auftreten) links mit motorischen Störungen und Coxarthrose (Athrose der Hüfte) beidseits". Am Morgen des 05.09.1978 kam der Kläger weisungsgemäß wieder in die Sprechstunde des Dr. G., der ihn zunächst auf eine Streckliege legte, ihm dann jedoch wegen großer Schmerzen erneut zwei Spritzen verabreichte. Von dem Kläger auf ein Kältegefühl im Bein hingewiesen, dokumentierte er dies und bestellte den Kläger auf den nächsten Tag. Am Vormittag des 06.09.1978 teilte die Ehefrau des Klägers telefonisch in der Praxis des Dr. G. mit, ihr Mann könne wegen großer Schmerzen im linken Bein und eines Kältegefühls im linken Unterschenkel nicht kommen. Ihr wurde mitgeteilt, der Kläger solle sich in die orthopädische Klinik S. begeben. Dies geschah noch am selben Tag. In dieser Klinik untersuchte ihn Dr. R., der frühere Drittbeklagte. Er schloss sich der Diagnose des Dr. G. an und führte noch am Nachmittag eine Bandscheibenoperation durch. Im Anschluss an die Operation stellte er fest, dass das linke Bein des Klägers schlecht durchblutet war und ließ ihn wegen Verdachts auf einen Gefäßverschluss in das Zentralkrankenhaus B. verlegen. Hier wurde eine Thrombosektomie (neuer Begriff ist die Thrombektomie, Thrombektomie ist die Entfernung eines Thrombus aus einem Blutgefäß mit einer Operation) durchgeführt. Am 11.09.1978 musste infolge dieses Gefäßverschlusses das linke Bein in Oberschenkelhöhe amputiert werden.

In seinen Entscheidungsgründen bezieht sich der BGH wiederum[878] auf die fehlende bzw. lückenhafte Dokumentation. Ferner macht er Ausführungen zur unterlassenen Befunderhebung. Der BGH führt aus, dass es sich „um selbstverständliche und einfach durchzuführende differentialdiagnostische Maßnahmen gehandelt hat, die für die Beurteilung des Krankheitsbilds des Klägers und die weitere Behandlung von entscheidender Bedeutung sein konnten."[879]

b) Bewertung

Aus den Entscheidungsgründen wird ersichtlich, dass der BGH sich mit der Abgrenzung vom Diagnosefehler zum Befunderhebungsfehler auseinander gesetzt hat, dies im Speziellen jedoch nicht benannt hat. In seiner Begründung stellt der BGH darauf ab, wie selbstverständlich und einfach die weiteren diagnostischen Maßnahmen gewesen wären, die der Erstbeklagte differentialdiagnostisch zur weiteren Abklärung hätte durchführen können und demnach auch müssen. Soweit ersichtlich ist diese Entscheidung die erste ihrer Art, bei der der BGH explizit den Diagnosefehler auf materieller Ebene zu einem Befunderhebungsfehler abgrenzt und diesen auch annimmt.

Da die Beweiserhebung durch die Tatrichter noch nicht abgeschlossen war, konnte der BGH keine abschließende Beweislastumkehr zugunsten des Klägers feststellen. In den Entscheidungsgründen betont er jedoch, es spräche vieles für einen groben Fehler im Sinne eines Befunderhebungsfehlers mit Beweiserleichterung bis hin zur Beweislastumkehr.

Diese Entscheidung zeigt in der Materie der Beweislastumkehr und prozessualen Situation nichts Neues auf. Sie bestätigt und verfestigt jedoch die Rechtsprechung des BGH zur Beweislastumkehr bei groben Befunderhebungsfehlern. Zudem spielt die Dokumentation und deren Vollständigkeit eine immer größere Rolle im Arzthaftungsprozess. Während das Berufungsgericht noch von dem Grundsatz ausgegangen war, nur weil etwas nicht dokumentiert wurde, heiße dies nicht gleich, die Maßnahme wäre unterlassen worden, spricht der BGH gerade von einem solchen Unterlassen. Damit ist diese Entscheidung auch weisungsgebend für die unterlassene Dokumentation, die für die unterlassene Befunderhebung mehr als nur ein Indiz darstellt. Bei der nächsten besprochenen

---

878 Vgl. BGH Urt. v. 21.09.1982, VI ZR 302/80, VersR 1982, 1193 ff.
879 BGH Urt. v. 07.06.1983, VI ZR 284/81, VersR 1983, 983, 984.

Entscheidung erkennt man sowohl die Ansätze der Schwerpunkttheorie als auch die Drei-Stufen-Theorie.

4. Grundlegende Entscheidung BGH Urt. v. 03.02.1987, VI ZR 56/86

a) Darstellung des Sachverhaltes und der Entscheidungsgründe

Die Klägerin zu 1), damals 13 Jahre alt, suchte den beklagten Arzt, einen Internisten, wegen Herzstechens und Fiebers auf. Dieser fertigte u.a. ein EKG und eine Röntgenaufnahme des Brustkorbes an. Anhand des EKGs wurde eine Myokarditis (Herzmuskelentzündung) diagnostiziert. Bei der körperlichen Untersuchung stellte der Beklagte starke Rasselgeräusche in der Lunge und einen hochfiebrigen Zustand fest. Er diagnostizierte daraufhin eine Bronchopneumonie (Lungenentzündung) und verordnete ein Antibiotikum, welches nach kurzer Zeit eine gute Wirkung zeigte. Es stellte sich eine Besserung bei der Klägerin zu 1) ein. Bei der Kontrolluntersuchung zeigte die Klägerin zumindest subjektiv kein Beschwerdebild.

Circa zwei Monate später stellte sie sich erneut in der Praxis des Beklagten vor, welcher nochmals ein EKG geschrieben hat. Weitere Untersuchungen unterblieben. Weitere acht Monate später kam die Klägerin zu 1) zum wiederholten Male in die Praxis des Beklagten. Sie hatte starke katarrhalische (Entzündung der Schleimhäute; häufig der Atemwege) und bronchitische Beschwerden. Der Beklagte diagnostizierte daraufhin eine akute Virusinfektion und verschrieb ein Antibiotikum. Eine Woche später fertigte er ein Röntgenbild des Thorax an und diagnostizierte eine rezidivierende (wiederkehrende) Bronchopneumonie. Eine Weiterbehandlung mit Antibiotika erfolgte. Einen weiteren Monat später stellte er bei der Klägerin zu 1) keinen krankhaften Befund mehr fest. Jedoch verschlechterte sich der Allgemeinzustand der Klägerin zu 1) im näheren Verlauf akut. Der Beklagte stellte daraufhin nach weiteren Untersuchungen die Verdachtsdiagnose Lungen-Tbc (Lungentuberkulose). Die Überprüfung der Diagnose vom staatlichen Gesundheitsamt ergab eine offene Tuberkulose, in deren Folge die Klägerin zu 1) für mehrere Monate in einer Lungenheilanstalt behandelt wurde. Die Klägerin zu 2), welche mit der Klägerin zu 1) zusammenlebte, erkrankte ebenfalls an Lungen-Tbc.

Die Klägerinnen blieben in beiden Instanzen erfolglos und verfolgten mit der Revision ihre Angriffe weiter. Der BGH hält die Begründung des Berufungsgerichts für rechtsfehlerhaft.

Er führt dazu insbesondere aus: „Hat der Arzt es schuldhaft unterlassen, medizinisch zweifelsfrei gebotene Befunde zu erheben und zu sichern, können dem Patienten Beweiserleichterungen bis zur Beweislastumkehr zu Lasten des

Arztes zu Gute kommen, wenn dadurch die Aufklärung eines immerhin wahrscheinlichen Ursachenzusammenhangs zwischen ärztlichem Behandlungsfehler und Gesundheitsschaden erschwert oder vereitelt wird und die Befundsicherung gerade wegen des erhöhten Risikos des in Frage stehenden Verlaufs geschuldet war."[880]

Der BGH hat den Beklagten für einen fehlenden ursächlichen Zusammenhang zwischen Behandlungsfehler und Körperschaden der Klägerin zu 1) als beweisbelastet angesehen.[881] Er führt dazu aus, dass der Arzt verpflichtet gewesen sei, den Krankheitsstatus seiner Patientin zu sichern, um aus den Befunden den nur so zu erlangenden Aufschluss über die Natur eines sich entwickelnden Krankheitsprozesses zu gewinnen. Hieraus ist dann die erforderliche Konsequenz für die weitere Behandlung zu ziehen. Diese schuldhafte Verletzung der Verpflichtung gegenüber der Patientin kann einen Nachteil im Arzthaftungsprozess darstellen, da sie die Beweisführung aufgrund eines fehlenden Beweismittels erschwert oder vereitelt.[882]

Auch in diesem Fall zieht der BGH erneut eine Parallele zum Dokumentationsversäumnis: „Ähnlich wie bei der Verletzung der ärztlich geschuldeten Verpflichtung zur Dokumentation von Befunden[883] verschlechtert der Verstoß gegen ärztliche Berufspflichten bei der Befundsicherung die Möglichkeit, im Nachhinein den grundsätzlich vom Patienten zu erbringenden Beweis für den Ursachenverlauf zwischen Behandlungsfehler und Körperschaden zu führen."[884]

Wenn ein Arzt in einem ungewöhnlich hohen Ausmaß einfache Diagnose- und Kontrollbefunde nicht erhoben hat und deshalb die Verantwortung dafür trägt, dass die notwendigen Befunde und Daten nicht zur Verfügung stehen, hat der Senat schon zuvor den Schluss gezogen, dass dies nicht zu Lasten des Patienten gehen darf.[885]

Ferner stellt der Senat klar, dass Befunde zwar in erster Linie zu therapeutischen Zwecken erhoben werden, aber auch dazu dienen – vergleichend mit der Pflicht zur Dokumentation der Befunde – Rechenschaft über den Gang der ärztlichen Behandlung abzulegen.[886] Die Dokumentationspflicht ist nicht nur eine

---

880 BGH Urt. v. 03.02.1987, VI ZR 56/86, VersR 1987, 1089 (Leitsatz 1).
881 BGH Urt. v. 03.02.1987, VI ZR 56/86, VersR 1987, 1089, 1090.
882 BGH Urt. v. 03.02.1987, VI ZR 56/86, VersR 1987, 1089, 1090.
883 Dazu BGH Urt. v. 27.06.1978, VI ZR 183/76, BGHZ 72, 132, 136 ff.; st. Rspr. Vgl. BGH Urt. v. 18.03.1986, VI ZR 215/84, VersR 1986, 788 ff.
884 BGH Urt. v. 03.02.1987, VI ZR 56/86, VersR 1987, 1089, 1090.
885 BGH Urt. v. 21.09.1982, VI ZR 302/80, BGHZ 85, 212, 217.
886 BGH Urt. v. 03.02.1987, VI ZR 56/86, VersR 1987, 1089, 1091.

Pflicht aus dem Behandlungsverhältnis, sondern ist auch Ausfluss aus dem allgemeinen Persönlichkeitsrecht des Patienten.[887]

Der BGH hebt deutlich hervor, dass es bei einer grundsätzlichen Beweislastverteilung – also der Patient als beweisbelastete Partei – bleiben soll. „Im Regelfall muss es dabei bleiben, dass der Patient nicht nur den ärztlichen Behandlungsfehler, sondern auch dessen nachteilige Auswirkung für seine Gesundheit nachzuweisen hat."[888] Eine Beweislastumkehr lässt der Senat nur in einem Fall zu: „Nur dann ist es gerechtfertigt, dem Patienten den Beweis für den Kausalzusammenhang zu erleichtern, wenn eine Befunderhebung durch eine ärztliche Untersuchungsmaßnahme angesichts der Symptome des Patienten zur Aufklärung und Sicherung des Status ärztlich zweifelsfrei geboten gewesen und schuldhaft unterlassen worden ist und wenn ein Befundstatus, wäre er erhoben worden, wahrscheinlich den vom Patienten behaupteten Ursachenverlauf auch geklärt hätte, weil die Statussicherung gerade wegen des erhöhten Risikos eines solchen Verlaufs geschuldet war".[889]

b) Bewertung

Auch an dieser Entscheidung ist zu erkennen: Die Abgrenzung des Diagnosefehlers vom Befunderhebungsfehler ist stets im Zusammenhang mit der Beweislastproblematik bzw. der Beweislastverteilung zu sehen. Eine getrennte Betrachtungsweise würde dieser Schwierigkeit nicht gerecht werden.

Die Entscheidung ist unter mehreren Aspekten richtungweisend. Zum einen wendet der BGH wiederum die allgemeinen Grundsätze des Zivilprozesses an und erklärt, davon dürfe nur in Ausnahmefällen abgewichen werden.[890] Nur im Ausnahmefall soll eine Beweiserleichterung bis hin zur Beweislastumkehr stattfinden, nämlich nur dann, wenn die Erhebung der Befunde zweifelsfrei ärztlich geboten war und schuldhaft unterlassen wurde.

Dies lässt aber nicht – wie es in dem Beitrag von *Karmasin*[891] anklingt – den Schluss zu, dass dies auch für den einfachen Befunderhebungsfehler gilt. Vielmehr bezieht sich die Klarstellung des BGH auf einen groben Befunderhebungsfehler.[892] Dort ist eine Beweislastumkehr nach den Grundsätzen des groben

---

887 BVerfG Beschl. v. 25.07.1979, 2 BvR 878/74, BverfGE 52, 131 ff.; *Gehrlein* Grundwissen Arzthaftungsrecht B III Rn. 64.
888 BGH Urt. v. 03.02.1987, VI ZR 56/86, VersR 1987, 1089, 1091.
889 BGH aaO.
890 Verweis auf die Beweislastverteilung im Arzthaftungsrecht S. 73 ff.
891 *Karmasin* VersR 2009, 1200 ff.
892 Verweis auf den groben Befunderhebungsfehler S. 133.

Behandlungsfehlers[893] zwingend die Folge. Jedoch wird vom BGH ausdrücklich offengelassen, ob das Unterlassen von Kontrolluntersuchungen als grober Behandlungsfehler zu bewerten und zu gewichten ist.[894]

Die Entscheidung sagt zwar etwas zur Beweislastumkehr bei Befunderhebungsfehlern aus, jedoch gerade nicht bei einfachen, sondern nur bei groben Befunderhebungsfehlern. Dass es dort zu einer Beweislastumkehr kommt, ist nach den allgemeinen Grundsätzen anerkannt.[895]

Allerdings sieht *Nixdorf*[896] dies anders. Er ist der Ansicht, dass diese Entscheidung des BGH die Tür zur neuen Fallgruppe der Befunderhebung mit Beweislastumkehr unterhalb der Schwelle zum groben Behandlungsfehler geöffnet hat. Obwohl es nicht so scheint, dass die Entscheidung direkt auf einen einfachen Behandlungsfehler hindeutet, so lässt sich trotzdem nicht leugnen, dass sich die Rechtsprechung seit dieser Entscheidung zu einer Beweislastumkehr auch bei einem einfachen oder zumindest nicht groben Behandlungsfehler hin entwickelt hat.

Nixdorf[897] ist der Meinung, dass sich alle[898] von Anfang an bewusst waren, dass diese spezielle Beweislastregel „die Gefahr der Ausweitung in sich birgt". Auch er sieht einige Eingrenzungsversuche des BGH. *Nixdorf* führt weiter aus: „Viele höchst unterschiedliche, ärztliche Maßnahmen, nicht nur durch das Nichterheben von Befunden, sind durchaus geeignet, Aufklärungsschwierigkeiten hinsichtlich des Ursachenverlaufs zwischen einem dem Arzt zuzurechnenden Behandlungsfehler und dem Körperschaden des Patienten in das Geschehen hineinzutragen. Dies allein kann jedoch nicht hinreichend sein, eine Beweiserleichterung zu begründen."[899]

Nixdorf verweist auf die BGH-Rechtsprechung hinsichtlich der Beweislastumkehr bei Befunderhebungsfehlern.[900] Er zieht aus der grundlegenden Entscheidung von 1987 zwei Schlussfolgerungen:

---

893 Verweis auf den groben Behandlungsfehler S. 133.
894 Vgl. dazu *Nixdorf* VersR 1996, 160, 161.
895 Vgl. S. 82 ff.
896 *Nixdorf* VersR 1996, 160, 161.
897 *Nixdorf* VersR 1996, 160, 161.
898 Z.B. auch *Hausch* VersR 2003, 1489, 1490 m.w.N. zur Diskussion der Ausuferung durch diese Entscheidung, *Hausch* sieht die Gefahr der Ausuferung.
899 *Nixdorf* VersR 1996, 160, 161.
900 *Nixdorf* verweist hier auf die grundlegende Entscheidung: BGH Urt. v. 03.02.1987, VI ZR 56/86, VersR 1987, 1089, 1091.

1. Es kommt nicht darauf an, ob die unterlassene Befunderhebung für eine spätere Rechtsverfolgung nützlich gewesen wäre, sondern vielmehr darauf, ob sie medizinisch angezeigt gewesen war, weil der Arzt nur aus den potentiell zu erhebenden Befunden den Krankheitsverlauf ersehen und danach handeln kann.
2. Anders als beim groben Behandlungsfehler muss der Ursachenzusammenhang zwischen Fehler und Schaden beim Patienten immer wahrscheinlich sein und seine Aufklärung mangelnder Befunde scheitern.

Dass zwar das Bewusstsein für die Abgrenzung vorhanden ist, diese jedoch nicht klar vorgenommen wird, sondern versucht wird, dass Problem vielmehr durch das Aufstellen von Grundsätzen für den einen oder anderen Fehler zu lösen, zeigt die nachfolgende Entscheidung.

5. BGH Urt. v. 10.11.1987, VI ZR 39/87

a) Darstellung des Sachverhaltes und der Entscheidungsgründe

Bei der Klägerin wurde im Krankenhaus K. eine Kaiserschnittentbindung durchgeführt. Einige Tage darauf klagte sie über starke Schmerzen in der linken Hüfte, die in das Bein ausstrahlten. Eine gynäkologische Untersuchung ergab keinen auffälligen Befund. Es wurde daraufhin ein Chirurg hinzugezogen. Dieser untersuchte die Klägerin, wobei die Patientin wiederum über starke Schmerzen im Hüftgelenksbereich klagte; die Hüfte war bei der Untersuchung stauchungsempfindlich. Dr. A. ließ eine Röntgenaufnahme (Beckenübersicht) anfertigen, die sich für ihn unauffällig darstellte. Daraufhin verordnete er Schmerzmittel. Als die Schmerzen der Klägerin sich nicht wesentlich besserten, sie litt zudem an subfebrilen (erhöhte Körpertemperatur) Temperaturen, erhielt sie ein Antibiotikum. Die Entlassungsuntersuchung wurde ohne Auffälligkeit durchgeführt und die Klägerin anschließend nach Hause entlassen. Im Entlassungsbericht an den Hausarzt wurden keine Auffälligkeiten bei der Entlassung beschrieben. Die Klägerin litt in der Folgezeit an starken Schmerzen im Bein und im Hüftbereich. Sie konsultierte ihren Hausarzt, der sie in die orthopädische Abteilung eines Krankenhauses überwies. Dort wurde bei einer Röntgenuntersuchung eine Coxitis (eitrige Hüftgelenksentzündung) im fortgeschrittenen Stadium diagnostiziert. Der Knorpelbelag von Hüftpfanne und Hüftgelenk war bereits völlig zerstört worden. Es wurde daraufhin eine operative Revision des linken Hüftgelenks durchgeführt. Zurück blieb eine Gehbehinderung infolge Hüftversteifung und geringer Beinverkürzung.[901]

---

901 BGH Urt. v. 10.11.1987, VI ZR 39/87, zitiert nach juris Rn. 1–3, NJW 1988, 1513, 1514.

Das Landgericht gab der Klage im Wesentlichen statt. Das Berufungsgericht wies die Klage ab. Mit der Revision begehrte die Klägerin Wiederherstellung des landgerichtlichen Urteils.

In den Entscheidungsgründen führt der BGH unter anderem aus: „Der Vorwurf, [...] richtet sich in Wahrheit nicht dagegen, daß diesen (den Ärzten) ein schwerer Diagnoseirrtum unterlaufen sei. Es geht vielmehr um die Frage, ob die Ärzte es grob fehlerhaft unterlassen haben, einer sich aufdrängenden Verdachtsdiagnose mit den dabei üblichen Befunderhebungen nachzugehen."[902] Zudem erhebt der BGH den Vorwurf der Verschleierung des Fehlers durch ungezielte Medikation.

Ferner lässt sich die heute herrschende Schwerpunkttheorie erahnen: „Nicht die Fehlinterpretation von Befunden, sondern deren Nichterhebung und die Einleitung einer ungezielten Therapie stehen im Vordergrund. Es kommt mithin nicht darauf an, ob den behandelnden Ärzten ein fundamentaler Diagnoseirrtum unterlaufen ist."[903]

Zudem klingt in den Entscheidungsgründen die Drei-Stufentheorie des BGH an.[904] Er sagt ausdrücklich bei einfachen Befunderhebungsfehlern, die Aufschluss über einen bestimmten Krankheitsverlauf geben können, welcher aufgrund des Unterlassens nun nicht mehr aufgeklärt werden kann, könne auch schon eine Beweiserleichterung zugunsten der Klägerin angenommen werden. Die Unaufklärbarkeit des Ursachenzusammenhangs ginge Zulasten der Beklagten.

b) Bewertung

Dieses Urteil ist in zweierlei Richtung wegweisend. Zum einen erkennt man die Ansätze der Schwerpunkttheorie. Damit nimmt der BGH eine Abgrenzung des Diagnosefehlers gegenüber dem Befunderhebungsfehler vor und macht diese Bewertung davon abhängig, welche Fehlerart im Vordergrund steht. Der BGH bestimmt die Art des Fehlers anhand des Schwerpunkts der Vorwerfbarkeit. Hier lag dieser nicht in der falschen Diagnose, sondern in der fehlenden und damit unterlassenen Abklärung weiterer Symptome. Nachdem sich eine Besserung anscheinend nur aufgrund der gegebenen Schmerzmedikation einstellte, hätten noch weitere Befunde erhoben werden müssen.

Zum anderen gibt der BGH die Grundsätze der Drei-Stufentheorie zu erkennen. Nicht nur bei einem groben Behandlungsfehler, sondern auch schon

---

902 BGH Urt. v. 10.11.1987, VI ZR 39/87, zitiert nach juris Rn. 14, MDR 1988, 397 f.
903 BGH Urt v. 10.11.1987, VI ZR 39/87, zitiert nach juris Rn. 14, MDR 1988, 397 f.
904 BGH Urt v. 10.11.1987, VI ZR 39/87, zitiert nach juris Rn. 18.

bei einem einfachen Befunderhebungsfehler kann eine Beweislastumkehr in Betracht kommen. Dies ist der Fall, wenn die Aufklärung erschwert wird und die Befunderhebung einfach gewesen wäre, das heißt z.b., wenn sie routinemäßig hätte vorgenommen werden müssen.

Allerdings ist hier wiederum die irreführende Benutzung der Begriffe „Diagnosefehler" und „Diagnoseirrtum" zu erkennen. Der BGH spricht von einem groben Diagnoseirrtum. Ein Irrtum in der Diagnose kann allerdings niemals grob sein, da dies dann ein Diagnosefehler wäre.[905]

Im folgenden Fall werden die Parallelen zur Dokumentation im Sinne der Befundsicherung weiter ausgebaut. Zudem ist die Beweislastumkehr hier von entscheidender Bedeutung.

6. BGH Urt. v. 14.06.1994, VI ZR 236/93

a) Darstellung des Sachverhaltes und der Entscheidungsgründe

Der Kläger verlangte vom Beklagten, einem Facharzt für Orthopädie, Schmerzensgeld und Verdienstausfallschaden wegen fehlerhafter Diagnose und Therapie. Seit dem Jahre 1987 war der Kläger bei dem Beklagten in ständiger Behandlung wegen Wirbelsäulen- und Hüftbeschwerden. Der Beklagte verordnete ihm deshalb ein Stützmieder und Bewegungsbäder sowie Reizstrombehandlungen. Diese wurden bis Mitte Dezember 1988 durchgeführt.

Im März 1989 suchte der Kläger den Beklagten erneut auf. Im Krankenblatt dokumentierte der Beklagte: „*HWS-Beschwerden*". Der Beklagte gab ihm Schmerzmittel und ordnete erneut eine Reizstrombehandlung an."

Da sich die Beschwerden des Klägers nicht besserten, überwies der Beklagte den Kläger im Juni 1989 an einen Neurologen. Dieser stellte fest, dass der Kläger von einer Zecke gebissen worden war, was zu einer schweren borrelieninduzierten Polyradikulitis (Polyradikulitis ist eine Entzündung mehrerer Nervenwurzeln. Diese Entzündung wurde im vorliegenden Fall durch Borrelien verursacht) geführt hatte.

Das Landgericht hat die Klage abgewiesen. Die Berufung des Klägers blieb ohne Erfolg. Mit der Revision verfolgte der Kläger seine Klageansprüche weiter.[906] Der BGH führte in seinen Entscheidungsgründen aus, dass das Nichterkennen jeder erkennbaren Erkrankung und der für sie kennzeichnenden Symptome immer einen Schuldvorwurf begründet, sofern nicht ganz besondere

---

905 Vgl. die Ausführungen zur begrifflichen Abgrenzung S. 117 ff.
906 Tatbestand verkürzt aus BGH Urt. v. 14.06.1994, VI ZR 236/93.

Umstände vorliegen.⁹⁰⁷ Unterlässt der Arzt deshalb die Überprüfung seiner ersten Diagnose im weiteren Behandlungsverlauf, so gilt dies nicht nur dann als Behandlungsfehler, wenn die begonnene Therapie keine Wirkung zeigt, vielmehr auch bereits dann, wenn Krankheitserscheinungen auftreten, die für die angenommene Erkrankung untypisch sind⁹⁰⁸ oder auch für eine andere Erkrankung sprechen können.⁹⁰⁹

„Ein Irrtum in der Diagnose gilt nur dann als Behandlungsfehler, wenn eine eindeutige Krankheitserscheinung in völlig unvertretbarer, der Schulmedizin entgegenstehender Weise gedeutet, elementare Kontrollbefunde nicht erhoben werden oder eine Überprüfung der ersten Diagnose im weiteren Behandlungsverlauf unterbleibt, sofern diese keine Wirkung zeigt."⁹¹⁰

b) Bewertung

In diesem Urteil geht es im Kern um die Abgrenzung zwischen Diagnosefehler und Befunderhebungsfehler. Auch hier benennt der BGH diese Problematik nicht ausdrücklich. Vielmehr spricht er vom groben Behandlungsfehler, wenn eine erstgestellte Diagnose nicht überprüft wird und sich dies als nicht nachvollziehbar erweist.

Ferner wird aus dieser Entscheidung sehr deutlich, dass die Einschränkungen, die für eine Diagnose aufgrund des menschlichen Organismus⁹¹¹ gemacht werden, nur für die Besonderheit des Diagnosefehlers an sich Anwendung finden. Dies darf nicht dahingehend missverstanden werden, dass dies auch auf andere Behandlungsfehler wie z.B. den Befunderhebungsfehler ausgedehnt werden kann. Eine solche Einschränkung ist dann gerade nicht notwendig.

Der BGH sieht in der schuldhaften Nichtüberprüfung der erstgestellten Diagnose des Orthopäden einen groben Behandlungsfehler. Dabei ist der Anknüpfungspunkt entscheidend. Der BGH stellt nicht etwa darauf ab, dass die ursprünglich vom Orthopäden gestellte Diagnose fehlerhaft war. Dass dies so war, wurde ex-post vom nachbehandelnden Neurologen bewiesen. Dies ist aber

---

907 BGH Urt. v. 30.05.1958, VI ZR 139/57, VersR 1958, 545.
908 BGH Urt. v. 28.05.1985, VI ZR 264/83, VersR 1985, 886, 887.
909 Vgl. OLG Koblenz, Urt. v. 17.10.1986 mit Nichtannahme-Beschluss des Senats vom 2. Juni 1987, VI ZR 269/86, VersR 1988, 41; OLG Oldenburg, Urteil vom 1.06.1988 mit Nichtannahme-Beschluss des Senats vom 24. Januar 1989, VI ZR 195/88, VersR 1989, 481.
910 BGH Urt. v. 14.06.1994, VI ZR 236/93 Leitsatz 2, zitiert nach juris.
911 Siehe dazu das Kapitel Diagnosefehler S. 99 ff.

nicht der Fehler des Orthopäden. Vielmehr durfte er nicht dauerhaft auf seine einmal gestellte Diagnose vertrauen. Diese steht eben nicht „wie in Stein gemeißelt" fest, sondern bedarf der Korrektur, wenn sich die Parameter[912] ändern. Wenn also – wie im Fall des BGH – eine Besserung nach normalerweise adäquater Therapie der ursprünglich gestellten Diagnose nicht eintritt, dann liegt der Fehler im Unterlassen der Suche nach weiteren Ursachen. In diesem Fall handelt es sich dann um einen „klassischen" Befunderhebungsfehler. Ohne diesen zu nennen, trifft der BGH die Abgrenzung zielgenau.

Auch an dieser Entscheidung lässt sich die Schwerpunkttheorie sehr gut erkennen. Der Schwerpunkt, also der ausschlaggebende Punkt zur Entscheidung in Richtung Diagnosefehler oder Befunderhebungsfehler, liegt hier nicht in der falschen Diagnose an sich. Vielmehr hätten im Laufe der Zeit noch andere Befunde erhoben oder eine frühere Überweisung an den Facharzt erfolgen müssen. Das ist der eigentliche Vorwurf.

Es ist zu erkennen, dass sowohl ein Diagnosefehler als auch ein Befunderhebungsfehler vorliegen. Der Befunderhebungsfehler verdrängt hier aber den Fehler der falschen Diagnose. Die falsch gestellte Diagnose tritt sozusagen hinter dem Befunderhebungsfehler zurück.

Im nächsten Urteil wird die Abgrenzung zwischen den beiden Fehlertypen offen angesprochen und erläutert, warum gerade kein Diagnosefehler, sondern ein Befunderhebungsfehler vorliegt.

7. BGH Urt. v. 04.10.1994, VI ZR 205/93

a) Darstellung des Sachverhaltes und der Entscheidungsgründe

Der im Januar 1985 geborene Kläger hat den Beklagten als Frauenarzt seiner Mutter auf Ersatz von Schäden in Anspruch genommen, die er durch seine Frühgeburt erlitten hat. Die Mutter des Klägers wurde während ihrer Schwangerschaft seit Oktober 1984 vom Beklagten betreut. Anfang Januar 1985 suchte sie ihn wegen vaginaler Blutungen auf. Der Beklagte diagnostizierte eine Zervixverkürzung (Verkürzung des Gebärmutterhalses) und einen Harnwegsinfekt. Es traten im weiteren Verlauf weiterhin verstärkt vaginale Blutungen auf. Der Beklagte veranlasste daraufhin die stationäre Klinikaufnahme der Schwangeren. Von dort wurde die Mutter des Klägers kurze Zeit später wieder in die ambulante Behandlung des Beklagten entlassen.

---

912 Vgl. das Kapitel zur statistischen Wahrscheinlichkeit der Diagnostik S. 100 ff.

Ende Januar 1985 schilderte sie dem Beklagten starke Schmerzen, insbesondere im Rückenbereich. Dieser führte deshalb eine weitere Urinuntersuchung durch und diagnostizierte wieder eine Harnwegsinfektion. Eine vaginale Untersuchung erfolgte an diesem Tag nicht. Als einige Tage später wiederum starke vaginale Blutungen einsetzten, wies der Beklagte die Mutter des Klägers in ein Krankenhaus ein. Dort erhielt sie wehenhemmende Medikamente. Am 30. Januar 1985 wurde der Kläger in der 26. Schwangerschaftswoche mit einem Gewicht von weniger als 1000 g extrem unreif geboren. Er musste sowohl intubiert als auch über 55 Tage maschinell beatmet werden. Der Kläger leidet an einer Behinderung und ist vollständig pflegebedürftig.[913]

Das Landgericht hat die Klage abgewiesen. Das Oberlandesgericht hat den Schmerzensgeldanspruch dem Grunde nach für gerechtfertigt erklärt. Es hat zudem festgestellt, dass der Beklagte dem Kläger sämtliche auf die Frühgeburt zurückzuführenden künftigen Vermögensschäden sowie die noch nicht voraussehbaren immateriellen Schäden zu ersetzen habe. Der BGH wirft dem Berufungsgericht die Verkennung des Befunderhebungsfehlers vor, weil das Berufungsgericht dem Beklagten nicht zu Lasten legt, vorliegende Befunde nicht erhoben zu haben. Die Vorwerfbarkeit sei darin zu sehen, dass eine selbstverständliche vaginale Untersuchung unterlassen worden sei. Es geht nicht um die Fehlinterpretation, sondern um nicht erhobene weitere Befunde.[914] Der BGH führt weiter aus, dass bei zweifelsfrei gebotener Befunderhebung durchaus ein schwerer Behandlungsfehler vorliegen könne.[915] „Liegt der ärztliche Behandlungsfehler nicht in der Fehlinterpretation von Befunden, sondern in deren Nichterhebung, so ist dem Arzt nicht nur eine falsche Diagnose vorzuwerfen."[916]

Ferner geht der BGH auf die Anforderungen an die Bewertung des Behandlungsfehlers als grob und auf die darauf gegründete Umkehr der Beweislast ein.[917] Er wiederholt und bestätigt seine Rechtsprechung bzgl. der Frage, ob und inwieweit ein grober Behandlungsfehler eine Beweiserleichterung für die Kausalität rechtfertigt und betont, dass das Gewicht der Möglichkeit nicht unberücksichtigt bleiben darf, dass der Fehler zum Misserfolg beigetragen hat.[918]

---

913 Tatbestand verkürzt aus BGH Urt. v. 04.10.1994, VI ZR 205/93, NJW 1995, 778.
914 BGH Urt. v. 10.11.1987, VI ZR 39/87, NJW 1988, 1513; BGH Urt. v. 23.03.1993, VI ZR 26/92, NJW 1993, 2375.
915 Vgl. dazu auch BGH Urt. v. 03.02.1987, VI ZR 56/86, NJW 1987, 1482.
916 BGH Urt. v. 04.10.1994, VI ZR 205/93, NJW 1995, 778 Leitsatz 1.
917 BGH Urt. v. 04.10.1994, VI ZR 205/93, NJW 1995, 778, 779.
918 BGH Urt. v. 21.09.1982, VI ZR 302/80, BGHZ 85, 212, 216 f.; BGH Urt. v. 28.06.1988, VI ZR 217/87, NJW 1988, 2949.

„Jedenfalls dann, wenn eine kausale Verknüpfung mit dem Schaden in hohem Maße unwahrscheinlich ist, muss dem bei der Frage nach der gerechten Beweislastverteilung Rechnung getragen werden."[919]

b) Bewertung

Diese Entscheidung bestätigt das besprochene BGH-Urteil von 1987. Ferner verdeutlich sie, wann eine Beweislastumkehr vorliegt. Diese Aspekte sind nicht neu. Allerdings wird anhand der Entscheidung erneut deutlich, dass es sich bei der Beweislastumkehr um eine in starkem Maße an Billigkeitserwägungen orientierte Erleichterung für den Patienten handelt.

Die Entscheidung zäumt sozusagen das „Pferd von hinten auf". Der BGH stellt eine negative Prognose an, wenn davon gesprochen wird, dass eine kausale Verknüpfung mit dem Schaden im hohen Maße unwahrscheinlich ist. Dies deutet zumindest an, dass erst der Schaden sehr unwahrscheinlich sein muss, bevor die Beweislastumkehr ausgeschlossen wird. Daraus könnte hergeleitet werden – was sich allerdings in den weiteren Entscheidungen nicht bestätigt[920] – dass die Beweislastverteilung, d.h. die Umkehr zu Lasten des Arztes, der Regelfall sein soll.[921]

Zusammenfassend gilt nach dieser Rechtsprechung der Grundsatz: Hat ein Arzt es in schuldhafter Weise unterlassen, medizinisch zweifelsfrei gebotene Befunde zu erheben und/oder zu sichern, so kann dem Patienten eine Beweiserleichterung bis hin zur vollen Beweislastumkehr zu Lasten des Arztes für die Frage der Kausalität zugute kommen, wenn durch dieses Versäumnis die Aufklärung eines immerhin wahrscheinlichen Ursachenzusammenhangs zwischen Behandlungsfehler und Gesundheitsschaden erschwert oder vereitelt wird und die Befundsicherung gerade wegen des erhöhten Risikos des in Frage stehenden Verlaufs geschuldet war.[922]

In der nun zu besprechenden Entscheidung werden erneut sowohl die Abgrenzung des Befunderhebungsfehlers zum Diagnosefehler thematisiert als auch die Feststellung, dass ein verloren gegangener Befund dem Befunderhebungsfehler

---

919 BGH Urt. v. 04.10.1994, VI ZR 205/93, NJW 1995, 778, 779.
920 Siehe die nachfolgenden Entscheidungen S. 179 ff.
921 Verweis auf das Kapitel mit Gefahren dieser Entwicklung S. 200 ff.
922 BGH Urt. v. 10.05.1994, VI ZR 192/93, VersR 1994, 984, 986 m.w.N.; BGH Urt. v. 10.11.1987, VI ZR 39/87, VersR 1988, 293, 294; BGH Urt. v. 03.02.1987, VI ZR 56/86, VersR 1987, 1089, 1091; BGH Urt. v. 28.06.1988, VI ZR 217/87, VersR 1989, 80, 81 = NJW 1988, 2929, 2050.

gleichgestellt wird. Die Grundsätze des einfachen Befunderhebungsfehlers, mit Berücksichtigung des fiktiven Befundes und der beweisrechtliche Relevanz, bilden den Schwerpunkt dieser Entscheidung.

8. BGH Urt. v. 13.02.1996, VI ZR 402/94

a) Darstellung des Sachverhaltes und der Entscheidungsgründe

Am Vormittag des 10. Juli 1990 suchte der Ehemann der Klägerin zu 1) und Vater der Kläger zu 2) und 3) die internistische Praxis des Beklagten auf. Er klagte über Beschwerden im Brustbereich. Der Beklagte erstellte u.a. ein EKG. Nach dessen Auswertung entließ er den Patienten aus der Praxis und bestellte ihn für weitere Untersuchungen am Nachmittag ein. Kurze Zeit später brach der Patient bewusstlos zusammen. Trotz Hilfeleistung durch einen Notarzt und Verbringung in eine Klinik erlag er gegen Mittag desselben Tages einem Herzinfarkt. Das vom Beklagten erstellte EKG war nicht mehr auffindbar.

Das Landgericht hat die Klage dem Grunde nach für gerechtfertigt erklärt. Die Berufung des Beklagten blieb ohne Erfolg.[923]

Der BGH hat entschieden, dass das Berufungsgericht zu Recht eine Beweislastumkehr aufgrund des fehlenden EKGs angenommen hatte. Die Beweiserleichterung ergibt sich aus der Verpflichtung des Arztes, die von ihm erhobenen Befunde so zu sichern, dass sie für das weitere Behandlungsgeschehen zur Verfügung stehen.[924] Zwar kann der Patient durch eine solche Beweiserleichterung im Grundsatz nicht besser gestellt werden, als er stünde, wenn der Befund ordnungsgemäß gesichert, hier also das EKG aufbewahrt worden wäre.[925] Nach den Ausführungen des Sachverständigen hätte jedoch das verlorene EKG mit hinreichender Wahrscheinlichkeit einen früheren Herzinfarkt des Patienten erkennen lassen. Deshalb ist die Beweislastumkehr gerechtfertigt.[926]

Damit ist aber noch nicht der Nachweis geführt, dass die hiernach anzunehmende fehlerhafte Auswertung des EKG durch den Beklagten für den Tod des Patienten ursächlich war. Das Berufungsgericht hat auch in Bezug auf die Todesursächlichkeit eine Beweiserleichterung zugunsten der Kläger eingreifen lassen. Das Verhalten des Beklagten sei als grober Behandlungsfehler zu bewerten. Dem stimmt der BGH zwar im Ergebnis, jedoch mit abweichender Begründung, zu.

---

923 Tatbestand verkürzt aus BGH Urt. v. 13.02.1996, VI ZR 402/94, BGHZ 132, 47–54.
924 BGH, Urt. v. 13.02.1996, VI ZR 402/94, BGHZ 132, 47 f.
925 Vgl. BGH Beschl. v. 01.12.1992, VI ZR 103/92 = VersR 1993, 440.
926 Vgl. auch BGH Urt. v. 03.02.1987, VI ZR 56/86, BGHZ 99, 391, 396 ff.

Zur Aufarbeitung der Frage, mit welcher Deutlichkeit die Anzeichen eines früheren Infarkts auf dem EKG erkennbar waren, hat das Berufungsgericht eine Beweiserleichterung aus dem Verlust des EKGs hergeleitet. Das ist unter den besonderen Umständen des Streitfalls laut BGH nicht zu beanstanden. Die Beweiserleichterungen aus der Verletzung der Pflicht zur Aufbewahrung ärztlicher Unterlagen[927] ist aus Billigkeitsgründen entwickelt worden, um der Beweisnot des Patienten abzuhelfen.[928] Wenn dem Patienten aus einem vom Arzt zu verantwortenden Grund Beweisunterlagen vorenthalten werden, die er zum Nachweis eines Behandlungsfehlers benötigt, ist eine Beweislastumkehr gerechtfertigt. Damit soll dem Patienten ein Ausgleich dafür gewährt werden, dass das Spektrum der für die Schädigung in Betracht kommenden Ursachen gerade durch diesen Fehler besonders verbreitert bzw. verschoben worden ist.[929] Unter diesem Blickpunkt kann die Reichweite einer solchen Beweiserleichterung nicht schematisch bestimmt werden, sondern richtet sich nach der Lage des Einzelfalls.[930]

Der Klarstellung bedurften allerdings die Ausführungen des Berufungsgerichts, soweit es ausführt: Es sei nicht gerechtfertigt, Beweiserleichterungen nur zum Nachweis eines einfachen Behandlungsfehlers zu gewähren, weil dies für die Kläger „ohne Wert" sei. Für den Umfang der Beweiserleichterung kommt es nicht darauf an, in welchem Ausmaß der Patient sie benötigt, um seinen Anspruch durchsetzen zu können.[931] „Maßgeblich ist vielmehr die Frage, weshalb er sich in Beweisnot befindet und inwieweit es von daher die Billigkeit erfordert, ihm Erleichterungen bei der Beweisführung zukommen zu lassen."[932]

Der BGH führte aus, dass ein Verstoß gegen die Pflicht zur Erhebung und Sicherung medizinischer Befunde sowie zur ordnungsgemäßen Aufbewahrung der Befundträger im Wege der Beweiserleichterung für den Patienten zwar auf ein reaktionspflichtiges positives Befundergebnis schließen lässt, wenn ein solches hinreichend wahrscheinlich ist; regelmäßig lässt sich jedoch nicht auch auf

---

927 Vgl. BGH Urt. v. 21.11.1995, VI ZR 341/94, VersR 1996, 330 f. = NJW 1996, 779 f.; BGH Urt. v. 03.02.1987, VI ZR 56/86, VersR 1987, 1089 f. = BGHZ 99, 391, 396 ff.
928 Vgl. *Reinhardt* NJW 1994, 93, 94.
929 BGH Urt. v. 21.09.1982, VI ZR 302/80, BGHZ 85, 212, 216 f.; BGH Urt. v. 4.10.1994, VI ZR 205/93, MDR 1994, 1187 f. m.w.N.
930 BGH Urt. v. 13.02.1996, VI ZR 402/94, MDR 1996, 694 f. = NJW 1996, 1589 f.
931 BGH Urt. v. 13.02.1996, VI ZR 402/94, MDR 1996, 694 f. = NJW 1996, 1589 f.
932 BGH Urt. v. 13.02.1996, VI ZR 402/94, Rn. 14, zitiert nach juris, MDR 1996, 694 f. = NJW 1996, 1589 f.

eine Ursächlichkeit der unterlassenen Befundauswertung für einen vom Patienten erlittenen Gesundheitsschaden schließen.[933]

Für die Kausalitätsfrage kann der Verstoß gegen die Befunderhebungs- und Sicherungspflicht nur dann beweiserleichternd wirken, wenn im Einzelfall zugleich auf einen groben Behandlungsfehler zu schließen ist.[934] „Dies ist dann der Fall, wenn sich – gegebenenfalls unter Würdigung zusätzlicher medizinischer Anhaltspunkte – ein so deutlicher und gravierender Befund als hinreichend wahrscheinlich ergibt, daß seine Verkennung sich als fundamental fehlerhaft darstellen müßte."[935]

b) Bewertung

Diese Entscheidung behandelt zum einen den verlorenen Befund an sich, aber auch die Abgrenzung zwischen Diagnoseirrtum und Diagnosefehler hin zum Befunderhebungsfehler.

Auf der einen Seite wird deutlich, dass der verlorene Befund dem Befunderhebungsfehler gleichgestellt wird. Zusätzlich hätte der Arzt bei dem hypothetisch unterstellten Befund reagieren müssen. Hier geht der BGH – wie auch schon das Berufungsgericht – von einem fundamentalen Diagnoseirrtum(-fehler) aus. An dieser Entscheidung wird deutlich, dass selbst bei einem Diagnosefehler die Drei-Stufen-Theorie des BGH zur Anwendung kommt, wenn dem Diagnosefehler ein Befundverlust vorausgegangen ist.

Zudem zeigt die Entscheidung den Grund der Beweiserleichterungen für den Patienten auf. Es müsste eigentlich eine Selbstverständlichkeit sein, dass das Gericht nicht im Einzelfall schaut, inwieweit der Patient eine Beweiserleichterung gebrauchen könnte. Vielmehr muss das Gericht sich auf die Grundsätze berufen und prüfen, warum der Patient sich in Beweisnot befindet. Wenn es darauf ankäme zu schauen, wie weit eine Beweisnot an sich geht, ohne den Grund dafür im Blick zu haben, führt dies zu einer ungerechten Einzelfallentscheidung jedes Gerichts. Wenn also ein Grund für die Beweisnot vorliegt, welcher an sich unbillig ist, ist eine Beweiserleichterung ohne Rücksicht auf den genauen Bedarf zu erteilen.

Einige Jahre später scheint der BGH sich wieder von einer Abgrenzung zwischen den Fehlerarten abzuwenden. Diesmal wird der Fokus auf die Schwere des

---

933 BGH Urt. v. 13.02.1996, VI ZR 402/94, BGHZ 132, 47–54 Leitsatz 1.
934 BGH Urt. v. 13.02.1996, VI ZR 402/94, BGHZ 132, 47–54.
935 BGH Urt. v. 13.02.1996, VI ZR 402/94, BGHZ 132, 47–54 Leitsatz 2.

Fehlers gelegt. Dabei scheint es sekundär zu sein, ob es sich um einen Diagnose- oder einen Befunderhebungsfehler handelt.

9. BGH Urt. v. 13.01.1998, VI ZR 242/96

a) Darstellung des Sachverhaltes und der Entscheidungsgründe

Der Kläger nimmt seinen Augenarzt und dessen Urlaubsvertreterin wegen ärztlicher Fehler auf Schadensersatz in Anspruch.[936] Der Kläger ist infolge einer angeborenen Behinderung auf dem rechten Auge schwachsichtig und kann nicht sprechen, jedoch lesen und schreiben. Seit 1970 war er in einer Behindertenwerkstatt im feinmechanischen Bereich tätig. Nachdem Anfang 1990 Auffälligkeiten wie z.b. häufiges Berühren der Augen mit den Händen bemerkt worden waren, suchte der Kläger mit seiner Mutter seinen Augenarzt auf. Dieser diagnostizierte nach Spiegelung des Augenhintergrundes in Miosis (ohne Pupillenerweiterung) eine Bindehautentzündung und verschrieb Augentropfen. Eine Sehkraftprüfung (Visusbestimmung) erfolgte nicht.

Bei einem weiteren Praxisbesuch des Klägers und seiner Mutter stellte die Urlaubsvertreterin bei einer Sehkraftprüfung eine Visusverschlechterung um 0,2 auf dem linken Auge des Klägers fest, während eine Visusbestimmung rechts nicht möglich war. Nach einer wiederum in Miosis durchgeführten Augenhintergrunduntersuchung, bei der sich keine Auffälligkeiten ergaben, verschrieb sie erneut Augentropfen. Später suchten der Kläger und seine Mutter nochmals den Augenarzt auf, der eine Rötung von Augenlidern und umliegender Haut feststellte und eine Augensalbe verschrieb. Bei einer Untersuchung des Klägers in der Augenklinik der Universität M. wurde am linken Auge der Visus mit 0,1 bestimmt sowie eine Netzhautablösung festgestellt. Bei der anschließenden Operation im Klinikum der Universität A. wegen beidseitiger Netzhautablösung konnte, trotz Anlegung der Netzhaut, die Sehkraft des linken Auges nicht verbessert werden. Der Kläger ist infolgedessen fast vollständig blind.

Das Berufungsgericht führte aus: Fraglich ist, ob bei der gebotenen Augenhintergrunduntersuchung in Mydriasis (Weitstellung der Pupillen) eine beginnende Netzhautablösung festgestellt worden wäre und zu welchem Grad bei rechtzeitiger Behandlung die Sehkraft des Klägers auf dem linken Auge hätte erhalten bzw. wiederhergestellt hätten werden können. Dies lasse sich nicht sicher feststellen. Diese Ungewissheit gehe zu Lasten der Beklagten, weil dem Kläger Beweiserleichterungen sowohl hinsichtlich der Kausalität als auch der

---

936 Tatbestand übernommen aus BGH Urt. v. 13.01.1998, VI ZR 242/96, BGHZ 138, 1 f.

Heilungsprognose zugutekämen. Dies ergebe sich schon aus den vom BGH entwickelten Grundsätzen. Danach führe die unterlassene Erhebung und Sicherung von medizinisch zweifelsfrei gebotenen Befunden zugunsten des Patienten zu Beweiserleichterungen bis hin zur Beweislastumkehr, wenn dadurch die Aufklärung eines immerhin wahrscheinlichen Ursachenzusammenhangs zwischen ärztlichem Fehlverhalten und einem eingetretenen Gesundheitsschaden erschwert oder sogar vereitelt werde. Zusätzlich muss die Befunderhebung gerade wegen des erhöhten Risikos des in Frage stehenden Verlaufs geschuldet gewesen sein.

Diesen Ausführungen widerspricht der BGH und sieht die Reichweite der Beweiserleichterung als verkannt an: „Nach den Grundsätzen [...] des erkennenden Senats vom 13. Februar 1996 läßt nämlich ein Verstoß gegen die Pflicht zur Erhebung und Sicherung medizinischer Befunde oder zu deren ordnungsgemäßer Aufbewahrung im Weg der Beweiserleichterung zwar auf ein reaktionspflichtiges positives Befundergebnis schließen, wenn dieses hinreichend wahrscheinlich ist."[937] In diesem Fall betrifft dies nach dem BGH jedoch lediglich die Frage, ob bei der gebotenen Befunderhebung die beginnende Netzhautablösung erkannt worden wäre.

Für die Frage, ob bei früherer Reaktion der Gesundheitsschaden des Patienten vermieden oder zumindest vermindert worden wäre, bleibt es dabei, dass ein Verstoß gegen die Befunderhebungs- und Sicherungspflicht für diesen Ursachenzusammenhang nur unter zusätzlichen Voraussetzungen Beweiserleichterungen rechtfertigen kann. Dazu führt der BGH weiter aus: Diese Eingrenzung beruht auf der Erwägung, der Patient könne nicht durch eine sich aus der Verletzung zur Erhebung oder Aufbewahrung medizinisch gebotener Befunde ergebende Beweiserleichterung bessergestellt werden, als er stünde, wenn der Befund ordnungsgemäß gesichert bzw. erhoben worden wäre.[938]

Der BGH stellt klar, die Grundsätze der Beweiserleichterung für die Kausalitätsfrage können nur dann einschlägig sein „wenn im Einzelfall zugleich auf einen groben Behandlungsfehler wegen fundamental fehlerhafter Verkennung des Befundes zu schließen ist".[939] „Stellt bereits die Unterlassung einer aus medizinischer Sicht gebotenen Befunderhebung einen groben ärztlichen Fehler dar, so kann dies Beweiserleichterungen auch für den Ursachenzusammenhang

---

937 BGH Urt. v. 13.01.1998, VI ZR 242/96, BGHZ 138, 1 f.
938 BGH Urt. v. 13.01.1998, VI ZR 242/96, BGHZ 138, 1 f.
939 BGH Urt. v. 13.01.1998, VI ZR 242/96, BGHZ 138, 1 f.

zwischen ärztlichem Fehler und Gesundheitsschaden rechtfertigen (Fortführung BGH Urt. v. 13.02.1996, VI ZR 402/94, BGHZ 132, 47 ff.)"[940]

b) Bewertung

Nach diesem Urteil kommt es nicht darauf an, ob es sich um einen Diagnosefehler oder Befunderhebungsfehler handelt. Vielmehr wird das Augenmerk auf einen groben Fehler –welchen das Berufungsgericht zu prüfen verkannt hat – gelenkt. Handelte es sich um einen groben Fehler, so kann er auch zu Beweiserleichterungen des Patienten für den Zusammenhang zwischen ärztlichem Fehler und Gesundheitsschaden führen.

Was an diesem Urteil deutlich wird, ist, dass die Gerichte einen „Blick für das Ergebnis haben". In diesem Fall ist dies auch völlig gerechtfertigt. War der Fehler an sich gravierenderer Natur, dann rechtfertigt sich natürlich eine Beweiserleichterung bzw. Beweislastumkehr. Dennoch fällt auf, dass die Abgrenzung zwischen Diagnosefehler und Befunderhebungsfehler gar nicht von Bedeutung scheint. Die „Vermeidung" der Abgrenzung zwischen den beiden Instituten der Fehlerquellen war, verglichen mit der früheren Rechtsprechung, in diesem Urteil die Art und Weise, mit dieser Problematik umzugehen.

Heute wird dieser Umgang mit der Abgrenzung, indem man auf die Schwere des Fehlers und nicht auf die Art abstellt, sozusagen wiederentdeckt.[941] Dies sollte jedoch nicht eine neue bzw. alte Ära einleiten. Das Problem wurde wieder ausgegrenzt und der Fokus auf ein vermeintlich gerechtes Ergebnis gelegt.

Auch in der nächsten Entscheidung wird das Problem der Abgrenzung nicht angesprochen, sondern es wird vielmehr eine Lösung allein über den Befunderhebungsfehler versucht. Dabei stellt sich dieser Fall nicht so eindeutig als Befunderhebungsfehler dar, dass der Diagnosefehler völlig außen vor gelassen werden konnte.

10. BGH Urt. v. 06.10.1998, VI ZR 239/97

a) Darstellung des Sachverhaltes und der Entscheidungsgründe

Der Beklagte ist Urologe und Belegarzt im Kreiskrankenhaus X.[942] In die unfallchirurgische Abteilung dieses Krankenhauses war der Kläger mit Schmerzen im Nieren- und Thoraxbereich nach einem Verkehrsunfall aufgenommen worden.

---

940 Leitsatz BGH Urt. v. 13.01.1998, VI ZR 242/96, BGHZ 138, 1 f.
941 Vgl. *Ziegler* GesR 2014, 647, 650; vgl. die Ausführungen dazu S. 232 ff.
942 Tatbestand verkürzt aus BGH Urt. v. 06.10.1998, VI ZR 239/97, MDR 1999, 36 f.

Dort wurden eine Halswirbelsäulendistorsion (auch als sog. Schleudertrauma bekannt), eine Brust- und Lendenwirbelsäulenprellung, ein stumpfes Bauchtrauma sowie eine Nierenprellung diagnostiziert. Sonographische und labormedizinische Kontrolluntersuchungen ergaben ferner eine Mikrohämaturie (nicht mit bloßem Auge sichtbare Blutbeimischung im Urin) und eine Proteinurie (übermäßiges Ausscheiden von Proteinen im Urin).

Der Kläger wurde nach einiger Zeit entlassen, die weitere Behandlung sollte durch seinen Hausarzt erfolgen. Da dieser das Fortbestehen der Mikrohämaturie und der Proteinurie feststellte, überwies er den Kläger an den Beklagten, der im Kreiskrankenhaus bei dem Kläger eine Zystoskopie (Blasenspiegelung) vornahm, ohne dabei jedoch eine Blutungsquelle feststellen zu können. Weiterhin bestand eine leicht erhöhte Blutsenkungsgeschwindigkeit. Der Beklagte empfahl deshalb in seinem Bericht an den Hausarzt des Klägers weitere diagnostische Maßnahmen zum Aufschluss der immer noch ungeklärten Mikrohämaturie. Ferner überwies er den Kläger an einen Radiologen. Dieser führte eine zentralvenöse digitale Subtraktionsangiographie (DSA) der Nierenarterien durch, die ebenfalls keinen Hinweis auf die Ursache der Mikrohämaturie lieferte. Der Radiologe empfahl deshalb in seinem Schreiben an den Beklagten vom selben Tag eine weitere Untersuchung.

Der Kläger wurde sodann, ohne den Beklagten zuvor noch einmal aufgesucht zu haben, mit starken Schmerzen und Schüttelfrost als Notfallpatient in das Kreiskrankenhaus eingeliefert. Dort wurde ein akutes Nierenversagen diagnostiziert. Der Kläger wurde noch am selben Tag in die Universitätsklinik verlegt, wo er mehr als zwei Monate stationär behandelt wurde. Es wurde festgestellt, dass er an einem Goodpasturesyndrom (Autoimmunerkrankung, welche die Niere und Lunge befällt) mit vollständiger Niereninsuffizienz litt.

Das Berufungsgericht führte dazu aus: Es könne nicht festgestellt werden, dass das Unterlassen der Erhebung der medizinisch zweifelsfrei gebotenen Befunde durch den beklagten Urologen für die Niereninsuffizienz ursächlich geworden sei. Ferner könne auch nicht festgestellt werden, ob ein geringerer Gesundheitsschaden bei rechtzeitiger Befunderhebung eingetreten wäre. Bei einer Kontrolluntersuchung des Klägers und einer dann sofort durchgeführten Biopsie (Entnahme von Material (meistens Gewebe) aus einem lebenden menschlichen Organismus zu Untersuchungszwecken) hätten sich die „Chancen auf Heilung drastisch erhöht und etwa 70 % betragen. Das genüge aber nicht für den Nachweis einer haftungsbegründenden Kausalität zwischen Behandlungsfehler und Gesundheitsschaden." Damit hat das Berufungsgericht die Klage abgewiesen.

Diese Ausführungen sind nach dem BGH nicht haltbar. Nach der neueren Rechtsprechung des IV. Senats lasse sich durch einen Verstoß des Arztes gegen die Pflicht zur Erhebung und Sicherung medizinischer Befunde im Wege der Beweiserleichterung für den Patienten vorrangig nur auf ein reaktionspflichtiges positives Befundergebnis schließen, sofern ein solches hinreichend wahrscheinlich war. Es kann darüber hinaus auch für die Kausalitätsfrage beweiserleichternde Wirkung erzielen, wenn im Einzelfall zugleich auf einen groben Behandlungsfehler zu schließen ist. Der grobe Behandlungsfehler muss jedoch damit begründet sein, dass sich bei der „unterlassenen Abklärung mit hinreichender Wahrscheinlichkeit ein so deutlicher und gravierender Befund ergeben hätte, daß sich dessen Verkennung als fundamental fehlerhaft darstellen müßte."[943]

Wenn die Erhebung des gebotenen Befundes medizinisch zwingend notwendig war, der mit hinreichender Wahrscheinlichkeit ein reaktionspflichtiges positives Ergebnis erbracht hätte, soll dem Patienten eine Beweiserleichterung hinsichtlich des Behandlungsfehlers für den eingetretenen Gesundheitsschaden zukommen.[944] Diese prozessuale Konsequenz soll aber nur dann eintreten, wenn sich die Verkennung des Befundes als fundamental oder die Nichtreaktion auf ihn als grob fehlerhaft darstellen würde.[945]

b) Bewertung

Hervorgehoben werden muss die Aussage des BGH, dass sich „die Nichtreaktion auf ihn (Anmerkung: auf den Befundhebungsfehler) als grob fehlerhaft darstellen würde." Die Frage, die man sich nun im Prozess stellen muss, lautet: Hätte der Arzt den Befund erhoben und würde dieser nun vorliegen, wäre dann ein Unterlassen weiterer Schritte als grob fehlerhaft und unverständlich anzusehen? Ein Sachverständiger muss dies beantworten.

Dazu kann man grundsätzlich[946] die Frage nach einem hypothetischen Befund und dessen Auswirkungen nur stellen, wenn ein Befunderhebungsfehler vorliegt. Hier geht der BGH nicht auf die Abgrenzung explizit ein. Dies kann zum einen darin begründet sein, dass das Berufungsgericht die Grundsätze der Abgrenzung richtig erkannt und im Urteil niedergelegt hat. Zum anderen

---

943 Vgl. BGH Urt. v. 13.02.1996, VI ZR 402/94, BGHZ 132, 47, 52; BGH Urt. v. 13.01.1998, VI ZR 242/96, BGHZ 138, 1 f.; BGH Urt. v. 27.01.1998, VI ZR 339/96, VersR 1998, 585 f.
944 BGH Urt. v. 06.10.1998, VI ZR 239/97, Leitsatz, VersR 1999, 60, 61.
945 BGH Urt. v. 06.10.1998, VI ZR 239/97, Leitsatz, VersR 1999, 60, 61.
946 Ausnahme bei Nichtauffinden eines Befundes und grobem Diagnosefehler siehe BGH Urt. v. 13.02.1996, VI ZR 402, 94, VersR 1996, 633.

könnte genau dieser Punkt von der Revision nicht angegriffen worden sein. Auffällig ist, dass das Wort Diagnose nicht vorkommt.
Der BGH bedient sich hier eines Befundes, der unterstellt werden muss, damit es eine Entscheidung hinsichtlich des Prozesses geben kann. Würde man diesen Befund nicht unterstellen und dementsprechend bewerten, würde dies zwangsläufig immer einen verlorenen Prozess für die Patientenseite bedeuten. Dass dies nicht dem Billigkeitsempfinden entspricht und entsprechen kann, zeigt der BGH deutlich auf.[947]
Der besprochene Fall zeigt, dass eine fehlende Abgrenzung zu Missverständnissen und fehlerhaften Urteilen führen kann. Das Berufungsgericht hat nicht einmal einen Befunderhebungsfehler in Betracht gezogen, wobei der BGH diesen als gegeben ansieht und nur diesen einen Fehlertypus thematisiert. Hier wäre gerade vom BGH eine klare Position zur Abgrenzung wünschenswert und aufgrund der Entscheidung des Berufungsgerichts auch zwingend notwendig gewesen.

11. BGH Urt. v. 06.07.1999, VI ZR 290/98

a) Darstellung des Sachverhaltes und der Entscheidungsgründe

Die Klägerin wurde nach einem Verkehrsunfall in das Klinikum der Erstbeklagten eingeliefert, wo am selben Tag neben weiteren Verletzungen am linken Bein eine distale Unterschenkeltrümmerfraktur und eine Oberschenkelspiralfraktur festgestellt und vom Zweitbeklagten operativ behandelt wurden. Die Klägerin wurde anschließend von der Intensivstation auf die allgemeine chirurgische Abteilung verlegt, deren Leiter der Drittbeklagte ist. Dort wurde eine Etagenfraktur des rechten Wadenbeins festgestellt und versorgt. Zeitlich später, ebenfalls als Unfallfolge, wurde eine nicht dislozierte Abrissfraktur der Bogenwurzel des zweiten Halswirbelkörpers und zeitlich noch später ein Pleuraerguss (übermäßige Flüssigkeitsansammlung in der Pleurahöhle, im Brustkorb) diagnostiziert, der zweimal punktiert wurde. Nach einiger Zeit wurde die Klägerin in die ambulante Behandlung entlassen. In der Folgezeit wurde an ihrem linken Unterschenkel eine ausgeprägte Osteitis (Entzündung des Knochens) festgestellt, die

---

947 Vgl. zu dieser Problematik u.a. folgende Dissertationen: *Julia Susanne Sundmacher*: Die unterlassene Befunderhebung des Arztes – Eine Auseinandersetzung mit der Rechtsprechung des BGH (2007); *Yvonne v. Harder*: Die Beweisfigur des Befunderhebungs- und Befundsicherungsfehlers im Arzthaftungsprozess nach der Rechtsprechung des BGH und der Instanzgerichte (2009); *Ulrike Kostka*: Die Beweislastverteilung im Arzthaftungsprozess bei fehlerhafter Befunderhebung und Gerätefehlern (2012).

erst drei Jahre später ausgeheilt war. Im Prozess betonte der Sachverständige, wäre er Behandler gewesen, dann hätte er einen Wundabstrich des Beines vorgenommen. Die weitere Behandlung wäre dann abhängig von dem Ergebnis des Wundabstriches gewesen.

In den Entscheidungsgründen führte der BGH aus, dass das Berufungsgericht die Äußerungen des Sachverständigen bezüglich weiterer Befunderhebung näher hätte hinterfragen müssen. Er betonte, dass ein nach dem derzeitigen Sachstand zumindest nicht auszuschließender Verstoß gegen die Befunderhebungspflicht auch für die Kausalitätsfrage beweiserleichternde Bedeutung gewinnen könnte und setzte entgegen der Auffassung des Berufungsgerichts nicht schon einen groben Verstoß, welcher als grober Behandlungsfehler zu klassifizieren wäre, voraus: „Vielmehr kann bereits die – nicht grob – fehlerhafte Unterlassung einer gebotenen Befunderhebung"[948] einen Ansatz für Beweiserleichterungen bilden, wenn sich bei der unterlassenen Abklärung mit hinreichender Wahrscheinlichkeit ein so deutlicher und gravierender Befund ergeben hätte, dass sich dessen Verkennung als fundamental fehlerhaft darstellen würde.

b) Bewertung

Das Berufungsgericht hat mit keinem Wort einen Befunderhebungsfehler angesprochen. Dabei spricht die Aussage des Sachverständigen, er hätte einen Wundabstrich vorgenommen und je nach dessen Ergebnis gehandelt, gerade für einen Befunderhebungsfehler. Hier geht der BGH von einem solchen aus und verweist auf die erneute Tatsacheninstanz vor dem Berufungsgericht.

Erstaunlich ist, dass der BGH in seinen Entscheidungsgründen wieder nicht zu einem Diagnosefehler abzugrenzen scheint. Für den BGH scheint ohne Zweifel ein Befunderhebungsfehler vorzuliegen. Dies ist in diesem Fall verständlich und auch zu begrüßen, denn die Vorwerfbarkeit lag hier eindeutig im Bereich des Unterlassens weiterer Befunderhebung. Für die Wirkung und die Bedeutung dieser Entscheidung ist es aber nicht hilfreich, einen potentiellen Fehler gar nicht zu behandeln und damit den Eindruck zu erwecken, es gäbe die Abgrenzungsproblematik nicht. Dies gilt vor allem vor dem Hintergrund, dass das Berufungsgericht den Befunderhebungsfehler nicht in Betracht gezogen hat.

Diese Entscheidung zeigt erneut, dass der Befunderhebungsfehler prozessentscheidend sein kann. Umso schwerwiegender wiegt der Fehler des Berufungsgerichts, die Problematik des Befunderhebungsfehlers und schon dieses Fehlertypus an sich, erst gar nicht erkannt zu haben.

---

948 BGH Urt. v. 06.07.1999, VI ZR 290/98, VersR 1999, 1282.

Durch die Konzentration auf einen Fehlertypus gelangt das Berufungsgericht oftmals zu falschen Ergebnissen. Dies zeigt auch der folgende Fall. Hier hat das Berufungsgericht einen Befunderhebungsfehler angenommen. Eine Haftung wurde jedoch dann mit Argumenten abgelehnt, die eigentlich die Kausalität betreffen. Eine Abgrenzung zum Diagnosefehler hätte in diesem Fall stattfinden müssen. Stattdessen konzentriert sich das Gericht auf den Befunderhebungsfehler, welcher dann noch nicht einmal konsequent zu Ende gedacht wird.

12. BGH Urt. v. 23.03.2004, VI ZR 428/02

a) Darstellung des Sachverhaltes und der Entscheidungsgründe

Am 26.10.1989 wurde der Patientin ein Herzschrittmacher eingesetzt. Der Beklagte betreute die Klägerin aufgrund des Herzschrittmachers. Am 07.10.1996 entnahm der Beklagte einem vom Hausarzt der Klägerin am selben Tag erstellten EKG, dass eine Indikation zum Schrittmacheraustausch bestand. In Absprache mit der Klägerin vereinbarte er einen Termin zum Aggregatwechsel im kardiologischen Zentrum für den 09.10.1996. Beim Warten auf die Operation brach die Klägerin zusammen und musste reanimiert werden. Infolge des Zusammenbruchs erlitt sie ein apallisches Syndrom[949].

Im Wesentlichen ging es darum, ob der Beklagte zu einem sofortigen Austauschtermin hätte raten oder zumindest eine unmittelbare Schrittmacherkontrolle hätte vornehmen müssen, um den Zustand des Aggregats festzustellen. Weiterhin stellt sich die Frage, ob der Zusammenbruch der Klägerin auf ein Versagen des Herzschrittmachers oder auf ein unabhängig hiervon aufgetretenes Kammerflimmern zurückzuführen war.

Das Berufungsgericht hat die hinreichende Wahrscheinlichkeit eines reaktionspflichtigen positiveren Ergebnisses unter Hinweis darauf verneint, dass auch eine andere Erkrankung, hier das Kammerflimmern, allein den Zusammenbruch der Klägerin hätte verursachen können. Mit dieser Argumentation vermengt das Berufungsgericht in unzulässiger Weise die Frage, ob die unterlassene Befunderhebung mit hinreichender Wahrscheinlichkeit ein reaktionspflichtiges Ergebnis erbracht hätte, mit jener, ob der Befunderhebungsfehler den eingetreten Gesundheitsschaden verursacht hat.[950]

---

949 Seit dem Jahre 2009 wird das apallische Syndrom als Syndrom reaktionsloser Wachheit (SRW) bezeichnet und ist umgangssprachlich unter dem Begriff des Wachkomas bekannt.
950 BGH Urt. v. 23.03.2004, VI ZR 428/02, VersR 2004, 790, 792.

Die hinreichende Wahrscheinlichkeit eines reaktionspflichtigen Ergebnisses eines Befundes ist jedoch unabhängig von der Kausalitätsfrage zu beurteilen. Sie darf schon gar nicht damit begründet werden, der Gesundheitsschaden könne im Ergebnis auch infolge eines völlig anderen Kausalverlaufs eingetreten sein.[951]

Eine fehlerhafte Unterlassung der Befunderhebung führt zu einer Beweislastumkehr hinsichtlich der Kausalität des Behandlungsfehlers für den eingetretenen Schaden, wenn sich bei der gebotenen Befunderhebung mit hinreichender Wahrscheinlichkeit ein reaktionspflichtiges positives Ergebnis gezeigt hätte und wenn sich die Verkennung dieses Befundes als fundamental oder die Nichtreaktion hierauf als grob fehlerhaft darstellen würde. „In diesem Rahmen ist die hinreichende Wahrscheinlichkeit eines reaktionspflichtigen Befundergebnisses unabhängig von der Kausalitätsfrage zu beurteilen und darf insbesondere nicht mit der Begründung verneint werden, der Gesundheitsschaden könne auch infolge eines völlig anderen Kausalverlaufs eingetreten sein."[952]

b) Bewertung

In diesem Fall wurde die Tatsacheninstanz nicht voll ausgeschöpft. Es hätte bei tatsächlich vorhandenen Zweifeln an der Sachkunde bzw. am Gutachten des Sachverständigen weitere „Aufklärung" betreiben müssen. Es hat hier den Behandlungsfehler verneint, weil potentiell noch andere Kausalverläufe in Betracht kämen. Dass eine Verneinung eines Behandlungsfehlers aufgrund anderer möglicher Ursachen der Erkrankung fehlerhaft ist, hat der BGH deutlich und zu Recht ausgeführt.

In dieser Entscheidung wird das Problem, welches im Einleitungsteil ausgeführt wurde, deutlich. Die Frage der unterlassenen Befunderhebung und die Frage der Kausalität werden vermengt. Aufgrund der nicht eindeutigen Kausalität – welche in Arzthaftungsfragen fast nie eindeutig zu beantworten ist – wurde die Haftung abgelehnt. Mit dem Satz „die hinreichende Wahrscheinlichkeit eines reaktionspflichtigen Befundergebnisses unabhängig von der Kausalitätsfrage zu beurteilen" hat der BGH sich klar für eine Trennung der beiden Bereiche, einmal den Fehler selbst und die dazugehörende Kausalität, ausgesprochen.

Daraus lässt sich schlussfolgern: Die Frage der Kausalität ist erst nach der Frage der Fehlereigenschaft zu beantworten. Festzustellen, die Kausalität läge jedenfalls nicht vor, widerspricht der typischen Prüfungsreihenfolge und widerspricht

---

951 BGH Urt. v. 27.01.1998, VI ZR 339/96, VersR 1998, 585 f.
952 Leitsatz BGH Urt. v. 23.03.2004, VI ZR 428/02, VersR 2004, 790, 792.

Prozessmaximen. Wenn man diesen Gedanken stringent zu Ende denkt, dann könnte man fast jeden Arzthaftungsprozess aufgrund fehlender oder möglicherweise fehlender Kausalität scheitern lassen, ohne sich überhaupt damit beschäftigen zu müssen, dass oder ob ein Behandlungsfehler vorliegt. Dies stellt der BGH sehr schön mit folgendem Teilsatz dar: „… darf insbesondere nicht mit der Begründung verneint werden, der Gesundheitsschaden könne auch infolge eines völlig anderen Kausalverlaufs eingetreten sein."[953]

Auch hier greift der BGH die Abgrenzungsproblematik erst gar nicht auf, sondern bejaht direkt einen Befunderhebungsfehler. Es scheint so, als seien bestimmte Gruppen von Fehlern typischerweise auf die Befunderhebung zu reduzieren, ohne sich mit Diagnosefehlern überhaupt auseinandersetzen zu müssen.

In einem weiteren Fall wird die Abgrenzung zwischen Befunderhebungs- und Diagnosefehler klar thematisiert. In diesem Fall war jedoch keine Notwendigkeit dieser Abgrenzung zu sehen. Vielmehr stellte er sich relativ eindeutig als Diagnosefehler dar. In den Jahren davor wurde die Abgrenzung fälschlicher Weise nicht getroffen bzw. es gab nicht das Problembewusstsein für die Abgrenzung. Dies hat sich in den folgenden Jahren in der Rechtsprechung der Instanzgerichte geändert und zum Gegenteil geführt. Nun lässt sich beobachten, dass diese Abgrenzung selbst in klaren Fällen angestrengt wird.

13. BGH Urt. v. 09.01.2007, VI ZR 59/06

a) Darstellung des Sachverhaltes und der Entscheidungsgründe

Der Patient stellte im Juni 1996 nach einem Duschbad im Bereich des rechten Schulterblatts eine Hautläsion von ca. 5 mal 5 mm Durchmesser fest, die nach dem Abtrocknen der Haut mit einem Frottiertuch blutete. Der von ihm kontaktierte Hautarzt exizierte die Hautveränderung und übersandte das Exzidat mit der Bemerkung „blutender Naevus (blutendes Muttermal), Malignitätsverdacht" zur histopathologischen Untersuchung an den Beklagten.

Dieser beurteilte die von ihm untersuchte Gewebeprobe als gutartigen (Spitz-)Tumor und führte weiter aus, es gäbe keinen Anhalt für ein invasives malignes Melanom sowie für eine andere Krebserkrankung der Haut im betroffenen Bereich. Im Befundbericht des Beklagten heißt es ferner, eine von ihm festgestellte epidermale Nekrose (Absterben der Oberhaut) mit Fibrininsudation (Einwandern bzw. Einfließen von Fibrin, einem Blutgerinnungsprotein) sei

---

953 Leitsatz BGH Urt. v. 23.03.2004, VI ZR 428/02, VersR 2004, 790, 792.

seiner Meinung nach die Folge einer lokalen Traumatisierung z.B. etwa eines Ätzungsversuchs des Patienten. In der Folge kam es zu Telefonaten zwischen dem Hautarzt und dem Beklagten, über deren Inhalte gestritten wurde. Der Beklagte hielt an seinem Untersuchungsergebnis fest. Im Sommer 1997 wurden bei dem Patienten zahlreiche Metastasen eines malignen Melanoms im Stadium IV (Stadium IV ist das letzte Stadium mit Metastasen in anderen Organen) festgestellt. Trotz einer sofort eingeleiteten intensiven Therapie kam es zur Tumorprogression und der Patient verstarb im Sommer 1998.

Das Berufungsgericht führte aus: Eine Umkehr der Beweislast lasse sich nicht aus den Grundsätzen der Rechtsprechung zur Unterlassung einer gebotenen Befunderhebung herleiten. Insoweit müsse zwischen dem Unterlassen der Befunderhebung an sich und dem Unterlassen einer einzelnen Befunderhebungsmaßnahme im Rahmen der Befunderhebung unterschieden werden, wobei nur erstere zur Beweislastumkehr führen könne. Andernfalls würde sich die Beweislast in nicht mehr angemessener Weise auf die Behandlungsseite verschieben. Vorliegend sei mit der Nichteinholung einer zweiten Meinung nur eine Einzelmaßnahme unterblieben, so dass eine Umkehr der Beweislast nicht gerechtfertigt sei.

Diese Ausführungen hielten der revisionsrechtlichen Überprüfung des BGH im Ergebnis stand. Der BGH sieht, wie auch das Berufungsgericht, den ärztlichen Fehler als reinen Diagnosefehler an. Zudem betont der BGH, dass die Rechtsprechung bezüglich einer Beweislastumkehr hier weder unmittelbar noch mittelbar anwendbar ist.

Der Sachverständige bezeichnete die Diagnose als außerordentlich schwierig, sogar als das Schwierigste, was es in dem Fachbereich gebe, zumal hier Umstände vorgelegen hätten, die die Beurteilung zusätzlich besonders erschweren. Bei der Gesamtbewertung müsse der Pathologe, anhand seiner bisherigen Erfahrung, eine subjektive Einordnung vornehmen. Selbst unter Experten lägen deshalb nach einer Studie die abweichenden Auffassungen bei über einem Drittel. Vor diesem Hintergrund hat der Sachverständige mehrfach ausdrücklich geäußert, es könne nicht von einem schwerwiegenden Diagnosefehler gesprochen werden.[954]

„Ein Diagnosefehler (hier: eines Pathologen) wird nicht bereits deshalb zum Befunderhebungsfehler, weil der Arzt es unterlassen hat, die Beurteilung des von ihm erhobenen Befundes durch Einholung einer zweiten Meinung zu überprüfen."[955] Der BGH betont hiermit zum einen den Vertrauensgrundsatz zwischen

---

954 BGH Urt. v. 09.01.2007, VI ZR 59/06, VersR 2007, 541, Rn. 12, zitiert nach juris.
955 Leitsatz aus BGH Urt. v. 09.01.2007, VI ZR 59/06, VersR 2007, 541.

zwei Disziplinen und zum anderen spricht er von der heute bekannten Sperrwirkung[956] des Diagnosefehlers.

b) Bewertung

Sowohl das Berufungsgericht als auch der BGH erkennen die Gefahr einer ständigen Verschiebung der Beweislast zu Lasten der Behandlungsseite.
  Dass in diesem Fall an einen Befunderhebungsfehler gedacht wurde, liegt nicht ganz nahe. Das Berufungsgericht qualifiziert zwar den Fehler des Pathologen richtigerweise als Diagnosefehler. Es spricht dennoch die Abgrenzung zu einer Beweislastumkehr beim Befunderhebungsfehler an. Der Befund, das Exidat der Haut, wurde schon „erhoben". Wenn eine zweite Meinung eingeholt worden wäre, dann wäre dasselbe Exidat verwendet worden bzw. von derselben Hautstelle erneut eine Probe entnommen worden. Hier liegt das mögliche Versäumnis also nicht im Nichterheben von Befunden. Auch die vom BGH gewählte Begründung der Fallgruppe des Befunderhebungsfehlers, nämlich die nachträglich schwierige Aufklärbarkeit des Sachverhaltes, ist bei einer Entnahme der Probe nicht heranzuziehen.
  Dass ein Befunderhebungsfehler selbst dann nicht in Betracht käme – ginge man von einer entsprechenden Verpflichtung des Pathologen aus –, sieht auch der BGH so. Er wiederholt und verweist zwar auf seine Rechtsprechung zur Beweislastumkehr bei einem nur einfachen Befunderhebungsfehler, betont jedoch dann ganz deutlich, dass diese Rechtsprechung hier weder unmittelbare noch mittelbare Anwendung findet. Indem er hervorhebt, dass noch nicht einmal eine mittelbare Anwendung in Betracht käme, stellt der BGH klar, dass er das Instrument der Beweislastumkehr und die Annahme eines Befunderhebungsfehlers für abwegig hält.
  Dies ist eine entscheidende Aussage. Die Tendenz der Instanzgerichte geht dahin, bei jedem Diagnosefehler automatisch einen Befunderhebungsfehler mit zu prüfen. Dies ist schon im Ansatz verfehlt. Zunächst müsste geprüft werden, ob eine vollständige Diagnostik vorgenommen wurde. Kommt das Gericht – wie im vorliegenden Fall – zu dem Schluss, dass dies geschehen ist, ist nur noch zu prüfen, ob ein Diagnoseirrtum oder ein schwerer/grober Diagnosefehler gegeben ist.[957] Der Befunderhebungsfehler muss dann außer Betracht bleiben. Würde man einen Befunderhebungsfehler jetzt prüfen, übergeht man die Sperrwirkung des Diagnoseirrtums[958] und die Privilegierung aufgrund des menschlichen

---

956 Vgl. zur Sperrwirkung des Diagnosefehlers S. 246 ff.
957 Vgl. dazu mein Schema zur Prüfungsreihenfolge S. 249 ff.
958 Verweis auf die Sperrwirkung des Diagnoseirrtums S. 246 ff.

Organismus. Zusätzlich würde zudem die Beweislastverteilung missachtet. Diese stellt in Arzthaftungsprozessen eine seit langem gefestigte Billigkeitsrechtsprechung dar.[959]

Bei jeder Billigkeitsrechtsprechung bedarf es jedoch auch Regeln und Grundsätzen. Fehlen diese, dann würde das Ergebnis des Prozesses alleine vom jeweiligen Richter, der Arzthaftungskammer oder dem Arzthaftungssenat und deren Beurteilung abhängen. Die Gefahr der Bildung von Einzelmeinungen wäre groß. Dies kann nicht gewollt sein.

Um die – durchaus verständlichen – Unsicherheiten bzgl. der Abgrenzung des Diagnosefehlers zum Befunderhebungsfehler zu vermeiden, war es essentiell, von Seiten des BGH eine deutliche Aussage hin zu den Grundsätzen des Diagnosefehlers zu treffen. Diese Entscheidung ist zu begrüßen.

Die Entscheidung des BGH, welche als nächstes dargestellt und besprochen wird, kann als eines der bedeutendsten Urteile im Hinblick auf die Abgrenzung angesehen werden. Es werden beide Fehlertypen thematisiert und es wird schön herausgearbeitet, warum gerade kein Befunderhebungsfehler vorliegt. Hier wird zudem, wie auch in der vorherigen Entscheidung, die Grenze der Reichweite eines Diagnosefehlers deutlich.

14. BGH Urt. vom 21.12.2010, VI ZR 284/09

a) Darstellung des Sachverhalts und der Entscheidungsgründe

Die Ehefrau des Klägers wurde im März 2003 in dem von der Beklagten zu 1) betriebenen Krankenhaus zur Durchführung einer Meniskusoperation aufgenommen. Im Rahmen der Vorbereitung der Operation veranlasste der bei der Beklagten zu 1) angestellte Anästhesist die Anfertigung einer Röntgenaufnahme der Lunge. Die Aufnahme wurde in der von den Beklagten zu 2) und 3) im Krankenhaus der Beklagten zu 1) betriebenen radiologischen Praxis erstellt und ohne Auswertung an den Anästhesisten übermittelt. Dieser bewertete die Aufnahme. Dabei stellte er keine der Anästhesie entgegenstehenden Umstände fest. Eine ca. 2 Bildzentimeter durchmessende Verdichtungszone in Form eines Rundherdes rechts supradiaphragmal (oberhalb des Zwerchfelles) bemerkte er nicht. Im März 2003 wurde die Ehefrau des Klägers erfolgreich und ohne Komplikationen am Meniskus operiert. Im April 2004 wurde bei ihr ein Adenokarzinom (Bösartiger Tumor, der aus dem Drüsengewebe hervorgeht) im Bereich des rechten Lungenflügels festgestellt, an welchem sie 2006 verstarb.

---

959 Vgl. *Martis/Winkhart* D 1 ff. m.w.N.

Der Kläger macht geltend, der Anästhesist habe den auf der Röntgenaufnahme ersichtlichen Rundherd, der eindeutig auf ein tumoröses Geschehen hinweise, grob fehlerhaft nicht erkannt und nicht weiter abgeklärt. Wäre das Karzinom bereits im März 2003 erkannt worden, so hätte es noch vor der Metastasierung entfernt werden können.

Der BGH führt in seinen Entscheidungsgründen aus: Durchgreifenden rechtlichen Bedenken begegnet die Beurteilung des Berufungsgerichts, der Beklagten sei ein Befunderhebungsfehler vorzuwerfen, weil der Anästhesist bei der Auswertung der Röntgenaufnahme die auch für ein ungeübtes Auge ohne weiteres erkennbare Verdichtung im Bereich des rechten Lungenflügels nicht erkannt und es unterlassen habe, die Ursache durch weitere differentialdiagnostische Maßnahmen abzuklären. Insofern haben die revisionsrechtlich geltend gemachten Bedenken der Beklagten Erfolg.

Das beklagte Krankenhaus wendet sich allerdings ohne Erfolg gegen folgende Annahme des Berufungsgerichts: Die auf Veranlassung des Anästhesisten gefertigte Röntgenaufnahme habe trotz der Tatsache ausgewertet werden müssen, dass ihre Anfertigung vor Durchführung der Meniskusoperation medizinisch nicht geboten gewesen sein könne. Da das Wohl des Patienten oberstes Gebot und Richtschnur jeden ärztlichen Handelns ist, verpflichten den Arzt auch die Ergebnisse solcher Untersuchungen zur Einhaltung der berufsspezifischen Sorgfalt, die medizinisch nicht verlangt waren, aber dennoch – beispielsweise aus besonderer Vorsicht – veranlasst wurden. Auf diese Weise gewonnene Erkenntnisse dürfen entgegen der Auffassung der Revision vom Arzt nicht deshalb ignoriert werden, weil keine Verpflichtung zur Durchführung der entsprechenden Untersuchung bestand.

Ohne Erfolg macht die Revision zudem geltend, der Beklagte habe die Röntgenaufnahme lediglich auf anästhesierelevante Besonderheiten auswerten müssen. Aufgrund der ihm gegenüber dem Patienten obliegenden Fürsorgepflicht hat der für die Auswertung eines Befundes im konkreten Fall medizinisch verantwortliche Arzt all die Auffälligkeiten zur Kenntnis und zum Anlass für die gebotenen Maßnahmen zu nehmen, die er aus berufsfachlicher Sicht seines Fachbereichs unter Berücksichtigung der dort vorausgesetzten Kenntnisse und Fähigkeiten sowie der Behandlungssituation feststellen muss. Vor in diesem Sinne für ihn erkennbaren „Zufallsbefunden" darf er nicht die Augen verschließen.

Die Revision beanstandet jedoch zu Recht, dass das Berufungsgericht den von ihm angenommenen Fehler des Anästhesisten als Befunderhebungsfehler und nicht als Diagnoseirrtum qualifiziert hat. Ein Befunderhebungsfehler ist anzunehmen, wenn die Erhebung medizinisch gebotener Befunde unterlassen wird.

Im Unterschied dazu liegt ein Diagnoseirrtum vor, wenn der Arzt erhobene oder sonst vorliegende Befunde falsch interpretiert und deshalb nicht die aus der berufsfachlichen Sicht seines Fachbereichs gebotenen therapeutischen oder diagnostischen Maßnahmen ergreift. Vorliegend wirft das Berufungsgericht der Beklagten vor, der bei ihr angestellte Anästhesist habe die auf dem Röntgenbild auch für ein ungeübtes Auge ohne weiteres erkennbare, abklärungsbedürftige Verdichtung im Bereich des rechten Lungenflügels nicht erkannt und es deshalb unterlassen, deren Ursache differentialdiagnostisch abklären zu lassen. Es lastet dem Anästhesisten der Beklagten damit in erster Linie eine Fehlinterpretation des erhobenen Befundes, d.h. einen Diagnosefehler an. Wie die Revision zu Recht geltend macht, wird ein Diagnosefehler aber nicht dadurch zu einem Befunderhebungsfehler, dass bei objektiv zutreffender Diagnosestellung noch weitere Befunde zu erheben gewesen wären.

Liegt kein Befunderhebungsfehler vor, ist dann kein Raum für die Annahme, der Behandlungsfehler sei ursächlich für den eingetretenen Gesundheitsschaden gewesen.

Die bisherigen Feststellungen rechtfertigen auch keine Umkehr der Beweislast hinsichtlich des ursächlichen Zusammenhangs zwischen Behandlungsfehler und geltend gemachtem Gesundheitsschaden. Bei einem Diagnosefehler kommt eine Beweislastumkehr nur dann in Betracht, wenn der Fehler als grob zu bewerten ist. Ein Fehler bei der Interpretation der erhobenen Befunde stellt allerdings nur dann einen schweren Verstoß gegen die Regeln der ärztlichen Kunst und damit einen „groben" Diagnosefehler dar, wenn es sich um einen fundamentalen Irrtum handelt. Wegen der bei Stellung einer Diagnose nicht seltenen Unsicherheiten muss die Schwelle, von der ab ein Diagnosefehler als schwerer Verstoß gegen die Regeln der ärztlichen Kunst zu beurteilen ist, der dann zu einer Belastung der Behandlungsseite mit dem Risiko der Unaufklärbarkeit des weiteren Ursachenverlaufs führen kann, hoch angesetzt werden.

b) Bewertung

Die Bedeutung des Falles für Abgrenzungsfällen zwischen Diagnosefehler und Befunderhebungsfehler ist hoch. Auf den ersten Blick erscheint die Abgrenzung auch nicht ganz leicht zu fallen. Wenn man jedoch genauer hinsieht, fällt folgendes auf: Es liegt

1. ein Befund vor,
2. dieser wurde dem Arzt auch vorgelegt,
3. die Diagnose wurde falsch ermittelt,
4. Zufallsbefund.

Es handelt sich hier – wenn man es so bezeichnen will – um einen typischen Diagnosefehler. Eine vollständige Befunderhebung liegt für diesen Fall vor, jedenfalls zunächst einmal für die Beurteilung zur Fähigkeit der Anästhesie. Um den Lungentumor erkennen zu können, bedurfte es keines „Mehr" an Befunderhebung. Deshalb scheidet ein Befunderhebungsfehler aufgrund unzureichender oder generell unterlassener Befunderhebung aus. Hier kam es dann auf die Unterscheidung zwischen grobem und bloßem einfachem Fehler in der Diagnose an. Richtig benutzt worden ist auch die Terminologie. Es handelt sich eben hier nicht um einen Irrtum, sondern um einen Fehler.

Bzgl. der Zufallsbefunde hebt der BGH eine Selbstverständlichkeit ganz deutlich hervor. Auch Befunde, wegen derer nicht konkret die Befunderhebung unternommen wurde, sind so zu behandeln, als wären sie ganz „normale" Befunde. Das hat der BGH hier berücksichtigt und folgerichtig einen Diagnosefehler angenommen.

In der nächsten Entscheidung wird erneut die Bedeutung der Abgrenzung der beiden Fehler für die Praxis, gerade im Hinblick auf die prozessualen Folgen, deutlich.

15. BGH Urt. v. 07.06. 2011, VI ZR 87/10

a) Darstellung des Sachverhaltes und der Entscheidungsgründe

Die Klägerin begehrt Schadensersatz und Schmerzensgeld für die Folgen einer ärztlichen Behandlung in einem Zentrum für Psychiatrie und Psychotherapie, dessen Träger der Beklagte ist. Die Klägerin wurde 1998 in tief somnolentem Zustand durch den Notarzt in das Klinikum L.-D. eingewiesen. Nach Durchführung einer Computertomografie sowie einer Liquordiagnostik wurde sie mit der Diagnose eines psychogenen bzw. depressiven Stupors (vollständiger Aktivitätsverlust im wachen Zustand) in die Einrichtung des Beklagten verlegt. Aufgrund einer Eigengefährdung hatte sich die Klägerin zuvor dort in stationärer Behandlung befunden. In der Folgezeit durchlief die Patientin stationäre Behandlungen in unterschiedlichen anderen Einrichtungen. Ein organisches Geschehen wurde nicht diagnostiziert. Bei einer Untersuchung im März 1999 wurde dann jedoch festgestellt, dass die Klägerin im Oktober 1998 einen embolischen Thalamusinfarkt erlitten hatte. Aufgrund des unerkannten Infarktes leidet sie unter bleibenden Sprachbeeinträchtigungen und Schluckstörungen. Diese Schäden führt sie auf eine unzureichende Behandlung in der Einrichtung des Beklagten zurück. Die Einlieferungsdiagnose sei trotz Symptomen, welche auf eine andere Erkrankung hingewiesen hätten, von den verantwortlichen Ärzten nicht überprüft worden. Deshalb konnte der Thalamusinfarkt nicht frühzeitig behandelt werden. Dadurch habe die Klägerin irreparable Schäden erlitten. Auch die psychiatrische Unterbringung sei grundlos gewesen, da nicht die Psyche Probleme bereitet habe, sondern die Erkrankung organischer Natur gewesen sei.[960]

Das Landgericht gab der Klage nur teilweise statt. Dabei verkannte es nach Ansicht des BGH[961] die Beweislastumkehr bei einem nur einfachen Befunderhebungsfehler. Bei einem einfachen Befunderhebungsfehler kommt eine Beweislastumkehr auch dann in Betracht, wenn sich bei der gebotenen Abklärung der Symptome, also der Erhebung der Befunde, mit hinreichender Wahrscheinlichkeit ein so deutlicher und gravierender Befund ergeben hätte, dass sich dessen Verkennung als fundamental oder die Nichtreaktion auf ihn als grob fehlerhaft darstellen würde und diese Fehler generell geeignet sind, den tatsächlich eingetretenen Gesundheitsschaden herbeizuführen.[962] Es ist gerade nicht erforderlich – so der BGH –, dass der grobe Behandlungsfehler die einzige Ursache des Schadens darstellt. Eine Umkehr der Beweislast ist nur dann ausgeschlossen, wenn auch jeglicher haftungsbegründende Ursachenzusammenhang äußerst unwahrscheinlich ist.[963] In einem derartigen Fall führt bereits das einfache Unterlassen der gebotenen Befunderhebung, wie ein grober Behandlungsfehler, hinsichtlich des Kausalverlaufs zu erheblichen Aufklärungsschwierigkeiten im Zivilprozess.[964] Es verhindert die Entdeckung des Befundes und die entsprechende Reaktion darauf. Das hat zur Folge, dass hierdurch das Spektrum der für die Schädigung des Patienten in Betracht kommenden Ursachen besonders verbreitet oder verschoben wird.[965] Für die Beweislastumkehr zu Gunsten des Patienten ist es gerade nicht Voraussetzung, dass die Verkennung des Befundes und das Unterlassen der gebotenen Therapie völlig unverständlich sind.[966] Auch muss der Patient nicht den Nachweis für ein positiveres Schadensbild bei

---

960 BGH Urt. v. 07.06.2011, VI ZR 87/10, Rn. 1, 2, zitiert nach juris, MDR 2011, 913 f.
961 BGH Urt. v. 07.06.2011, VI ZR 87/10, MDR 2011, 913 f.
962 Vgl. BGH Urt. v. 13.02.1996, VI ZR 402/94, BGHZ 132, 47, 51 f.; BGH Urt. v. 27.04.2004, VI ZR 34/03, BGHZ 159, 48, 56; BGH Urt. v. 06.10.1998, VI ZR 239/97, VersR 1999, 60, 61; BGH Urt. v. 03.11.1998, VI ZR 253/97, VersR 1999, 231, 232; BGH Urt. v. 23.03.2004, VI ZR 428/02, VersR 2004, 790, 792.
963 BGH Urt. v. 27.04.2004, VI ZR 34/03, BGHZ 159, 48 f.; BGH Urt. v. 27.06.2000, VI ZR 201/99, VersR 2000, 1282, 1283; BGH Urt. v. 05.04.2005, VI ZR 216/03, VersR 2005, 942.
964 BGH Urt. v. 07.06.2011, VI ZR 87/10, MDR 2011, 913 f.
965 Vgl. BGH Urt. v. 21.09.1982, VI ZR 302/80, BGHZ 85, 212, 216; BGH Urt. v. 03.02.1987, VI ZR 56/86, BGHZ 99, 391, 395; BGH Urt. v. 13.02.1996, VI ZR 402/94, BGHZ 132, 47; *Groß* in Festschrift Geiß, 2000, 429, 435.
966 BGH Urt. v. 29.09.2009, VI ZR 251/08, VersR 2010, 115, 116.

frühzeitiger Therapie erbringen, da es für die Begründung einer Haftung aus schweren Behandlungsfehlern grundsätzlich ausreicht, dass der grobe Verstoß des Arztes generell geeignet ist, den konkreten Gesundheitsschaden hervorzurufen.[967] Der Wegfall der Beweislastumkehr zu Gunsten des Patienten käme nur dann in Betracht, wenn ein ursächlicher Zusammenhang völlig unwahrscheinlich ist, welches der Arzt beweisen müsste.[968]

b) Bedeutung der Entscheidung

Diese Entscheidung markiert einen weiteren Schritt hin zur klaren Abgrenzbarkeit zwischen einem Diagnoseirrtum und einem Befunderhebungsfehler. Zudem schärft sie das Problembewusstsein um die Auswirkungen für den Ausgang des Zivilprozesses unter den Praktikern.[969] Für diese führt das Unterlassen einer medizinisch gebotenen Befunderhebung, wie auch der grobe Behandlungsfehler, zu erheblichen Aufklärungsschwierigkeiten hinsichtlich des Kausalverlaufes. Der BGH hat aufgrund dieser Aufklärungsschwierigkeiten mehrfach entschieden, dass auch ein einfacher Befunderhebungsfehler zu einer Beweislastumkehr führen kann.[970] Dies ist nach dem BGH dann der Fall, wenn – wie oben erläutert – sich bei der gebotenen Abklärung der Symptome mit hinreichender Wahrscheinlichkeit ein so deutlicher oder gravierender Befund ergeben hätte, dass sich dessen Verkennung als fundamental oder die Nichtreaktion auf den Befund als grob fehlerhaft darstellen würde. Unter Hinweis auf seine bisherige Rechtsprechung stellt der VI. Zivilsenat des BGH klar, dass eine Umkehr der Beweislast nur dann ausgeschlossen ist, wenn jegliche haftungsbegründende Ursache äußerst unwahrscheinlich ist.

In der aufgegriffenen Entscheidung stellt der BGH also klärend fest: Voraussetzung für die Beweislastumkehr zugunsten des Patienten ist nicht, dass die Verkennung eines Befundes und das Unterlassen einer gebotenen Therapie vollständig unverständlich sind.[971] Ausreichend hierfür ist vielmehr, dass sich überhaupt Befunde ergeben hätten, bei deren Verkennung oder Nichtbeachtung das Verhalten des Arztes sich als grob fehlerhaft dargestellt hätte.[972]

---

967 Vgl. BGH Urt. v. 27.04.2004, VI ZR 34/03, BGHZ 159, 48 f.
968 Vgl. BGH Urt. v. 28.06.1988, VI ZR 217/87, VersR 1989, 80, 81.
969 So auch *Hausch* MedR 2012, 231 ff.
970 Vgl. dazu Ausführungen S. 82 ff. und S. 54 ff.
971 BGH aaO.
972 BGH aaO.

Der BGH führt seine Rechtsprechung zur Abgrenzung zwischen Diagnosefehler und Befunderhebungsfehler weiter fort und konkretisiert sie.[973] Für die Praxis ist noch einmal die Bedeutung der Abgrenzung der beiden Fehler deutlich geworden.[974] Die genaue Bestimmung, ob ein Diagnosefehler oder ein einfacher Befunderhebungsfehler vorliegt, spielt eine entscheidende Rolle beim Ausgang des Zivilverfahrens. Nicht zuletzt kommt es bei Arzthaftungsprozessen auf die Beweislastverteilung an, da in keinem anderen Verfahren der Ausgang derartig davon abhängt, wem diese obliegt.[975]

16. Zusammenfassung der bisherigen Rechtsprechung und Bewertung

An den verschiedenen Urteilen kann man die Entwicklung der Rechtsprechung bzgl. der Diagnose- und Befunderhebungsfehler gut erkennen. Es gab verschiedene Phasen der Rechtsprechung, in denen die Problematik sehr unterschiedlich behandelt und thematisiert wurde. Es haben sich im Wesentlichen drei unterschiedliche Phasen herausgebildet.

Die erste Phase ist diejenige, bei der zwar die Problematik der Abgrenzung durchaus vorlag, sie auch unterschwellig in den Urteilen anklang, jedoch über sie an sich kein Wort verloren wurde. Diese Phase war die bisher längste. Es scheint so, als „entdecke" man dieses Problem, könne es aber nicht richtig einordnen. Bei diesen Entscheidungen ist zu erkennen, dass das Ergebnis der Instanzgerichte, die diese Problematik teilweise nicht gesehen oder übergangen haben, als unbillig und ungerecht gegenüber dem Patienten empfunden wurde. Die Instanzgerichte haben oftmals einen Fehler des Arztes nicht gesehen – nicht etwa weil er nicht vorlag oder nicht zu vermuten gewesen wäre –, sondern weil es am Beweis des Patienten fehlte. Aus dieser Not heraus entwickelte sich die spätere Lösung, mit einer Beweiserleichterung bzw. Beweislastumkehr zu agieren. Bei den ersten Urteilen bzgl. der Abgrenzungsproblematik fand sich sie Lösung im mangelnden Facharztstandard. War dieser nicht eingehalten und mussten darauf noch weitere Befunde zur Abklärung folgen, nahm man einen Befunderhebungsfehler an.

In der zweiten Phase steht der Diagnosefehler deutlich im Vordergrund. Die Abgrenzung zum Befunderhebungsfehler hat zwar stattgefunden, dieser wurde jedoch häufig von den Instanzgerichten verneint, was zur Korrektur durch den

---
973 Vgl. *Francke*, jurisPR-MedizinR 2011 Anm. 5.
974 Vgl. *Hausch* MedR 2012, 231 ff.
975 Vgl. *Hausch* MedR 2012, 231 ff.

BGH führte. Oft wurde ein Befunderhebungsfehler, obwohl dieser auf der Hand lag, nicht gesehen und im instanzgerichtlichen Urteil auch nicht thematisiert. Es scheint fast so, als wollten die Instanzgerichte nicht Gefahr laufen, vom BGH korrigiert zu werden, weil sie sich nicht richtig mit der Abgrenzung auseinandergesetzt haben. Nichtsdestotrotz glückte die Auseinandersetzung mit dem Thema nicht. Sie wurde sehr einseitig betrieben. Es wird zwar eine Abgrenzung zum Befunderhebungsfehler vorgenommen, jedoch wird dieser oftmals zu Unrecht verneint.

Die Frage, die sich zwangsläufig stellt, ist: In welcher Phase des Prozesses ist die Prüfung fehlerhaft? Der Fehler könnte auf der einen Seite bei den Gutachten und Aussagen der Sachverständigen zu sehen sein, die sich teilweise doch recht schwer damit tun, einen Fehler zu bestätigen und damit eventuell einen Kollegen zu „beschuldigen". Es wird oftmals sehr wohl eine ärztliche Standardunterschreitung bejaht und ausführlich beschrieben, weshalb gerade eine solche vorliegt. Im weiteren Verlauf des Gutachtens relativiert der Sachverständige jedoch seine Ansicht wieder und beschreibt, warum zwar ein Fehler seitens der Ärzte vorliegt, dieser jedoch keine Auswirkung auf den Schaden hatte, ohne dass das Hauptproblem bei der Kausalität lag. Teilweise sind Sachverständige im Prozess auch nicht bereit, klare und eindeutige Aussagen zu treffen und flüchten sich in schwammige, mehrdeutige Floskeln. Dies könnte auch bei der „zweiten Phase" der oben genannten Rechtsprechung eingetreten sein. Aufgrund eines Diagnosefehlers wird selten ein Arzt zum Schadensersatz verurteilt. Wegen eines Befunderhebungsfehlers ist eine Verurteilung wahrscheinlicher. Es könnte also sein, dass die Sachverständigen die Wertung übernommen haben und den Fehler des Arztes eher als Diagnosefehler gesehen haben. Dies ist jedoch rein spekulativ.

In der dritten Phase geschah genau das Gegenteil zur ersten und zweiten Phase. Die Instanzgerichte nahmen mehr und mehr einen Befunderhebungsfehler an, obwohl zum Teil ein „klassischer" Diagnosefehler vorlag. Sie scheinen durch die Korrekturen des BGH und seine Rechtsprechung zum Befunderhebungsfehler sensibilisiert worden zu sein. Jedoch werden die Korrekturen in einem Maß angewandt, das der BGH nicht bezweckt haben kann. Auch hier wirkte der BGH wieder korrigierend und klarstellend.

Für die nächste, kommende Phase wäre ein sicherer Umgang mit dem Problem wünschenswert. Dass diese Phase noch nicht erreicht ist, zeigt ein Urteil des BGH von Anfang 2015.[976] Darin wurde die Aussage der Sachverständigen teilweise durch vermeintliche eigene Sachkenntnis des Gerichts ersetzt bzw. die

---

976 BGH Urt. v. 24.02.2015, VI ZR 106/13, GesR 2015, 281–284.

Sachverständigen wurden zu bestimmten medizinischen Anhaltspunkten erst gar nicht gefragt. Der BGH bemängelt durchgreifende Rechtsfehler durch die Verneinung der Umkehr der Beweislast beim Befunderhebungsfehler in seiner einfachen Ausprägung.

Der Sachverhalt stellt sich wie folgt dar: Der Sohn der Klägerin litt unter einer Psychose, weshalb er mehrfach stationär behandelt wurde. In den Entlassungsberichten der R. Klinik für Psychiatrie und Psychotherapie vom 24. Juli 2003 und 30. April 2004 wurde jeweils eine bradykarde (langsam) Herzaktion vermerkt. Von 2003 bis 2005 suchte der Sohn der Klägerin den Beklagten in der von den Beklagten geführten Gemeinschaftspraxis für Neurologie und Psychiatrie auf. Im Dezember 2004 erhielt er vom Beklagten 80 Tabletten Amisulprid 200. Im Oktober 2005 fand die Klägerin ihren Sohn leblos in seinem Bett liegend auf, im Bad befand sich Erbrochenes. Bei der rechtsmedizinischen Untersuchung wurde ein Amisulpridspiegel am oberen Grenzwert des Wirkbereichs festgestellt und ein rhythmogenes Herzversagen nach Einnahme von Amisulprid als naheliegende Todesursache angenommen. Die Klägerin rügt unterlassene halbjährliche EKG-Kontrollen.

Ob halbjährliche EKG-Kontrollen beim Sohn der Klägerin mit hinreichender Wahrscheinlichkeit zu einem reaktionspflichtigen Befund geführt hätten, bestimmt sich nach medizinischen Maßstäben. Diese hat der Tatrichter mit Hilfe eines Sachverständigen zu ermitteln. Die Revision rügt mit Erfolg, dass das Berufungsgericht auch diese Frage verfahrensfehlerhaft ohne die erforderliche Hinzuziehung eines Sachverständigen aus eigener, nicht ausgewiesener Sachkunde beantwortet hat. Es wurde zwar eine Sachverständige generell zu diesem Thema angehört, bestimmte zielführende Themenbereiche wurden jedoch ausgelassen.

Ferner hat der BGH massive rechtliche Bedenken im Hinblick auf die vom Berufungsgericht angewandten Anforderungen an die Substantiierungspflicht des Patienten. Das Berufungsgericht ging davon aus, die Patientenseite müsse bei einem einfachen Befunderhebungsfehler die gebotene Reaktion auf den hypothetischen Befund in fachlich-medizinischer Hinsicht konkret substantiieren. Soweit die Klägerin ausführe, die Bestätigung der Bradykardie (Unterschreitung der alterstypischen Herzfrequenz) hätte ein sofortiges Eingreifen notwendig gemacht sowie eine Beendigung der Medikation mit Amisulprid (Amisulprid gehört zu den atypischen Neuroleptika) erfordert, bleiben diese Ausführungen für die Anforderungen an die Darlegung und den Beweisantritt lediglich formelhaft und abstrakt. Hierbei hat das Berufungsgericht verkannt, dass an die substantiierungspflichtige Klägerin maßvolle und verständige Anforderungen zu stellen sind. Von Patienten und Klägern kann regelmäßig keine genaue Kenntnis der medizinischen Vorgänge erwartet und diese somit auch nicht gefordert werden: „Der Patient und sein Prozessbevollmächtigter sind insbesondere nicht verpflichtet, sich zur ordnungsgemäßen Prozessführung medizinisches Fachwissen anzueignen."[977]

Dieses Urteil ist ein Musterbeispiel dafür, dass weder die Abgrenzung der beiden Fehlerarten noch der Umgang mit dem Befunderhebungsfehler an sich, auch nach relativ gefestigter Rechtsprechung durch den BGH, funktioniert. Das Berufungsgericht stellt keine genaue und stringente Prüfung an, sondern – zumindest scheint es so, wenn man sich die Korrektur des BGH anschaut – es versucht, eine vermeintlich „billige und gerechte" Entscheidung für eine Prozesspartei zu treffen, wobei es damit eine Prozessmaxime außer Kraft setzt. Bei dieser Sachlage und dem Vorwurf der unterlassenen EKG-Kontrolle hätte man einen Befunderhebungsfehler mit all seinen Facetten prüfen müssen. Hier stand im Raum, dass eine halbjährliche kardiologische Kontrolle gerade hätte stattfinden müssen. Ein solches Vorbringen durfte das Gericht nicht einfach mit eigener Sachkunde versuchen zu lösen und damit den konkreten Vorwurf ungeprüft übergehen. Ferner muss ein solcher Vortrag nicht nur medizinisch durch einen Sachverständigen, sondern auch juristisch bewertet werden. Beides ist vorliegend nicht geschehen.

Man erkennt an diesem Urteil, dass das Problem und die notwendigen Korrekturen des BGH immer noch aktuell sind.

---

977 BGH Urt. v. 24.02.2015, VI ZR 106, 13, GesR 2015 281–284.

K. Abgrenzungstheorien im Hinblick auf die haftungsrechtlichen Konsequenzen

I. Schwerpunkttheorie

Wie aus der besprochenen Rechtsprechung hervorgeht, gibt es nicht die eine Theorie, die seit Jahren als herrschend angesehen werden kann. Vielmehr hat sich die aktuell als vorherrschend angesehene Schwerpunkttheorie[978] mit der Zeit entwickelt und ist langsam zu der Theorie für die Abgrenzung geworden, wie sie heute bekannt ist.

1. Darstellung der Ansicht

Nach der Schwerpunkttheorie erfolgt die Abgrenzung anhand des Schwerpunkts der ärztlichen Pflichtverletzung.[979]

Liegt die Pflichtverletzung im Stellen der Diagnose, so spricht man von einem Diagnosefehler. Dieser entfaltet dann die sog. „Sperrwirkung" gegenüber dem Befunderhebungsfehler.[980] Ist der Schwerpunkt hingegen im Unterlassen der Erhebung weiterer Befunde zu Abklärung bzw. Bestätigung der Differentialdiagnose zu sehen, so liegt ein Befunderhebungsfehler vor.

2. Konsequenz

Die Konsequenz aus der Schwerpunkttheorie ist der Versuch, herauszufinden, an welcher Stelle sich der Fehler befindet. Liegt er „nur" im Verkennen der Diagnose oder wurde unsachgemäß gearbeitet oder wurden Untersuchungen nicht durchgeführt? Da der Befunderhebungsfehler sowie der Diagnosefehler sich zwangsläufig überschneiden und auch bedingen, kann nach dieser Theorie nicht ein Fehler hundertprozentig ausgeschlossen werden. Vielmehr kann es nur so sein, dass ein Fehler im Vordergrund steht und den anderen Fehler überdeckt. Die Folge ist, dass zwar beide Fehlerarten vorhanden sind, jedoch nur eine Art des Fehlers Auswirkungen im Zivilprozess hat. Die andere Fehlerart

---

978 *Martis/Winkhart* Arzthaftungsrecht U 18 ff.; *Sommerfeld* VersR 2015, 661 f.; LG Regensburg Urt. v. 18.04.2014, 4 O 2532/13 (1), 4 O 2532/13; *Nußstein* VersR 2015, 1094 f.; *Baur* MedR 2015, 525 f.; zur besprochenen Rechtsprechung und Entwicklung der Schwerpunkttheorie vgl. S. 158 ff.
979 Vgl. Fn. 978.
980 Vgl. zur Sperrwirkung S. 246 ff.

wird sozusagen ausgeblendet, ist ohne Belang und damit ohne haftungsrechtliche Konsequenz.

3. Konsequenz dargestellt anhand von Beispielen

Als Beispiel soll das Urteil des BGH aus dem Jahre 1958 dienen.[981] Nach einem vom Beklagten gerichteten Bruch suchte die Klägerin diesen vier Tage später auf. Auch nach wiederholten Schilderungen des Zustandes der Klägerin und Kontrollaufforderung durch sie, unternahm der Beklagte nichts. Nachdem er dann schließlich doch eine Untersuchung vornahm, erkannte er die Infektion und führte die Klägerin der richtigen Behandlung zu.

Dieser Fall ist durch die Schwerpunkttheorie sehr schön zu lösen, die zu einem gerechten Ergebnis führt. Schwerpunkt der Vorwerfbarkeit ist hier eindeutig die unterlassene Untersuchung und damit auch die unterlassene Befunderhebung. Dass die Infektion nicht erkannt wurde, tritt dann hinter den Befunderhebungsfehler zurück. Zu diesem Ergebnis gelangt auch der BGH, jedoch ohne eine Abgrenzung vorzunehmen oder sich entsprechender Termini zu bedienen. Dies mag dem Zeitpunkt der Entscheidung geschuldet sein. In diesem Fall kam es für die Haftung des Behandlers nicht darauf an, dass die Infektion nicht erkannt wurde. Vielmehr war der Vorwurf darin begründet, dass der Beklagte nach Richten des Bruches keine weiteren Behandlungen unternahm. Selbst nachdem bei der Klägerin eine erhebliche Zustandsänderung eingetreten war, hatte der Beklagte keinen Anlass gesehen, weitere Untersuchungen vorzunehmen. Somit liegt zudem noch ein Diagnosefehler in Form der nicht erkannten Infektion vor, der aber durch den Befunderhebungsfehler und seine Ausprägung verdrängt wird.

Das OLG Oldenburg hatte einen Fall zu entscheiden, bei dem die diagnostische Abklärung einer Beinvenenthrombose unterlassen worden ist.[982] Die Klägerin suchte wegen einer Knieschwellung und mangelnder Linderung durch Schmerzmittel den beklagten Internisten auf. Dieser erhob u.a. ein EKG-, Thoraxröntgen-, Blut-, Urin- sowie weitere körperliche Befunde. Nach Auswertung der Ergebnisse überwies der Beklagte die Klägerin zu einem Dermatologen. Dieser nahm eine Dopplersonographie des Beines vor. Sein Verdacht auf eine Beinvenenthrombose wurde zudem durch das Ergebnis einer Phlebographie in einem Röntgeninstitut abgesichert. Die Klägerin wurde umgehend in ein Krankenhaus

---

981 Ausführlicher Sachverhalt und Besprechung siehe S. 158 ff.
982 OLG Oldenburg Urt. v. 25.11.1997, 5 U 66/97, VersR 1999, 318.

eingewiesen. Dort wurde sie stationär mit Heparin und anschließend etwa ein halbes Jahr lang mit Phenprocoumon (Marcumar) behandelt.

Das OLG führt aus, der Beklagte übersehe, dass ihm nicht der Vorwurf gemacht werde, er habe bei seiner Untersuchung die Thrombose zwingend erkennen müssen. Vielmehr geht der Vorwurf dahin, dass er lediglich differentialdiagnostisch auf einen Verdacht der Thrombose habe umgehend reagieren müssen, wie durch die Veranlassung einer Dopplersonographie und einer Phlebographie, also durch die Erhebung weiterer Befunde.

Auch hier liegt mit dem Nichterkennen der Thrombose ein Diagnosefehler vor. Zudem wurden Befunde wie z.B. eine Phlebographie unterlassen. Das Gericht hat, sachverständig beraten, einen Befunderhebungsfehler angenommen. Wendet man die Schwerpunkttheorie auf diesen Fall an, dann liegt das Ergebnis nicht klar auf der Hand.

Der Beklagte hatte verschiedenste Untersuchungen getätigt und Befunde erhoben, z.B. ein EKG, Blut- und Urinkontrollen. Nachdem er diese ausgewertet hatte, kam er zu dem Schluss, dass keine internistische, sondern eine dermatologische Erkrankung vorliege. Er handelte dementsprechend und überwies die Klägerin zu einem Dermatologen. Das Gericht hat trotzdem den Fehler in der mangelnden Befunderhebung gesehen. Es folgte dem Sachverständigen und nahm an, der Beklagte hätte eine andere Befunderhebung im Sinne von weiteren Befunden anstrengen müssen.

Wird die Schwerpunkttheorie konsequent angewendet, liegt der tatsächliche Schwerpunkt in der fehlerhaften Deutung der Befunde und damit steht der Diagnosefehler im Vordergrund. Anders würde der Fall dann zu bewerten sein, wenn der Beklagte bei der Klägerin keine weiteren Tests und Untersuchungen vorgenommen hätte und sie sogleich an einen Dermatologen überwiesen hätte. Dann läge der Schwerpunkt der Vorwerfbarkeit bei der Befunderhebung und nicht in der fehlerhaften Diagnose.

Es könnte nun eigenwendet werden, die Dopplersonographie und Phlebographie sind eindeutig medizinisch geboten gewesen und deshalb sei eine unterlassene Befunderhebung hier maßgeblich. Dann würde man aber nicht auf den Schwerpunkt der Vorwerfbarkeit, sondern auf den Facharztstandard allein abstellen.

4. Vorzüge

Grundsätzlich passt die Schwerpunkttheorie auf die Thematik der Abgrenzung zur unterlassenen Befunderhebung, da es sich auch um eine Abgrenzung zwischen Tun (der Diagnosestellung) und Unterlassen (keine weitere

Befunderhebung) handelt.[983] Der anfängliche Vergleich mit der Schwerpunkttheorie, wie sie aus dem Strafrecht bekannt ist, ist schnell hinfällig.

Rein theoretisch gedacht kommt die Schwerpunkttheorie zu gerechten Ergebnissen. Sie nimmt beide Fehler auf und stellt klar, dass eine scharfe Trennung der beiden Fehlerarten gar nicht möglich ist. Um weder den einen noch den anderen Fehlertypus zu bevorzugen und damit ein einseitiges Haftungsrecht zu kreieren, würdigt sie beide Fehler. Der Grundgedanke ist nachvollziehbar und begrüßenswert. Dass mit der unterlassenen Befunderhebung auch immer ein Diagnosefehler bzw. -irrtum einhergeht, wurde ausreichend deutlich gemacht. Aus diesem Grund sollte auch nicht von vornherein ein Fehler vollständig verdrängt oder ausgeschlossen werden. Diese Gratwanderung versucht die Schwerpunkttheorie zu meistern.

5. Nachteile

Wo eine Gratwanderung vollzogen wird, da ist auch immer die Gefahr falscher Ergebnisse ganz nah. Die Schwerpunkttheorie ist sehr unsicher in der Handhabung beider Institute. Problematisch ist eben, dass sich der Diagnose- und der Befunderhebungsfehler nie vollständig werden trennen lassen. Dies hat man auch bei der Schwerpunkttheorie erkannt und deswegen keine vollständige Trennung der beiden Fehlertypen gefordert. Da jedoch nur Nuancen ausschlaggebend für die Entscheidung für den einen oder anderen Fehler sind, ist die Abgrenzungsmethode wenig hilfreich, da die Entscheidung für einen der beiden Fehler oftmals prozessentscheidende Wirkung hat.

Es wurde u.a. aus Bekanntheitsgründen dieser Theorie in anderen Gebieten versucht, diese auf die spezielle Materie der Arzthaftung anzuwenden. Die Schwerpunkttheorie hat damit nur noch mehr Verwirrung bei dieser Abgrenzung hervorgerufen und neue Problemfelder erst geschaffen.

Der Nachteil der Schwerpunkttheorie wurde im Grunde schon angesprochen. Vom Ansatz her kein schlechter Gedanke entpuppt sich diese Möglichkeit der Abgrenzung allerdings in der Praxis als wenig bis gar nicht tauglich zur richtigen Urteilsfindung.

In vielen Fällen spricht sowohl einiges für den Diagnosefehler als auch einiges für den Befunderhebungsfehler. Das ist nicht zuletzt der Gegebenheit geschuldet, dass jeder Befunderhebungsfehler auch ein Diagnosefehler ist, da im Ergebnis eine unrichtige Diagnose gestellt wurde. Auch bei jeder falschen Diagnose

---

983 So auch *Ziegler* GesR 2014, 647, 649.

schließt sich fast immer eine unterlassene Befunderhebung an. Diese macht den Diagnosefehler dann aber nicht automatisch zum Befunderhebungsfehler.

6. Kritik

Die Gegner der Schwerpunkttheorie berufen sich auf eine bloße Rechtsgefühlswirkung. Es würde keine juristische, sondern eine emotionale Entscheidung getroffen.[984]

Eine Abgrenzung anhand dieser Theorie und damit ein Versuch, den Schwerpunkt des Vorwerfbaren zu ermitteln, gerät oftmals bei der Urteilsfindung der Instanzgerichte[985] zu einem Einzelversuch des gerechten Ausgleiches für die Parteien. Dies ist vom menschlichen Aspekt und dem juristischen Grundgedanken, einen fairen Prozess mit einem gerechten Ausgang zu erzielen, nicht verwunderlich. Allerdings verliert sich die Prüfung in einer reinen Gerechtigkeitsabwägung. Die Urteilsgründe lassen ein stringentes juristisches Schema vermissen.

Diese vermeintlichen Gerechtigkeitsabwägungen mögen zwar in Einzelfällen zu fairen und guten Ergebnissen kommen. Eine gerechte Entscheidung kann aber nicht dem Einzelfall überlassen werden. Wie sich in der Auswertung der Rechtsprechung zur Abgrenzung gezeigt hat, werden die instanzgerichtlichen Urteile oftmals vom BGH aufgehoben und hinsichtlich der Abgrenzung korrigiert, da sie diese im Hinblick auf den Befunderhebungsfehler entweder zu streng gesehen haben, mit der Folge zu hoher Anforderungen, oder einen solchen gänzlich verkannt und nur den Diagnosefehler in Betracht gezogen haben.

Dies lässt die Vermutung zu, dass die Instanzgerichte den Einzelfall und damit die tatsächlichen Betroffenen vor Augen hatten und dieser Aspekt eine zu große Rolle gespielt hat. Die Vermutung wird dadurch bestärkt, dass der BGH sich zwar über die Jahre auch in seiner Rechtsprechung gewandelt hat, sich aber, im Gegensatz zu den Instanzgerichten, wesentlich stabiler in seinen Ausführungen und Entscheidungen gezeigt hat. Somit wird mit der Schwerpunkttheorie „[...] ein weiteres, begrifflich und sachlich schwer zu fassendes Kriterium hinzugefügt [...], das nicht nur intellektuell schwer zu verstehen ist, sondern von dem man sich vorstellen kann, dass es in der Praxis weder für den Richter noch für den medizinischen Sachverständigen, der den Richter ja zwangsläufig bei dieser

---

984 *Ziegler* GesR 2014, 647, 649 m.w.N.
985 Auch *Hausch* sieht die Umsetzung der Vorgaben des BGH bei den Instanzgerichten als schwierig an *Hausch* MedR 2012, 231, 235.

Bewertung unterstützen muss, in einer objektiven Art und Weise zu handhaben ist."[986]

Deshalb liegt der entscheidende Nachteil der Schwerpunkttheorie darin, dass sie so viel Spielraum und damit Schwankungen zulässt.

II. Theorien und Ansichten der Literatur

Es gibt einige Theorien bzw. Ansätze in der Literatur, die versuchen, dem Problem der Abgrenzung anders zu begegnen, als es die Schwerpunkttheorie tut. Auffällig dabei ist, dass teilweise sehr einseitige Ansichten verfolgt werden. Auf der anderen Seite wiederum nähern sich manche Theorien an die Schwerpunkttheorie an.

Nicht jede Ansicht oder Meinung, welche in einem Aufsatz geäußert wurde, wurde zu dem Zwecke geäußert, einen neuen Weg oder eine neue Abgrenzungsmethode zu entwickeln. Einige Aufsätze sind zugleich Besprechungen eines Urteils, bei dem es um die Abgrenzung ging. Diese Ansichten gilt es dennoch zu berücksichtigen. Sie zeigen die Problematiken und auch Lösungsversuche auf, die von den Praktikern als richtig bzw. als vorzugswürdig angesehen werden.

Im Folgenden werden diese Theorien erfasst und in verschiedene Gruppen aufgeteilt. Es haben sich drei Gruppen gebildet, die sowohl die jeweiligen Extremmeinungen als auch die vermittelnde Meinung umfassen und abdecken sollen. Dabei ist vorwegzunehmen, dass eine hundertprozentige Einordnung in die jeweilige Gruppe nicht gelingen kann. Vielmehr weisen manche Ansichten mehrere Argumentationsstränge auf. Dennoch ist die Einteilung in Gruppen sinnvoll, da sie der Übersichtlichkeit und dem Verständnis der Thematik dient.

Bei den einzelnen Gruppen finden sich jeweils entweder Tendenzen zur Behandlungsseite oder der Patientenseite. Diese Favorisierung mag vielleicht auch ein Stück weit dadurch beeinflusst sein, für welche Seite der jeweilige Autor üblicherweise tätig ist.

Bei der ersten Gruppe steht die Handhabung der Abgrenzung im Vordergrund. Es wird deutlich, dass der Befunderhebungsfehler nur in seltenen Fällen zum Tragen kommen soll. Meist soll ein Diagnosefehler mit einer sehr weiten Sperrwirkung hin zum Befunderhebungsfehler angenommen werden. Damit wird eindeutig die Behandlerseite bevorzugt. Einen Anspruch aufgrund eines Versäumnisses in der Diagnose wird dem Patienten kaum möglich sein durchzusetzen. Die erste Gruppe sieht den Befunderhebungsfehler als Gefahr für eine zu

---

[986] *Hausch* MedR 2012, 231, 236.

weitgehende Haftung des Arztes an. Eine vermittelnde und für beide Seiten vertretbare Lösung wird bei den dort dargestellten Meinungen nicht zu finden sein.

Bei den Ansichten der zweiten Gruppe, die der Patientenseite zugewandt sind, ergibt sich ein gegenteiliges Bild. Diese Ansichten wollen den Befunderhebungsfehler im Vordergrund einer falschen Diagnose sehen. Nach dieser Gruppe würde ein Diagnoseirrtum oder -fehler fast nicht mehr vorliegen, da die nicht erhobenen Befunde den Ausschlag für die Haftung geben. Auch hier fällt die Abgrenzung zwischen beiden Fehlerarten leicht, dies allerdings zu Lasten des Diagnoseirrtums unter Vernachlässigung der Unberechenbarkeit des menschlichen Körpers und damit unter Missachtung der Grundsätze des BGH zum Diagnoseirrtum.

Die dritte Gruppe möchte sich von dieser einseitigen Belastung lösen und versucht dies, indem sie ausschließlich auf den objektiven Facharztstandard abstellt. Diese Gruppe spiegelt die anfängliche Rechtsprechung des BGH zu dieser Abgrenzung wider und erfreut sich immer größerer Beliebtheit.

1. Gruppe 1: „Der Behandlerseite zugewandt"

a) Hausch [987]

Dr. Axel Hausch arbeitet in der Kommunalschadensabteilung der Württembergischen Gemeindeversicherung a.G. in Stuttgart. Er wurde an der Universität in Tübingen mit dem Thema „Der grobe Behandlungsfehler in der gerichtlichen Praxis" promoviert. Sein Tätigkeitsbereich bei der WGV ist die Bearbeitung von Haftpflichtschadensfällen und die Durchführung von Riskmanagement-Veranstaltungen zur Krankenhaushaftung.

aa) Darstellung der Ansicht

Hausch lehnt die Schwerpunkttheorie gänzlich ab. Er sieht vielmehr das „Unterlassen als bewusste Behandlungsentscheidung", als tragendes Kriterium zur Abgrenzung der Behandlungsfehler an.[988]

Es kommt für *Hausch* also darauf an, ob der Arzt – aufgrund seiner differentialdiagnostischen Überlegungen – davon Abstand genommen hat, weitere Befunde zu erheben. Dies hat zur Konsequenz, dass ein Befunderhebungsfehler immer dann vorliegt, wenn der Arzt die Notwendigkeit weiterer Befunderhebung erkennt, davon jedoch absieht, da er die jetzige Diagnose von den bereits

---

987 *Hausch* MedR 2012, 231 ff.
988 So auch *Martis/Winkhart* MDR 2013, 635, 636.

erhobenen Befunden als bestätigt ansieht. Erkennt der Arzt hingegen nicht die Notwendigkeit weitere Befunde zu erheben – gleichgültig ob vorwerfbar oder nicht –, kommt nur ein Diagnosefehler zum Tragen.

Dieser Ansatz klingt schon in einem früheren Beitrag von *Hausch* an.[989] Dort bemängelt er im Wesentlichen die Ausuferung der Beweislastumkehr zu Gunsten der Patientenseite und sieht darin eine nicht mehr durch die Natur der Sache gerechtfertigte Beweislastverteilung. Er sieht die Rechtsprechung und deren Zurückhaltung bzgl. der Annahme von Diagnosefehlern als untergraben an und befürchtet gleichzeitig eine Ausbreitung der Defensivmedizin zu Lasten des Patienten. Ferner sieht er den Diagnosefehler als Konstrukt und dessen Behandlung als praktisch nicht vorhanden an.

Diese Ausführungen sind als eine Kritik an der Schwerpunkttheorie zu werten. *Hausch* führt aus, dass nach der heute herrschenden Ansicht nur dann noch auf den Diagnosefehler abgestellt werden könne, wenn jegliche Art der weiterführenden Befunderhebung ausgeschöpft sei. „Die Rechtsprechung und die herrschende Meinung verkennen, dass das Unterlassen des Erhebens von (weiteren Befunden) durchaus häufig darauf beruht, dass der Arzt eine vertretbare Diagnose gestellt hatte bzw. sich der von ihm gestellten Diagnose so sicher war, dass er eine weitere Befunderhebung nicht für notwendig hielt. Die unterlassene Befunderhebung steht in derartigen Fällen in unmittelbarem Zusammenhang mit der Diagnosestellung und rechtfertigt deshalb – selbst wenn man sie nicht unter den Diagnosefehlern einordnet – eine Gleichstellung hinsichtlich des anzulegenden Haftungsmaßstabs."[990]

Mit anderen Worten möchte *Hausch* damit erreichen, dass grundsätzlich von einem Diagnosefehler ausgegangen wird und nur dann, wenn es so offensichtlich ist, dass noch weitere Befunde zu erheben sind, dass dies förmlich ins Auge springen muss, von einem Befunderhebungsfehler ausgegangen werden soll.

bb) Konsequenz

Die Konsequenz, die sich ergeben würde, verfolgte man den Ansatz von *Hausch* weiter, wäre eine Umkehr der Rechtsprechung im Hinblick auf den Befunderhebungsfehler. Zudem würde es zu einer Ausweitung des Diagnosefehlers kommen. Aufgrund der Zurückhaltung der Rechtsprechung mit „reinen" Diagnosefehlern würde es zu einer Verschiebung der Haftungsquoten zu Gunsten

---

989 *Hausch* VersR 2003, 1489 f.
990 *Hausch* VersR 2003, 1489, 1493.

der Behandlerseite kommen. Es würde fast zu einem Ausschluss der Haftung bei Befunderhebungsfehlern führen.

Nimmt man das schon zitierte Beispiel der Ärztekammer Nordrhein[991], bei dem zunächst ein klarer Diagnoseirrtum vorlag, sich die Situation aber im Laufe der Behandlung änderte, wird deutlich, dass die Ansicht von *Hausch* keine Allgemeingültigkeit aufweist. In diesem Fall wurde eine ältere Patientin mit starken Schmerzen im Bein und Gangstörungen stationär aufgenommen. Der Radiologe übersah auf einer Beckenübersicht eine Schenkelhalsfraktur, welche nicht leicht auf dieser Übersicht zu erkennen war. Dies stellt nach Ansicht der Ärztekammer Nordrhein allenfalls einen Diagnoseirrtum und keinen Diagnosefehler mit der Folge einer Haftung dar. Was aber als fehlerhaft angesehen wurde, ist die Anschlussbehandlung. Der zweitbehandelnde Arzt hätte aufgrund anhaltender Schmerzen trotz verabreichter Analgetika nicht auf den Ausschluss einer Fraktur durch den Radiologen vertrauen dürfen. Er hätte vielmehr weitere Befunde erheben müssen, um die Diagnose des Radiologen zu überprüfen. Aufgrund der anhaltenden Schmerzen der Patientin hätte weiter nach den Ursachen geforscht werden müssen, um dann ggf. die Anfangsdiagnose zu revidieren.

Würde man die Ansicht von *Hausch* auf diesen Fall anwenden, so würde im Ergebnis ein Diagnosefehler feststehen. Die Ärzte haben eine Beckenübersicht erstellt und damit einen Bruch ausgeschlossen. Dies als Diagnoseirrtum zu sehen, ist verständlich. Beim weiteren Vorgehen der Ärzte ist nicht davon auszugehen, dass sie den bereits ausgeschlossenen Bruch differentialdiagnostisch in Betracht ziehen. Somit haben sie sich bewusst entschieden, nicht weiter in diese Richtung zu diagnostizieren. Danach wäre auch im weiteren Vorgehen der Ärzte, dem Ansatz von *Hausch* folgend, ein Diagnosefehler zu sehen.

Die Fälle, in denen der Arzt seine anfangs vermeintlich richtig gestellte Diagnose nicht überprüft und ohne weitere Überprüfung an dieser festhält, obwohl die Symptome sich nicht bessern, würde vollständig dem Diagnosefehler unterfallen. Es wäre dann nicht mehr zu fragen, ob man bei den anhaltenden Beschwerden noch weitere Befunde hätte erheben müssen.

cc) Vorzüge

Vom Ansatz her ist die Betrachtungsweise von *Hausch* einleuchtend. Er macht auf den ersten Blick die Abgrenzung zwischen dem Diagnosefehler und dem Befunderhebungsfehler leichter, da aufgrund des Kriteriums „bewusst" eine

---

991 Gutachterkommission der Ärztekammer Nordrhein 2011/0108 aus *Köbberling* Diagnoseirrtum, Diagnosefehler, Befunderhebungsfehler S. 83, Fall 23.

genauere und trennschärfere Abgrenzung möglich ist. Wenn der Arzt an weitere Befunde gedacht und sie mit in seine Überlegungen einbezogen hat, er trotzdem keine erhoben hat, spricht dies für einen Befunderhebungsfehler. Erkennt er wiederum erst gar nicht, dass weitere Befunde zu erheben sind, dann bleibt nur der Diagnosefehler. Diese Abgrenzung lässt sich in der Theorie relativ leicht treffen.

dd) Nachteile

Die Abgrenzung zwischen Diagnosefehler und Befunderhebungsfehler fiele nach der Ansicht von *Hausch* durchaus leichter, aber dies zu einem hohen Preis. Wie schon ausgeführt, würden sich die Erfolgswahrscheinlichkeiten, in einem Prozess zu obsiegen gänzlich zu einer Seite neigen. Eine einseitige Erfolgswahrscheinlichkeit ist jedoch, wie die arzthaftungsrechtliche Rechtsprechung zeigt, nicht gewollt. Dies würde wiederum das Gegenteil eines fairen Prozesses mit einer möglichst ausgewogenen Waffengleichheit bedeuten.

Hausch bemängelt, es handele sich aufgrund der Beweiserleichterung auf Seiten der Patienten nicht mehr um einen fairen Prozess. Wenn er aber nun diese Beweiserleichterung völlig wegnähme und gleichzeitig mit seiner Theorie den objektiven Facharztstandard überginge, dann geschieht genau diese – von ihm auf der Behandlerseite bemängelte – Verlagerung auf die Patientenseite. Dies kann nicht gewollt sein. Von einem fairen Prozess kann hier nicht die Rede sein.

ee) Kritik

Die Ansicht *Hauschs* weist, so klar sie auf den ersten Blick auch erscheinen mag, gleich mehrere Schwachpunkte[992] auf. Zum einen privilegiert er denjenigen Arzt, der weniger Wissen hat. Der Arzt, der keine andere Diagnose in Betracht zieht, kann nach seiner Ansicht nicht für einen Befunderhebungsfehler haften. Im Gegensatz dazu ist der besonders aufmerksame und umsichtige Arzt, der auch noch an andere mögliche Krankheiten denkt, sich dann aber doch auf seine Diagnose verlässt, im Nachteil, da er für einen Befunderhebungsfehler haften muss. *Nußstein* bezeichnet dies als haftungssystemwidrig.[993] Er führt dazu aus, dass die Ansicht von *Hausch* eine Haftungsprivilegierung an eine vorsätzliche Pflichtverletzung knüpft. Die §§ 280, 823 lassen jedoch keine generelle Differenzierung zu, schon gar nicht zugunsten einer vorsätzlichen Handlung.

---

992 So auch *Nußstein* VersR 2015, 1094, 1095.
993 *Nußstein* VersR 2015, 1094, 1095.

Hausch knüpft an das persönlich vorwerfbare Verhalten des Arztes an. Damit läuft man Gefahr, den objektiven Facharztstandard zu unterwandern und wiederum den „schwächeren" Arzt besser zu stellen.

Ferner ist diese Abgrenzung in der Praxis kaum zu ermitteln. Erfahrungsgemäß liegen die Arzthaftungsfälle schon bei der mündlichen Verhandlung in der ersten Instanz mehrere Jahre zurück. Bei hohen Patientenzahlen wird es kaum möglich sein, dass der Arzt sich daran zu erinnern vermag, ob er bewusst weitere Befunde unterlassen hat oder ob er an keine andere Diagnose gedacht hat. Auch wenn man dem letzten Punkt, wegen seiner Selbstverständlichkeit aufgrund der schlechten Erinnerung des menschlichen Gehirns, nicht viel Gewicht beimessen will, so ist es doch ein Kriterium, das Berücksichtigung finden sollte.

Selbstverständlich wird nicht nur auf die Erinnerung eines Arztes zurückgegriffen, sondern auch auf die Dokumentation. Nach *Hausch* müsste man dann von einem Diagnoseirrtum ausgehen, wenn keine anderen Differentialdiagnosen notiert wurden. Auch dies untergräbt den Facharztstandard erheblich. Es kommt eben nicht auf einen subjektiven Standard an. Zudem würde es die zum Teil immer noch sehr spartanisch geführte Dokumentation in dieser Art und Weise unterstützen. Es wäre dann sogar für den Prozess förderlicher, im Hinblick auf die Diagnostik möglichst wenig zu dokumentieren. Dies widerspricht der Rechtsprechung zur Dokumentation.[994]

Die Abgrenzungstheorie von *Hausch* stellt einen Versuch dar, dem komplexen System der Diagnose und Befunderhebung Herr zu werden. Leider umgeht er dabei sowohl das Haftungssystem des BGB als auch verfassungsrechtliche Grundsätze eines fairen Verfahrens. Ein Prozess darf nicht von Anfang an in seinem Ausgang feststehen, wenn eine falsche Diagnose im Raum steht. Würde man der Ansicht von *Hausch* folgen, so wäre es dem Patienten kaum möglich Ansprüche erfolgreich geltend zu machen. Die klare Abgrenzung würde zu einer einseitigen Last führen. Aus diesen Gründen kann dieser Ansicht nicht gefolgt werden.

b) Ramm[995]

Ramm gehört dem Arzthaftungssenat in München an.

---

994 Vgl. S. 84 ff. zur Rechtsprechung der Dokumentation.
995 *Ramm* GesR 2011, 513 ff.

aa) Darstellung der Ansicht

Auf der einen Seite hält *Ramm* die Entwicklung hin zur Belastung des Behandlers bei ständiger Annahme eines Befunderhebungsfehlers für bedenklich. Auf der anderen Seite sieht er auch keine Lösung in einer generellen Sperrwirkung des Diagnosefehlers hin zum Befunderhebungsfehler, da dies den Befunderhebungsfehler zu massiv einengen würde. Zudem befürchtet er, dass die selbstkritischen und reflektierenden Ärzte, die auch andere Diagnosen in Betracht ziehen, gegenüber dem Arzt, der bedenkenlos an seiner eventuell vorläufig und schnell gestellten Diagnose festhält, ohne an eine Überprüfung oder eine Erweiterung der Möglichkeiten für die Krankheit zu denken, benachteiligt werden.

Ramm will im Grundsatz an der Schwerpunkttheorie festhalten. Wenn der Schwerpunkt bei der Diagnose selbst liegt, so soll eine Sperrwirkung eintreten. Anderenfalls soll an die Haftung aufgrund der unterlassene Befunderhebung angeknüpft werden: „Ein Anknüpfen der Haftung auch an die unterlassene Befunderhebung kommt dabei desto eher infrage, je dringlicher und naheliegender die unterbliebene Befunderhebung gewesen wäre, das heißt je mehr diese in Richtung grober Befunderhebungsfehler [...], der ohnehin eine Beweislastumkehr zur Folge hat, tendiert."[996] An eine Sperrwirkung des Diagnosefehlers ist umso eher zu denken, je naheliegender die Fehlbedeutung der Symptome und Befunde durch den Behandler gewesen ist, das heißt je mehr sich diese dem nicht haftungsrelevanten Diagnoseirrtum annähert. Diagnosefehler und unterbliebene Befunderderhebung bedingen sich regelmäßig wechselseitig in der Art und Weise, dass je gravierender der Diagnosefehler ausfällt, desto dringlicher hätte sich eine weiterführende Befundung aufdrängen müssen. Die unterbliebene Befundung und deren Grund zur Erhebung, begründen häufig geradezu das Gewicht des Diagnosefehlers und umgekehrt.[997]

bb) Konsequenz

Ramm entwickelt die Schwerpunkttheorie zu einer „Je-desto-Formel" mit faktischer Aufhebung der Sperrwirkung des Diagnosefehlers weiter. An seiner Formulierung ist deutlich zu erkennen, wie eng die beiden Fehlerarten miteinander verknüpft sind. Er sieht diese Verknüpfung aber nicht als hinderlich an, sondern nutzt sie für eine Abgrenzung zueinander.

Je mehr ein Diagnosefehler anzunehmen ist, der in die Richtung des groben Diagnosefehlers deutet, desto eher kann von einem Befunderhebungsfehler

---

996 *Ramm* GesR 2011, 513, 517.
997 *Ramm* GesR 2011, 513, 517.

gesprochen werden. Die Begründung scheint darin gesehen zu werden, dass die Befunde, die aufgrund der fehlerhaften Diagnose nicht erhoben wurden, umso eher hätten erhoben werden müssen. *Ramm* betont zwar, die Sperrwirkung des Diagnosefehlers aufrecht erhalten zu wollen. Bei dieser Art der Abgrenzung ist die Sperrwirkung dann aber nur bei einem klaren reinen Diagnosefehler von Relevanz. Je mehr sich ein grober Diagnosefehler aufgedrängt, um so eher ist auch ein Befunderhebungsfehler anzunehmen.

Ramm selber stellt dabei ein sehr plakatives Beispiel auf, um seine Theorie zu unterstützen, bei dem er zwei ähnlich gelagerte Fälle mit anderen Parametern gegenüberstellt. Bei beiden Fallvarianten geht es um einen nicht erkannten Herzinfarkt. Eine Patientin ist 28 Jahre jung, sportlich, schlank und Nichtraucherin ohne Vorbelastung einer Herzerkrankung in der Familie. Der gegenüber gestellte Patient ist 53 Jahre alt, übergewichtig, unsportlich und Raucher mit familiärem Herzinfarktrisiko.

Mit dieser Gegenüberstellung versucht *Ramm* die Vorzüge der Schwerpunkttheorie hervorzuheben. Dabei nimmt er weder einen Diagnoseirrtum noch einen groben Diagnosefehler an. Dies ist schon vom Ansatzpunkt her schwierig zu argumentieren und im Ergebnis auch eine fehlerhafte Herangehensweise. In beiden so „offensichtlichen" Fallbeispielen liegt bei der 28-jährigen Patientin aller Wahrscheinlichkeit nach ein Diagnoseirrtum vor. Bei dem älteren Patienten wird man bei dessen Anamnese wohl von einem groben Befunderhebungsfehler bzw. groben Diagnosefehler mit jeweiliger Beweislastumkehr ausgehen müssen, wenn keine weiteren Befunde erhoben wurden. Deshalb sind diese Beispiele schon nicht geeignet, die Schwerpunkttheorie und auch deren Weiterentwicklung zur Je-desto-Formel zu demonstrieren, da überhaupt keine Abgrenzungsproblematik gegeben ist. Die Vorzüge der Schwerpunkttheorie an derart unterschiedlichen Beispielen darzustellen, kann nicht gelingen.

Vielmehr ist eine „Mischung" aus beiden Fällen anzustrengen, um eine Abgrenzungsproblematik überhaupt aufzeigen zu können. Wenn man einen 40-jährigen Raucher mit leichtem Übergewicht, unklarer Familienanamnese und mit nicht erkanntem Herzinfarkt als Beispiel heranzieht, wird die Abgrenzung zum Befunderhebungsfehler deutlich. Bei diesem Beispiel dürfte sowohl ein bloßer Diagnoseirrtum als auch grober Befunderhebungsfehler ausscheiden.

Möchte man hier auf den Schwerpunkt der Vorwerfbarkeit abstellen, wird dies schwierig. Es sind weder klare Anhaltspunkte in die eine oder in die andere Richtung gegeben. Auch die Weiterentwicklung der Schwerpunkttheorie zur Je-desto-Formel hilft hier nicht weiter. Bei einem solchen Patienten liegen keine zwingenden Hinweise auf einen groben Diagnosefehlers vor. Es liegen mehr Anhaltspunkte als bei der 28-jährigen Patientin vor. Reicht das aber für einen groben oder fast groben Diagnosefehler mit der Konsequenz der Annahme eines Befunderhebungsfehlers aus? Hier verschwimmen die Grenzen.

Anhand dieses Beispiels werden die praktischen Schwierigkeiten der Schwerpunkttheorie aufgezeigt. Diese beschwört mehr Probleme herauf, als sie löst. Auch die von *Ramm* angestrengte „Je-desto-Formel" hilft bei diesem unklaren Fall nicht weiter. Deshalb hebt dieses Beispiel wieder einmal hervor, wie problematisch die Abgrenzung mit der Schwerpunktformel bzw. der „Je-desto-Formel" ist.

cc) Vorzüge

Bezüglich der Vorzüge kann zum einen auf das zur Schwerpunkttheorie Gesagte verwiesen werden. Zum anderen ist zu begrüßen, dass die Sperrwirkung eingeschränkt bzw. in bestimmten Fällen gänzlich aufgehoben wurde. Es wurde erkannt und herausgearbeitet, dass beide Fehler miteinander vermengt sind und so eine klare Abgrenzung nicht gelingen kann. Auch unterhalb eines groben Fehlers kann ein Befunderhebungsfehler angenommen werden. Damit befindet sich *Ramm* auf der Linie der Rechtsprechung. Vorzugswürdig an dieser Ansicht ist, dass sie keine starren Grenzen verfolgt, sondern im Einzelfall auch eine Sperrwirkung zu Gunsten des Fehlers aufweichen will.

dd) Nachteile

Gerade die Weiterentwicklung zur „Je-desto-Formel" birgt die Unsicherheit eines zufälligen Ausganges des Prozesses. Eine Entscheidung für oder gegen einen Befunderhebungsfehler würde dann von Nuancen abhängen. Bei solch weitreichenden beweisrechtlichen Folgen wäre dies kaum mit einem fairen Prozessausgang zu vereinbaren. Ferner wird es von praktischer Seite schwerfallen, die Nuancen mit Hilfe der Sachverständigen herauszuarbeiten.

ee) Kritik

Die „Je-desto-Formel" als Weiterentwicklung der Schwerpunkttheorie ist nicht geeignet, um die Abgrenzung zwischen Diagnosefehler und Befunderderhebungsfehler adäquat zu gewährleisten.

In der Theorie, wie auch schon bei der „reinen" Schwerpunktformel, ist eine Abgrenzung sehr gut vorstellbar und kommt auch zu gerechten Ergebnissen. Nur leider ist dies in der Instanzenrechtsprechung gerade nicht möglich. Die „Je-desto-Formel" bringt keine Trennschärfe in die Abgrenzung. Im Gegenteil, sie verschärft eher noch die Problematik, da diese Formel zu fein differenziert. Sie ist der Schwerpunkttheorie zwar angelagert, erweitert sie aber ungemein. Es bedarf nicht mehr eines Schwerpunktes auf der einen oder anderen Seite, sondern es reicht aus, wenn eine Tendenz in eine Richtung gegeben ist. Das würde in der Konsequenz bedeuten, es kommt auf Kleinigkeiten an, ob ein Befunderhebungsfehler oder ein Diagnosefehler vorliegt. Deshalb ist diese Theorie nicht anzuwenden.

c) Hart[998]

aa) Darstellung der Ansicht

Hart setzt sich mit dem Diagnosefehler und dessen Fehlertypologie auseinander. In seiner Abhandlung wird auch der Befunderhebungsfehler und der Umgang mit dieser Fehlerart beleuchtet. Er nennt den Befunderhebungsfehler „Erhebungsfehler" und sieht ihn als Untergruppe des Diagnosefehlers an.

Hart hält eine Unterscheidung zwischen Diagnosefehler und Befunderhebungsfehler für nicht gerechtfertigt: Er verweist dabei auf die gleich gelagerte Komplexität der beiden Vorgehensweisen. Die ärztliche Entscheidung für eine Diagnose oder für eine weitere Befunderhebung sei gleich zu gewichten. Zudem sei die Unterscheidung auch methodisch nicht gerechtfertigt. „Die unterlassene Befunderhebung ist ebenso Bewertungsfehler wie die Fehlinterpretation des Befundes. Die strukturelle Differenzierung der Rechtsprechung trägt nicht. Auch der Erhebungsfehler ist eine Standardabweichung."[999]

Er führt dazu aus, dass die Parallele zum Diagnosefehler nicht zu verkennen ist und die Rechtsprechung bei diesem nur mit Zurückhaltung von einem vorwerfbaren Fehler ausgeht.

Aus den Ausführungen von *Hart* geht hervor, dass er die Vorwerfbarkeit des ärztlichen Verhaltens sowohl beim Diagnosefehler als auch beim Befunderhebungsfehler gleichwertig behandelt wissen will. Eine Beweislastumkehr beim einfachen Befunderhebungsfehler hält er für verfehlt und von der Rechtsprechung vorschnell bejaht.

bb) Konsequenz

Die Konsequenz seiner Ansicht liegt nicht unmittelbar auf der Hand. *Hart* betont, dass auch Befunderhebungsfehler Fehler in der Standardabweichung darstellen. Daraus könnte der Schluss gezogen werden, dass er eine Abgrenzung für hinfällig hält und nur noch auf die Standardabweichung bzw. Standardunterschreitung

---

998 *Hart* in Festschrift Brüggemeier S. 131, 150.
999 *Hart* in Festschrift Brüggemeier S. 131, 150.

abstellen möchte.[1000] Er betont weiter, dass er keinen strukturellen Unterschied zwischen beiden Fehlerarten sehe. Es seien beide unter die Gruppe des Diagnosefehlers einzuordnen. *Hart* spricht davon, dass die unterlassene Befunderhebung, genauso wie der Bewertungsfehler unter die Fehlinterpretation des Befundes an sich fällt. Begründet wird diese Ansicht durch die Standardunterschreitung, die in beiden Fällen vorliege.

Dem ist vom Grundsatz her zu zustimmen, da der Befunderhebungsfehler immer auch mit einer fehlerhaften Diagnose einhergeht. Es ist nun jedoch zu fragen, welche Konsequenz daraus gezogen werden soll. Möchte *Hart* diesen Fehler unter die Diagnosefehlerrechtsprechung subsumiert wissen, mit der Konsequenz eines erheblichen Vorteils für die Behandlerseite? Oder möchte er nicht nur im Ergebnis eine Gleichbehandlung, sondern auch schon in der Fehleranalyse und der anschließenden Behandlung der Fehler gemessen an einer einheitlichen Standardunterschreitung? Aus der Gesamtschau der Abhandlung heraus lässt sich erkennen: *Hart* möchte den Behandlungsfehler als reinen Diagnosefehler behandelt wissen. Als Konsequenz wäre damit die Rechtsprechung des Diagnosefehles auf den Befunderhebungsfehler im vollen Maße übertragbar.

Der schon erwähnte Fall[1001] der Schlichtungsstelle der Ärztekammer Nordrhein[1002] soll erneut als Bespiel herangezogen werden. Der Patient litt unter starken Rücken- und Gelenkschmerzen und stellte sich damit in einer Klinik vor. Der positiv ausgefallene Borreliosetest, den der Patient beim niedergelassenen Arzt am Vortrag hat durchführen lassen, blieb unberücksichtigt. Eine Bestimmung der Entzündungswerte im Blut des Patienten nahmen die Ärzte der Klinik ebenfalls nicht mit in ihre Überlegungen auf. Stattdessen wurde der Patient aufwändig am Rücken untersucht. Zwei Tage später wurde ambulant ein Antibiotikum verabreicht, welches den gewünschten Erfolg einer schnellen Besserung brachte. Die Gutachterkommission führte aus, dass die Versäumnisse – also die Nichtbeachtung der erhobenen Befunde – als Diagnosefehler und gerade nicht als Befunderhebungsfehler zu qualifizieren seien.

Dieser Fall ist zwar ein nicht ganz typischer Sachverhalt, eignet sich aber dennoch für die Anwendung der Theorie von *Hart*. Die Gutachterkommission kam im Ergebnis zum Diagnosefehler.[1003] Überträgt man die Ansicht von *Hart* auf

---

1000 Zu den Meinungen, die alleine auf die Standardunterschreitung abstellen, siehe S. 226 ff.
1001 Siehe dazu S. 101.
1002 Ärztekammer Nordrhein 2010/1568 aus *Köbberling* Diagnoseirrtum, Diagnosefehler, Befunderhebungsfehler, S. 67 Fall 11.
1003 Dem ist nicht zuzustimmen, siehe S. 101.

diesen Fall, so würde auch er zu einem Diagnosefehler gelangen. Wie ausgeführt, spricht *Hart* davon, dass die unterlassene Befunderhebung, genauso wie der Bewertungsfehler, unter die Fehlinterpretation des Befundes an sich fällt. Wie wäre aber eine Konstellation zu lösen, wenn schon ein Befund erhoben, aber nicht berücksichtigt wurde. Von einer fehlerhaften Interpretation kann keine Rede sein. Liegt deswegen kein Diagnosefehler vor oder gerade deshalb einer, da die Diagnose an sich falsch war? Würde man sich nach der Ansicht von *Hart* dann nur noch auf eine Standardunterschreitung konzentrieren und damit schauen müssen, welches Handeln bei einer solchen Symptomatik standardgerecht gewesen wäre? Der Fall zeigt auf, dass diese Ansicht an ihre Grenzen stößt, sobald eine atypische Konstellation auftritt. Eine eindeutige Lösung ist nicht zu erkennen.

cc) Vorzüge

Die Abgrenzung vom Diagnosefehler zum Befunderhebungsfehler kritisch zu betrachten, also in dem Lichte, ob eine solche überhaupt notwendig ist bzw. funktioniert, ist grundsätzlich der richtige Weg. Ebenfalls gibt es eine strukturelle Gleichheit des Diagnose- und Befunderhebungsfehlers. Beides gehört zum großen Gebiet der Diagnostik. Die Befunderhebung ist, wenn man so will, ein Unterpunkt der Diagnostik. Ohne Befunderhebung gäbe es keine Diagnose. Somit ist die Befunderhebung zwingend ein Teil der Diagnostik; genauso wie die Diagnose, welche das Endergebnis bzw. die Endwahrscheinlichkeit ist.

Ferner ist es richtig, dass die Gefahr einer vorschnellen Annahme eines Befunderhebungsfehlers mit einer Beweislastumkehr zu Lasten der Behandlungsseite durch die Rechtsprechung besteht. Bei einem einfachen Befunderhebungsfehler ist grundsätzlich Vorsicht bei der Umkehr der Beweislast geboten.

dd) Nachteile

Der Nachteil und die Kritik betreffen jedoch die Schlussfolgerung, die *Hart* zieht. Es ist richtig, dass beide Fehler an einer Standardunterschreitung zu messen sind. Allerdings kann jedoch dann nicht jeder einzelnen Aspekt der Diagnostik von der Erhebung über die Bewertung bis hin zur Mitteilung der Diagnose rechtlich gleichgesetzt werden. Es stellt immer noch einen erheblichen Unterschied dar, eine Diagnose aufgrund verschiedener, sich möglicherweise widersprechender oder nicht eindeutiger Befunde falsch zu stellen oder erst gar nicht die notwendigen Befunde zu erheben.

ee) Kritik

Nach dieser Ansicht würde sich eine negative Verschiebung des Prozessausgangs zu Lasten der Patienten bzw. der Kläger ergeben. Die Rechtsprechung des BGH zum Diagnosefehler[1004] ist mit der Annahme eines Fehlers überhaupt sehr zurückhaltend. Wenn diese Rechtsprechung nun auf weite Teile des Befunderhebungsfehlers übertragen würde, dann würde die Zurückhaltung des BGH auf dem Gebiet der Diagnose auf den Befunderhebungsfehler einwirken und es überschatten. Der Befunderhebungsfehler wird aber strukturell von der Rechtsprechung zu Recht anders bewertet. Dieser strukturelle Unterschied, den Hart auch nicht sehen möchte, wäre gänzlich aufgehoben. Ein sehr weites Feld, welches die Umkehr der Beweislast zur Folge hat, würde massiv eingeschränkt werden. Der Befunderhebungsfehler wäre nicht mehr existent.

Eine solch drastische und einseitige Folge ist nicht gewollt und widerspricht dem Gedanken eines ausgewogenen und fairen Prozesses. Es gibt keinen Grund, warum nur die Rechtsprechung des Diagnosefehlers angewandt werden sollte. *Hart* stellt die Behauptung auf, es gebe keinen strukturellen Unterschied zwischen Diagnosefehlern und Befunderhebungsfehlern. Dabei wird die Tatsache unterschlagen, dass beim Befunderhebungsfehler standardgemäß nicht alles getan wurde, was hätte getan werden müssen. Deshalb konnte man zum Zeitpunkt des Befunderhebungsfehlers noch keine Diagnose stellen. Wenn allerdings die notwendigen Befunde erhoben wurden und eine Diagnose möglich ist, diese jedoch falsch gestellt wurde, dann sind andere Voraussetzungen gegeben als zuvor. Der strukturelle Unterschied, den auch die Rechtsprechung seit Jahren erkannt hat, ist nicht von der Hand zu weisen. Nur weil beide Fehlerarten im Ergebnis zur falschen Diagnose führen, bedeutet das nicht, dass die Struktur dieselbe ist.

An der Standardunterschreitung alleine will *Hart* den Diagnosefehler aber scheinbar auch nicht messen lassen. Den Fokus der Haftung einer Seite alleine aufzubürden, kann nicht vom Gesetzgeber gewollt sein.

d) *Feifel*[1005]

Feifel ist Arzt und Fachanwalt für Medizinrecht.

1004 Ausführungen dazu siehe S. 117 ff.
1005 *Feifel* GesR 2006, 308.

aa) Darstellung der Ansicht

Feifel spricht sich – auch wenn er das Wort nicht ausdrücklich erwähnt – für eine Sperrwirkung des Diagnoseirrtums, als auch des Diagnosefehlers aus. Er bezieht sich darauf, dass die Beweislastumkehr dem Arzt nur dann zur Last gelegt werden kann, wenn der Behandlungsfehler an sich der Anknüpfungspunkt ist. Unterstützung findet seine Ansicht in der generellen Zurückhaltung der Rechtsprechung hinsichtlich einer Beweislastumkehr. *Feifel* bezieht sich auf eine Entscheidung des OLG Köln.[1006] Das OLG betont in seiner Entscheidung, dass nur dann, wenn im Einzelfall eine Beweislastumkehr als gerechtfertigt erscheint, von der Beweislast, die grundsätzlich dem Patienten obliegt, abgewichen werden darf.

bb) Konsequenz

Die Ansicht von *Feifel* weitergedacht, bedeutet eine Ausweitung des Diagnosefehlers und eine noch stärkere Zurückhaltung in der Annahme eines Fehlers. Auch in diesem Beitrag, wie schon zuvor bei *Hart*, wird auf die Standardunterschreitung als Anknüpfungspunkt Bezug genommen. Grundsätzlich ist aber auch hier die Tendenz zur Annahme eines Diagnosefehlers zu benennen, selbst bei hauptsächlich fehlender Befunderhebung.

Der schon besprochene[1007] Fall des BGH[1008] eignet sich für einen Vergleich mit der Ansicht von *Feifel*. In diesem Fall begab sich der Kläger in die Behandlung eines Internisten. Er hatte im linken Bein und Gesäß einen stechenden Schmerz mit einer Lähmung des linken Beines bemerkt. Der Internist überwies den Kläger ohne vorherige Untersuchung mit der Verdachtsdiagnose „akuter Discusprolaps (Bandscheibenvorfall) mit motorischer Schwäche im linken Bein" zu einem Facharzt für Orthopädie. Der Kläger begab sich sofort dorthin. Der Orthopäde fertigte ein Röntgenbild an und gab schmerzstillende Spritzen. Seine vorläufige Diagnose lautete „Lumbago-Ischialgie (die Lumbago-Ischalgie, bzw. heute die Lumboischalgie stellt ein lumbosakrales Wurzelreizsyndrom dar, bei dem Schmerzen im Bereich der Lendenwirbelsäule und im Versorgungsbereich des Nervus ischiadicus auftreten) links mit motorischen Störungen und Coxarthrose (Arthrose der Hüfte) beiderseits". Durch einen Neurochirurg wurde schließlich eine Bandscheibenoperation durchgeführt. Erst später wurde festgestellt, dass keine Bandscheibenproblematik vorlag.[1009]

1006 OLG Köln Urt. v. 20.07.2005, 5 U 200/04, GesR 2006, 128.
1007 Siehe dazu S. 166 ff.
1008 BGH Urt. v. 07.06.1983, VI ZR 284/81, VersR 1983, 983.
1009 Ausführlicher Sachverhalt siehe S. 166 ff.

Alle drei Ärzte, der Internist, der Orthopäde und der Neurochirurg, stellten die falsche Diagnose. Die Konsequenz des Internisten war die Überweisung in ein falsches Fachgebiet. Alle Behandler unterließen es, eine DMS-Prüfung durchzuführen. DMS steht für Durchblutung, Motorik und Sensibilität. Es handelt sich dabei um eine Untersuchung, die ohne jegliche Hilfsmittel durchgeführt werden kann. Sie ist also weder invasiv noch kosten- oder zeitaufwändig. Sie wurde aber unterlassen, so dass als letzte Konsequenz eine komplikationsreiche Bandscheibenoperation angestrengt wurde und dies ohne jegliche Indikation.

Der Schwerpunkt der Vorwerfbarkeit, so der BGH, lag hier im Unterlassen einer vollständigen Untersuchung des Patienten. Die Untersuchung war einfach durchzuführen. Dass sie trotzdem unterlassen wurde, sah der BGH als besonders schwerwiegend an. Nach der Schwerpunkttheorie tritt der Diagnosefehler also zurück.

Nach der Ansicht von *Feifel* würde hier die fehlerhafte Diagnose im Vordergrund stehen. Drei verschiedene Ärzte – zudem noch aus verschiedenen Fachrichtungen – haben den Gefäßverschluss im Bein des Klägers nicht erkannt. Dies spräche für eine schwer zu stellende Diagnose. Vor allem differentialdiagnostisch ist an ein orthopädisches Geschehen, durchaus im Sinne einer Bandscheibenproblematik, zu denken. Wenn also aufgrund einer differentialdiagnostisch anspruchsvollen Diagnose diese fehlgestellt wurde, würde es eine Sperrwirkung nach Meinung von *Feifel* hin zum Befunderhebungsfehler geben. Ein grober Diagnosefehler ist hier wohl nicht zu erkennen, so dass die Beweislast beim Kläger verbleibt. Ein Prozessverlust wäre anzunehmen.

cc) Vorzüge

Auch bei dieser Ansicht liegen die Vorzüge auf der Hand. Es ist eine klare Abgrenzungssituation gegeben, was zu einer deutlichen Rechtssicherheit im Umgang mit dieser Problematik führt. Ferner würde bei manchen Patienten eine sog. Überdiagnostik[1010] vermieden werden, da die Behandler dann den Vorwurf des Befunderhebungsfehlers weniger fürchten müssten. Auch die Kosten des Gesundheitssystems[1011] würden geringgehalten.

1010 Vgl. zur Thematisierung der Überdiagnostik und der Gefahr für den Patienten S. 115 f.
1011 Vgl. zur Diagnose und Wirtschaftlichkeitsgebot S. 113 f.

dd) Nachteile
So wie die Vorteile deutlich werden, sind auch die Nachteile zu erkennen. Wenn man sich den gerade besprochenen Fall anschaut, wurden hier Untersuchungen zu Lasten des Patienten nicht vorgenommen. Hinzu kommt, dass in diesem Fall durch die erforderlichen Untersuchungen weder eine Gefährdung für den Patienten noch eine hohe Kostenlast für das Gesundheitssystem zu verzeichnen gewesen wäre.

Zudem würde diese Sichtweise den Behandler dazu veranlassen, weniger Befunde zu erheben. Auf den ersten Blick erscheint dies paradox, da dieser Aspekt auf der Seite der Vorteile benannt wurde. Dies spiegelt jedoch genau die Problematik der Befunderhebung an sich wider. Erhebt der Arzt zu viele Befunde oder betreibt gar Übertherapie, handelt er vielleicht ohne Indikation und damit auch fehlerhaft. Erhebt er zu wenige Befunde, wird ihm eventuell ein Befunderhebungsfehler zu Last gelegt. Eine einseitige Ansicht kann diese Abwägung jedoch nicht lösen und darf sie auch nicht eingrenzen. Die Abwägung, ob weitere Untersuchungen gemacht werden, darf nicht von einer Haftungsangst abhängen. Es müssen dabei juristische Überlegungen, die im möglichen Prozess eine Rolle spielen, außen vor bleiben und er muss nach medizinischen Aspekten eine Entscheidung getroffen werden.

Allgemein ist auch bei dieser Ansicht eine einseitige Prozessbelastung zu erkennen. Es gibt zwar eine klare Abgrenzungsform, diese jedoch zu dem sehr hohen Preis der Waffengleichheit. Insofern kann auf die obigen Ausführungen verwiesen werden.

ee) Kritik
Eine generelle Sperrwirkung des Diagnosefehlers gegenüber dem Befunderhebungsfehler gelingt nicht. Es wäre dann gar kein Raum für den Befunderhebungsfehler, was – wie schon öfters erwähnt – im Hinblick auf ein faires Verfahren nicht sein kann. Zum anderen kann es nicht funktionieren, da es der strukturellen Ähnlichkeit, wenn auch nicht der völligen Gleichheit, der beiden Fehler keine Rechnung trägt.

Wenn der eine Fehler den anderen bedingt, dann scheint es kaum möglich, einen der Fehler völlig aus der Betrachtung und damit aus der Haftung herauszunehmen. Weiterhin bevorzugt die Sperrwirkung zu sehr die Behandlungsseite. Eine einseitige Benachteiligung der Patienten ist nicht Sinn und Zweck der Sperrwirkung des Diagnosefehlers. Sie würde allerdings diesen Zweck zu Lasten des Patienten missbrauchen. Hier ist die Gefahr einer zu großen Ausweitung der Sperrwirkung zu sehen.

e) Stellungnahme Gruppe 1

Alle Ansichten haben eines gemein: Sie sorgen für eine klarere Abgrenzung, teilweise nur in der Theorie, teilweise auch in der Praxis. Ferner scheint sich eine wachsende Tendenz hin zum Diagnosefehler zu entwickeln. Diese Entwicklung kann als „behandlerfreundlich" angesehen werden. Der Diagnosefehler führt nur in wenigen Ausnahmefällen zur Haftung des Arztes.[1012]

Die Problematik der Abgrenzung wird mit der Ausweitung des Diagnosefehlers stark vereinfacht, jedoch auch in gewisser Weise vermieden. Wenn die Reichweite des Diagnosefehlers so ausgedehnt ist, gibt es nicht viele Möglichkeiten, um zum Befunderhebungsfehler abzugrenzen. Dort, wo sich die Befunderhebung sozusagen schon aufgedrängt hat, wird meistens auch ein grober Diagnosefehler anzunehmen sein, so dass nach beiden Fehlerarten eine Beweislastumkehr eintreten würde und die Abgrenzung zueinander nicht mehr prozessentscheidend wäre.

Doch auch wenn man anerkennen muss, dass die Probleme der Abgrenzung mit diesen Ansichten so gut wie gelöst sind, sind sie trotzdem wenig zufriedenstellend. Sie lösen zwar die schwierige Abgrenzung zueinander, schaffen allerdings an anderen Stellen massive Probleme. Die verfassungsrechtlich gewährte Freiheit, einen fairen Prozess zu führen, wäre zumindest bezogen auf diese Fehlerarten nicht mehr gewährleistet. Dem Diagnosefehler kommen aufgrund der Unberechenbarkeit des menschlichen Körpers besondere prozessuale Konsequenzen zu. Der Behandler darf sich hinsichtlich der Diagnose irren. Ihm wird sozusagen ein Irrtumsprivileg zuteil. Die Rechtsprechung zum Diagnosefehler ist aufgrund dieses Privilegs aber nicht beliebig ausweitbar. Damit beim Versuch der Herstellung eines Waffenausgleiches die Wirkung dieses nicht ins Gegenteil gekehrt wird, bedarf es an vielen Stellen korrigierender Einschränkungen und weiterer Ausnahmen.

Es würde somit zwar auf den ersten Blick eine Erleichterung im Verfahren eintreten, die auf Ergebnis- bzw. Urteilsebene dennoch aufgrund der verfassungsrechtlich festgelegten Prozessmaxime wieder aufgeweicht würde.

2. Gruppe 2 „Der Patientenseite zugewandt"

a) Geiß/Greiner[1013]

Geiß ist Präsident des BGH a.D. und *Greiner* ist Richter am BGH a.D.

1012 Ausführliche Besprechung des Diagnosefehlers siehe S. 99 ff.
1013 *Geiß/Greiner* Rn. B 64.

aa) Darstellung der Ansicht

Geiß/Greiner wollen eine strikte Sperrwirkung des Diagnosefehlers gegenüber dem Befunderhebungsfehler aufheben. Sie weichen die „Sperrwirkung" des Diagnosefehlers auf und vermengen gleichzeitig die Bereiche der Diagnose und der unterlassenen Befunderhebung. Wenn ein vorwerfbarer Diagnosefehler vorliegt, entfalte dieser gerade keine „Sperrwirkung" gegenüber den Beweisregeln zum Befunderhebungsfehler, da das Folgeverhalten ebenfalls zurechenbar sei. Die allgemeinen Regeln über Beweiserleichterungen nach fehlerhaft unterlassener Befunderhebung sind anwendbar, da das Folgeverhalten infolge eines vorwerfbaren Diagnose*irrtums* ebenfalls zurechenbar ist. Ansonsten bliebe eine Summierung von Fehlern unberücksichtigt.

bb) Konsequenz

Die Konsequenz dieser Ansicht ist, dass der Diagnosefehler bzw. Diagnoseirrtum, wenn er vorwerfbar ist, im Ergebnis zum Befunderhebungsfehler wird. Damit sind die Beweislastgrundsätze zum Befunderhebungsfehler hin verschoben bzw. verlagert. Es muss also folglich kein grober Diagnosefehler vorliegen, um eine Beweislastumkehr für die Aktivseite auszulösen. Fast jeder vorwerfbare Diagnosefehler würde dann zu einem Befunderhebungsfehler. Nur auf einen lediglich nicht vorwerfbaren Irrtum in der Diagnose sind die Grundsätze der Rechtsprechung anzuwenden.

Die Konsequenz dieser Ansicht lässt sich sehr gut an einem Fall des BGH aus dem Jahre 2006[1014] deutlich machen. In dem zu entscheidenden Fall hatte ein Pathologe die eingesendete Gewebeprobe fälschlicherweise nicht als bösartigen Tumor erkannt. Die Bestimmung der Gewebeprobe auf Bösartigkeit wurde von dem im Prozess gehörten Sachverständigen als äußerst schwierig bezeichnet. Dies sei eine der schwierigsten Aufgaben des Pathologen, Abweichungen zwischen Fachkollegen seien Standard. Sowohl das Berufungsgericht als auch der BGH nehmen in diesem Fall einen Diagnosefehler und gerade keinen Befunderhebungsfehler an.[1015]

Würde man die Ansicht von *Geiß/Greiner* auf diesen Fall übertragen, dann würde eine Beweislastumkehr zu Gunsten der Klägerseite eintreten. Durch die falsche Diagnose hat der Pathologe es zudem unterlassen, eine zweite Meinung einzuholen oder anderes Gewebe des Patienten zu untersuchen. Durch die Auffassung von *Geiß/Greiner* wäre aber diese Folgeunterlassung nicht durch

---

1014 BGH Urt. v. 09.01.2007, VI ZR 59/06, VersR 2007, 541.
1015 Ausführlicher Sachverhalt siehe S. 191 ff.

den nicht vorwerfbaren Diagnosefehler bzw. Diagnoseirrtum gesperrt, sondern würde als Befunderhebungsfehler eigens bewertet werden. Es würde sich ein völlig anderes Ergebnis ergeben, als es das Berufungsgericht und der BGH erzielt haben.

cc) Vorzüge

Wie schon aus der ersten Gruppe hervorging, ist die Abgrenzung auch hier einfacher ausgestaltet. Sobald ein vorwerfbarer Diagnosefehler anzunehmen ist, liegt auch ein Befunderhebungsfehler vor. Somit müsste im Verfahren nur die Vorwerfbarkeit des Fehlers geprüft werden. Wird diese bejaht, handelt es sich um einen Befunderhebungsfehler mit seinen beweisrechtlichen Folgen.

dd) Nachteile

Auf den ersten Blick scheint diese Ansicht die Abgrenzung einfach und übersichtlich zu gestalten. Führt man sie jedoch gedanklich weiter wird schnell klar, dass die Fehlertypen eher vermengt werden. Eine echte Abgrenzung wird lässt die Meinung vermissen. Der Diagnosefehler wird sozusagen zum Befunderhebungsfehler gezogen. Begründet wird dies damit, dass ansonsten die Befunderhebung betreffende Fehler außer Acht gelassen werden. Somit würden Fehler nicht berücksichtigt.

Bei dieser Argumentation wird verkannt, dass die Fehler keine eigenständigen Fehler sind, sondern vielmehr aus einem Diagnosefehler heraus resultieren. Wenn man es so bezeichnen will, dann gehören sie noch zum Diagnosefehler, da dessen unmittelbare Folge sind. Getrennt betrachtet sind sie natürlich Befunderhebungsfehler im klassischen Sinne. Befunde wurden nicht erhoben, die bei richtig gestellter Diagnose erhoben worden wären. Isoliert kann man einen Fehler jedoch fast nie betrachten. Das würde zu einer völligen Umkehr der Rechtsprechung des Diagnosefehlers führen. Die besondere Schwierigkeit, eine Diagnose zu stellen, fände in ihrer fehlerhaften Auswirkung keine Beachtung mehr. Dieser Aspekt muss jedoch in der Rechtsprechung weiterhin berücksichtigt werden, damit die Besonderheit der Arbeit mit dem menschlichen Körper nicht aufgehoben wird.

ee) Kritik

Grundsätzlich richtig ist es, keine generelle Sperrwirkung des Diagnosefehlers anzunehmen. Bei einem Diagnoseirrtum kommt die Sperrwirkung immer zum Tragen. Dies muss alleine schon deshalb gelten, da der bloße Irrtum keine Haftung nach sich ziehen kann, da dieser nie vorwerfbar ist. Dort auch eine

Aufweichung der Sperrwirkung zu fordern, wäre nicht hilfreich und würde einer totalen Aufgabe des Diagnosefehlers gleichkommen. Dass dies nicht gewollt ist, macht das Wort „vorwerfbar" deutlich.

Bei dieser Ansicht wird – ob es sich nun um eine Wortunterscheidung handelt oder nicht – der Diagnosefehler mit dem Diagnoseirrtum vermengt bzw. werden die Wörter auch einheitlich gebraucht.[1016] Dies führt im Ergebnis zur Unsicherheit, wann genau die Sperrwirkung nicht mehr gelten soll.

Auch *Nußstein* kritisiert diese Ansicht.[1017] Er macht deutlich, dass an eine Diagnosestellung weit weniger hohe Anforderungen zu stellen sind als an den Umfang der Befunderhebung. Dies verkenne die Ansicht von *Geiß/Greiner*. Sie setze vielmehr die Anforderungen an beide Institute gleich hoch an. Der Auffassung von *Nußstein* ist beizupflichten. *Geiß/Greiner* verkennen, dass eine Diagnose wesentlich schwerer zu stellen ist, als einen Befund zu erheben. Die Diagnose bedarf einer vielschichtigen Überlegung und ist dann noch der Unberechenbarkeit des Körpers unterworfen. Der zu erhebende Befund muss sich vielmehr nur an einem klinischen Bild orientieren, um erhoben zu werden. Für ihn gibt es feste Standards.[1018]

Der Diagnose*fehler* hingegen ist immer vorwerfbar. Würde man stets die Befunderderhebung als *Folge* des Diagnosefehlers sehen, dann käme man nach der Ansicht von *Geiß/Greiner* immer zu einer Beweislastumkehr zu Lasten des Arztes. Dies kann nicht gewollt sein. Genauso wie eine einseitige Belastung des Patienten im Hinblick auf die Beweislast kann auch eine einseitige Belastung des Arztes nicht als erstrebenswert anzusehen sein.

Aus diesem Grund greift diese Ansicht zu kurz und bevorzugt konsequent eine Partei. Deshalb ist dieser Ansicht nicht zu folgen.

b) Schultze-Zeu[1019]

Schultze-Zeu ist Fachanwältin für Medizinrecht.

aa) Darstellung der Ansicht

Schultze-Zeu bezieht sich in ihrem Beitrag im Wesentlichen auf das Urteil des KG Berlin vom 05.07.2007.[1020] In diesem Fall hatte das KG in einem Streit zu

---

1016 Siehe zur Wortbedeutung zwischen Diagnosefehler und Diagnoseirrtum S. 117 ff.
1017 *Nußstein* VersR 2015, 1094, 1095.
1018 Vgl. dazu die Ausführungen zu den Algorithmen S. 105 ff.
1019 *Schultze-Zeu* VersR 2008, 898 ff.
1020 KG Berlin Urt. v. 05.07.2007, 20 U 29/06, VersR 2008, 136.

entscheiden, der eine nicht vollständige Befunderhebung zum Gegenstand hatte. Der beklagte Arzt hatte bei einer Koloskopie (Spiegelung des Dickdarms) einen bestimmten Darmabschnitt fehlerhaft für den Übergang zum Dickdarm gehalten und die Koloskopie deswegen beendet, woraufhin er vorhandene Tumore im Darm nicht erkannte.

Das KG führte aus, es liege kein Diagnosefehler vor.[1021] Ein solcher Diagnosefehler setze nämlich eine vollständig durchgeführte Befunderhebung voraus, welche jedoch falsch interpretiert wird.[1022]

Daraus schlussfolgert *Schultze-Zeu,* dass dem Arzt regelmäßig dann ein Befunderhebungsfehler vorzuwerfen sei, wenn er es aufgrund eines vorangehenden Diagnoseverschuldens unterlassen habe, gebotene diagnostische Anschlussbefunde zu erheben. Damit kritisiert sie zwei zeitlich folgende OLG-Entscheidungen,[1023] die jeweils einen bloßen Diagnosefehler angenommen haben.

Nach *Schultze-Zeu* sei auch hier ein Befunderhebungsfehler zu sehen, welcher die Frage der Kausalität nach der Drei-Stufen-Theorie[1024] des BGH zur Folge hätte.

Ferner vertritt sie die Ansicht, dass gleich aus welchem Grund der Befund nicht erhoben wurde immer ein Befunderhebungsfehler vorliege. Vor allem wäre auch dann ein Befunderhebungsfehler anzunehmen, wenn dieser durch eine fälschliche Diagnose ausgelöst worden sei, wenn bei einer Gesamtbetrachtung eine unvollständige Befunderhebung vorläge.

bb) Konsequenz

Die Konsequenz, ist dieselbe wie die gerade dargestellte von *Geiß/Greiner.* Allerdings differenziert *Schultze-Zeu* deutlicher. Durch eine Einteilung des KG, welches die nicht vollständige Inaugenscheinnahme des Darmes im Rahmen der Koloskopie als unterlassene Befunderhebung gewertet hat, schließt *Schultze-Zeu* auf eine grundsätzliche Anwendung des Befunderhebungsfehlers auf den Diagnosefehler.

1021 KG Berlin Urt. v. 05.07.2007, 20 U 29/06, VersR 2008, 136.
1022 KG Berlin Urt. v. 05.07.2007, 20 U 29/06, VersR 2008, 136.
1023 OLG München Urt. v.12.04.2007, 1 U 2267/04; OLG Koblenz Urt. v. 30.11.2006, 5 U 209/06, VersR 2007, 1565.
1024 Verweis auf die Darstellung der 3-Stufen-Theorie des BGH S. 57 ff.

Zur Verdeutlichung dieser Ansicht soll folgender Fall des BGH[1025] herangezogen werden: Es ging um eine Verschattung der Lunge, die deutlich auf einer Röntgenaufnahme zu sehen war. Der Anästhesist erkannte diese jedoch nicht. Hier hatte der BGH einen Diagnosefehler angenommen. Dass, hätte man die Verschattung der Lunge als tumoröses Geschehen erkannt, eine weitergehende Abklärung notwendig war, machte den Diagnosefehler nicht zu einem Befunderhebungsfehler. Wendet man nun die Ansicht von *Schultze-Zeu* an, dass jede unterlassene Befunderhebung, gleich aus welchem Grund sie unterlassen wurde, automatisch als Befunderhebungsfehler gilt, so würde hier im Ergebnis nicht ein Diagnosefehler, sondern ein Befunderhebungsfehler vorliegen.

cc) Vorzüge

Die Vorzüge sind eindeutig. Ist eine irgendwie geartete unterlassene Befunderhebung gegeben, so ist folglich ein Befunderhebungsfehler anzunehmen. Dies bedeutet eine sehr einfache Handhabung in der Praxis. Ein Abgrenzungsproblem scheidet praktisch aus.

dd) Nachteile

Aufgrund einer einzelnen KG-Entscheidung, die einen medizinischen Sachverhalt als nicht vollständige Befunderhebung ansieht, eine generell gewollte Ausweitung des Befunderhebungsfehlers auf den Diagnosefehler zu sehen, gelingt nicht. Wenn ein Teil des Darmes nicht abschließend eingesehen wird, dann wurden die Befunde nicht vollständig erhoben. Warum an dieser Stelle zwischen Diagnosefehler und Befunderhebungsfehler differenziert werden muss, erschließt sich nicht. Hätte der Behandler die Krebszellen gesehen, aber nicht als solche erkannt, dann kann wiederum über einen Diagnosefehler gesprochen werden. Aufgrund einer solchen Entscheidung eine Ausweitung des Diagnosefehlers anzunehmen und damit eine Beweislastumkehr zur Behandlerseite hin zu konstruieren, funktioniert nicht, da damit der Diagnosefehler vollständig an Bedeutung verliert.

ee) Kritik

Diese Ansicht reduziert den Diagnosefehler auf null. Denkt man die Position von *Schultze-Zeu* zu Ende, dann bedeutete dies eine reine Haftung im Sinne eines Befunderhebungsfehlers. Es ist zwar richtig zu sagen, in jedem Diagnosefehler

---

1025 BGH Urt. v. 21.12.2010, VI ZR 284/09, ausführliche Sachverhaltsdarstellung und Besprechung siehe S. 194 ff.

stecke meist auch gleichzeitig eine unterlassene Befunderhebung. Die Konsequenz die *Schultze-Zeu* daraus ziehen will, ist allerdings nicht haltbar. Die Rechtsprechung nimmt nicht ohne Grund zurückhaltend eine Haftung wegen eines Diagnoseirrtum bzw. Diagnosefehler an.[1026] Diese Grundsätze der gefestigten Rechtsprechung werden von *Schultze-Zeu* mit dieser Ansicht außen vor gelassen. Ferner umgeht sie damit den Grundsatz, derjenige, der Schadensersatz bekommen möchte, müsse beweisen, dass der vermeintliche Schädiger den Schaden verursacht hat. Eine stichhaltige Begründung für diese Ansicht fehlt, so dass sie zu verwerfen ist.

c) Stellungnahme Gruppe 2

Die Gruppe 2 zeigt, wie schon zuvor die Gruppe 1, ein klares Bild der Abgrenzung. Beide Gruppen haben gemeinsam, dass die Abgrenzung des Diagnose- zum Befunderhebungsfehler sich sehr einfach gestaltet. Allerdings wird auch wieder deutlich, dass die vermeintliche Klarheit der Abgrenzung zu Lasten einer Seite geht. Bei diesen Ansichten werden eindeutig die Behandler benachteiligt.

Ferner wird die seit Jahren beständige Rechtsprechung des BGH zum Diagnosefehler umgangen. Eine Haftung wird nicht über den Diagnosefehler begründet, sondern über den Befunderhebungsfehler. Damit ist die Zurückhaltung bei der Annahme einer Haftung aufgrund einer falschen Diagnose praktisch nicht mehr existent. Den Besonderheiten des menschlichen Körpers wird nicht mehr Rechnung getragen. Zudem könnten diese Ansichten zu einer Ausweitung der Tests und Befunde führen, da der Mediziner sich durch weitergehende Befunderhebung haftungsrechtlich absichern will. Dies wäre dann mit erheblichen Risiken für den Patienten verbunden. Aus diesen Gründen sind die Ansichten dieser Gruppe nicht anzuwenden.

3. Gruppe 3: „Neue Wege"

a) Karmasin[1027]

Karmasin ist ehemaliger Leiter der Gutachterstelle für Arzthaftungsfragen bei der Bayerischen Landesärztekammer.

1026 Zu dieser Problematik des Umgangs mit dem Diagnoseirrtum bzw. Diagnosefehler siehe S. 117 ff.
1027 *Karmasin* VersR 2009, 1200 ff.; zugleich eine Kritik an der Auffassung von *Schultze-Zeu* VersR 2008, 898.

aa) Darstellung der Ansicht

Karmasin stellt, insbesondere im Gegensatz zu *Schultze-Zeu*,[1028] fest, dass die Grundsätze über die Beweislastumkehr nicht bei allen einfachen Befunderhebungsfehlern anzuwenden sind, sondern nur dann, wenn es um Befunde geht, die medizinisch zweifelsfrei hätten erhoben werden müssen.[1029]

Diese Aussage spiegelt die aktuelle Rechtsprechung zum Befunderhebungsfehler wider. *Karmasin* wirft im Speziellen die Problematik der Zweifelsfreiheit der Befunderhebung auf. Er weist mit Beispielen darauf hin, dass dies nur anhand des Einzelfalles und mit Hilfe des Sachverständigen geklärt werden kann. Anhand von verschiedenen medizinischen Fällen wird dargestellt, dass die Bestimmung von zweifelfrei zu erhebenden Befunden häufig nicht eindeutig sein kann. Wenn der Sachverständige zu dem Ergebnis käme, dass nur ein einfacher Befunderhebungsfehler in Betracht kommt, habe er dann festzustellen, ob nicht im Hinblick auf eine unterlassene Befunderhebung ein qualifizierter Verstoß vorliegt, so dass die Befunde zweifelsfrei hätten erhoben werden müssen.[1030] Nur dann käme seines Erachtens eine Beweislastumkehr in Betracht.

Karmasin kritisiert ferner die von *Schultze-Zeu*[1031] vertretene Auffassung, es sei entscheidungserheblich, aus welchem Grund eine gebotene Befunderhebung unterlassen wurde. Die Grundsätze der Beweislastumkehr sollen nach *Schultze-Zeu* auch dann anwendbar sein, wenn der Befunderhebungsfehler durch die falsche Diagnose ausgelöst worden ist.

Dem tritt *Karmasin* vehement entgegen. Er verweist auf den Unterschied zwischen dem bloßen Diagnoseirrtum bzw. dem einfachen Diagnosefehler und dem Befunderhebungsfehler. Wenn ein Behandlungsfehler in einer vorwerfbaren fehlerhaften Diagnose liegt, dann haftet der Arzt nur wegen eines Diagnosefehlers und nicht aufgrund eines Befunderhebungsfehlers. Er stellt damit die Grenzen und damit faktisch – ohne es zu nennen – die Sperrwirkung des Diagnosefehlers zum Befunderhebungsfehler heraus und warnt vor der Vermengung der beiden Konstruktionen. „[...] – also zusätzlich einen Befunderhebungsfehler anzunehmen – so *Schultze-Zeu* –, würde den Unterschied zwischen Diagnose- und Befunderhebungsfehler praktisch aufheben, weil dann nahezu jeder Diagnoseirrtum zu einem Befunderhebungsfehler führen würde."[1032]

1028 Schultze-Zeu VersR 2008, 898.
1029 *Karmasin* VersR 2009, 1200, 1201.
1030 *Karmasin* VersR 2009, 1200, 1201.
1031 Schultze-Zeu VersR 2008, 898.
1032 *Karmasin* VersR 2009, 1200, 1202.

Befunderhebungsfehler können nach *Karmasin* nur dann vorliegen, wenn aus der ex-ante-Sicht neben dem Diagnosefehler zusätzlich vorgeworfen werden kann, dass der Arzt Befunde nicht erhoben hat, die er nach seiner Sicht nicht zu erheben brauchte oder durfte.

bb) Konsequenz

Nur wenn zweifelsfrei die Notwendigkeit der Erhebung weiterer Befunde festgestellt werden kann, dann sollte erst über einen Befunderhebungsfehler mit einer Beweislastumkehr nachgedacht werden.

Die Frage, die sich im Rahmen der Praxis dann stellt, ist, wann etwas zweifelsfrei ist. Braucht man dafür hundertprozentige Sicherheit oder reicht es aus, wenn es keinen vernünftigen Zweifel mehr gibt? Auf Hundertprozent wird eine Sachverständigenaussage fast nie lauten. Auch wären Hundertprozent eine zu utopische Prozentzahl, wenn man sich vor Augen hält, dass eine Diagnose auch fast nie diese Zahl der Wahrscheinlichkeit[1033] erreicht, sondern im allerbesten Fall eine hohe Wahrscheinlichkeit gegeben ist. An dieser Stelle wird ein sehr theoretisches Problem aufgeworfen, dass – denkt man es zu Ende – zu einer neuen Abgrenzungsschwierigkeit führen könnte.

Die Konsequenz dieser Ansicht würde dahin gehen, dass vermehrt der Fokus auf eine medizinische Zweifelsfreiheit gelegt würde. Was aus dem Beitrag nicht hervorgeht, ist, ob ein Festhalten an der Schwerpunkttheorie gewollt ist oder ob auf den zweifelsfrei zu erhebendem Befund allein abzustellen ist. Ersichtlich wird der Punkt der Zweifelsfreiheit als praktisches Problem aufgeworfen. Es wird als entscheidendes Merkmal der Abgrenzung in Bezug auf die Beweislastumkehr gesehen. Wann dieses zweifelfrei jedoch besteht, lässt dieser Beitrag offen. Es wird auf die pauschale Aussage des Sachverständigen im Prozess verwiesen. Damit würde dem Sachverständigen im Prozess eine noch stärke und bedeutendere Rolle zukommen, als er jetzt schon innehat. Dieses Abgrenzungskriterium scheint jedoch nur für den groben Befunderhebungsfehler zu gelten.

Über einen einfachen Befunderhebungsfehler, der unter Umständen auch zu einer Beweislastumkehr führen kann, schreibt der Autor nichts. Ob dies nun bedeutet, dass dieser nicht zu einer Beweislastumkehr führen soll, bleibt offen.

In dem vom BGH zu entscheidendem Fall eines nicht erkannten Gefäßverschlusses[1034] stellte sich der Patient bei einem ambulant behandelnden Orthopäden vor. Dieser verkannte eine internistische Erkrankung und vermutete eine

---

1033 Vgl. zu Wahrscheinlichkeiten der Diagnose S. 105 ff.
1034 BGH Urt. v. 07.06.1983, VI ZR 284/81, VersR 1983, 983.

Bandscheibenproblematik. Als die vom Orthopäden gewählte Therapie jedoch nicht anschlug und ein weiteres Symptom, nämlich ein Kältegefühl, hinzukam, musste die Arbeitsdiagnose überdacht werden. Nach *Karmasin* kommt es nun darauf an, ob Befunde, diesem Fall eine Untersuchung der Fußpulse, zweifelfrei geboten gewesen wären. Hier ist die Tatsacheninstanz noch nicht voll ausgeschöpft worden, so dass nicht abschließend gesagt werden kann, ob ein Sachverständiger diese Frage entsprechend beantwortet hätte. Der BGH führte aus, dass es sich „um selbstverständliche und einfach durchzuführende differentialdiagnostische Maßnahmen gehandelt hat, die für die Beurteilung des Krankheitsbildes des Klägers und die weitere Behandlung von entscheidender Bedeutung sein konnten."[1035] Ob das Wort „selbstverständlich" dem vom *Karmasin* fokussierten Begriff der Zweifelsfreiheit gleich kommt, mag dahingestellt bleiben. Zumindest scheinen sich hier weitere Befunde aufzudrängen. Für eine Zweifelsfreiheit wäre die Aussage des Sachverständigen notwendig. So kann der Fall nach Ansicht von *Karmasin* nicht entschieden werden, es deutet aber vieles auf eine zweifelsfrei gebotene unterlassene Befunderhebung hin.

cc) Vorzüge

Die Entscheidung, wann weitere Befunde zu erheben gewesen wären, wird nicht nur anhand juristischer Abgrenzungsmethoden wie der Schwerpunkttheorie vollzogen, sondern anhand medizinischer Kriterien abgegrenzt. Eine Abgrenzung anhand rein medizinischer Kriterien wird einem Arzthaftungsprozess gerechter.

dd) Nachteile

Nichtsdestotrotz ist zuvor festzustellen, ob ein einfacher Befunderhebungsfehler vorliegt. Streng genommen handelt es sich also hierbei um keine Abgrenzungsproblematik zwischen Diagnose- und Befunderhebungsfehlern, sondern zwischen verschiedenen Befunderhebungsfehlern untereinander. Die eigentliche Schwierigkeit, zwischen einfachem Befunderhebungsfehler und dem reinen Diagnosefehler zu differenzieren, wird hier nicht beleuchtet. Die absolute Zweifelsfreiheit für beide Arten der Befunderhebung zu verwenden, würde eine Vermischung bedeuten, welche der *Karmasin* ja eindeutig vermeiden will.

1035 BGH Urt. v. 07.06.1983, VI ZR 284/81, VersR 1983, 983.

ee) Kritik

Anstatt die Problematik der Abgrenzung zu entschärfen, wirft *Karmasin* ein neues Problem auf. Dieses zielt auf die Beweislastumkehr ab. Ab wann wird eine Befunderhebung als zweifelsfrei geboten verstanden. Dass dies ein Punkt ist, der in jedem Einzelfall und in jedem Prozess neu, natürlich durch Hilfe eines Sachverständigen, entschieden werden muss, stellt in der Arzthaftung eine Selbstverständlichkeit dar, die aus dem Arzthaftungsprozess nicht mehr wegzudenken ist.

Die unterlassene Befunderhebung nur dann als Fehler zu qualifizieren, wenn tatsächlich eine Unterlassung zweifelsfrei besteht, ist als Hürde zu hoch angesetzt. Der BGH verwendet dieses Wort der Zweifelsfreiheit auch, jedoch eher im Rahmen des groben Behandlungsfehlers. Es muss hier beachtet werden, dass eine Bewertung im Rahmen des Fachgebietes der Medizin vorgenommen wird. In der Medizin ist so etwas wie eine klare Eindeutigkeit und eine klare Zweifelsfreiheit nur in sehr seltenen Fällen gegeben. Eine Abgrenzung anhand dieses Begriffs würde bedeuten, dass es alleine auf die subjektive Sichtweise des bestellten Sachverständigen ankommt. Sieht er den Befund als zweifelsfrei geboten an, würde nach *Karmasin* ein Befunderhebungsfehler vorliegen. Würde der Sachverständige den Befund allerdings als sehr dringend zu erheben ansehen, dann würde der Befunderhebungsfehler nicht angenommen werden. Eine objektive Bewertung, wie sie z.B. durch Richtlinien oder Leitlinien erfolgen könnte, funktioniert mit dieser Begrifflichkeit nicht, da eine solche Abstufung der Erhebung der Befunde dort nicht genannt wird. Für eine Abgrenzung des Befunderhebungs- zum Diagnosefehler trägt diese Ansicht somit im Ergebnis nicht viel bei.

b) Ziegler[1036]

Ziegler ist Fachanwalt für Medizinrecht.

aa) Darstellung der Ansicht

Ziegler erblickt die Lösung der Abgrenzung des Diagnosefehlers zum Befunderhebungsfehler weder in der Schwerpunkttheorie noch in einer etwaigen Sperrwirkung des Diagnosefehlers zum Befunderhebungsfehler. Diese beiden Abgrenzungsvarianten führen zu jeweils unbefriedigenden und im Einzelfall ungerechten Ergebnissen. Vielmehr sieht *Ziegler* die Lösung allein in der Verletzung des medizinischen Standards:[1037] „Die Abgrenzung zwischen

---

1036 *Ziegler* GesR 2014, 647, 650.
1037 Zum medizinischen Standard vgl. S. 39 ff.

entschuldbarem Diagnoseirrtum und unterlassener Befunderhebung darf nicht juristisch anhand der [...] Theorien dargestellt werden, sondern nur medizinisch unter Zugrundelegung des maßgeblichen medizinischen ärztlichen Standards (§ 630 a Abs. 2)."[1038]

Dieser wird vom medizinischen Sachverständigen ermittelt: „Kommt der Sachverständige aus seiner medizinisch-fachlichen Sicht dazu, dass die unterlassene Befunderhebung gegen medizinische Standards verstößt, also behandlungsfehlerhaft ist, ist allein das maßgeblich, nicht der juristische Theorienstreit."[1039]

Sind also nach Ansicht des Sachverständigen zweifelsfrei Befunde zu erheben, kann es keine Sperrwirkung geben. Kommt der Sachverständige auf der anderen Seite zu dem Ergebnis, dass ein Verstoß gegen die Regeln des ärztlichen Standards gerade nicht gegeben ist, scheidet die Haftung aus. Seiner Ansicht nach ist damit das Problem der Unterscheidung zwischen Diagnoseirrtum und Diagnosefehler[1040] hinfällig. Ferner betont er, dass allein diese von ihm vertretene Ansicht mit § 630 a überhaupt nur vereinbar sei.

Das oben genannte Urteil des OLG Naumburg[1041], welches sich ausdrücklich auf die Einhaltung des medizinischen Standards beruft, unterstützt die Ansicht von *Ziegler*. Zwar wird dennoch eine „klassische" Abgrenzung nach der Schwerpunkttheorie vorgenommen, aber es ist zwischen den Zeilen zu erkennen, dass es möglicherweise andere Abgrenzungsmöglichkeiten gibt.

bb) Konsequenz

Eine Abgrenzung würde sich auch hier an rein medizinischen Kriterien orientieren. Dies gilt für die Abgrenzung zwischen Diagnosefehler und Befunderhebungsfehler. Für die Abgrenzung zwischen den einzelnen Diagnosefehlern würde es eine Neuerung bedeuten. Diese Abgrenzung würde vollständig hinfällig werden. Welche Konsequenz daraus erwächst und ob es nie zu einer Haftung oder eben ständig zu einer Haftung kommt, wird aus dem Beitrag nicht ersichtlich.

An dem Fall des BGH[1042] lässt sich diese Theorie gut verdeutlichen. Es wurde eine Netzhautablösung bei einem an einer Behinderung leidenden Patienten nicht erkannt. Bei dem Beschwerdebild wäre eine Augenhintergrunduntersuchung

---

1038 *Ziegler* GesR 2014, 647, 650.
1039 *Ziegler* GesR 2014, 647, 650.
1040 Siehe zu dieser Unterscheidung S. 117 ff.
1041 OLG Naumburg Urt. v. 31.05.2012, 1 U 97/11.
1042 BGH Urt. v. 13.01.1998, VI ZR 242/96.

medizinisch angezeigt gewesen.[1043] Somit ist nach *Ziegler* alleine auf diese medizinische Notwendigkeit abzustellen. Ein Befunderhebungsfehler liegt vor.

cc) Vorzüge

Der Vorzug dieser Ansicht ist die Fokussierung auf den medizinischen Standard. Es sollen keine Abgrenzungstheorien und -vorstellungen herangezogen werden, sondern es soll sich alleine auf den fachärztlichen Standard konzentriert werden. So kann es weder einen Ausschlag auf die Aktivseite geben noch eine Präferenz für die Behandlerseite bzw. das Krankenhaus. Der Nachteil vieler Abgrenzungstheorien ist es, meist eine Seite zu bevorzugen oder zu benachteiligen. Wenn man Abstand von einer Lösungssuche in den verschiedenen Theorien nimmt, besteht die Gefahr der ungerechten Verlagerung der Haftung nicht.

Zudem wird nicht versucht, ein medizinisches Gebiet durch fachfremde Inhalte handhabbar zu machen. Somit werden diesem Fachgebiet keine fremden Vorgaben und Inhalte aufgezwängt.

dd) Nachteile

Der Ansatz, sich von den herrschenden Abgrenzungstheorien und -möglichkeiten wegzubewegen und einen neuen Ansatz zu entwickeln, ist begrüßenswert. Die Idee ist vom Grundgedanken sehr gelungen. Allerdings ist sie nicht komplett durchdacht. Wenn man die Entscheidung alleine in die Hand der Sachverständigen vor Gericht geben würde, dann wäre die Entscheidungsgewalt vollständig aus den Händen der Richter auf die Sachverständigen verlagert. Wäre das der Fall, würde dies eventuell sogar bedeuten, dass die Arzthaftungskammern bzw. -senate überflüssig würden und die Gutachterkommissionen ausreichten. Auch wenn die Arbeit der Gutachterkommission für Patienten und Ärzte eine gute Möglichkeit der ausgerichtlichen Einigung bieten, so sollte dennoch eine gerichtliche Überprüfung möglich sein. Eine juristische Abgrenzung, Betrachtungsweise bzw. ein juristisches Schema sind daher zwingend notwendig. Eine juristische „Kontrollinstanz" muss vorhanden sein.

ee) Kritik

Ziegler geht richtigerweise davon aus, dass das Gesetz selbst zur Abgrenzung keine Aussage enthält. Daraus schlussfolgert er jedoch, dass das Gesetz gegen solche Theorien spricht. Diese Interpretation ist gewagt. Nur weil der Gesetzestext und die dazugehörige Begründung sich dazu nicht äußern, heißt dies noch

---

1043 Ausführlicher Sachverhalt siehe S. 182 ff.

nicht, Theorien und Abgrenzungsansätze seien nicht möglich. Wenn man sich die Geschichte dieses Streits anschaut, bemerkt man rasch dessen lange Dauer. Hätte der Gesetzgeber das Verbot der Abgrenzung gewollt, dann hätte er zumindest in der Begründung zum Patientenrechtegesetz dies anklingen lassen bzw. ausdrücklich formuliert.

Die Gesetzesbegründung zeigt allerdings, dass die Normen langjähriges Richterrecht weitestgehend umsetzen sollen. Eine Einschränkung oder Änderung auf eine bestimmte Abgrenzungsweise war nicht gewollt.[1044]

Dass der Gesetzgeber dies unterlassen hat, zeigt, wie wenig stichhaltig dieses Argument ist. Die Begründung der von *Ziegler* vertretenen Ansatzes ist somit nicht nachvollziehbar.

Ziegler vertritt auch die Ansicht, dass eine Entscheidung zwischen Diagnoseirrtum und Diagnosefehler nicht mehr getroffen werden muss. Es leuchtet nicht ein, warum die Differenzierung zwischen Diagnoseirrtum und Diagnosefehler hinfällig werden soll. Als bestes Beispiel kann die schon genannte Entscheidung des OLG Hamm aus dem Jahre 2015 herangezogen werden.[1045] Bei dieser Entscheidung wird zunächst auf die Abgrenzung zwischen Diagnosefehler und Befunderhebungsfehler eingegangen und dann, als ein Diagnosefehler bestimmt wurde, die Art des Diagnosefehlers herausgearbeitet. Diese Herangehensweise ist zwingend notwendig, da der Diagnoseirrtum in Gegensatz zum Diagnosefehler zu keiner haftungsrechtlichen Relevanz führt. Ferner muss dann noch zwischen dem einfachen Diagnosefehler und dem groben Diagnosefehler unterschieden werden, um zu bestimmen, ob die Beweislastverteilung bleibt oder sich die Beweislast umkehrt, mit der Folge, dass der Beklagte in der Beweispflicht ist. Wenn man jedoch eine Entscheidung zwischen den verschiedenen Diagnosefehlertypen für überflüssig hält, stellt sich die Frage, wie die Beweislastverteilung vorzunehmen wäre. Es würde sich somit ein neues Problem auftun. Aus diesen Gründen ist der Ansicht nicht zu folgen.

c) *Glanzmann*[1046]

Glanzmann ist Vorsitzender Richter am OLG a.D.

1044 Vgl. zu den Ausführungen zum Patientenrechtegesetz S. 33 ff.
1045 OLG Hamm Urt. v. 29.05.2015, 26 U 2/13.
1046 *Glanzmann* in *Bergmann/Pauge/Steinmeyer* § 287 Rz. 107, 111.

aa) Darstellung der Ansicht

Glanzmann behält sich eine differenzierende Betrachtung vor. Wenn nach dem Zeitpunkt des maßgeblichen Facharztstandardes eine Diagnose gefällt werden konnte und diese falsch war, dann liegt nur ein Diagnoseirrtum vor. Waren aufgrund des differentialdiagnostischen Bildes weitere Befunde zu bedenken und erfolgten diese nicht, so ist ein Befunderhebungsfehler gegeben. Dabei ist auf die ex-ante-Sicht abzustellen.

bb) Konsequenz

Die Konsequenz, die sich aus dieser Ansicht herleitet, ist das Abstellen auf den Facharztstand. Hätte der Behandler nach dem Facharztstandard noch weitere Befunde erheben können bzw. müssen? Diese Ansicht führt dazu, dass nur dann kein Befunderhebungsfehler vorliegt, wenn die richtigen Befunde erhobenen worden sind.

Die Auswirkungen dieser Ansicht soll der Vergleich mit dem Fall des OLG Oldenburg zeigen.[1047] Zwar wurde bei dieser Behandlung einige Anstrengung auf die Erhebung von Befunden aufgewendet, die richtige Befunderhebung war jedoch nicht dabei. Dass der Behandler hier überhaupt Befunde erhoben hat, spielt für die Ansicht von *Glanzmann* eine untergeordnete bis gar keine Rolle. Vielmehr kommt es darauf an, ob der Arzt die richtigen Befunde erhoben hat, was in diesem Fall klar zu verneinen war. Somit liegt nach dieser Ansicht eindeutig ein Befunderhebungsfehler vor.

cc) Vorzüge

Positiv an der Ansicht von *Glanzmann* ist, dass sie auf den objektiven Betrachter, also auf den Facharztstandard abstellt. Insofern unterscheidet sie sich von der Schwerpunkttheorie, da es nicht auf den vordergründigen Befunderhebungsfehler ankommt, sondern darauf, was objektiv in dieser Situation angebracht gewesen wäre. Es gelingt damit, natürlich nur mit Hilfe eines Sachverständigen, eine klarere Abgrenzung als dies bei der Schwerpunkttheorie der Fall ist.

dd) Nachteile

Der einzige Nachteil ist, dass sich das Gericht bei dieser Ansicht fast alleine auf das Gutachten und die Aussage des Sachverständigen verlassen muss. Eine

---

1047 OLG Oldenburg Urt. v. 25.11.1997, 5 U 66/97, VersR 1999, 318.

weitergehende juristische Prüfung wird dann kaum noch angestellt. Das könnte eine Entscheidungsverlagerung auf den medizinischen Sachverständigen bedeuten.

ee) Kritik

Allerdings ist – ähnlich wie *Ramm*[1048] – kein allzu entscheidender Unterschied zur Schwerpunkttheorie zu erkennen. War eine Diagnose fehlerhaft, so liegt nach *Ramm* ein Diagnosefehler vor. Waren allerdings noch weitere Befunde zu erheben, so liegt ein Befunderderhebungsfehler vor. Vom Ergebnis her ist dies exakt die Schwerpunkttheorie, nur das *Glanzmann* den Ausdruck „Schwerpunkt" zur Abgrenzung nicht gebraucht. Aber durch den reinen Fokus auf den Facharztstandard wird die Abgrenzung deutlich klarer, sie gelingt besser als bei der Schwerpunkttheorie.

d) Nußstein[1049]

Nußstein ist Richter am Landgericht Regensburg.

aa) Darstellung der Ansicht

Nußstein kritisiert die Lösungsansätze von *Hausch*[1050] und *Geiß/Greiner*[1051] und sieht für die Schwerpunkttheorie wenig Raum in der Abgrenzung des Diagnosefehlers zum Befunderhebungsfehler. Insbesondere ist er der Meinung, dass die Schwerpunkttheorie zu beliebigen Ergebnissen im Prozess führen kann, da jeweils auch in eine andere Richtung argumentiert werden könnte. Seine Befürchtungen gehen dahin, dass der Prozess anhand der Schwerpunkttheorie beliebig ausgehen kann. Es gäbe immer auch gute Argumente für die eine oder andere Seite. Er sieht eine Lösung bei der standardgerechten Befunderhebung und damit im Unterschreiten des Facharztstandards.

Einen Schwerpunkt der Vorwerfbarkeit im Handeln oder im Unterlassen will *Nußstein*, wie gesehen, nicht als Abgrenzungsmittel heranziehen. Vielmehr soll einzig und alleine darauf abgestellt werden, ob nach dem Standard weitere ärztliche Befunde hätten erhoben werden müssen. Wenn dem so wäre, dann läge ein Befunderhebungsfehler vor. Hat der Arzt allerdings alle Befunde ordnungsgemäß erhoben, ist von einem Diagnosefehler auszugehen.

1048 *Ramm* GesR 2011, 513 ff.
1049 *Nußstein* VersR 2015, 1094 f.
1050 Vgl. dazu S. 211 ff.
1051 Vgl. dazu S. 226 ff.

Einen Vorteil in dieser Betrachtungsweise, welchen *Nußstein,* wie auch *Ziegler,* § 630 a Abs. 2 entnehmen, erkennt er in der Beweiserleichterung durch einen potentiellen Dokumentationsmangel. Alle Befunde, die erhoben werden, müssen dokumentiert werden. Wurden Befunde nicht erhoben, so wurden sie auch nicht dokumentiert. Daraus kann sich auch eine Beweiserleichterung für den Patienten ergeben. Das bedeutet, dass die Dokumentation an dieser Stelle zur Beweisgrundlage der ordnungsgemäßen Befunderhebung herangezogen wird. Der Dokumentation kommt also eine ganz entscheidende und tragende Rolle zu.[1052]

bb) Konsequenz

Die Konsequenz, die daraus erwächst, ist eine Konzentration auf den ärztlichen Standard. Es wird nicht geschaut, welcher Fehler überwiegt. Wie *Nußstein* zu Recht anführt, ergibt sich eine falsche Diagnose immer aus einer unterlassenen Befunderhebung. *Nußstein* beschreibt dies sehr deutlich: Selbst eine Anamnese oder ein Blick auf eine Wunde ist nichts anderes als eine Befunderhebung.[1053] Auch diese so in Erfahrung gebrachten Erkenntnisse über den Zustand des Patienten, z.B. eine Wundbeschreibung oder eine Familienanamnese, sind dokumentationspflichtig.

Daraus wird sehr schön deutlich, dass sich der Befunderhebungsfehler nie vollständig vom Diagnosefehler trennen lassen wird. Deshalb scheint schon der Versuch der Trennung von Anfang an zum Scheitern verurteilt zu sein.

Der Beitrag von *Nußstein* ist gleichzeitig eine kritische Anmerkung zu einem Urteil des OLG Koblenz.[1054] Dieses Urteil eignet sich gut, um die Vorzüge seiner Ansicht herauszuarbeiten. In dem Fall des OLG Koblenz wurde die Patientin am Oberschenkel operiert und verstarb am darauffolgenden Tag. Am OP-Tag selbst klagte sie über Schmerzen im Bein, das sich geschwollen darstellte. Bei der Untersuchung des Beines war ein knisterndes Geräusch zu vernehmen. Die Patientin erbrach sich. Es wurde an eine Thrombose oder an eine Einblutung im Weichgewebe gedacht. Weitere Befunde wurden nicht erhoben. Der Arzt verordnete Schmerzmittel. Als der Zustand der Patientin sich am Folgetag erheblich verschlechterte, stellte der Arzt die Diagnose eines subfaszialen Gasbrandes. Eine Rettung der Patientin war nicht mehr möglich.

1052 Vgl. zur Dokumentation im Vergleich zur Befunderhebung die Ausführungen auf S. 84 ff.
1053 *Nußstein* VersR 2015, 1094, 1095.
1054 OLG Koblenz Urt. v. 27.01.2014, 5 U 1383/13, VersR 2015, 988 f.

Das OLG ging von einem bloßen Diagnoseirrtum aus und verneinte die Haftung. Nach der von *Nußstein* bevorzugten Ansicht hätte das OLG aufgrund der neu aufgetretenen Symptome – hier Schmerzen, Krepitationsgeräusche und Ödeme – klären müssen, ob eine weitere Befunderhebung standardgemäß gewesen wäre. Wenn dem so gewesen wäre, dann läge ein Befunderhebungsfehler vor und kein einfacher Diagnoseirrtum oder Diagnosefehler. Die Entscheidung des OLG wäre womöglich eine andere gewesen.

cc) Vorzüge

Vorzug dieser Theorie – wie auch schon bei der sehr ähnlichen Ansicht von *Ziegler*[1055] – ist der medizinische Ansatzpunkt zur Lösung der Theorie. Der Medizin wird nicht, wie es bei der Schwerpunkttheorie der Fall ist, ein juristischer Lösungsansatz aufgedrängt. Vielmehr werden die Fälle zunächst anhand von medizinischen Kriterien entschieden.

Der nächste Vorteil ist der Wegfall der Willkür, wie sie bei der Schwerpunkttheorie vorliegt. *Nußstein* betont zu Recht, dass bei dem Versuch der Abgrenzung, den Schwerpunkt des vorwerfbaren Verhaltens zu ermitteln, dies in vielen Fällen nicht gelingen kann. Einen Schwerpunkt zu finden, bedeutet auch gleichzeitig, dass immer zwei Fehlerarten vorliegen. Dies ist eine Tatsache und Schwachstelle zugleich. Der Ausgang des Falles hängt von Nuancen in der Sachverständigenwürdigung und natürlich nicht zuletzt von der Gewichtung dieser Aussage des Gerichts ab. Welche Frage, Einlassung oder sonstige Komponente den Ausschlag für die eine oder andere Seite gibt, ist nicht immer eindeutig. Der Prozess wird dadurch zum Wagnis für den Patienten, aber auch für den Arzt, der durch die Klage in das Verfahren gezogen wurde.

Da dieser Faktor nicht hinweggedacht werden kann, bedeutet dies, dass die Schwachstelle der Abgrenzungstheorie dauerhaft vorhanden ist. Dieser Schwachpunkt äußert sich in der Unsicherheit des Prozessausgangs. Dass diese Unsicherheit sowohl bei Patienten als auch bei Anwälten besteht, wurde schon ausführlich erläutert. Da eine Umgehung unmöglich erscheint, muss ein neuer Ansatz gefunden werden.

dd) Nachteile

Der einzige Nachteil, den diese Theorie mit sich bringen könnte, ist erneut die Verlagerung des Ausganges des Prozesses auf den Sachverständigen. Dass dem Sachverständigen an sich eine entscheidende Rolle für den Prozessausgang zu

---

1055 Vgl. dazu S. 236 ff.

kommt, wurde schon erläutert.[1056] Diese Verlagerung hält sich aber in dem Sinne in Grenzen, dass daraus kein direkter Nachteil erwächst, sondern vielmehr die Natur dieser Prozessart hervorgehoben wird.

ee) Kritik

Die Begründung dieser Theorie wirft allerdings Fragen auf. Es ist richtig, dass § 630 a Abs. 2 den Facharztstandard normiert. Dass diese Theorie nun ausschließlich seit dem Inkrafttreten des Patientenrechtegesetzes gelten kann, überzeugt indes nicht. Allerdings geht dies in der Klarheit, wie es z.b. *Ziegler* deutlich macht, nicht hervor. Es wird nur eine gesetzliche Verankerung benannt. Insoweit darf auf die Kritik zu der Ansicht *Zieglers* verwiesen werden.[1057]

e) Stellungnahme Gruppe 3

Seit dem Patientenrechtegesetz wird, gestützt auf § 630 Abs. 2, größtenteils die Ansicht vertreten, dass nun keine andere Auffassung mehr möglich sei, als auf den fachärztlichen Standard abzustellen. Diese Ansicht ist, wie schon ausführlich erläutert, äußerst begrüßenswert. Dass diese Theorie, die einzig denkbare ist, konnte jedoch nicht belegt werden.

Diesen Meinungen ist gemein, dass sie weder massiv die Patienten- noch die Ärzteseite bevorzugen. Es wird nach langer Zeit – die meisten der Auffassungen sind neueren Datums – auf einen neuen Weg gedrängt und gehofft, dass dieser nicht nur einer Seite zum Vorteil gereicht.

Dass das Abgrenzungsmerkmal der fachärztliche Standard ist, verwundert nicht. Das Gericht entscheidet über einen fachfremden Sachverhalt, wie kaum eine andere Spezialkammer oder -senat. Da liegt es nahe, bei Abgrenzungsfragen bzw. Spezialproblemen auf den Standard der Fachdisziplin zurückzugreifen.

Zudem bevorzugt diese Abgrenzungsweise keine Partei von Anfang an. Eine neutrale Herangehensweise, die auf eine medizinisch fundierte Analyse und Auswertung des zu entscheidenden Sachverhaltes setzt, ist zu begrüßen. Die Besonderheiten des menschlichen Körpers in Form eines reinen Diagnoseirrtumes oder -fehlers werden berücksichtigt.

1056 Vgl. dazu Fn. 43.
1057 Vgl. dazu S. 238 f.

4. Umfassende Stellungnahme und Bewertung
a) Allgemeines
Anhand der Darstellung der Problematik im Allgemeinen und der verschiedenen Theorien und Ansichten im Besonderen wird die Schwierigkeit der Abgrenzung deutlich. Auffällig ist auch, wie unbefriedigend sich diese Abgrenzung mit den Auffassungen der ersten und zweiten Gruppe lösen lässt. Es scheint so, als gebe es für diese Problematik keinen Ansatz, der allen Seiten gerecht wird. Diese Ungerechtigkeit lässt sich schon an der groben Einteilung der Theorien erkennen. Auch die Meinungen der dritten Gruppe sind differenziert zu betrachten. Bei den „ärztefreundlichen" Theorien werden die Patienten benachteiligt, bei den „patientenfreundlichen" Theorien die Ärzte. Schon daran könnte man die mangelnde Eignung dieser Lösungsansätze festmachen und sie aus diesem Grund verwerfen. Dies wäre aber zu kurz gegriffen. Jede Ansicht hat auch ihre positiven Aspekte, die nicht einfach ohne Würdigung abgetan werden können. Ein weiterer Grund, warum eine Ansicht nicht alleine aufgrund ihrer Zuordnung in eine der drei Gruppen abgelehnt werden sollte, ist der, dass diese Einteilung nur der Übersichtlichkeit dient und längst nicht jeder Auffassung zu hundert Prozent gerecht wird. Dafür sind einige Theorien zu vielschichtig und haben sowohl patientenfreundliche als auch ärztefreundliche Aspekte aufgegriffen.

Eine weitere Unterteilungsmöglichkeit wäre in die Gruppen „Schwerpunkttheorie" und „Sperrwirkung". Pro Schwerpunkttheorie sprechen sich sowohl die Rechtsprechung als auch *Ramm* aus. Wie aufgezeigt,[1058] kommt diese zwar in der Theorie zu gerechten Ergebnissen. In der Praxis ist sie allerdings kaum anwendbar. Deshalb lehnen auch mehrere Autoren wie *Hausch*, *Glanzmann* und *Hart* mit guten Argumenten die Schwerpunkttheorie ab.

Bei der Sperrwirkung des Diagnosefehlers zum Befunderhebungsfehler wird die Schwerpunkttheorie nicht ausgeschlossen, dennoch wird ein anderer Weg aufgegriffen. Die Sperrwirkung zum Befunderhebungsfehler hat ihren Ursprung in der Schwierigkeit der Diagnose an sich und in dem besonderen Umgang der Rechtsprechung mit dem Diagnosefehler. Für die Sperrwirkung, wenn auch mit gewissen Abweichungen, ist *Feifel*. Dagegen sprechen sich *Geiß/Greiner* aus.

Die Sperrwirkung ist an vielen Punkten in der Prüfung hilfreich. Sie verhindert z.B. dann ein ungerechtes Ergebnis, wenn ein Diagnoseirrtum feststeht und es aus diesem Grund unschädlich ist, weitere Befunde zu erheben. Würde man die Sperrwirkung hier nicht anwenden und im weiteren Verlauf doch zu einem

---

1058 Zu Pro und Contra der Schwerpunkttheorie siehe S. 205 ff.

Befunderhebungsfehler kommen, wäre die Eingruppierung zu den Diagnosefehlern hinfällig. Eine absolute Sperrwirkung bei jeder fehlerhaften Diagnose wird der komplexen Materie wiederum nicht gerecht. Es muss eine differenzierte Betrachtungsweise mit der Würdigung des einzelnen Fehlers vorgenommen werden.

Die aufgezeigten Ansichten zeigen nicht nur die Schwierigkeit, die seit Jahren im Hinblick auf die Abgrenzung besteht, sondern belegen auch deutlich die Uneinigkeit, die sowohl zwischen Rechtsprechung und Lehre als auch in der Lehre besteht. Dass es in der juristischen Lehre sowie in der Rechtsprechung unterschiedliche Auffassungen und Meinungen – auch über Jahre hinweg – gibt, ist nichts Ungewöhnliches.

Ungewöhnlich ist daran jedoch die Uneinheitlichkeit der Gruppen untereinander. Es will sich nicht so recht eine herrschende Meinung bilden. Auch der Versuch, die verschiedenen Meinungen zusammenzufassen und in Kategorien wie „ärztefreundlich", „patientenfreundlich"[1059] und „neue Wege" einzuteilen, erscheint nur auf den ersten Blick als sinnvoll. Manche Ansichten, wie z.B. die von *Karmasin*, lassen sich nur schwer in eine Gruppe einfügen. Zudem sind die Meinungen in den Gruppen sehr unterschiedlich ausgeprägt, so dass man fast schon geneigt ist, aus jeder Auffassung eine einzelne Gruppe zu machen.

Gerade diese Uneinigkeit führt zu Rechtsunsicherheit im Prozess und zu einem Unwohlsein bzgl. des oft sehr ungewissen Ausganges des Prozesses in der Bevölkerung und bei den Anwälten.[1060]

b) Diagnoseirrtum

Aufgrund der Schwierigkeit der Diagnosestellung an sich sollte der einfache Diagnoseirrtum eine absolute Sperrwirkung zu jeglichem anderen Fehler entfalten. Würde man diese Sperrwirkung wegfallen lassen, dann käme dies einer Aufhebung des Diagnoseirrtums bzw. -fehlers gleich. Diese Ansicht vertritt z.B. *Schultze-Zeu*.[1061] *Schultze-Zeu* ist zuzugeben, dass der Maßstab des ärztlichen Handelns regelmäßig der anerkannte und gesicherte Stand der ärztlichen Wissenschaft zum Zeitpunkt der Behandlung ist.[1062] Allerdings verkennt sie die Grundsätze der Rechtsprechung zum Diagnosefehler und dass dieser aus den bereits genannten Gründen nur mit Zurückhaltung als Behandlungsfehler zu

---

1059 Wie es auch schon *Ziegler* versucht hat: Ziegler GesR 2014, 647, 650.
1060 Vgl. dazu Bergmann ZMGR 2015, 393 f.
1061 Vgl. S. 229 ff.
1062 BGH Urt. v. 06.05.2003, VI ZR 259/02, VersR 2003, 1128.

bewerten ist. Bei ihr stellt es sich vielmehr so dar, dass jeder Diagnosefehler automatisch eine Prüfung der Drei-Stufen-Theorie des BGH nach sich zieht, mit der Folge, die vom BGH geübte Zurückhaltung umzukehren. Das kann allerdings nicht gewollt sein. Der Diagnosefehler als solcher muss erhalten bleiben. Zudem sollte die Beweislastumkehr nur die Ausnahme darstellen.[1063]

c) Einfacher Diagnosefehler

Auch ist es sinnvoll, für den einfachen Diagnosefehler ebenfalls eine Sperrwirkung anzunehmen. Dies folgt einerseits wiederum aus der Schwierigkeit der Diagnosestellung an sich, andererseits aber auch aus den Bedenken heraus, bei mangelnder Sperrwirkung zu oft eine Beweislastumkehr aufgrund eines daraus folgenden Befunderhebungsfehlers anzunehmen.

Zudem ist eine Beweislastumkehr bei einem einfachen Behandlungsfehler grundsätzlich nicht anerkannt. Wenn man die Sperrwirkung bei dem einfachen Diagnosefehler nicht gelten lassen würde, dann hätte dies – wenn auch nicht in jedem Fall – eine Prüfung des Befunderhebungsfehlers mit anschließender Beweislastumkehr zur Folge. Um diese missliche Konsequenz, auch wenn sie nur einzelne Fälle betrifft, zu vermeiden, ist hier die Sperrwirkung notwendig. Es könnte argumentiert werden, dass bei einem nur einfachen Behandlungsfehler selten die aktivlegitimierte Partei Erfolg haben wird. Nichtsdestotrotz könnte eben genau die Folge des Diagnosefehlers zu einem Befunderhebungsfehler führen. Dies gilt es durch die Sperrwirkung zu vermeiden.

d) Schwerer/grober Diagnosefehler

Beim schweren Diagnosefehler ist keine Sperrwirkung notwendig. Zwar klingt in einigen Meinungen an, eine Sperrwirkung für alle Diagnosefehler anzunehmen und damit den Befunderhebungsfehler faktisch aufzuheben. Damit geschieht genau das Gegenteil zum Diagnoseirrtum. Es soll weder der Diagnoseirrtum noch der Befunderhebungsfehler rechtlich aufgehoben werden.

Ferner besteht hier auch schon nicht die Gefahr einer ungerechtfertigten Beweislastumkehr zu Lasten der Behandlungsseite, da bei groben Fehlern diese immer in Betracht kommt.

Wissenschaftlich sauber, wenn auch zugleich praktisch wenig bedeutend, wäre es, auch für die Fehlerart des groben Diagnosefehlers eine Sperrwirkung hinsichtlich der Befunderhebung anzunehmen. Somit können Einzelfälle, die noch nicht vorhersehbar sind, gerecht gelöst werden.

1063 Vgl. dazu S. 80 ff.

L. Eigenes Abgrenzungsschema

Es stellt sich die Frage, ob eine tatsächliche Abgrenzung zwischen Diagnose- und Befunderhebungsfehler überhaupt möglich ist. Seit einigen Jahren wird versucht, eine Theorie zu entwickeln, die beiden Fehlergruppen gerecht wird. Dabei zeichnet sich ein deutlicher Trend hin zur Abgrenzung nach dem objektiven Facharztstandard ab. Wurde in der Vergangenheit noch versucht, von einem extremen Standpunkt zum nächsten überzugehen, wird nun eine Lösung mit verschiedenen unterschiedlichen Nuancen des fachärztlichen Standards gesucht.

Im Folgenden wird ein Lösungsansatz im Sinne eines Prüfungsschemas entwickelt und versucht, eine mögliche Konsequenz aus diesem abzuleiten. Es wird ein Prüfungsschema vorgestellt, dass die medizinische Materie zwar juristisch behandelbar machen, aber trotzdem die Besonderheiten der Medizin nicht vernachlässigen soll.

Es wird mehrfach versucht, eine medizinische Materie mit juristischen Grundsätzen zu lösen. Somit wird der Medizin ein juristischer Stempel aufgedrückt. Fachfremde Grundsätze und Regeln auf die Medizin anwenden zu wollen, kann nicht gelingen.[1064] Vielmehr muss versucht werden, die medizinische Arbeitsweise und Struktur bzw. Herangehensweise der Ärzte zu verstehen und dementsprechend eine juristische Prüfung darauf aufzubauen. Der Spagat, der dabei gelingen muss, ist, in der Prüfung des vermeintlichen Fehlers sowohl medizinische Kriterien als auch juristische Grundsätze zur Anwendung zu bringen. Dabei müssen sowohl die gefestigte Rechtsprechung zu diesem Gebiet berücksichtigt werden, aber auch die Lehrgrundsätze der Medizin. Nur wenn man beides verbinden kann, kann man zu gerechten Ergebnissen gelangen.

Dabei sollen keine neuen Fallgruppen gebildet werden. Vielmehr sollen sich der Facharztstandard und die Rechtsprechung der Beweislastverteilung in diesem Lösungsansatz wiederfinden. Die bekannten Grundsätze werden in ein Prüfungsschema transferiert. Anhand dieses Schemas kann man sowohl die Arbeitsweise der Mediziner als auch die Einteilung der Fehler, d.h. wem sie zuzurechnen sind, wiederfinden.

Die Fehler in der Diagnosestellung gilt es juristisch bewerten zu können. Dabei ist die Besonderheit des menschlichen Körpers mit seiner Unabwägbarkeit und der Abweichung von Normen zu beachten. Jederzeit muss natürlich auch der ärztliche Standard seine Geltung finden.

1064 So auch *Ziegler* GesR 2014, 647 ff.

Zunächst findet eine reine Abwägung anhand von medizinischen Kriterien statt. Leitlinien und Richtlinien kommt bei diesem Bewertungsmaßstab besondere Bedeutung zu. Sachverhalte und damit medizinisches Vorgehen wird danach bemessen, was ein leit- und richtlinienkonformes Vorgehen bzw. ein Vorgehen nach Lehrmeinung gewesen wäre. Um dieses Vorgehen überhaupt bestimmen zu können, ist eine klare Struktur im Sinne eines Prüfungsschemas vonnöten. Dieses soll zugleich Prüfungsmaßstab für die materielle und die prozessuale Ebene der juristischen Bewertung sein.

Das Prüfungsschema besteht aus fünf Stufen.[1065] Dabei sind alle fünf Stufen zuallererst auf rein materieller Ebene zu bewerten. Je nach Antwort und Ergebnis der jeweiligen Stufe wird in einem zweiten Schritt die prozessuale Folge festgelegt.

1. *Bestimmung des Leitsymptoms bzw. der Leitsymptome und Erstellung einer Verdachtsdiagnose*
2. *Anamnese anhand dieses Leitsymptoms, eventuell mit Revidierung oder Bestätigung der erstellten Verdachtsdiagnose*
3. *Diagnostisches Vorgehen anhand des Leitsymptoms bzw. der Leitsymptome gemäß Leitlinien und Richtlinien*
4. *Zuordnung der Ergebnisse von Tests und erhobener Befunde zu einer Krankheit bzw. einem Krankheitsbild*
5. *Sicherstellen des Therapieerfolges.*

Für eine Prüfung zur Abgrenzung des Diagnosefehlers zum Befunderhebungsfehler kann dies eine minimale Prüfung der ersten beiden Prüfungsebenen bedeuten oder die maximale Prüfung in Form eines doppelten Prüfungsdurchlaufes aller fünf Stufen.

Zum Lösungsansatz gehört es, sowohl den Diagnosefehler, wie er bisher bekannt ist, als auch den Befunderhebungsfehler begrifflich weitgehend aufzuheben. Die Behandlungsfehler, die sich dann auf eine solche Problematik beziehen, könnten grundsätzlich als *Fehler im Rahmen der Diagnosestellung* bezeichnet werden.

1065 Eine mehrstufige Prüfung wird auch u.a. von Franke jurisPR-MedizinR 5/2016 Anm. 5 zum BGH Urt. v. 26.01.2016, VI ZR 146/14, angedacht: „Es hat eine zweistufige Prüfung zu erfolgen: In der ersten Stufe ist zu prüfen, ob der Arzt überhaupt alle anhand der Beschwerdeschilderung des Patienten und den klinischen Befunden nach dem medizinischen Standard des jeweiligen Fachgebietes erforderlichen Befunde erhoben hat. Erst in der zweiten Stufe ist zu prüfen, ob er daraus die richtigen Schlüsse gezogen und damit eine zutreffende Diagnose gestellt hat."

Im ersten Moment mag dieser Ansatz paradox anmuten, geht es doch um die Differenzierung zweier Institute, die in der hier vorgestellten Abgrenzungsmethode schon begrifflich keine Rolle mehr zu spielen scheinen. Folgt man jedoch dem Prüfungsschema, so zeigt sich, dass die Bedeutung der beiden Fehler nicht verloren gegangen ist.

Was mit der begrifflichen Aufhebung des Diagnose- und Befunderhebungsfehlers verhindert werden soll, ist die vorgreifende bzw. verfrühte Fokussierung auf die eine oder andere Fehlerart. Zudem soll die Bestimmung des Fehlers innerhalb der Diagnose transparenter und für den Einzelnen verständlicher gemacht werden. Die Auflösung der Begrifflichkeiten darf nicht dahingehend missverstanden werden, dass damit das geltende Recht, § 630 h Abs. 5, ausgehebelt werden soll. Vielmehr soll die grundsätzliche Unterscheidung zwischen den beiden Fehlerarten beibehalten werden. Dies wird u.a. daran deutlich, dass jede Sphäre des Prüfungsschemas entweder dem Befunderhebungs- oder Diagnosefehler zugeordnet werden kann.

Anhand dieses Schemas wird deutlich, dass mit den *Fehlern im Rahmen der Diagnosestellung* mehr gemeint ist, als die reine Diagnosestellung. Der Grund hierfür ist darin zu sehen, dass die Diagnostik sich nicht nur auf die reine Festlegung auf eine Diagnose bezieht, sondern sowohl vor der Diagnosestellung als auch danach eine große Bedeutung erlangt. Die Diagnosestellung muss sowohl vorbereitet als auch sichergestellt werden. Damit ist auch der Kreis der Diagnosefehler weiter zu ziehen.

Ein Grund, warum die bisherige Abgrenzung zwischen dem Diagnose- und dem Befunderhebungsfehler häufig wenig zufriedenstellend erscheint, ist, dass mit der Diagnose die Diagnosestellung an sich gemeint ist. Wiederholt ist zu lesen, dass der Schwerpunkt der Vorwerfbarkeit in der Diagnosestellung lag.[1066] Was eine Diagnosestellung ist, kann auch ein Laie beantworten. Wie genau jedoch die Grenzen dieser Diagnosestellung bestimmt werden, d.h. wo die Stellung der Diagnose beginnt und wo sie endet, wird – soweit ersichtlich – nicht definiert.

Zwar ist aus Rechtsprechung und Literatur zu erkennen, dass es immer dann um eine Diagnosestellung an sich gehen muss, wenn alle Tests und Befunde vollständig erhoben wurden. Die Diagnosestellung lässt sich auf ein kleines Feld, nämlich die Zuordnung der Krankheit zu den Testergebnissen, beschränken. Die Vorfeldarbeit der Diagnosestellung mag unter dieser Zuordnung dann in den Befunderhebungsbereich einzuordnen sein.

1066 Vgl. dazu Rechtsprechung S. 158 ff.

Wie verhält es sich jedoch mit der Kontrolle der Diagnose? Diese lässt sich nach dieser Eingrenzung weder auf die Diagnosestellung an sich noch auf die Befunderhebung beziehen, da beide Bereiche mit dem Ausspruch auf eine Krankheit dann nicht mehr passend erscheinen. Die Kontrolle und Überprüfung der falsch gestellten Diagnose kann damit keinem direkten Fehler zugeordnet werden und bereitet zunehmend Probleme in der Rechtsprechung und in der Arbeit der Schlichtungsstellen.[1067]

Schaut man sich die fünf Stufen genauer an, so wird schnell ersichtlich, dass auf allen fünf Stufen Fehler geschehen können. Auf der ersten Stufe kann z.B. das Leitsymptom falsch bestimmt werden. In nicht wenigen Fällen gibt es nicht nur ein herausragendes Symptom oder eine zusammenpassende Mehrzahl von Symptomen, die sofort auf eine Verdachtsdiagnose deuten. Es wird häufig darüber gestritten, dass ein Symptom sehr ausgeprägt gewesen sei und deshalb eine bestimmte diagnostische Abklärung hätte stattfinden müssen. Daraufhin wird dann eingewandt, dieses Symptom habe nur eine untergeordnete Rolle gespielt und dessen fehlende Berücksichtigung oder Deutung in eine andere Richtung sei nicht ausschlaggebend gewesen. Wichtig ist hierbei, dass gerade mehrere Symptome im Gesamtbild diagnostisch ein bestimmtes Krankheitsbild nahelegen können. Nimmt man z.B. die sogenannte B-Symptomatik (Begleitsymptomatik, bestehend aus Fieber, Nachtschweiß und ungewolltem Gewichtsverlust), die bei einer Karzinomerkrankung auftreten kann, so können gleich mehrere zeitgleich auftretende Symptome auf ein z.B. malignes Geschehen hinweisen. Es muss sich also ein ausreichendes Symptombild ergeben, um eine möglichst sichere Diagnose stellen zu können. Dies ist nur durch eine ausführliche Anamnese bzw. klinische Untersuchung möglich. Hier kommt es zudem auf eine genaue Dokumentation an. Entscheidende Bedeutung kommt der Anamneseerhebung unter Einbeziehung der subjektiven Patientenwahrnehmung zu. Subjektiv mag eines der gezeigten Symptome deutlich überwiegen, gerade im Hinblick auf akute Schmerzereignisse. Liegen beispielsweise bei einer Hirnblutung von Art der Subarachnoidalblutung (eine Blutung im Gehirn zwischen der mittleren und inneren Hirnhaut) neben dem vorherrschenden Leitsymptom vernichtender Kopfschmerzen noch Nackensteifigkeit und Übelkeit vor, dominiert das Schmerzempfinden jedoch für den Patienten, so dass er weitere Symptome nur im Nebensatz oder vielleicht gar nicht erwähnt, so ist das Nachfragen des Arztes

---

1067 Siehe dazu insbesondere Schlichtungsfall Gutachterkommission der Ärztekammer Nordrhein 2011/0108 aus *Köbberling* Diagnoseirrtum, Diagnosefehler, Befunderhebungsfehler S. 83, Fall 23.

differentialdiagnostisch entscheidend. Bisweilen finden sich „Begleitsymptome", wie die eben genannten, z.b. in der Pflegedokumentation oder im Rettungsdienstprotokoll, ohne dass diese jedoch in die Diagnosefindung des Arztes eingegangen wären. Indizien wie diese sprechen für eine unvollständig erhobene Anamnese.

Um die potentiellen Fehler einer Stufe mit der jeweiligen Konsequenz zuordnen zu können, bedarf es einer genauen Betrachtung der einzelnen Stufen.

I. Fehlereinteilung nach Sphären

1. *Bestimmung des Leitsymptoms bzw. der Leitsymptome und Erstellung einer Verdachtsdiagnose*
2. *Anamnese anhand dieses Leitsymptoms eventuell mit Revidierung oder Bestätigung der erstellten Verdachtsdiagnose*
3. *Diagnostisches Vorgehen anhand des Leitsymptoms bzw. der Leitsymptome gemäß Leitlinien und Richtlinien*
4. *Zuordnung der Ergebnisse von Tests und erhobener Befunde zu einer Krankheit bzw. einem Krankheitsbild*
5. *Sicherstellen des Therapieerfolges.*

Wird auf der ersten Stufe ein Fehler gemacht, dann ist die Konsequenz hieraus, dass auf dem weiterführenden Weg eine falsche Diagnose gestellt wird. Die Basis wurde falsch gelegt und dem Patienten wird keine standardgerechte Behandlung zuteil. Ein Fehler der Stufe 1 liegt immer in der Sphäre des Behandlers. Er muss dafür Sorge tragen, dass er eine vollständige, orientierende Erstanamnese erhebt und diese auch sorgfältig dokumentiert.

Auf der zweiten Stufe stehen bereits ein Leitsymptom bzw. mehrere Leitsymptome fest, anhand derer eine weitergehende Anamnese erhoben und die erste Diagnostik durchgeführt wird. Es wird dann entweder die erste Verdachtsdiagnose von Stufe 1 korrigiert und eine neue Verdachtsdiagnose gestellt oder die Verdachtsdiagnose von Stufe 1 wird bestätigt, d.h. sie verfestigt sich in ihrer Wahrscheinlichkeit.[1068] Dabei ist zu beachten, dass die erste und zweite Stufe bei „eindeutigen Symptomen", wie z.B. ein offener Bruch mit sichtbaren Knochen nach einem Fahrradunfall, zusammenfallen können. Eine zwingende Differenzierung ist nicht immer notwendig, sollte jedoch bei Zweifeln eingehalten werden.

1068 Siehe zur Wahrscheinlichkeit der Diagnose S. 113 ff.

Auch im Rahmen der zweiten Stufe liegt der Fehler in der Sphäre des Behandlers. Der menschliche Organismus wirkt sich hier noch nicht aus. Das heißt, ein Fehler muss auf materieller Ebene dem Behandler bzw. dem Krankenhausträger zugeschrieben werden.

Erst auf der dritten Stufe kommt ein diagnostisches Vorgehen anhand von Befunderhebung im eigentlichen Sinne zum Tragen. Anhand anamnestischer Erkenntnisse oder erster Untersuchungen werden weitere Tests durchgeführt. Hier ist wichtig, dass ein leit- und richtliniengerechtes Vorgehen gewählt wird. Auch auf dieser Stufe fallen etwaige Fehler nicht in die Unabwägbarkeit des menschlichen Körpers und damit nicht in die Sphäre des Patienten. Somit ist, wie auch bei den vorherigen Stufen, der Fehler materiell-rechtlich der Behandlungsseite zuzurechnen.

Wenn alle Tests durchgeführt wurden, erfolgt der Übergang zu Stufe vier. Auf dieser Stufe werden die Ergebnisse der Tests und Befunde einem Krankheitsbild zugewiesen. Alle notwendigen Erhebungen und Befragungen wurden durchgeführt. Nun muss das erworbene Wissen durch die Befunderhebung einer Krankheit zugeordnet werden. Erhobene Tests können sich mit der Verdachtsdiagnose decken, dies muss aber nicht zwangsläufig der Fall sein. Wird die Verdachtsdiagnose nicht bestätigt, so zielt dies noch nicht auf einen Fehler der Behandlerseite ab. Wichtig auf dieser Ebene ist – falls dies nötig wird –, die Verdachtsdiagnose zu korrigieren. Erst wenn auf die erkennbar falsche Verdachtsdiagnose keine Änderung stattfindet und die Therapie entsprechend angepasst wird, deutet dies auf einen Fehler hin.

Auf dieser vierten Stufe handelt es sich nicht automatisch um einen Fehler in der Sphäre des Patienten. Ein Fehler, der dem Patienten zugeschrieben werden muss, liegt dann vor, wenn die Tests zwar aus der ex ante-Sicht auf eine spezifische Krankheit hingedeutet haben, diese sich jedoch ex post betrachtet als falsch herausgestellt hat. Der Grund in der falschen Annahme muss im menschlichen Organismus verankert sein und auf dessen Unabwägbarkeit beruhen.

Wenn ein Fehler hingegen darauf beruht, dass eine Krankheit, die einem Behandler hätte bekannt sein müssen, ihm jedoch nicht bekannt war bzw. nicht in Betracht gezogen wurde, dann ist der Fehler der Behandlungsseite zuzuschreiben.

Wenn alle vier bisherigen Stufen durchlaufen wurden, erfolgt in den meisten Fällen eine therapeutische Konsequenz. Handelt es sich beispielsweise um eine Medikamentengabe oder um eine Physiotherapiebehandlung, muss nach einer gewissen Zeit ein Erfolg oder zumindest eine Besserung eingetreten sein und dieser von Behandlerseite überprüft werden. Wenn sich der Erfolg bzw.

Teilerfolg nicht eingestellt hat, muss die Therapie umgestellt oder angepasst werden. Diese Überprüfung und Anpassung stellen die Stufe fünf dar.

Wenn sich ein Erfolg in der Behandlung eingestellt hat, dann ist auf dieser Ebene die Prüfung beendet. Stellt sich jedoch der gewünschte Erfolg nicht ein, beginnt das Schema von neuem, d.h. auf Stufe eins.

Wird eine Überprüfung des Erfolges nicht durchgeführt, so kommt es für die Fehlersphäre auf die Handlungen des Arztes und des Patienten an. Damit eine Überprüfung überhaupt möglich wird, muss der Arzt bzw. die Behandlerseite dem Patienten Anweisungen in Form einer Aufklärung[1069] geben. Diese Anweisung kann z.b. sein, sich nach einer Woche wieder vorzustellen. Die Anweisung kann aber auch sein, sich erst dann erneut vorzustellen, wenn sich ein bestimmter Erfolg nicht in einer vordefinierten Zeit eingestellt hat.

Stellt sich der Patient nicht wieder vor, kann dies mehrere Gründe haben: Er stellt sich nicht wieder vor, weil die Erkrankung zurückgegangen oder er symptomfrei ist. Möglich ist auch, dass der Patient sich nicht wieder vorstellt, obwohl er noch Beschwerden hat. Wenn er sich trotz anhaltender Beschwerden nicht wieder vorstellt, dann muss der Fehler der Sphäre des Patienten zugerechnet werden.[1070] Wurde der Patient ausreichend über ein notwendiges Wiedervorstellen aufgeklärt und kommt er diesem nicht nach, trägt er für die Folgen die alleinige Verantwortung.

Die Frage, die sich im Anschluss daran nun stellt, ist: Wann muss der Behandler aktiv werden, um den Erfolg sicherzustellen? Wenn der Patient sich nach erfolgter Aufklärung nicht vorstellt, fällt der weitere Verlauf grundsätzlich in seine Verantwortung. Anders können Fälle gelagert sein, bei denen zwangsläufig

---

1069 Vgl. OLG Oldenburg Urt. v. 18.05.2016, 5 U 1/14, GesR 2016, 522 f.: Dort ging es u.a. um die Abgrenzung des Befunderhebungsfehlers zur unterlassenen Sicherungsaufklärung. Der Patient war bei einem Facharzt für Allgemeinmedizin u.a. wegen einer Prostatakarzinomvorsorgeuntersuchung in Behandlung. Mehrere Jahre wurde PSA (ein bestimmter Marker des Antigens für diese Art von Karzinom) erhoben. Es ergab sich ein deutlicher Anstieg. Irgendwann hörten die PSA-Bestimmungen auf. In den Folgejahren wurde das Prostatakarzinom entdeckt. Das OLG geht in diesem Fall von einer unterlassenen Befunderhebung anstatt von einer unterlassenen Aufklärung aus. Eine ausführliche Begründung findet nicht statt. Vielmehr wird nur auf den Schwerpunkt der Vorwerfbarkeit verwiesen.
1070 OLG Köln Beschl. v. 21.01.2016, 5 U 120/15, Rn. 10, zitiert nach juris: „Da der Beklagte davon ausgehen konnte, dass die Klägerin sich bei starken Schmerzen bei ihm vorstellen würde, ist es dem Beklagten nicht vorzuwerfen, die Klägerin nicht auf die Notwendigkeit einer erneuten Vorstellung in seiner Praxis im Falle von starken Schmerzen hingewiesen zu haben."

eine routinemäßige Kontrolle nach einer bestimmten Anzahl von Tagen oder Wochen zu erfolgen hat. Muss der Patient sich z.B. nach dem Bruch eines Unterarmknochens vier Wochen nach therapeutischer Intervention zur erneuten röntgenologischen Kontrolle vorstellen und unterlässt er dies, ist dann die Frage zu stellen, welche Pflichten den Arzt treffen, um sicherzustellen, dass dieser Kontrolltermin eingehalten wird. Reicht ein Anruf oder ein Schreiben des Arztes, in dem die Wichtigkeit der Kontrolle erneut aufgezeigt wird?[1071] An dieser Stelle kann auf die zitierte Rechtsprechung verwiesen werden. Wenn der Arzt alles Erforderliche getan hat, dann fallen Konsequenzen in die Sphäre des Patienten. Unterlässt er es jedoch, auf eine Dringlichkeit hinzuweisen oder entsprechende Vorkehrungen der Patienteninformation zu treffen, dann ist er seiner Pflicht zur Diagnoseüberprüfung und Sicherstellung nicht nachgekommen. Die Verantwortung liegt bei ihm.

In der Entscheidung, wem die Verantwortung zufällt, kommt es auf Stufe fünf auf eine genaue Differenzierung an. Hat der Behandler alles ihm Zumutbare und Mögliche getan, um eine Überprüfung der Diagnose sicherzustellen, dann fiele das Versäumnis einer Wiedervorstellung nicht in die Sphäre des Arztes. Hat er den Patienten jedoch nicht auf eine Wiedervorstellung und Kontrolle hingewiesen, so fällt es in die Sphäre des Behandlers, der sicherstellen muss, dass die begonnene Behandlung konsequent zu Ende geführt wird.[1072]

II. Erläuterung der Fehlereinteilung

Nachdem die unterschiedlichen Stufen erläutert wurden und festgelegt wurden, zu welchem Ergebnis die einzelnen Fehler auf den verschiedenen Stufen führen, muss nun die Konsequenz bestimmt werden.

1. Stufe 1: *Bestimmung des Leitsymptoms bzw. der Leitsymptome der potentiellen Erkrankung*

Hier liegt der Fokus juristisch vorwerfbarer Fehler durch den Therapeuten auf der zielgerichteten Anamnese mit nachfolgender Festlegung eines ersten richtungsweisenden Leitsymptoms. Die Anamnese ist vollständig und umfassend zu erheben. Es müssen die richtigen Fragen gestellt werden, um einen umfassenden

---

1071 Vgl. OLG Hamm Urt. v. 27.10.2015, I-26 U 63/15, 26 U 63/15.
1072 Vgl. OLG Oldenburg Urt. v. 18.05.2016, 5 U 1/14, GesR 2016, 522 f. bzgl. der Abgrenzung zwischen dem Befunderhebungsfehler und der unterlassenen Sicherungsaufklärung.

Eindruck vom Krankheitsbild zu erlangen. Es darf nicht davon ausgegangen werden, dass der Patient als medizinischer Laie seine Symptome und Beschwerden von sich aus immer vollständig berichtet, da er diese eventuell mit der Krankheit nicht in Verbindung bringt. Auf dieser ersten Stufe geht die entscheidende Arbeit folglich von dem Behandler aus. Dementsprechend liegt ein eventueller Fehler im Sinne einer unvollständigen Erhebung der Symptomatik und Beschwerden oder falscher Zuordnung zu einem Leitsymptom in seiner Sphäre. Damit trägt der Behandler die Verantwortung und muss als Konsequenz daraus die Beweislast im Prozess tragen. Es findet eine Beweislastumkehr statt. Diese Ausführungen dürfen nicht dahingehend missverstanden werden, dass grundsätzlich der, der die Verantwortung trägt beweisbelastet ist. Vielmehr ist hier der ausschlaggebende Schwerpunkt in der Vollständigkeit der Anamnese zu sehen.

Eine mögliche Ausnahme bestünde darin, dass der Patient bewusst Informationen vorenthält oder falsche Angaben macht. Dann liegt die Verantwortung selbstverständlich beim Patienten und es ist von ihm zu beweisen, dass zurückgehaltene Informationen nicht ausschlaggebend gewesen wären.

2. Stufe 2: Anamnese anhand dieses Leitsymptoms mit eventueller Revidierung oder Konfirmierung

Wenn ein erstes Leitsymptom vielleicht schon auf den „ersten Blick" bestimmt wurde, hat eine Anamnese anhand dieses Leitsymptoms zu erfolgen. Wenn der Patient von sich aus Beschwerden oder Symptome nicht berichtet, muss der Behandler gezielt nachfragen.

Anhand dieser ersten Anamnese kann sich das erstgewählte Leitsymptom anhand der weiteren Schilderung bestätigen oder als falsch herausstellen. Wenn es sich als falsch herausstellt, ist eine Revidierung zwingend.

Die Anamnese muss sich also immer an den Symptomen und Beschwerden des Patienten orientieren. Dabei sind, gerade im Anfangsstadium der Behandlung, alle Symptome mit aufzugreifen und zu beachten. Erst in einem späteren Stadium können Symptome, nach genauer Prüfung, dann als nachrangig angesehen werden. Auf den ersten Stufen der Diagnosefindung müssen alle Beschwerden des Patienten Berücksichtigung finden, um so nicht vorschnell eine Krankheit auszuschließen und sich schon an dieser Stelle auf einen falschen Pfad zu begeben. Bzgl. der Beweislastumkehr kann bei dieser Stufe auf die erste Stufe verwiesen werden.

3. Stufe 3: Diagnostisches Vorgehen anhand des Leitsymptoms gemäß Leitlinien und Richtlinien

Auf dieser Stufe stellt sich von juristischer Seite die Frage, ob die richtige Diagnostik zur Anwendung gebracht wurde und alle Tests durchgeführt wurden, die für die entsprechende Diagnosefindung notwendig waren. An diesem Punkt ist bei einem eventuellen Fehler nicht etwa die Unabwägbarkeit des Körpers des Patienten ausschlaggebend, sondern das leit- und richtlininengerechte Vorgehen des Arztes bei der Diagnosefindung. Ein Fehler wäre also der Sphäre der Behandlungsseite zuzuschreiben. War die Erhebung der Diagnostik nicht hinreichend, so muss der Behandler darlegen und beweisen, dass die nicht bzw. nicht zureichend durchgeführten diagnostischen Verfahren nicht relevant für den Fehler in der Diagnosestellung und einen möglichen nachfolgenden Schaden des Patienten waren. Auf dieser Stufe tritt folglich eine Beweislastumkehr ein.

4. Stufe 4: Zuordnung der Ergebnisse zu einer Krankheit

Auf dieser Stufe muss geschaut werden, ob das fehlerhafte Zuordnen diagnostischer Ergebnisse aus Stufe drei zu einer Diagnose auf einem fachlichen Mangel beruht oder aber auf die Unabwägbarkeit des menschlichen Körpers zurückzuführen ist.

Wurden die Ergebnisse der Tests objektiv gesehen einer falschen Diagnose zugeordnet, dann liegt die Verantwortung abermals in der Sphäre des Behandlers. Eine Beweislastumkehr tritt nach der gefestigten Rechtsprechung zum Diagnosefehler ein.[1073]

Waren die Ergebnisse jedoch widersprüchlich oder irreführend, und ist der Behandler deshalb zu einer falschen Diagnose gelangt, dann hat er alles in seiner Verantwortung Stehende getan. Einen Fehler muss der Patient beweisen, da die Unabwägbarkeit des menschlichen Körpers seiner Verantwortungssphäre zuzuordnen ist. Eine Beweislastumkehr tritt an dieser Stelle nicht ein.

5. Stufe 5: Sicherstellen des Therapieerfolges

Auch bei der Sicherstellung des Therapieerfolges kann es zu Fehlern kommen. Stellt der Behandler den Therapieerfolg nicht in geeigneter Form sicher, so liegt der Fehler in seiner Sphäre.[1074] Nimmt der Patient trotz Wissens um die Notwendigkeit einer Wiedervorstellung zur Kontrolle der Therapie diese nicht wahr,

---

1073 Siehe dazu S. 73 ff. und 80 ff.
1074 Vgl. dazu: *Nußstein* VersR 2016, 641, 643: „Dieser die Regelung des § 630 h Abs. 5 S. 2 tragende Gedanke rechtfertigt die Erstreckung des Anwendungsbereichs dieser

muss ein Versagen der Therapie zunächst auf seine Verantwortung zurückgehen. Ihm obliegt nun der Beweis, dass das Versäumnis der Wiedervorstellung nicht ausschlaggebend war.

III. Begründung der fünf Stufen

Mit der Auflösung der Modelle zum reinen Diagnosefehler[1075] oder zum reinen Befunderhebungsfehler[1076] und auch des vermittelnden Ansatzes der Schwerpunkttheorie[1077] wird eine einseitige Haltung für eine Partei vermieden. Wird eine Prüfung im Rahmen der fünf Stufen durchlaufen, so könnte sich keine der Parteien von Beginn an auf eine Seite konzentrieren und fokussieren. Dieses Schema gibt im Prozess und auch vorprozessual einen festen Prüfungsablauf vor und erreicht so, dass keine der Parteien und das Gericht selbst dazu neigt, später anzusiedelnde Prüfungspunkte vorzuziehen und so das Prüfungsergebnis nachhaltig zu verfälschen. Ein frühzeitiges Vorziehen dieser Punkte ist bei diesem Schema nicht vorgesehen. Daher kommt es auch nicht zu Verzerrungen in der Wertung mit der Gefahr falscher Entscheidungen.

Die grundlegende Einteilung zwischen Diagnosefehler und Befunderhebungsfehler wird beibehalten. Die Grundsätze, wann ein Diagnosefehler und wann ein Befunderhebungsfehler vorliegt, haben sich also nicht verändert. Irrtümer in der Diagnosestellung an sich werden, mit Ausnahme des groben Behandlungsfehlers, nicht zu einer Beweislastumkehr und damit meist auch nicht zu einer Haftung für den Arzt führen. Wenn auf der anderen Seite jedoch nicht ausreichend Tests durchgeführt, also Befunde erhoben wurden, ist der Fehler der Sphäre des Behandlers zuzuordnen und führt deshalb zu einer Beweislastumkehr. Die historisch gewachsene Rechtsprechung zur Abgrenzung findet sich in den fünf Stufen wieder.

Auch widerspricht das Fünf-Stufen-Schema nicht dem im Zuge des Patientenrechtegesetzes geäußerten Willen des Gesetzgebers. Insbesondere wurde in der Begründung des Patientenrechtegesetzes der Wille dahingehend geäußert, dass eine weite Haftung im Sinne einer Beweislastumkehr auch bei nur einfachen Fehlern oder einer Proportionalhaftung nicht gewollt ist.[1078]

Vorschrift auf jede der Befunderhebung dienende, sie rechtfertigende oder nur faktisch ermöglichende vorbereitende Aufklärung."
1075 Siehe dazu S. 211 ff.
1076 Siehe dazu S. 226 ff.
1077 Siehe dazu S. 205 ff.
1078 Begründung des Gesetzesentwurfes BT-Drucksache 17/10488 S. 9: „Weitergehende rechtspolitische Forderungen, wie sie auch in der aktuellen Diskussion im

Auch die Regeln zum Befunderhebungsfehler sollten sich durch das Patientenrechtegesetz nicht ändern. Da an der eben genannten Begründung zu erkennen ist, dass im Wesentlichen Richterrecht kodifiziert werden sollte, sollte die Beweislastumkehr somit bei einem nur einfachen Befunderhebungsfehler durchaus bestehen bleiben.

In dieser Hinsicht ist das Fünf-Stufen-Schema auf der Ebene des Gesetzgebers und auf der der vorangegangenen Rechtsprechung zu sehen. Lediglich die Zuordnungsweise zu den jeweiligen Fehlern verändert sich.

Unterschiedlich ist an dieser Herangehensweise im Vergleich zu den dargestellten Theorien, dass nicht zu einem Fehler direkt zugeordnet wird, sondern zunächst bestimmt wird, wer für welchen Teil der Diagnose die Verantwortung trägt. Dies kann in den einzelnen Stufen unterschiedlich ausfallen. Wenn die Verantwortungssphäre bestimmt wird, dann kann auch der Fehler dem Verantwortlichen angelastet werden, mit der Konsequenz der Beweislast.

Betrachtet man die Diagnose und die Befunderhebung von außen, so stellt man fest, dass beide dem Oberbegriff des „Erkennens von Krankheit", also der Diagnostik, angehören. Die Befunderderhebung ist notwendiger Bestandteil der Diagnostik. Ohne Befunderhebung – gleich in welcher Art, ob durch das Abtasten oder durch eine Magnetresonanztomographie – wäre eine Diagnostik schlicht nicht möglich. Wie soll die Befunderderhebung von der Diagnostik abgetrennt werden, wenn sie in dieser enthalten ist? Die Befunderhebung herauszufiltern, ist – wie gesehen – ohne Einbußen auf jeweils einer Seite der Parteien nicht möglich.

Zusammenhang mit den Patientenrechten immer wieder aufkommen, werden in diesem Zusammenhang hingegen nicht aufgegriffen. Gemeint sind insbesondere Forderungen nach der Einführung einer Proportionalhaftung, nach Bildung eines Entschädigungsfonds oder auch nach weiteren Beweiserleichterungen auch für Fälle einfacher Behandlungsfehler. Alternative Haftungs- oder Entschädigungsmodelle sind dem deutschen Haftungsrecht fremd und werfen wie im Falle eines Entschädigungsfonds Fragen nach der Finanzierbarkeit auf. Ein ausgewogenes Haftungsrecht wirkt zudem der Gefahr einer Defensivmedizin entgegen. Zugleich gilt es, Bürokratie auf das nötige Maß zu beschränken und Ausuferungen für die Behandlungsseite zu vermeiden. Die Behandlung sowie das gute vertrauensvolle Miteinander von Patientinnen und Patienten und Behandelnden stehen an erster Stelle. Schließlich sichert die Bezugnahme auf die Grundsätze der bisherigen Rechtsprechung Kontinuität und Verlässlichkeit."

Die ausschließliche begriffliche Unterscheidung zwischen Befunderhebungs- und Diagnosefehlern und deren Abgrenzung allein nach diesem Aspekt muss aufgegeben werden. Bedenkenswert ist ein einheitlicher Begriff, wie z.B. „Fehler innerhalb der Diagnostik" oder schlicht „Diagnostikfehler"[1079]. Der Begriff Diagnosefehler würde in der Theorie ebenfalls sehr gut passen, jedoch ist dieser mit einer bestimmten Folge im Zivilprozess belastet, so dass er als Terminus wenig hilfreich wäre.

1079 Davon spricht auch schon *Scheuch* ZMGR 2005, 296 ff.

M. Ausblick

Das Thema der Abgrenzung des Diagnosefehlers zum Befunderhebungsfehler und der Befunderhebungsfehler an sich werden Gerichte und Literatur noch einige Jahre beschäftigen.

Es hat sich eine Vielzahl einzelner Fallgruppen entwickelt, die zwar den Einzelfall näher und besser beschreiben und damit auch beherrschen können. Doch nicht jede Fallkonstellation und damit nicht jeder Behandlungsfehler lässt sich unter eine dieser Fallgruppen subsumieren. Deswegen wird es auf lange Sicht gesehen eine allgemeingültige Lösung geben müssen und auch geben.

Was fast allen Ansichten immanent und auch der Rechtsprechung und vertraut ist, ist die Unterschreitung des Facharztstandards. Auffällig ist, dass dieser – wenn auch nur am Rande – immer eine Rolle bei der Abgrenzung spielt. Dem Facharztstandard kommt auch in der Medizin eine erhebliche Bedeutung zu. Nicht nur Fragen wie: „Was ist eigentlich der Facharztstandard?" oder „Woran bemisst[1080] sich dieser und wann liegt eine tatsächliche Unterschreitung vor?" sind ständig in Bewegung. Damit kann sich eine Abgrenzung des Diagnosefehlers vom Befunderhebungsfehler nur im Rahmen der Medizin bewegen. Eine juristische Abwägung, z.B. im Sinne der Schwerpunkttheorie bedeutet das Aufzwingen fachfremder Inhalte. Eine Orientierung an der Arbeitsweise und an den Arbeitsschritten der Diagnostik signalisiert ein Eingehen auf die Medizin und die Bewertung anhand von medizinischen Schritten.

Da es im Arzthaftungsrecht um den Facharztstandard geht, ist die Rolle des Sachverständigen, welcher zwingend Mediziner sein muss, so bedeutend wie umstritten.[1081] Selbst bezüglich der Bewertung der Dokumentation, welche wenig medizinisch, sondern eher noch juristisch anmutet, wird der Sachverständige befragt. Problematisch wird es dann, wenn medizinische Sachverhalte juristisch aufgearbeitet werden.[1082] Damit die Rechtsprechung auf die medizinische Besonderheit angewandt werden kann, mussten zwangsläufig eigene Konstruktionen, hier im Sinne einer Beweislastverteilung im Arzthaftungsrecht, speziell geregelt werden.

An diesen Besonderheiten sollte auch nichts verändert werden. Sie machen den Umgang mit der medizinischen Materie überhaupt erst möglich.

1080 Vgl. zum Facharztstandard und dessen Bemessung S. 39 ff.
1081 Vgl. zum Sachverständigen im Arzthaftungsprozess Fn. 43.
1082 Vgl. *Ziegler* GesR 2014, 647 f.

Vielmehr muss auf der materiellen Ebene eine Lösung gefunden werden, die dann durch die Besonderheiten der Beweislastverteilung angepasst wird. Eine Vermischung der materiellen und der prozessualen Ebene ist nicht sinnvoll und wird auf Dauer die Rechtsprechung an ihre Grenzen bringen. *Schärtl* bezeichnete die Abgrenzung als eine gravierende „materiell-rechtliche Haftungsverschiebung".[1083] Durch die vorschnelle und in erhöhtem Maße vorkommende Verlagerung der Problematik auf die prozessuale Ebene hat sich die Brisanz um die Abgrenzung überhaupt erst zugespitzt.

Durch die vielen verschiedenen Fallgruppen, die die Befunderhebung[1084] hervorgebracht hat, und deren einfach zu erreichende Beweislastumkehr zu Gunsten des Patienten haben sich auf Aktiv- und Passivseite Streitigkeiten ergeben, welche die Problematik, wie sie in der heutigen Form besteht, erst hervorgebracht haben. Damit soll nicht gesagt werden, die verschiedenen Fallgruppen seien für sich betrachtet nicht sinnvoll oder führten zu ungerechten Ergebnissen. Aber je spezieller die Fallgruppen werden, umso schwieriger wird es, einen bestimmten Sachverhalt dort einzuordnen.

Zudem wird durch das Hervorbringen der Fallgruppen subjektiv die Wahrnehmung auf eine Zunahme des Befunderhebungsfehlers gelenkt. So wird zum Beispiel von *Bergmann* mit kritischen Worten bedacht, dass die unterlassene Überweisung in ein besser ausgestattetes Krankenhaus[1085] als Befunderhebungsfehler gelten soll und folglich als dieser mit all seinen Konsequenzen behandelt wird.[1086] Die Fallgruppe mag tatsächlich auf den ersten Blick verwundern, ist jedoch, bei genauer Betrachtungsweise, ganz eindeutig eine unterlassene Befunderhebung. Lässt man die unterlassene Überweisung bzw. verspätete Überweisung außer Betracht, ergibt sich folgendes Bild: Die Ärzte des Krankenhauses haben einen Befund nicht bzw. nicht rechtzeitig erhoben. Dies stellt nach fast unstreitiger Ansicht einen Befunderhebungsfehler dar. Warum letztendlich der Befund nicht erhoben wurde, hier weil die Ausrüstung des Krankenhauses nicht ausreichend war, ist nebensächlich bzw. spielt keine Rolle. Diese Fallgruppe als Beispiel für eine Ausweitung des Befunderhebungsfehlers zu nennen, wie *Bergmann*[1087] es tut, entbehrt jeglicher Grundlage.[1088]

1083 *Schärtl* NJW 2014, 3601, 3604.
1084 Kritisch dazu am Rande *Bergmann* ZMGR 2015, 393, 394 f.
1085 Vergleiche zu dieser Fallgruppe S. 135.
1086 *Bergmann* ZMGR 2015, 393, 395 zum Urteil des BGH v. 21.01.2014, VI ZR 78/13, VersR 2014, 374 f.
1087 *Bergmann* ZMGR 2015, 393, 395.
1088 Vgl. dazu schon BGH Urt. v. 27.06.1978, VI ZR 183/76, BGHZ 72/132, 135; vgl. auch *Scheuch* ZMGR 2005, 296, 301.

Wenn man in diesem Beispiel allein auf den Facharztstandard abstellt, gelangt man ebenfalls zu dem Ergebnis einer unterlassenen Befunderhebung.

Auch nach der hier dargestellten Theorie ist der Fehler auf Stufe drei des Fünf-Stufen-Schemas zu sehen und dem Behandler bzw. Arzt zuzurechnen. Im Ergebnis liegt auch danach eine nicht vollständig erhobene Diagnostik mit der Folge der Beweisbelastetheit bei der Passivseite vor.

Die Fallgruppen der verschiedenen Fehler sind zur groben Einteilung und Einschätzung hilfreich. Aber es besteht natürlich die Gefahr der Ausweitung und des Übertragens einer Fehlergruppe auf einen normalen Behandlungsfehler. Die Bedenken, die viele hinsichtlich der Ausweitung des Befunderhebungsfehlers haben, sind berechtigt. Dies ist schon daran zu erkennen, dass manche Fallgruppen sich überlappen, d.h. sowohl als Diagnosefehler gewertet als auch dem Befunderhebungsfehler zugeschrieben werden.[1089] Eine gewisse Verwirrung bleibt folglich nicht aus. Aus diesem Grunde sollten Fallgruppenbildungen vermieden bzw. stark begrenzt werden. Vom Grundsatz her betrachtet, stellt jede Fallgruppe, wie am Beispiel der verspäteten Überweisung an eine Fachklinik gesehen werden kann, einen schlichten Fehler in der mangelnden Diagnostik, also der Befunderhebung, dar. Wenn der Blick auf das Wesentliche fokussiert wird und auf diesen Teil beschränkt bleibt, dann liegt die Lösung in vielen Fällen auf der Hand. Wird jedoch wiederholt von einer Ausweitung und einer Unberechenbarkeit des Befunderhebungsfehlers gesprochen, dann wurde diese Fehlerart nicht richtig verstanden.

Dass sich dieser Fehlertyp, geformt vom BGH, bis zum heutigen Stand in der Rechtsprechung[1090] entwickelt hat und auch entwickeln musste, liegt in der Problematik der Arzthaftung an sich. Was aber – gerade auch nach Inkrafttreten des Patientenrechtegesetzes – geschieht, ist ein Überdramatisieren dieses Fehlertypus. Wie man an der Meinung von *Bergmann* sehen kann, wird dieser Fehler geradezu als Negativbeispiel für einen unfairen Prozess herangezogen.[1091] Der Befunderhebungsfehler wird oftmals herausgenommen und als Grund dafür angesehen, dass der Arzt öfter haften muss. Dadurch wird teilweise – wie aus den dargestellten Ansichten hervorgeht – versucht, diesen fast vollständig gegen den Diagnosefehler auszutauschen.

Vielmehr hat sich der Befunderhebungsfehler bis heute dahingehend entwickelt, dass der verfassungsmäßig gewährleisteten Waffengleichheit der Parteien

---

1089 Vgl. dazu S. 120 ff. und 132 ff.
1090 Siehe dazu jüngst BGH Urt. v. 26.01.2016, VI ZR 146/16, VersR 2016, 663 f.
1091 *Bergmann* ZMGR 2015, 393, 395.

mehr Rechnung getragen werden kann. Er ist zu einem Instrument geworden, um einen Prozess auf Augenhöhe führen zu können. Bei diesem Fehler reicht ein bloßes Bestreiten der Beklagtenseite nicht mehr aus.

Aus diesen Gründen ist ersichtlich, dass sich der Befunderhebungsfehler zwingend weiterentwickeln muss. Es wäre wünschenswert, wenn diese Tendenz in Richtung des vorgestellten Lösungsansatzes fortschreiten würde. Das Fünf-Stufen-Schema bildet eine neutrale Grundlage, aufgrund derer eine juristische Entscheidung getroffen werden kann. Es ermöglicht zudem eine sachliche Auseinandersetzung mit dem Standard der Krankheit des Patienten und den Umgang mit dieser. Nur durch einen medizinisch ausgerichteten Ansatz kann eine juristisch vertretbare, gerechte Lösung gefunden werden.

Literaturverzeichnis

Ahrens, Martin: Prozessreform und einheitlicher Zivilprozess – Einhundert Jahre legislative Reform des deutschen Zivilverfahrensrechts vom Ausgang des 18. Jahrhunderts bis zur Verabschiedung der Reichszivilprozessordnung, Tübingen 2007

Alexy, Robert: Theorie der Grundrechte, Frankfurt am Main 1986

Andreas, Manfred / *Junghanns*, Klaus: Priorisierung im Gesundheitswesen, ArztR 2010, S. 312–316

Bamberger, Hans Georg / *Roth*, Herbert / *Hau*, Wolfgang / *Poseck*, Roman: Kommentar zum Bürgerlichen Gesetzbuch, (zitiert: *Bamberger/Roth/Hau/Poseck* -Bearb. § Rn.),
- BGB Band 1: §§ 1–487, CISG, 4. Auflage, München 2019
- BGB Band 2: §§ 488–853, AGG, PartGG, ProdHaftG, 3. Auflage, München 2012

Bartens, Werner: Das Dilemma der Diagnose, „Süddeutsche Zeitung" vom 29 06 2015, Online-Ausgabe, S. 1

Baumgärtel, Gottfried: Beweislastpraxis im Privatrecht, Köln/Berlin/Bonn/München 1996

Baumgärtel, Gottfried: Anmerkung zum Urteil des BGH v. 09.11.1982 VI ZR 23/81, JR 1983, S. 193

Baumgärtel, Gottfried / *Laumen*, Hans-Willi / *Prütting*, Hanns: Handbuch der Beweislast, Grundlagen, 3. Auflage, Köln 2016

Baumgärtel, Gottfried / *Wittmann*, Arno: Die Beweislast im Arzthaftungsprozeß, JA 1979, S. 1 3–119

Baur, Martin: Abgrenzung Diagnose-/Befunderhebungsfehler, MedR 2015, S. 525–527

Becker, Maximilian: Die Erfolgsgeeignetheit in der vertraglichen Arzthaftung – Zugleich ein Beitrag zur Grenze der Therapiefreiheit –, MedR 2014, S. 475–482

Beck'scher Online Kommentar, Hrsg. *Bamberger*, Hans Georg / *Roth*, Herbert / *Hau*, Wolfgang / *Poseck*, Roman, 48. Edition, München 2018, zitiert: BeckOK-Bearb. § BGB Rn.

Bender, Denise: Heilversuch oder klinische Prüfung –Annäherung an ein diffuse Grenze, MedR 2005, S. 511–516

Bergmann, Karl-Otto / *Wever*, Carolin: Die Arzthaftung – Ein Leitfaden für Ärzte und Juristen, 4. Auflage, Berlin 2014

Bergmann, Karl-Otto: Leitlinien, Richtlinien und Empfehlungen in der Zahnheilkunde rechtliche Implikationen und Überlegungen, GesR 2006, S. 337–345

Bergmann, Karl-Otto: Die aktuelle Rechtsprechung der Obergerichte zum Arzthaftungsrecht und ihre Auswirkungen auf die Versicherbarkeit des Arzt- und Krankenhaushaftpflichtrisikos, ZMGR 2015, S. 393–398

Bergmann, Karl-Otto / *Pauge*, Burkhard / *Steinmeier*, Heinz-Dietrich: Gesamtes Medizinrecht, 2. Auflage, Baden-Baden 2014, zitiert: *Bergmann/Pauge/Steinmeyer* § Rz.

Blomeyer, Arwed: Die Umkehr der Beweislast, AcP 158 (1959–1960), S. 97–106

Bockelmann, Paul: Rechtliche Grundlagen und rechtliche Grenzen der ärztlichen Aufklärungspflicht
NJW 1961, S. 45–951

Bockelmann, Paul: Operativer Eingriff und Einwilligung des Verletzten, JZ 1962, S. 525–529

Böckenförde, Ernst-Wolfgang: Die Methoden der Verfassungsinterpretation – Bestandsaufnahme und Kritik, NJW 1976, S. 2089–2099

Böhmer, E.: Anmerkung zum BGH Urt. v. 14.10.1958, VI ZR 186/57, JR 1959, S. 63–64

Boemke, Burkhard: Facharztstandard bei fachübergreifenden Bereitschaftsdienst, NJW 2010, S. 1562–1566

Borchert, Günter: Dokumentation des Arztes, CR 1993, S. 718–723

Bürger, Raimund: Sachverständigenbeweis im Arzthaftungsprozeß, MedR 1999, S. 100–111

Canaris, Claus-Wilhelm: Verstöße gegen das verfassungsrechtliche Übermaßverbot im Recht der Geschäftsfähigkeit und im Schadensersatzrecht, JZ 1987, S. 993–1004

Canaris, Claus-Wilhelm: Grundrechtswirkungen und Verhältnismäßigkeitsprinzip in der richterlichen Anwendung und Fortbildung des Privatrechts, JuS 1989, S. 161–172

Canaris, Claus-Wilhelm: Grundrechte und Privatrecht, AcP 184 (1984), S. 201–246

Carstensen, Gerd: Arzthaftung, in Festschrift für Erwin Deutsch zum 70. Geburtstag, Köln/Berlin/Bonn/München 1999, S. 505–512,

Deutsch, Erwin: Tendenzen des modernen Arztrechts, VersR 1982, S. 305–307

Deutsch, Erwin: Heilversuche und klinische Prüfung – Zulässigkeit und Voraussetzung –, VersR 2005, S. 1009–1013

Deutsch, Erwin: Deutsche Sonderwege zur Arzthaftung, NJW 2012, S. 2009–2014

Ehlers, Alexander: Die ärztliche Aufklärung vor medizinischen Eingriffen – Bestandsaufnahme und Kritik, Köln 1987

Ehlers, Alexander / *Broglie*, Maximilian Guido: Arzthaftungsrecht – Grundlagen und Praxis, 5. Auflage, München 2013,

Emmerich, Volker: Anmerkung zum Urt. des BGH v. 03.02.1987, VI ZR 56/86, JuS 1987, S. 741–742

Erman, Walter (Begr.): Kommentar zum Bürgerlichen Gesetzbuch Band II, 15. Auflage, Köln 2017,

(zitiert: *Erman-Bearb*. § Rn.)

Feifel, Eckart: Nicht jede unterlassene Befunderhebung rechtfertigt eine Beweislastumkehr – zugleich Anmerkung zu OLG Köln, Urt. v. 20.07.2005 – 5 U 200/04, GesR 2006, S. 308–310

Fischer, Thomas: Strafgesetzbuch, 66. Auflage, München 2019,

(zitiert: *Fischer* StGB § Rn.)

Fisseni, Hermann-Josef: Lehrbuch der psychologischen Diagnostik, 3. Auflage, Göttingen 2004

Fleischer, Holger: Schadensersatz für verlorene Chancen im Vertrags- und Deliktsrecht, JZ 1999, S. 766–775

Foerste, Ulrich: Beweiserleichterung nach groben und einfachen Behandlungsfehlern, in; Festschrift für Erwin Deutsch zum 80. Geburtstag, Berlin 2009, S. 165–178

Frahm, Wolfgang: Einschränkung der Therapiefreiheit durch das Haftungsrecht, GesR 2005, S. 529–533

Frahm, Wolfgang / *Nixdorf*, Wolfgang / *Walter*, Alexander: Arzthaftungsrecht – Leitfaden für die Praxis, 5. Auflage, Karlsruhe 2013

Francke, Joachim: Umfang der Beweislastumkehr bei Unterlassung einer aus medizinischer Sicht gebotenen Befunderhebung, in JurisPR-MedizinR 5/2016 Anm. 1

Francke, Robert / *Hart*, Dieter: Die Leistungspflicht der gesetzlichen Krankenversicherung für Heilversuche – Zugleich eine Besprechung der Entscheidung des BVerfG vom 06.12.2005 und die Skizzierung eines Regulierungsmodells, MedR 2006, S. 131–138

Franke, Joachim: Abgrenzung zwischen einem Diagnoseirrtum und einem ärztlichen Befunderhebungsfehler – Anmerkung zu BGH 6. Zivilsenat, Urteil vom 26.01.2016, VI ZR 146/14, JurisPR-MedizinR 5/2016 Anm. 5

Franzki, Dietmar: Die Beweisregeln im Arzthaftungsprozess – Eine prozessrechtliche Studie unter Berücksichtigung des amerikanischen Rechts, (= Schriften zum Prozessrecht Band 72), Berlin 1982

Franzki, Harald / *Franzki*, Dietmar: Waffengleichheit im Arzthaftungsprozess, NJW 1975, S. 2225–2229

Franzki, Harald / *Hansen*, Britta: Der Belegarzt – Stellung und Haftung im Verhältnis zum Krankenhausträger, NJW 1990, S. 737–743

Frenzel, Eike Michael: Die „Volksgesundheit" in der Grundrechtsdogmatik – Schlaglicht auf einen aufhaltbaren Aufstieg –, DÖV 2007, S. 243–248

Frister, Helmut / *Lindemann*, Michael / *Peters*, Alexander: Arztstrafrecht, München 2011

Gaßner, Maximilian / *Strömer*, Jens M.: Die Arzthaftung bei der Behandlung gesetzlich krankenversicherter Patienten, MedR 2012, S. 159–169

Gehrlein, Markus: Grundwissen Arzthaftungsrecht, 3. Auflage, München 2018

Geiß, Karlmann / *Greiner*, Hans-Peter: Arzthaftpflichtrecht, 7. Auflage, München 2014

Genzel, Herbert: Wesentliche Grundzüge der Neuordnung des Pflegesatzrechtes – Chancen und Risiken für die Kliniken (Teil II), MedR 1995, S. 43–53

Germelmann, Class-Hinrich / *Matthes*, Hans-Christoph / *Prütting*, Hanns: Arbeitsgerichtsgesetz: ArbGG, 9. Auflage, München 2017, (zitiert: *Germelmann / Matthes / Prütting* ArbGG § Rdn.)

Giesen, Dieter: Arzthaftungsrecht im Umbruch (III) – Beweisrechtsprobleme in der Rechtsprechung seit 1974 –, JZ 1982, S. 448–459

Giesen, Dieter: Organisationsverschulden des Krankenhausträgers – Einwilligung des Patienten in die Heilbehandlung – Aufklärungspflicht des Arztes und hypothetische Einwilligung des Patienten (Anmerkung), JZ 1991, S. 677–678

Giesen, Dieter: Arzthaftungsrecht – Die zivilrechtliche Haftung aus medizinischer Behandlung in der Bundesrepublik Deutschland, in Österreich und der Schweiz, 4. Auflage, Tübingen 1995

Gödicke, Patrick: Erweiterte Leistungsansprüche auf Kosten der Erforschung künftiger Behandlungsmöglichkeiten?, NVwZ 2006, S. 774–777

Groß, Werner: Beweiserleichterungen für den Patienten bei Unterlassung medizinisch gebotener Befunderhebung, in; Festschrift für Karlmann Geiß zum 65. Geburtstag, Köln/Berlin/Bonn/München 2000, S. 429– 435

Groß, Werner: Die Entwicklung der höchstrichterlichen Rechtsprechung im Haftungs- und Schadensrecht, VersR 1996, S. 657–667

Grünwald, Gerold: Die Aufklärungspflicht des Arztes, ZStW 73 (1961), S. 5–33

Grunsky, Wolfgang / *Jacoby*, Florian: Zivilprozessrecht, 16. Auflage, München 2018

Haffke, Bernhard: Gesundheitsbegriff und Neokorporatismus dargestellt am Beispiel der Auseinandersetzung über die rechtliche Zulässigkeit der Substitutionsbehandlung Drogenabhängiger, MedR 1990, S. 243–250

Hager, Johannes: Grundrechte im Privatrecht, JZ 1994, S. 373–383

Hanau, Peter: Anmerkung zu BGH NJW 1968, 2291–2293, NJW 1968, S. 2293

Harms, Volker: Medizinische Statistik, 8. Auflage, Lindhöft 2012

Hart, Dieter: Qualitätssicherung durch Leitlinien, VSSR 2002, S. 265–297

Hart, Dieter: Grundlagen des Arzthaftungsrechts: Leistungs- und Haftungsschuldner, Jura 2000, S. 14–19

Hart, Dieter: Ärztliche Leitlinien – Definitionen, Funktionen, rechtliche Bewertungen – Gleichzeitig ein Beitrag zum medizinischen und rechtlichen Standardbegriff, MedR 1998, S. 8–16

Hart, Dieter: Zur Bedeutung der Leitlinien von Fachgesellschaften als ärztliche Handlungsanleitung; Pflichtwidrigkeit einer Indikation, MedR 2002, S. 471–472

Hart, Dieter (Hrsg.): Ärztliche Leitlinien – Empirie und Recht professioneller Normsetzung, Baden-Baden 2000

Hart, Dieter (Hrsg.): Ärztliche Leitlinien im Medizin- und Gesundheitsrecht – Recht und Empirie professioneller Normbildung, Baden-Baden 2005

Hart, Dieter: Grundlagen des Arzthaftungsrechts: Pflichtengefüge, Jura 2000, S. 64–70

Hart, Dieter: Diagnosefehler. Seine Verortung als Behandlungsfehler und die Verpflichtung zur Aufklärung, in: Liber Amicorum Eike Schmidt zum 65. Geburtstag, Heidelberg 2005, S. 131–157

Hassner, Florian: Ärztliche Selbstbestimmungsaufklärung und zivilrechtliche Haftung, VersR 2013, S. 23–35

Hauck, Ernst: Gestaltung des Leistungsrechts der gesetzlichen Krankenversicherung durch das Grundgesetz? Auswirkung des Beschlusses des BVerfG vom 06.12.2005, NJW 2007, S. 1320–1325

Hausch, Axel: Einige kritische Anmerkungen zu den Beweiserleichterungen für den Patienten bei unterlassener Befunderhebung und -sicherung, VersR 2003, S. 1489–1496

Hausch, Axel: Der grobe Behandlungsfehler in der gerichtlichen Praxis – Eine kritische Bestandsaufnahme, Karlsruhe 2007

Hausch, Axel: Vom therapierenden zum dokumentierenden Arzt – Über die zunehmende haftungsrechtliche Bedeutung der ärztlichen Dokumentation –, VersR 2006, S. 612–621

Heilmann, Joachim: Der Stand der deliktischen Arzthaftung, NJW 1990, S. 1513–1520

Held, Leonhard / *Rufibach*, Kaspar / *Seifert*, Burkhardt: Medizinische Statistik – Konzepte, Methoden, Anwendungen, Hallbergmoos 2013

Hess, Marco: Das Einsichtsrecht der Erben und Angehörigen in Krankenunterlagen des Erblassers, ZEV 2006, S. 479–484

Hilgers, Ralf-Dieter / *Bauer*, Peter / *Scheiber*, Viktor: Einführung in die Medizinische Statistik, 2. Auflage, Berlin 2006

Hoyer, Andreas: Mutmaßliche Einwilligung – Erlaubnistatbestandsirrtum (Anmerkung), JR 2000, S. 473–475

Huster Stefan / *Kaltenborn*, Markus (Hrsg.): Krankenhausrecht Praxishandbuch zum Recht des Krankenhauswesens, München 2010, (zitiert: *Huster/Kaltenborn-Rehborn* § Rn.)

Huster, Stefan: Anmerkung zum Nikolausbeschluss des BVerfG: Verfassungsunmittelbarer Leistungsanspruch gegen die gesetzliche Krankenversicherung?, JZ 2006, S. 466–468

Ihle, Judith: Ärztliche Leitlinien, Standards und Sozialrecht, Baden-Baden, 2007

Jaeger, Renate:Die Reformen in der gesetzlichen Sozialversicherung im Spiegel der Rechtsprechung des Bundesverfassungsgerichts, NZS 2003, S. 225–234

Jakobs, Horst Heinrich: Die zahnärztliche Heilbehandlung als Werkleistung, NJW 1975, S. 1437–1440

Jauernig, Othmar / *Hess*, Burkhard: Zivilprozessrecht ein Studienbuch, 30. Auflage, München 2011

Jorzig, Alexandra / *Feifel*, Eckhart: Leitlinien und Standard – Grenzen einer Systematisierung, GesR 2004, S. 310–316

Karmasin, Ernst: Beweislastumkehr bei einfachen Befunderhebungsfehlern und rechtmäßigen Alternativverhalten bei ärztlichen Behandlungsfehlern – Stellungnahme zu den Beiträgen von Schultze-Zeu VersR 2008,898 und Schütz/Dopheide VersR 2009,475 –, VersR 2009, S. 1200–1203

Katzenmeier, Christian: Der Behandlungsvertrag – Neuer Vertragstypus im BGB, NJW 2013, S. 817–823

Katzenmeier, Christian: Schuldrechtsmodernisierung und Schadensersatzrechtsänderung – Umbruch in der Arzthaftung, VersR 2002, S. 1066–1072

Katzenmeier, Christian: „Heilbehandlungsrisikoversicherung" – Ersetzung der Arzthaftung durch Versicherungsschutz? –, VersR 2007, S. 137–143

Katzenmeier, Christian: Patientenrechtegesetz: Kodifizierung ohne Zugewinn, DÄBl. 2011, A–1885

Katzenmeier, Christian: Arzthaftung, Tübingen 2002

Kern, Bern-Rüdiger: Fremdbestimmung in die Einwilligung ärztlicher Heileingriffe, NJW 1994, S. 753–759

Kingreen, Thorsten: Verfassungsrechtliche Grenzen der Rechtsetzungsbefugnis des Gemeinsamen Bundesausschusses im Gesundheitsrecht, NJW 2006, S. 877–880

Kienzle, Hans-Friedrich / *Smentkowski*, Ulrich: Fallberichte aus der Gutachterkommission – Aufbewahrungspflichtverletzung, MedR 2013, S. 27 –28

Kleinewerfers, Herbert / *Wilts*, Walter: Schadensersatzansprüche bei Verletzung der ärztlichen Schweigepflicht, NJW 1965, S. 2345-2348

Kleinewerfers, Herbert / *Wilts*, Walter: Die vertragliche Haftung bei gespaltenem Arzt-Krankenhausvertrag, NJW 1965, S. 332–334

Knickrehm, Sabine / *Kreikebohm*, Ralf / *Waltermann*, Raimund: Kommentar zum Sozialrecht, 6. Auflage, München 2019 (zitiert: *Knickrehm/Kreikebohm/Waltermann-Bearb.* SGB § Rn.)

Köbberling, Johannes: Diagnoseirrtum, Diagnosefehler, Befunderhebungsfehler: Bewertungen und Vermeidungsstrategien, Karlsruhe 2013

Köbberling, Johannes / *Kraatz*, Ernst Jürgen: Grenzen des hinnehmbaren Diagnoseirrtums, Rheinisches Ärzteblatt 2012, S. 20–21

Köbberling, Johannes / *Richter*, Klaus / *Trampisch*, Hans-Joachim / *Windeler*, Jürgen: Methodologie der medizinischen Diagnostik – Entwicklung, Beurteilung und Anwendung von Diagnoseverfahren in der Medizin, Berlin/Heidelberg/New York, 1991

Koch, Harald: Die Präventions- und Steuerungswirkung des Schuld- und Wettbewerbsrechts, JZ 1999, S. 922–930

Kohlhaas, Max: Die rechtfertigende Einwilligung bei Körperverletzungstatbeständen, NJW 1963, S. 2348– 2352

Kostka, Ulrike: Die Beweislastverteilung im Arzthaftungsprozess bei fehlerhafter Befunderhebung und Gerätefehlern, Stuttgart 2012

Körner, Martina: Zur Aufgabe des Haftungsrechts – Bedeutungsgewinn präventiver und punitiver Elemente, NJW 2000, S. 241–246

Koziol, Helmut: Objektivierung des Fahrlässigkeitsmaßstabes im Schadensersatzrecht?, AcP 196 (1996), S. 593–610

Kraatz, Erik: Arztstrafrecht, Stuttgart 2013

Krämer, Walter: Medizin muss rationiert werden, MedR 1996, S. 1–5

Kubella, Kathrin: Patientenrechtegesetz, (= Kölner Schriften zum Medizinrecht), Bd. 7, Berlin 2011

Kuhla, Wolfgang: Voraussetzung der Wirksamkeit von Wahlleistungsvereinbarungen gem. § 22 Abs. 2 BPflV, MedR 2002, S. 280–285

Kundt, Günther / *Krentz*, Helga / *Glass*, Änne: Epidemiologie und Medizinische Biometrie 9. Auflage, Aachen 2014

Laufs, Adolf: Arzt, Patient und Recht am Ende des Jahrhunderts, NJW 1999, S. 1758–1769

Laufs, Adolf: Arzt und Recht im Umbruch der Zeit, NJW 1995, S. 1590–1599

Laufs, Adolf: Die Entwicklung des Arztrechts 1978/79, NJW 1979, S. 1230–1235

Laufs, Adolf: Die Entwicklung des Arztrechts 1993/1994, NJW 1994, S. 1562–1571

Laufs, Adolf: Entwicklungslinien des Medizinrechts, NJW 1997, S. 1609–1618

Laufs, Adolf: Kommentar: Reform der Arzthaftung?, NJW 1996, S. 2413–2414

Laufs, Adolf: Medizinrecht im Wandel, NJW 1996, S. 1571–1580

Laufs, Adolf: Nicht der Arzt allein muss bereit sein, das Notwendige zu tun, NJW 2000, S. 1757–1769

Laufs, Adolf / *Katzenmeier*, Christian / *Lipp*, Volker: Arztrecht, 7. Auflage, München 2015, (zitiert: *Laufs/Katzenmeier/Lipp-Bearb.* Arztrecht § Rn.)

Laufs, Adolf / *Kern*, Bernd-Rüdiger / *Rehborn*, Martin: Handbuch des Arztrechts, 5. Auflage, München 2019

Leipold, Dieter: Beweismaß und Beweislast im Zivilprozess, (= Schriftenreihe der Juristischen Gesellschaft zu Berlin), Heft 93, S. 1–26, Berlin / New York 1985

Looschelders, Dirk: Bewältigung des Zufalls durch Versicherung?, VersR 1996, S. 529–540

Looschelders, Dirk: Verfassungsrechtliche Grenzen der deliktischen Haftung Minderjähriger – Grundsatz der Totalreparation und das Übermaßverbot, VersR 1999, S. 141–151

Looschelders, Dirk / *Roth*, Wolfgang: Grundrechte und Vertragsrecht: Die verfassungskonforme Reduktion des § 565 Abs. 2 S. 2 BGB, JZ 1995, S. 1034–1046

Lüke, Wolfgang: Zivilprozessrecht, 10. Auflage, München 2011

Martis, Rüdiger / *Winkhart*, Martina: Arzthaftungsrecht – Fallgruppenkommentar, 5. Auflage, Köln 2018

Marton, Géza: Versuch eines einheitlichen Systems der zivilrechtlichen Haftung AcP 162 (1963) S. 1–87

Matthies, Karl-Heinz: Anmerkung zum Urteil des BGH v. 18.03.1986 VI ZR 215/84, JZ 1986, S. 959–962

Matthies, Karl-Heinz: Anmerkung zu BGH Urt. v. 21.09.1982 – VI ZR 302/80; Beweislastumkehr im Arzthaftungsprozeß, NJW 1983, S. 335–336

Maunz, Theodor / *Dürig*, Günter: Grundgesetz, 84. Ergänzungslieferung, München 2019 (zitiert: *Maunz-Dürig-Bearb.* Art. Rn.)

Medicus, Dieter: Der Grundsatz der Verhältnismäßigkeit im Privatrecht, AcP 192 (1992), S. 35–70

Meller-Hannich, Caroline: Zivilprozessrecht, 2. Auflage, Stuttgart 2016

Mertens, Hans-Joachim: Berufshaftung – Haftungsprobleme alter Professionen, Wiedergabe eines Vortrages auf dem Karlsruher Forum vom 19.02.1974, VersR 1974, S. 509–520

Müller-Erzbach, Rudolf: Gefährdungshaftung und Gefahrtragung, AcP 106, (1910) S. 309–459

Müller, Gabriele: Das Akteneinsichtsrecht des Patienten nach dem Patientenrechtegesetz und seine postmortale Wahrnehmung durch Dritte, ZEV 2014, S. 401–404

Müller, Gerda: Beweislast und Beweisführung im Arzthaftungsprozess, NJW 1997, S. 3049–3056

Müller, Gerda: Spielregeln für den Arzthaftungsprozess, DRiZ 2000, S. 259–271

Müller, Gerda: Grundprinzipien und Gestaltungsspielräume beim Schadensersatz, ZfSch 2009, S. 62–69

Müller, Gerda: Neue Perspektiven beim Schadensersatz, VersR 2006, S. 1289–1297

Müller, Gerda: Alles oder nichts? – Schadensersatz und Schadensbegrenzung in der neueren Rechtsprechung des BGH –, VersR 2005, S. 1461–1474

Müller, Gerda: Macht und Grenzen ärztlichen Handelns, GesR 2004, S. 257–266

Müller, Gerda: Arzthaftung und Sachverständigenbeweis, MedR 2001, S. 487–494

Müller, Gerda: Anmerkung zu OLG Köln, Hinweisbeschl. v. 10.09.2014 und Beschl. vom 20.10.2014 – 5 U 97/14, MedR 2015, S. 520–522

Müller, Sebastian / *Raschke*, Andreas: Homöopathie durch Ärzte und die Einhaltung des medizinischen Standards, NJW 2013, S. 428–433

Münchener Anwaltshandbuch Medizinrecht, Hrsg.: *Terbille*, Michael / *Clausen*, Tilman / *Schroeder-Printzen*, Jörn, 2. Auflage, München 2013 (zitiert: Münchener Anwaltshandbuch-*Bearb.* § Rn.)

Münchener Kommentar zum Bürgerlichen Gesetzbuch, Hrsg.: *Säcker*, Franz Jürgen / *Rixecker*, Roland (zitiert: MüKO-*Bearb.* § BGB Rn.),
– Band 4: Schuldrecht – Besonderer Teil II §§ 535–630h, HeizkostenV, BetrKV, WärmeLV, EFZG, TzBfG, KSchG, MiLoG, 7. Auflage, München 2016
– Band 5/1: Schuldrecht – Besonderer Teil III §§ 631–650, 7. Auflage, München 2018

Münchener Kommentar zum Strafgesetzbuch, Hrsg.: *Joecks*, Wolfgang / *Miebach*, Klaus, Band 4: §§ 185–262 StGB, 3. Auflage, München 2017 (zitiert: MüKo-*Bearb.* § BGB Rn.)

Musielak, Hans-Joachim: Die Beweislast, JuS 1983, S. 609–617

Musielak, Hans-Joachim: Die Grundlagen der Beweislast im Zivilprozess, Berlin/New York 1975

Nixdorf, Wolfgang: Befunderhebungspflicht und vollbeherrschbare Risiken in der Arzthaftung: Beweislastverteilung im Fluß?, VersR 1996, S. 160–163

Nüßgens, Karl: Zwei Fragen zur zivilrechtlichen Haftung des Arztes, in; Festschrift für Fritz Hauß zum 70. Geburtstag, Karlsruhe 1979, S. 287– 301

Nußstein, Karl: Befunderhebung oder therapeutische Aufklärung? – Zugleich Anmerkung zum Urteil des BGH vom 17. 11. 2015 (VI ZR 476/14) VersR 2016, 260 – VersR 2016, S. 641–643

Nußstein, Karl: Befunderhebungs- oder Diagnosefehler? – Zugleich Anmerkung zu dem Beschluss des OLG Koblenz vom 27.1.2014 (5 U 1383/13) VersR 2015, 988 – VersR 2015, S. 1094–1096

Oehler, Klaus: Zur Problematik der Sachverständigenauswahl, ZRP 1999, S. 285–288

Oehler, Klaus: Nochmals: Der medizinische Sachverständige im Arzthaftungsprozess – Kritische Bemerkung zum Aufsatz von Stegers VersR 2000, 419 –, VersR 2001, S. 1354–1356

Olzen, Dirk/ *Metzmacher*, Angela: Erste Überlegungen zum Referentenentwurf für ein Patientenrechtegesetz, JR 2012, S. 271–278

Padê, Christiane: Anspruch auf Leistungen der gesetzlichen Krankenversicherung bei Lebensgefahr und tödlich verlaufenden Krankheiten – Umsetzung des „Nikolaus"-Beschlusses des Bundesverfassungsgerichts für die Rechtsprechung des Bundessozialgerichts –, NZS 2007, S. 352–358

Palandt, Otto: Bürgerliches Gesetzbuch, 78. Auflage, München 2019 (zitiert: Palandt-*Bearb*. § Rn.)

Pauge, Burkhard: Arzthaftungsrecht, 13. Auflage, Köln 2015

Pelz, Franz Josef: Entwicklungstendenzen des Arzthaftungsrechts, DRiZ 1998, S. 473–481

Peters, Egbert:Beweisvereitelung und Mitwirkungspflichten des Beweisgegners, ZZP (1982), S. 200–224

Peter, Jürgen: Die Beweissicherungspflicht des Arztes, NJW 1988, S. 751–752

Pitschas, Rainer: Zur Rolle des „Patienten" im Wandel des Gesundheitssystems. Stärkt die Gesundheitsreform 2007 die verfassungsverbürgte Patientenkompetenz?, VSSR 2007, S. 319– 334

Pohle, Rudolf: Zur Beweislast im internationalen Recht, im: Vom deutschen zum europäischen Recht, in Festschrift für Hans Dölle, Band II: Internationales Recht, Kollisionsrecht und internationales Zivilprozessrecht, Tübingen 1963, S. 217–339

Preis, Ulrich / *Schneider*, Angie: Das Patientenrechtegesetz – eine gelungene Kodifikation?, NZS 2013, S. 281–288

Prölss, Jürgen: Die Beweislastverteilung nach Gefahrenbereichen, VersR 1964, S. 901–906

Prütting, Hanns / *Gehrlein*, Markus: ZPO Kommentar, 10. Auflage, München 2018 (zitiert: *Prütting/Gerhlein ZPO-Bearb.* § Rn.)

Prütting, Hanns: Beweislast und Beweismaß, Der Einfluss Leo Rosenbergs und Karl Heinz Schwabs auf die Entwicklung des modernen Beweisrechts, ZZP 123 (2010), S. 135–145

Prütting, Hanns / *Wegen*, Gerhard / *Weinreich*, Gerd: BGB Kommentar, 13. Auflage, 2018 München (zitiert: *Prütting/Wegen/Weinreich-Bearb.* §§ Rn.)

Quaas, Michael / *Zuck*, Rüdiger: Medizinrecht – Öffentliches Medizinrecht – Pflegeversicherungsrecht – Arzthaftpflichtrecht – Arztstrafrecht 4. Auflage, München 2018 (zitiert: *Quaas/Zuck-Bearb.* § Rn.)

Ramm, Martin: Der ärztliche Befunderhebungsfehler, GesR 2011, S. 513–518

Ramm, Thilo: Sozialstaatsprinzip und Recht auf Gesundheit – Deutsches Gesundheitsrecht am Scheideweg? –, VSSR 2008, S. 203–219

Ratzel, Rudolf/ *Luxenburger*, Bernd: Handbuch Medizinrecht, 3. Auflage, Heidelberg 2015 (zitiert: *Ratzel/Luxenburger* § Rn. ff.)

Ratzel, Rudolf/ *Lissel*, Patrick: Handbuch des Medizinschadensrecht, München 2013 (zitiert *Ratzel/Lissel* § Rn.)

Rehborn, Martin: Aktuelle Entwicklungen im Arzthaftungsrecht, MDR 2000, S. 1101–1110

Rehborn, Martin: Gesamtschuldnerische Haftung im kooperativen Belegarztwesen, BGHReport 2006, S. 297–298

Rehborn, Martin: Das Patientenrechtegesetz, GesR 2013, S. 257–272

Reiling, Emil: Die Grundlagen der Krankenhaushaftung – Eine kritische Bestandsaufnahme, MedR 1995, S. 443–455

Reinhardt, Michael: Die Umkehr der Beweislast aus verfassungsrechtlicher Sicht, NJW 1994, S. 93–99

Rieger, Hans-Jürgen: Wesen und Inhalt der ärztlichen Aufklärungspflicht, DMW 1977 Band 102, S. 368–370

Rieger, Theresa: Die historische Entwicklung der Arzthaftung, Regensburg 2007

Rosenberg, Leo / *Schwab*, Karl Heinz / *Gottwald*, Peter: Zivilprozessrecht, 18. Auflage, München 2018

Roth, Herbert: Der Arzt als Samariter und das Haftungsrecht, NJW 2006, S. 2814–2817

Roxin, Claus / *Schroth*, Ulrich (Hrsg.): Handbuch des Medizinstrafrechts, 4. Auflage, Stuttgart/ München/Hannover/Berlin/Weimar/Dresden 2010

Rümelin, Gustav: Culpahaftung und Kausalhaftung, AcP 88 (1898), S. 285–316

Rumler-Detzel, Pia: Anforderungen an ein ärztliches Gutachten aus der Sicht der Zivilgerichte, VersR 1999, S. 1209–1211

Saenger, Ingo: Die Arzthaftpflicht im Prozess, VersR 1991, S. 743–747

Saenger, Ingo: Handkommentar ZPO, 8. Auflage, Baden-Baden 2019 (zitiert: HK-ZPO- Bearb. § Rn.)

Schärtl, Christoph: Die Beweislastverteilung im Arzthaftungsprozess, NJW 2014, S. 3601–3605

Schellhammer, Kurt: Zivilprozess, Gesetz – Praxis – Fälle, 15. Auflage, Heidelberg 2016

Scheppokat, Klaus-Dieter / *Neu*, Johann: Zur ärztlichen Begutachtung in Arzthaftpflichtsachen, VersR 2001, S. 23–28

Scheuch, Silke: Vom Diagnoseirrtum zur unterlassenen Befunderhebung, ZMGR 2005, S. 296–302

Schilken, Eberhard: Zivilprozessrecht, 7. Auflage, München 2014

Schlottmann, Nicole / *Haag*, Ina: Grenzen der Verbindlichkeit der Richtlinien des Gemeinsamen Bundesausschusses, NZS 2008, S. 524–528

Schlund, G.H.: Anmerkung zum Urteil des BGH v. 21.09.1982 VI ZR 302/80, JR 1983, S. 284–285

Schlund, G.H.: Anmerkung zum Urteil des BGH v. 03.02.1987, VI ZR 56/86, JR 1988, S. 65–67

Schmid, Hugo: Über den notwendigen Inhalt ärztlicher Dokumentation, NJW 1987, S. 681–687

Schmid, Hugo: Verfahrensregeln für Arzthaftungsprozesse, NJW 1997, S. 767–773

Schmidt, Joachim: Probleme der Beweislastumkehr – BGHZ 61,118, JuS 1975, S. 430–435

Schmidt-Recla, Adrian: Pränataldiagnostik und Arztpflichten im Schwangerschaftsbetreuungsvertrag, GesR 2004, S. 138–144

Schneider, Egon: Beweis und Beweiswürdigung unter besonderer Berücksichtigung des Zivilprozesses, 5. Auflage, München 1994

Schodder, Thomas: Zur persönlichen Haftung der GbR-Gesellschafter für das deliktische Handeln eines Scheinsozius, EWiR 2007, S. 581–582

Scholz, Rainer: Prozessuale Fragen bei der Arzthaftung, r+s 1996, S. 381–384

Schönermark, Matthias: Der unaufhaltsame Siegeszug der Gesundheitsökonomie, HNO 3/2014, S. 157–158

Schönke, Adolf /*Schröder*, Horst: Strafgesetzbuch, 30. Auflage, München 2019 (zitiert: Schönke/Schröder-*Bearb.* § Rn.)

Schreiber, Hans-Ludwig: Notwendigkeit und Grenzen rechtlicher Kontrolle der Medizin, (= Göttinger Universitätsreden Bd. 71), Göttingen 1984, S. 29–49

Schultze-Zeu, Ruth: Das Vorliegen eines einfachen Befunderhebungsfehlers und die Beweislastumkehr hinsichtlich der Kausalität, VersR 2008, S. 898–902

Schumacher, Martin / *Schulgen*, Gabi: Methodik klinischer Studien, 3. Auflage, Berlin 2008

Schünemann, Wolfgang: Wandlungen des Vertragsrechts, NJW 1982, S. 2027–2033

Seibert, Helga: Verfassung und Kindschaftsrecht – Neue Entwicklungen und offene Fragen, FamRZ 1995, S. 1456–1463

Skegg, Peter: „Surgical Operation" Provisions in Commonwealth Criminal Codes, in Medizin und Haftung, Festschrift für Erwin Deutsch zum 80. Geburtstag, Berlin 2009, S. 581– 595

Soergel, begründet von *Soergel*, Theodor: Bürgerliches Gesetzbuch mit Einführungsgesetz und Nebengesetzen: BGB Band 12: Schuldrecht 10 §§ 823–853 BGB, Produkthaftungsgesetz, Umwelthaftungsgesetz, 13. Auflage, Stuttgart 2005 (zitiert: Soergel-*Bearb.* § Rn.)

Sommerfeld, Peter: Aktuelle Entwicklung der Rechtsprechung der Obergerichte und des BGH im Arzthaftungsrecht, VersR 2015, S. 661–677

Spickhoff, Andreas: Patientenrechte und Patientenpflichten – Die medizinische Behandlung als kodifizierter Vertragstypus, VersR 2013, S. 267 –282

Spickhoff, Andreas: Patientenrechte und Gesetzgebung – Rechtspolitische Anmerkungen zum geplanten Patientenrechtegesetz, ZRP 2012, S. 65–73

Spickhoff, Andreas: Die Entwicklung des Arztrechts 2005/2006, NJW 2006, S. 1630–1639

Spickhoff, Andreas: Behandlungsfehler und Offenbarungspflicht: Gründe und Grenzen, JZ 2015, S. 15–27

Spickhoff, Andreas: Patientenrechte und Patientenpflichten – Die medizinische Behandlung als kodifizierter Vertragstypus, VersR 2013, S. 267–282

Spickhoff, Andreas: Medizinrecht – AMG, ApoG, BGB, GenTG, KHG, MBO, MPG, SGB V, SGB XI, StGB, TFG, TPG, 3. Auflage, München 2018 (zitiert: Spickhoff-*Bearb.* § Rn.)

Staudinger, Julius v.: Bürgerliches Gesetzbuch (zitiert: Staudinger- *Bearb.* § Rn.),

Staudinger, Julius v.:- Recht der Schuldverhältnisse Vorbem. zu § 611 ff; §§ 611–613 (Dienstvertragsrecht 1), Berlin 2015

Staudinger, Julius v.: Recht der Schuldverhältnisse §§ 823, 824, 825 (Unerlaubte Handlungen 1 – Teilband 2), Berlin 2010

Steffen, Erich: Beweislasten für den Arzt und den Produzenten aus ihren Aufgaben zur Befundsicherung, in; Festschrift für Hans Erich Brandner, Köln 1996, S. 327–340

Stegers, Christoph-M: Der medizinische Sachverständige im Arzthaftungsprozess – Auswahl, Aufgaben, Grenzen –, VersR 2000, S. 419–422

Stegers, Christoph-M: Anmerkung zu LG Traunstein Urt. v. 29.09.1994, 1 O 1742/93, MedR 1995, S. 242–243

Stein, Friedrich / *Jonas*, Martin: ZPO Kommentar Band 3 §§ 128–252, 22. Auflage, Tübingen 2005 (zitiert: *Stein/Jonas-Bearb.* Band 3 § Rn.)

Steiner, Udo: Das Bundesverfassungsgericht und die Volksgesundheit, MedR 2003, S. 1–7

Stoll, Hans: Haftungsverlagerung durch beweisrechtliche Mittel, AcP 176 (1976), S. 145–196

Stoll, Hans: Der Schadensersatz und seine Deckung – Schadensersatz für verlorene Heilungschancen vor englischen Gerichten in rechtsvergleichender Sicht, in; Festschrift für Erich Steffen zum 65. Geburtstag am 28. Mai 1995, Berlin/New York 1995, S. 465– 478

Strech, Daniel: Rationalisierung und Rationierung am Krankenbett – Normativ-empirische Analyse zum Status quo, Medizinische Klinik, Intensivmedizin und Notfallmedizin 2014, S. 27

Ströfer, Joachim: „Beratungspflicht" und Haftung beim Sterilisationsvertrag „neue" Wege im Arzthaftungsrecht?, VersR 1981, S. 796–806

Stürner, Rolf: Entwicklungstendenzen des zivilprozessualen Beweisrechts und Arzthaftungsprozeß, NJW 1979, S. 1225–1230

Stürner, Rolf: Schwierige Abgrenzung zwischen Kunstfehler und Schicksalsschlag bei Behandlung von Brutkastenkindern (Anm. zu BGH JZ 1983, 963), JZ 1983, S. 965–967

Sundmacher, Susanne Julia: Die unterlassene Befunderhebung des Arztes – Eine Auseinandersetzung mit der Rechtsprechung des BGH, (= Recht & Medizin, Band 89), Bern 2007

Taupitz, Jochen: Medizinische Informationstechnologie, leitliniengerechte Medizin und Haftung des Arztes, AcP 211 (2011), S. 352–394

Taupitz, Jochen: Rechtliche Bindungen des Arztes: Erscheinungsweisen, Funktionen, Sanktionen, NJW 1986, S. 2851–2861

Taupitz, Jochen: Die Standesordnung der freien Berufe – Geschichtliche Entwicklung, Funktionen, Stellung im Rechtssystem, Berlin/New York 1991

Teubner, Ernst / *Künzel*, Thomas: Prozeßverträge – Zulässigkeit, Abschluß und Wirkung, MDR 1998, S. 720–726

Thole, Christoph: Die zivilrechtliche Haftung des medizinischen Sachverständigen, insbesondere nach § 839 a BGB, GesR 2006, S. 154–160

Thomas, Heinz / *Putzo*, Hans (Begr.): Zivilprozessordnung, 39. Auflage, München 2018 (zitiert: *Thomas/Putzo-Bearb.* Vorb. § Rn.)

Thurn, Peter: Das Patientenrechtegesetz – Sicht der Rechtsprechung, MedR 2013, S. 153–157

Tombrink, Christian: Die Arzthaftung für schwere („grobe") Behandlungsfehler – Rechtspraxis und Perspektiven, Berlin/Heidelberg 2006

Tröndle, Herbert: Selbstbestimmungsrecht des Patienten – Wohltat und Plage?, MDR 1983, S. 881–887

Uhlenbruck, Wilhelm: Beweislastfragen im ärztlichen Haftungsprozeß, NJW 1965, S. 1057–1064

Uhlenbruck, Wilhelm: Ärztliche Haftung bei Erweiterung oder Abänderung des Operationsplanes, VersR 1968, S. 1101–1110

Uhlenbruck, Wilhelm: Rechtliche Grenzen einer Rationierung in der Medizin, MedR 1995, S. 427–437

Uhlenbruck, Wilhelm: Die ärztliche Diagnose als Rechtsproblem, DMW 1978, Band 103, S. 406–407

Ulsenheimer, Klaus: Zur Strafbarkeit eines Arztes wegen unzureichender Aufklärung des Patienten über die Risiken eines Heileingriffes, NStZ 1996, 132–133

v. Bar, Christian: Das „Trennungsprinzip" und die Geschichte des Wandels der Haftpflichtversicherung, AcP 181 (1981), S. 289–327

v. Bihr, Dietrich/ *Hekking*, Klaus/ *Krauskopf*, Dieter/ *Lang* Jochen: Handbuch der Krankenhauspraxis, Stuttgart 2001

v. Harder, Yvonne: Die Beweisfigur des Befunderhebungs- und Befundsicherungsfehlers im Arzthaftungsprozess nach der Rechtsprechung des BGH und der Instanzgerichte, Regensburg 2009

Wachsmuth, Werner: Die chirurgische Indikation in Rechtsnorm und Realität, in; Festschrift für Paul Bockelmann zum 70. Geburtstag, München 1979, S. 473–480

Wagner, Gerhard: Kodifikation des Arzthaftungsrechts? – Zum Entwurf eines Patientenrechtsgesetzes –, VersR 2012, S. 789–802

Wagner, Gerhard: Neue Perspektiven im Schadensersatzrecht – Kommerzialisierung, Strafschadensersatz, Kollektivschaden, Verhandlungen des 66. DJT 2006, München 2006, S. A 11–A 135

Wahl, Rainer: Der Vorrang der Verfassung und die Selbstständigkeit des Gesetzesrechts, NVwZ 1984, S. 401–409

Walter, Alexander: Medizinische Leitlinien und Behandlungsfehlerhaftung, GesR 2003, S. 165–171

Walter, Gerhard: Anmerkung zum Urteil des BGH v. 26.06.1978 VI ZR 183/76, JZ 1978, S. 806–808

Waltermann, Raimund: Sozialrecht, 13. Auflage, Heidelberg 2018

Wasserburg, Klaus: Die ärztliche Dokumentationspflicht im Interesse des Patienten, NJW 1980, S. 617–624

Weber, Reinhold: Muss im Arzthaftungsprozess der Arzt seine Schuldlosigkeit beweisen?, VersR 1997, S. 760–768

Weimar, Wilhelm: Der Beweisnotstand des Patienten im Arzthaftpflichtprozess, JR 1977, S. 7–9

Welti, Felix: Gibt es ein Recht auf bestmögliche Gesundheit? – Freiheits- und gleichheitsrechtliche Implikationen, MedR 2015, S. 1–8

Wenzel, Frank (Hrsg.): Handbuch des Fachanwalts Medizinrecht, 3. Auflage, München 2013 (zitiert: *Wenzel*-Bearb. in Handbuch des Fachanwalts Medizinrecht Kapitel Rn.)

Wessel, Michael: Der Einfluss des gerichtlichen Sachverständigen im Arzthaftungsprozess, ZfSch 2014, S. 128–129

Wessel, Michael: Behandlungsfehler, Sorgfaltspflichten und ärztliche Standards, ZfSch 2013, S. 135–136

Weyers, Hans-Leo/ *Mirtsching*, Wolfram: Zum Stand des Arzthaftungsrechts, JuS 1980, S. 317–323

Winkler-Wilfurth, Andrea: Anscheinsbeweis bei einem Impfschaden nach einer Keuchhustenimpfung, MedR 1995, S. 325–326

Wittmann, Ralf-Thomas: Ablehnung eines Sachverständigen – Aktuelle Rechtsprechungsübersicht, DS 2009, S. 138–146

Wussow, Robert-Joachim: Umfang und Grenzen der ärztlichen Aufklärungspflicht, VersR 2002, S. 1337–1345

Ziegler, Hans-Berndt: Entschuldbarer Diagnoseirrtum vs. unterlassene Befunderhebung, GesR 2014, S. 647–650

Zimmermann, Walter: Zivilprozessordnung, ZAP Praxiskommentar, 8. Auflage, Münster 2008

Zöller, Richard (Begr.): Zivilprozessordnung, 32. Auflage, Köln 2018 (zitiert: *Zöller*-*Bearb.* § Rn.)

Die Literatur konnte bis Oktober 2019 umfassend berücksichtigt werden.

www.ingramcontent.com/pod-product-compliance
Ingram Content Group UK Ltd.
Pitfield, Milton Keynes, MK11 3LW, UK
UKHW021830210426
5322IPUK00004B/108